András Vári
Herren und Landwirte

AF143374

Studien zur Sozial- und Wirtschaftsgeschichte Ostmitteleuropas

Herausgegeben von
Werner Benecke, Christoph Boyer, Uwe Müller,
Alexander Nützenadel und Philipp Ther

Band 17

2008
Harrassowitz Verlag · Wiesbaden

András Vári

Herren und Landwirte

Ungarische Aristokraten und Agrarier
auf dem Weg in die Moderne (1821–1910)

2008

Harrassowitz Verlag · Wiesbaden

Die Serie setzt die Reihe »Frankfurter Studien zur Wirtschafts- und Sozialgeschichte Ostmitteleuropas« fort, deren Bände 1–16 im *Berliner Wissenschaftsverlag* erschienen sind.

Coverabbildung: Dreschen mit der Maschine, Hatvan, Komitat Heves, in den 1920er Jahren.
© Fotosammlung des Museums für Volkskunde, Budapest; Foto: Magyar Film Iroda (Ungarisches Film Büro). Mit freundlicher Genehmigung des Museums für Volkskunde, Budapest.

Bibliografi sche Information der Deutschen Nationalbibliothek
Die Deutsche Nationalbibliothek verzeichnet diese Publikation in der Deutschen Nationalbibliografi e; detaillierte bibliografischeDatensindimInternet über http://dnb.d-nb.de abrufbar.

Bibliographic information published by the Deutsche Nationalbibliothek
The Deutsche Nationalbibliothek lists this publication in the Deutsche Nationalbibliografi e; detailed bibliographic data are available in the internet at http://dnb.d-nb.de.

Informationen zum Verlagsprogramm findenSieunter
http://www.harrassowitz-verlag.de
© Otto Harrassowitz GmbH & Co. KG, Wiesbaden 2008,
Kreuzberger Ring 7c-d, 65205 Wiesbaden, produktsicherheit.verlag@harrassowitz.de

Printed in Germany
ISSN 1867-6596
ISBN 978-3-447-05758-5

Inhalt

Tabellenverzeichnis

Abbildungsverzeichnis

Abkürzungsverzeichnis

GL	Gazdasági Lapok [Wirtschaftsblätter], Budapest
K. Joch	Katastraljoch, 0,5754 ha
KE	Közgazdasági Enciklopédia [Enzyklopädie der Wirtschaft], Budapest: Athaeneum, Bd. 1–4, o. J.
KN	Képviselőházi Napló, Budapest [Stenographische Berichte des Abgeordnetenhauses]
MG	Magyar Gazda [Ungarischer Landwirt], Budapest
MOL	Magyar Országos Levéltár [Ungarisches Nationalarchiv]
MT 5/1–2	Magyarország története [Geschichte Ungarns], Bd. 5/1–2, 1790–1848, Budapest: Akadémiai K. 1983 (Hg. Mérei, Gyula – Vörös, Károly)
MT 6/1–2	Magyarország története, Bd. 6/1–2, 1848-1890, Budapest: Akadémiai K. 1979 (Hg. Kovács, Endre – Katus, László)
MT 7/1-2	Magyarország története, Bd. 7/1–2. 1890–1918, Budapest: Akadémiai K. 1978 (Hg. Hanák, Péter – Mucsi, Ferenc)
PL	Pester Lloyd, Budapest
VSWG	Vierteljahrschrift für Sozial- und Wirtschaftsgeschichte

Vorwort

Die vorliegende Arbeit ist einerseits einer bestimmten historiographischen Tradition verpflichtet und geht andererseits auf verschiedene Forschungsprojekte und meine auf den Projekten basierende Habilitationsschrift zurück.

Bei der genannten Tradition handelt es sich um die ungarische Agrargeschichtsschreibung, die ihre wichtigsten Ergebnisse während der Zwischenkriegszeit in der Schule von Sándor Domanovszky und dann im Kreis von István Szabó hervorbrachte. Das herausragende Merkmal dieser Tradition war ihre komplexe Herangehensweise, insbesondere die frühe Rezeption von historisch-geographischen, soziologischen und wirtschaftsgeschichtlichen Methoden und Fragestellungen. Man schaute auf die gesamte Breite des ländlichen Lebens. Weder die Forscher der Zwischenkriegszeit noch die Wissenschaftler der darauf folgenden Periode der Herrschaft des Marxismus-Leninismus haben sich jedoch direkt mit dem Thema der Transformation der ländlichen Eliten in der zweiten Hälfte des 19. Jahrhunderts auseinandergesetzt. Dies lag zum Teil an der beschränkten Zugänglichkeit der Archive, war aber auch in mannigfaltigen ideologischen Voreingenommenheiten begründet. So ist es zwar der Wunsch des Verfassers, sich an diese oben genannte historiographische Tradition anzuschließen, er kann aber weder eine direkte Abstammung nachweisen, noch Untersuchungen folgen, die bei dieser Thematik den Weg der weiteren Forschung vorgezeichnet hätten.

Die anfängliche Beschäftigung mit der Thematik erfolgte in den Jahren 1997–1998 im Rahmen des Research Support Scheme des Open Society Institute. Das Projekt hieß damals noch „The Rural Right in Hungary" und wurde gemeinsam mit Éva Kovács bearbeitet.[1] Nach weiteren Jahren der Arbeit ist das Ergebnis 2006 als Habilitation an der Universität Debrecen – der Wirkungsstätte von István Szabó und seinen Schülern – mit summa cum laude angenommen worden.[2] Während dieser Jahre sowie bei der Abfassung des Manuskripts profitierte die Arbeit ausgiebig von der Möglichkeit der Diskussion mit den Budapester Sozialhistorikern Károly Halmos, Gergely K. Horváth, Éva Kovács, György Kövér, Judit Klement und Dániel Szabó, sowie Judit Pál aus Klausenburg. Halmos und Horváth lasen das Manuskript ebenso durch wie meine Gutachter im Habilitationsverfahren, György Kövér und István Orosz. Ihnen allen sei an dieser Stelle gedankt. Die von den Kollegen gegebenen Kritiken und Ratschläge sind an vielen Teilen in das ungarische Manuskript eingeflossen, die Verantwortung bleibt natürlich bei mir.

Zugleich gab es Kontakte und Diskussionen mit deutschen Kollegen, so z. B. im Sommer 2005 anlässlich eines Besuches beim Berliner Kolleg für Vergleichende Geschichte Europas der Humboldt-Universität und der Freien Universität Berlin, sowie zur gleichen Zeit am Lehrstuhl für Wirtschafts- und Sozialgeschichte der Neuzeit an der

---

1 OSI - RSS Project The Rural Right in Hungary, Nr. of contract: 1172/1997.
2 Titel: Urak és gazdászok. Az agrárius mozgalom Magyarországon 1821-1896 (Herren und Landwirte. Die agrarische Bewegung in Ungarn 1821-1896).

Europa-Universität Viadrina Frankfurt (Oder). Daraus ergab sich, dass sich die Herausgeber der „Studien zur Sozial- und Wirtschaftsgeschichte Ostmitteleuropas" zur Aufnahme meines Manuskripts in ihre Schriftenreihe entschlossen haben, wofür ich mich an dieser Stelle aufrichtig bedanke.

Das ursprüngliche ungarische Manuskript, das nun etwa zeitgleich mit dem deutschen in Budapest erscheinen soll, war freilich für den deutschen Leser nur begrenzt geeignet. Nachdem die Herausgeber der „Studien zur Sozial- und Wirtschaftgeschichte Ostmitteleuropas" mir die Möglichkeit einer Publikation gewährten, wurde praktisch das Abfassen eines von der Habilitationsschrift erheblich abweichenden, anderen Buches notwendig. Denn obwohl die Ostmitteleuropäer – mit einigem Recht – nicht müde werden, das Fehlen bzw. die begrenzte Reichweite von eben solchen Foren der wissenschaftlichen Vermittlung und des Transfers, wie sie das Berliner Kolleg für Vergleichende Geschichte Europas und die Forschungsstelle für Wirtschafts- und Sozialgeschichte Ostmitteleuropas an der Viadrina in Frankfurt (Oder) darstellen, zu beklagen, wird häufig ihrerseits die nötige Überbrückungsarbeit, die die Historiker und Gesellschaftswissenschaftler der ostmitteleuropäischen Länder zu leisten haben, um ihre Sichtweise und Ergebnisse im Westen einigermaßen bekannt und verständlich zu machen, nicht entschlossen genug angegangen. Ich habe mich bemüht, dies im vorliegenden Buch, das zwar eine ausschließlich ungarische, aber mit den Entwicklungen in anderen mitteleuropäischen Ländern direkt vergleichbare Geschichte erzählt, anders zu machen. Doch meine diesbezügliche Absicht wäre vollends erfolglos geblieben ohne die beständige, vielfältige und umfangreiche sprachliche und redaktionelle Hilfe von Uwe Müller und Helga Schultz sowie die Korrekturen und Verbesserungen von Kathrin Göritz und Ruth Schaefers.

Schließlich sei auch den Mitarbeitern des Harrassowitz Verlages für ihre sorgfältige und hilfreiche Mitarbeit gedankt.

Budapest, im September 2008

András Vári

Einleitung

Das vorliegende Werk wird den deutschen Leser nicht in eine fremde Welt führen. Im Gegenteil: De te fabula narratur. Der Autor ist davon überzeugt, dass es in Ostmitteleuropa nicht nur parallel zur deutschen Entwicklung verlaufende Geschichten und einige institutionelle Gemeinsamkeiten gibt, sondern auch grundlegende Ähnlichkeiten der sozialhistorischen Grundstrukturen bestehen, die eine tiefe Vergleichbarkeit bewirken. Auch wenn in dem hier dargestellten ungarischen Fall manches anders verlief, als in den analogen Prozessen der deutschen Geschichte, wird dem deutschen Leser die Deutung nicht schwer fallen. Die Figuren meiner Erzählung über die ungarische Gesellschaft sind Herren, Bauern, Bürger, Beamte, Intellektuelle, Fachleute, Unternehmer, die sich einem Stand, einer Konfession und einer Nation zugehörig fühlen. Diese Charakterisierungen werden durch die Verwendung der deutschen wie der ungarischen Sprache viel klarer als sie es durch Nutzung englischer Termini wären. Ist zum Beispiel ein ‚Herr' (ung. úr) das Gleiche wie ein ‚lord', oder eher ein ‚gentleman' oder ein ‚noble'? Ist ein Bauer (ung. paraszt) einem ‚peasant' gleich oder eher einem ‚farmer', eventuell sogar einem ‚agricultural producer'?

Ein Blick auf die drei Stränge unserer Erzählung wird zeigen, dass auch über die wichtigen, strukturelle Ähnlichkeiten widerspiegelnden terminologischen Gemeinsamkeiten hinaus die präsentierten ungarischen Entwicklungen für das Verständnis der deutschen Geschichte relevant sein können. Es geht erstens um die Entwicklung der Landwirtschaft in der Epoche des sich rasch integrierenden Weltmarktes. Diese in den 1830er Jahren einsetzende Entwicklung brachte Ungarn wirtschaftliches und demographisches Wachstum, die Entwicklung der Infrastruktur, die Urbanisierung und Kommerzialisierung und schuf so letztendlich die materielle Basis der Verbürgerlichung. Die Kehrseite dieser Entwicklung stellte die mit der Getreidekrise seit den 1880er Jahren schmerzlich fühlbare, unvermeidbare Abhängigkeit vom Weltmarkt dar. Eine der zentralen Thesen dieses Buches ist, dass diese Entwicklung, dieses Auf und Ab der Einkommenslagen der Produzenten von den Zeitgenossen als viel bedrohlicher empfunden wurde, als es in der heutigen Historiographie reflektiert wird. Einer der Gründe dafür war sicherlich die Überschneidung der Getreidekrise mit der in Ostmitteleuropa nach der Krise von 1873 einsetzenden Desillusionierung über den Kapitalismus im Allgemeinen. Ein anderer Grund für die Endzeitstimmung der damaligen Eliten lag gerade in deren durch die vorangehende Periode konditionierten Akzeptanz, ja Identifikation mit dem liberalen Gedankengut. Aus dieser Position heraus waren für sie die Breite und das Ausmaß der staatlichen Interventionspalette, mit der man nach bescheidenen Anfängen in den 1880er Jahren bis zum heutigen Tage das Weltmarktgeschehen speziell im Agrarsektor zu regulieren versucht, noch unvorstellbar.

Damit sind wir bei der Frage angelangt, ob wirtschaftliche Wechsellagen nicht nur auf die Ansichten über die Ökonomie und auf das persönliche Wohlbefinden einwirken, sondern auch eine Neubestimmung sozialer Rollen anstoßen können. Schließlich hatten sich diese landwirtschaftlichen Großproduzenten, die von ihren Traditionen her Aristokraten waren, die liberalen Wirtschaftsvorstellungen doch sehr tiefgehend angeeignet. Wohl auch deshalb gab es, anders als in Deutschland, ein jahrzehntelanges Zögern in Bezug auf eine Wende zum Protektionismus und zur staatlichen Interventionspolitik in Ungarn.

Das ist der andere Strang in unserer Erzählung. Auch hier geht es um sozialgeschichtliche Integration, um die facettenreichen Vorgänge in einer ständisch vielfach gegliederten Gesellschaft, die sich auf dem Weg in die Moderne befand. Obwohl es eine Verzerrung wäre, zu behaupten, der Hochadel hätte sich in der hier betrachteten Periode verbürgerlicht, handelt es sich hier doch um einen sozialen Integrationsprozess. In Anlehnung an deutsche Forschungsansätze wird auch in dieser Studie der Hochadel nicht nur als Überbleibsel in einer wie immer gearteten Modernisierung gesehen. Die „crème de la crème" der ständischen Gesellschaft Ungarns, die Aristokratie, versuchte zwar vor und auch noch nach 1848, ihre gesellschaftliche Sonderstellung in Bezug auf Prestige, Lebensweise usw. zu bewahren. Sie akzeptierte aber auch wesentliche Aspekte der modernen Gesellschaft, wie z. B. die bürgerliche Rechtsgleichheit und die dazugehörigen politischen Formen, weitgehend. Diese Akzeptanz wurde schon in der Vormärzperiode durch die persönliche Teilnahme der Aristokratie am Vereinswesen und an den Anstrengungen zur Schaffung einer gebildeten und kultivierten Öffentlichkeit deutlich. Die Aristokratie nahm zwar zumeist nicht direkt an der Politik teil; ihre Aktivitäten hatten aber dennoch eine politische Bedeutung. So waren einerseits diese Wandlung der aristokratischen Rollen, andererseits der Ausbau einer kultivierten nationalen Öffentlichkeit, die Schaffung eines die Tagespolitik vermeidenden, jedoch eindeutig „fortschrittlichen" landwirtschaftlichen Vereinswesens und die Entwicklung des wirtschaftspolitischen Diskurses miteinander verwoben.

Neben den Wandlungen der Agrarwirtschaft und den sozialgeschichtlichen Beobachtungen über den Rollenwandel der Aristokratie und ihre Auswirkungen gibt es eine dritte Geschichte, die es hier zu erzählen gilt. Es geht dabei um die Gruppen von Intellektuellen, deren Lebensgrundlage erst durch die Kommerzialisierung der Landwirtschaft entstanden war, deren sozialer Aufstieg sich jedoch zum erheblichen Teil auf ihre eigenartige Kooperation mit der Aristokratie stützte. Es handelt sich um die Wirtschaftsbeamten der großen Güterverwaltungen. Da sie heutzutage nahezu verschwunden sind, ist es nicht immer leicht, sich ihre Bedeutung vorzustellen. Um 1848 waren sie hinter den Geistlichen und den Rechtsanwälten die drittgrößte Gruppe der Intellektuellen in Ungarn. Sie machten eine partiell erfolgreiche Professionalisierung durch. Doch der Erfolg des Professionalisierungsvorgangs blieb hinter dem zurück, was z. B. Anwälte und Ärzte in dieser Zeit erreichen konnten. Einige Formen älterer sozialer Abhängigkeiten der Wirtschaftsbeamten von den Großgrundbesitzern bestanden daher fort. Gleichzeitig bildete sich aber auch eine Elite dieser Schicht, die sowohl im Vereinswesen als auch im wirtschaftspolitischen Diskurs sehr aktiv war. Dadurch gewannen sie eine gewisse Bedeutung für die Aristokraten als Partner im öffentlichen Leben und nicht nur als angestellte Verwalter ihrer Güter.

Gegenstand dieser Arbeit ist, wie sich diese unterschiedlichen Stränge der wirtschaftlichen und der sozialgeschichtlichen Entwicklungen gegenseitig formten. Es wird versucht, immer mehrere Erklärungsfaktoren heranzuziehen, um die widersprüchlichen Wandlungsprozesse zu erklären. Der Preis dafür ist die weitgehende Vernachlässigung von anderen, bedeutenden und folgenschweren gesellschaftlichen Konfliktfeldern, etwa zwischen Bauern und Herren oder zwischen den unterschiedlichen Nationalitäten.

Die Studie wird die gesellschaftlichen Integrationsprozesse etwa bis zur Jahrhundertwende als zwar partiell, aber als insgesamt durchaus erfolgreich beschreiben. Etwa um diese Zeit muss man jedoch bei vielen Akteuren einen gewissen Verlust des Realitätssinnes und eine bis dahin auf diese Weise nicht gekannte Ideologisierung des wirtschaftspolitischen Diskurses feststellen. Hier wird für diesen Befund weder eine monokausale Erklärung durch Wirtschaftsfaktoren (Stichwort Krisenreaktion) noch eines gleichsam ererbten, „genetisch kodierten" Hanges der Herren zu reaktionären Positionen (Stichwort Sonderweg) angenommen. Dieses Ergebnis wurde vielmehr durch das Zusammenspiel der verfolgten Stränge, also der wirtschaftlichen Entwicklung und ihrer Wahrnehmung sowie der sich häufig gegenseitig bedingenden Wandlungen der sozialen Rollen zweier Schichten, der Aristokraten und der Agrarintelligenz, bestimmt.

Wer ist ein Agrarier?

Eine zeitgenössische Definition des Agrariers lautete wie folgt: „Es wird zugegeben, dass die Bewahrung des Grundbesitzes gegenüber der Mobilisierung des Grundbesitzes reaktionär ist. Das ist aber nicht die Frage, sondern, ob diese Bewahrung wirtschaftlich wie auch politisch berechtigt ist oder nicht. Wer mit ja antwortet, ist ein Agrarier, wer mit nein, ein Antiagrarier."[1]

Den Kontext dieser Aussage bildete eine Debatte um die Neuregelung des bäuerlichen Erbrechts als Reaktion auf die zunehmende bäuerliche Verschuldung, die die Gefahr von großflächigem Landverlust heraufbeschwor. Die Aussage offenbart die Entschlossenheit der Agrarier, der Macht des Kapitals Widerstand zu leisten, und enthält eine trotzige Akzeptanz der vom Gegner geschaffenen Bezeichnung. Sie weist auf die Existenz einer ideologischen Strömung, einer dieser Ideologie entsprechenden Praxis, einer oder mehrerer Trägergruppen dieser Strömung sowie aufeinander folgender Wechsellagen, in der die ideologischen Aussagen ihre Wirkung entfalteten, hin. In der folgenden Untersuchung müssen daher Ideologien, soziale Schichten und die verschiedenen ökonomischen und politischen Wechsellagen in Verbindung gebracht werden.

Historische Untersuchungen werden auch von Überlegungen der Machbarkeit, der Arbeitsökonomie geleitet. In unserem Fall ist es vom Vorteil, dass die ideologischen Aussagen, die kulturellen Manifestationen, die Texte also, sowie die Quellen der Vereine gut überliefert und relativ leicht zugänglich sind. Die großen Entwicklungslinien werden also auf dieser Ebene herausgearbeitet. Doch diese großen Entwicklungslinien werden nicht für bare Münze genommen. Sie werden mit den Entwicklungen auf der Ebene der Sozial- und Wirtschaftsgeschichte kontrastiert, und wenn möglich, durch diese erklärt.

Der Verfasser gesteht seine Skepsis gegenüber einer allzu leicht angenommenen ideologischen Kontinuität ein. Die Trägerschichten der agrarischen Ideologien bestanden aus kultivierten und gebildeten Leuten. Sie lasen und diskutierten sowohl philosophisch-

---

1 Anon.: Ohne Titel, Pesti Napló [Pester Tagebuch], 19. Juli 1882.

politische, wie auch ökonomisch-technische Autoren ihrer Zeit und die entsprechenden Autoren der Vergangenheit. Trotzdem gibt es auch Brüche in der ideologischen Entwicklung. Die reellen Kontinuitäten lagen nur zum Teil in tradierten Denkweisen, sondern häufig genauso stark in den tradierten sozialen Rollen. Beide Ebenen bestimmten und bedingten einander, erst als Gefüge waren sie recht zählebig.

Periodisierung

Diese Zusammenhänge kommen in vier recht unterschiedlichen Epochen der agrarischen Bewegung auf verschiedene Weise zum Tragen.

In der ersten Epoche von 1821 bis 1847 spielte sich auf der ideologischen Ebene scheinbar wenig ab. Es entstand jedoch ein Vereinswesen der Landwirtschaft, bestehend aus dem Landes-Wirtschaftsverein und seinen Filialen in den Komitaten. Das Ziel dieser Vereine war die Wirtschaftsförderung durch Aufklärung und Belehrung. Dies erfolgte mit den tradierten Mitteln des gelehrten Diskurses (Lesungen, Austausch in der Vereinspresse, Preisfragen und Auszeichnungen der besonders verdienten Autoren u. Ä.) sowie mit entsprechenden Kalendern für das Volk.

Die aufklärerische Einstellung verlieh den Diskussionen und Stellungnahmen eine Aura der puren Wissenschaftlichkeit. Es wurde schon früh Sitte und Gewohnheit, aber auch bewusste Taktik, alles als technisch-wirtschaftliche Frage aufzufassen und die damit verbundenen politischen Konsequenzen auszublenden.

Die wichtigste Erbschaft dieser Epoche war die Sozialform der Kooperation von Herren und ihren „dienstbaren Geistern". Diese Kooperation war asymmetrisch zwischen den großen Herren und den eben zitierten, dienstbaren, jedoch geringeren Geistern. Sie war einer Veränderung unterworfen, die mit den wandelnden Rollenverständnissen der Beteiligten in Zusammenhang stand.

Die Helfer im engeren Sinne reproduzierten eine ältere Sozialform – das persönliche Klientel der großen Herren. In einem weiteren Kreis um sie herum gab es jedoch eine breitere Gruppe von Wirtschaftsbeamten, die sich von der Mitarbeit in dem aristokratischen Verein eine Steigerung ihres Prestiges, ihrer Ehre und ihres Einkommens erhofften. Die spezifischen wirtschaftspolitischen Einstellungen im Verein, wie die beständige Neigung, soziale oder politische Probleme soweit wie möglich als „Fachfragen" zu diskutieren, können auch mit den professionellen Bestrebungen der Wirtschaftsbeamten einerseits sowie mit den Rollenverständnissen der Magnaten andererseits in Verbindung gebracht werden. Verein und Mitglieder bedingen einander.

In der zweiten Periode von 1849 bis 1878 wurde der Wirtschaftsverein zur Agrarlobby. In dieser Agrarlobby wurden, die in der vorherigen Periode herausgebildeten Eigenschaften des Vereins, seine Trägergruppen und ihre Verhaltensweisen weitergeführt. Insbesondere die Neigung, patriotische öffentliche Wirksamkeit und konkrete Fragen der Wirtschaftsentwicklung ineinander übergehen zu lassen, blieb erhalten. Dabei standen allerdings keine Systemänderungen, sondern lediglich Fragen der Chancen und Lasten einzelner Wirtschaftszweige und Wirtschaftsakteure zur Debatte. Die technizistische Reduktion der wirtschaftspolitischen Alternative konnte auch Eigeninteressen dienen. Damit sind wir bei der zweiten ererbten und in dieser zweiten Periode womöglich noch weiter ausgeprägten Charakteristik – bei der ungleichen Kooperation von Herren und untergeordneten Fachleuten. In dieser zweiten Periode haben sich die Wege der Wirtschaftsbeamten und der Magnaten getrennt. Die Magnaten wurden kostenbewusste kapitalistische Großgrundbesitzer, die ihr Personal landesweit drastisch reduzierten, zugleich unterließ es der weiterhin von ihnen abhängige Landes-Wirtschaftsverein, den Professionalisierungswünschen der Wirtschaftsbeamten entgegenzukommen. Folglich verließen Letztere den Verein.

Die dritte Periode zwischen 1879 und 1894 wurde durch die Agrarkrise geprägt. Nach langen Jahren der steigenden Preise brach bei den Grundbesitzern die helle Panik aus. Sie blieben zwar weiterhin freihändlerisch eingestellt, es vertiefte sich jedoch das Gefühl des Ausgeliefertseins und parallel dazu die Frustration dem Staat gegenüber, der die Grundbesitzer zu vergessen bzw. dem Verderben preiszugeben schien.

Gleichzeitig trat eine Gruppe von jüngeren Aristokraten mit dem Anspruch an die Öffentlichkeit, eine breite Diskussion um agrarische Belange in Gang zu bringen. Die diffuse, aber dann immer konkretere Gestalt annehmende Angst vor dem Weltmarkt und dem Kapitalismus und der Tatendrang der jungen Aristokraten leiteten eine Phase ein, in der man einerseits kontinuierlich schlichten Interessenschutz der Landwirtschaft betrieb, sich also um die Sicherung des Einkommens der Branche bemühte. Andererseits dachte man auch schon über sozialreformerische Maßnahmen nach. Man erprobte sie sogar, in der Hoffnung, jenseits der aktuellen Krise den Kapitalismus bändigen, ja domestizieren zu können. Die Lieblingsthemen dieser antikapitalistischen Überlegungen waren die Umgestaltung des bäuerlichen Erbrechts, die Ansiedlung von Kleinbauern und ein geeignetes Pachtsystem als Mittel zur Bewahrung des Bauerntums; ferner die Kreditgenossenschaften, die Konsumgenossenschaften und die Vermarktung der Agrarprodukte in genossenschaftlicher Form; schließlich Schutzzölle für die Landwirtschaft und die Einführung des Bimetallismus im internationalen Zahlungsverkehr zur Dämpfung des Preisverfalls. Die Palette der vorgesehenen Maßnahmen reichte von vollständig unsinnigen und unerreichbaren Plänen bis zu eminent praktischen und wirksamen Eingriffen und Projekten. Das Bedeutende dabei war, dass all diese Maßnahmen die nicht zu unterschätzende Reichweite der Magnaten bei weitem überstiegen. Einige hätten Staatshilfe vorausgesetzt, andere riesige Mengen von Startkapital, noch andere die Kooperation der lokalen Eliten und Verwaltungen und fast alle eine wohl gesonnene politische Öffentlichkeit. Somit war die agrarische Bewegung in dieser Phase ständig auf der Suche nach möglichen Partnern.

Entsprechend den vielfältigen Experimenten und Unternehmungen wurden die Aktivisten der agrarischen Bewegung wieder wichtig. So wurden nun auch die Wünsche der Wirtschaftsbeamten berücksichtigt und dementsprechend traten diese Gruppen wieder in den Wirtschaftsverein ein. Gleichzeitig bemühten sich die Agrarier zunächst erfolgreich um den Dialog mit den Liberalen und mit der liberalen Regierung. Die Dialogbereitschaft der Regierung war offensichtlich durch mehrere Überlegungen bestimmt: Durch politische Taktik, durch eine Wahrnehmung der von zunehmender Abhängigkeit vom Weltmarkt verursachten, äußerst schwierigen Probleme der Landwirtschaft, aber wohl auch durch den persönlichen Einfluss der führenden Agrarier. Die anfängliche Kooperationsbereitschaft ging zwischen 1893 und 1895 in die Brüche. Die Eigenart dieser Periode bestand jedoch in der Vielfalt der unterschiedlichen Koalitionen und Kooperationen.

Die vierte Periode von 1895 bis 1914 wurde wieder vom Auseinanderdriften der unterschiedlichen politischen und sozialen Gruppen geprägt. Die Regierung und die Mehrheit der sich bis dahin den Agrariern zurechnenden Großgrundbesitzer fanden ein gemeinsames Anliegen in der Errichtung und im Ausbau der Maßnahmen zum Schutz der Binnenmärkte der Habsburgermonarchie. Im Zentrum der Aufmerksamkeit standen dabei die Zölle. Großgrundbesitzer aller politischen Überzeugungen fanden sich unter diesem Thema zusammen.

Was aber auf der Strecke blieb, waren die sozialreformerischen Initiativen der vorausgegangenen Periode. Daher gerieten auch diejenigen agrarischen Magnaten an den Rand der dominierenden Politik, die an diesen sozialreformerischen Ansätzen festhielten. Zeitgleich mit der wachsenden Irrelevanz der Reformansätze steigerte sich die Radikalität ihrer intellektuellen Verfechter. Die Radikalisierung wurde zwar auch von den aristokratischen Patronen der Vereine und Zeitungen ermöglicht, aber auch durch das Aufkommen der partei- und prinzipienungebundenen Zeitungen und einer entsprechenden Gruppe von berufsmäßigen politischen Publizisten und Agitatoren begünstigt.

Unsere Versuche, die Fäden dieser Geschichte in die Hand zu nehmen, gestalten sich – den skizzierten Entwicklungen entsprechend – recht unterschiedlich. Die ideologischen Aussagen, die Programme und Tätigkeiten auf der Vereinsebene werden kontinuierlich, von Anfang bis Ende der Geschichte, beachtet. Die wirtschaftspolitischen Problemlagen werden nur punktuell beleuchtet, dort, wo diese eine Reaktion der Konservativen, und später der Agrarier provozierten. Eine Übersicht der Entwicklungen und Schichten zu geben, die zuerst im Wirtschaftsverein, dann in den unterschiedlichen agrarischen Bewegungen und Organisationen tätig waren, ist in der ersten, in der dritten und in der vierten Phase notwendig. In der zweiten Phase erübrigt sich eine sozialgeschichtliche Analyse, da der Wirtschaftsverein viel eher eine Lobby, als eine Bewegung darstellte; außerdem, weil ihm die Mitglieder davonliefen und ihre Stimme, die Vereinspresse, sich in Langeweile verlor; und schließlich wegen der in dieser Periode fast vollständigen Abhängigkeit sowohl des Landes-Wirtschaftsvereins als auch der Komitatsvereine von den aristokratischen Stiftern.

Forschungsstand

Der Forschungsstand wird durch die Isolierung und Parallelität der einzelnen Ansätze und der Forschung über die unterschiedlichen Aspekte des Themas gekennzeichnet. Es bestehen grob unterteilt folgende, voneinander abgekapselte Forschungsbereiche.

Selbstbildnisse der betroffenen Vereine und Institutionen wurden schon seit 1876 gefertigt.[2] Dieses Rinnsal von Monografien ist inzwischen fast vollständig versiegt. In aller Regel waren die dieser Gattung zugehörigen Monografien der beschriebenen Institution gegenüber reichlich unkritisch – sie hatten aber noch Zugang zu seitdem häufig verschol-

---

2 Galgóczy, Károly (Hg.): Az Országos Magyar Gazdasági Egyesület (OMGE) emlékkönyve, [Gedenkbuch des Wirtschaftsvereins], Budapest: Kocsi Sándor, Bd. 1 (1879); Bd. 2 (1880); Bd. 3 (1883); Bd. 4 (1884); Bd. 5 (1885); Bd. 6 (1891).

lenen oder vernichteten Archivalien. Daher stößt die ungenügende Kenntnisnahme dieser Vereinsmonografien in den anderen Forschungsbereichen auf Verwunderung.

Es gibt eine reichhaltige wissenschaftliche Literatur über die Sozialgeschichte der Zeit des Vormärzes. Diese fasst die Vereinsgründung und die Vereinstätigkeit als Teil eines weiteren Projekts der Modernisierung und Integrierung der Gesellschaft.[3] Jedoch bleiben in dieser Forschungstradition die uns interessierenden Gruppen und Organisationen am Rande des Interesses. In der vorliegenden Arbeit wird auf die Feststellungen dieser Literatur über die Entwicklung der vormärzlichen ungarischen Gesellschaft zurückgegriffen, es wird aber bei den uns hier vor allem interessierenden Themen, Gruppen und Organisationen gelegentlich auch Korrekturbedarf angemeldet.

Ideengeschichtliche Untersuchungen über Neokonservativismus entstanden seit Anfang der 1970er Jahre. Diese versuchten die Vorgeschichte und die Entfaltung der Konfliktreihe von Liberalismus und Konservativismus am Ende des 19. Jahrhunderts zu erhellen, sie suchten nach den Anfängen des antiliberalen Diskurses.[4] Von einigen dieser Autoren ist die antiliberale Wende schon als Vorbereitung eines Protofaschismus gewertet worden – und die Agrarier sind in diese Sparte geraten. Die eben genannten Werke werden später noch detaillierter referiert. Hier muss man kurz anklingen lassen, dass man der Gefahr einer teleologischen Betrachtung nur schwer entgehen kann, wenn irgendwo die „Keime" einer späteren Entwicklung gesucht werden. Durch eine solche Einengung vernachlässigt diese Forschungstradition die mit den agrarischen und neokonservativen Bewegungen verwobene Geschichte der wirtschaftlichen Verhältnisse sowie die der gesellschaftlichen Gruppen und ihrer Entwicklungen. Sie tendiert zur Kampfgeschichte von nicht sozialgeschichtlich geerdeten Ideen über Gesellschaft zu werden.

Die moderne Wirtschaftsgeschichte der Landwirtschaft muss sich an Studien der bäuerlichen Gesellschaft sowie der Entwicklung des Großgrundbesitzes, an Studien der Agrarpolitik der Regierungen, an Analysen der Interdependenzen von Landwirtschaft, Verkehr, Industrie und Kreditwesen anschließen.[5] Nicht immer fand das ganze Beziehungs-

---

3　Kövér, György/Gyáni, Gábor/Valuch, Tibor: Social History of Hungary from the reform era to the end of the twentieth century. N. Y.: Atlantic Research and Publ.; Columbia U. P. 2004; Tóth, Árpád: Önszervező polgárok [Selbstorganisierte Bürger], Budapest: L'Harmattan 2005.

4　Szabó, Miklós: Politikai gondolkodás és kultúra Magyarországon a dualizmus utolsó negyedszázadában [Politisches Denken und Kultur in Ungarn im letzten Vierteljahrhundert des Dualismus], in: MT 7/1, S. 873–885; ders.: Új vonások a századforduló magyar konzervatív politikai gondolkodásában [Neue Züge im ungarischen konservativen politischen Denken der Jahrhundertwende], in: Ders.: Politikai kultúra Magyarországon 1896–1986 [Politische Kultur in Ungarn 1896–1986], Budapest: Medvetánc könyvek-Atlantis program 1989, S. 109–176; ders.: Az új-konzervativizmus és a jobboldali radikalizmus története (1867–1918) [Die Geschichte des Neo-konservatismus und des Rechtsradikalismus], Budapest: Új Mandátum 2003. Szabó übertrug Argumente und Erklärungsmuster aus der deutschen Forschung auf den ungarischen Fall, vor allem aus Puhle, Hans-Jürgen: Agrarische Interessenpolitik und preußischer Konservativismus im wilhelminischen Reich (1893–1914), Hannover: Verlag für Literatur und Zeitgeschichte 1966.

5　Vörös, Antal: A magyar mezőgazdaság a kapitalista átalakulás útján (1849–1890) [Die ungarische Landwirtschaft auf dem Wege der kapitalistischen Umwälzung]; Für, Lajos: A kapitalista mezőgazdasági termelés megszilárdulása a századfordulón (1890–1914) [Die Stabilisierung der kapitalistischen Produktion um die Jahrhundertwende], beide in: Gunst, Péter – Hoffmann, Tamás (Hg.): A magyar mezőgazdaság a XIX-XX. században (1848–1949) [Die ungarische Landwirtschaft im 19.–20. Jahrhundert], Budapest: Akadémiai K. 1976, S. 9–152; S. 153–274.

gefüge der ländlichen Produktion eine zusammenhängende Analyse. In Bezug auf diese moderne wirtschaftsgeschichtliche Literatur ist das Verfahren hier ähnlich wie im Falle der Literatur über die Vormärz-Geschichte. Eine großflächige Revision der Ergebnisse war weder möglich noch angestrebt. Bei den Kernpunkten jedoch, welche z. B. die Vermarktungschancen bzw. die Gefährdung der Märkte der Landwirtschaft sowie die Auswirkungen des Marktschutzes darstellen, war es notwendig, sich ein eigenes Bild aufgrund der zeitgenössischen Quellen zu erarbeiten.

Quellen und Literatur

Die Archive der betroffenen Vereine und Organisationen sind fast alle verschollen oder vernichtet. Die beiden einzigen Ausnahmen bilden die Archive der Kredit- und Konsumgenossenschaftszentralen, die aber nur Material aus der Zeit seit der Jahrhundertwende enthalten. Daher bilden die Quellengrundlage für diese Arbeit diejenigen Archivmaterialien, in denen sich die Tätigkeit dieser Vereine und Organisationen widerspiegelte: Die privaten Archivüberlieferungen der in dem Wirtschaftsverein und in den agrarischen Bewegungen aktiven Aristokraten und Intellektuellen, die Presse der betroffenen Vereine, die stenografischen Protokolle des ungarischen Reichstages, die Archivalien der Banken, die aus agrarischer Sicht relevante Tätigkeiten (Genossenschaften, Ansiedlung, Rentengüter) finanzierten, die Akten der kgl. Statthalterei bzw. später des kgl. Landwirtschaftsministeriums und Ähnliches mehr.

Freilich wurden diese Quellen nicht nur dazu benutzt, um eine Bestandsaufnahme der Tätigkeiten der agrarischen Organisationen zu erstellen. Wir fragten stets auch nach den sozialen Verhältnissen der in diesen Organisationen und Bewegungen miteinander kooperierenden Aristokraten und Intellektuellen. Zu dieser Frage, vor allem dazu, was das geistige Profil, der Charakter sowie die Ziele und Bestrebungen der mitwirkenden Intellektuellen waren, ist auch die bisher unter diesem Gesichtspunkt wenig beachtete Vereinspresse eine hervorragende Quelle gewesen.

Die ökonomischen Rahmenbedingungen der Landwirtschaft werden erst ab 1879, dem Beginn der Absatzkrise, aufgrund der offiziellen Wirtschaftsstatistik eingehender betrachtet. Zu ihrer Ergänzung und Kritik wurden die statistischen Angaben der zeitgenössischen Handbücher herangezogen.

Die Gründung und die Gründer (1821–1847)

Die politischen und wirtschaftlichen Rahmenbedingungen (1821–1847)

Zu Beginn widmen wir uns der Wirtschaft und der Bevölkerung Ungarns am Anfang des Vormärzes. Das Land gliederte sich in drei große Teilgebiete, je nachdem, wie tief die Verheerungen der bis 1711 dauernden Kriege die Regionen gezeichnet haben. Der nördliche und westliche Teil war unter der Herrschaft der Habsburger und daher vom Krieg weitgehend verschont geblieben. Die zentralen und südlichen Gebiete wurden unter türkischer Herrschaft vollständig verwüstet. Im östlichen Siebenbürgen kam es zu mittelschweren Kriegsschäden. Die Bevölkerungszahl sowie die Siedlungs- und Wirtschaftsstrukturen regenerierten sich nur langsam. Die Unterschiede waren bis Mitte des 19. Jahrhunderts deutlich.[1]

Die erste bedeutende Zunahme des Getreideexports nach Wien erfolgte in den 1830er Jahren.[2] Diese „Vergetreidungswelle" erfasste jedoch nur die an den Wasserwegen der Donau und der Theiß angrenzenden Regionen. Die großen Gebiete der exportorientierten, extensiven Viehhaltung inmitten des Landes, in der Puszta, blieben von ihr noch unberührt. Erst seit dem Beginn des Eisenbahnbaus in den 1850er und 1860er Jahren wurden die riesigen Weiden beseitigt, was teilweise bis zur Jahrhundertwende dauerte. Die Ausbreitung der Kartoffel im bergigen Oberungarn und des Maises in Siebenbürgen hatte schon in der ersten Hälfte des 19. Jahrhunderts trotz des Weiterbestehens der Puszten inmitten des Landes die Ernährungsgrundlage für eine vergleichsweise dichte Bevölkerung sichergestellt.[3]

Zur Kennzeichnung der Gesellschaftsstruktur ist die Unterscheidung zwischen Aristokratie und Adel von Bedeutung. Der Begriff „Aristokratie" meint die mit erblichen Titeln ausgestatteten Familien, deren erwachsene männliche Mitglieder auf persönliche Einladung des Königs im Landtag im Oberhaus, an der sog. Magnatentafel ihren Sitz hatten. Obwohl es durchaus auch eine „Dienstaristokratie" gab, d. h. Familien von Offizieren und Beamten, waren die typischen Aristokraten zugleich Großgrundbesitzer. Die Aristokratie war durchweg katholisch und orientierte sich traditionell an der Politik des Wiener Hofes. Der Adel (Gemeinadel) Ungarns war neben dem polnischen der zahlreichste

---

1 Wellmann, Imre: Die erste Epoche der Neubesiedlung Ungarns nach der Türkenzeit (1711–1761), in: Acta Historica Tom. XXVI. (1980), Nr. 3–4, S. 241–303.

2 Belitzky, János: A magyar gabonakivitel története 1860-ig [Geschichte des ungarischen Getreideexports bis 1860], Budapest: o. V. 1932; Komlos, John: The Habsburg Monarchy as a Customs Union. Economic Development in Austria-Hungary in the Nineteenth Century, Princeton: Princeton U. P. 1983, S. 52–78.

3 Vgl. Orosz, István: Die landwirtschaftliche Produktion in Ungarn 1790–1849, in: Agrártörténeti Szemle 13 (1971) Supplementum, S. 1–24.

in Europa. Seine Gliederungen reichten bis weit nach unten in der Gesellschaft, so dass der sog. „Bundschuhadel" tatsächlich keine Stiefel besaß – von Sporen ganz zu schweigen.[4]

Die ärmeren Adeligen werden in unserer Geschichte kaum vorkommen, umso häufiger dagegen der sog. „Komitatsadel". Das waren jeweils ein bis zwei Dutzend Familien, die in einem Komitat über Generationen die Posten untereinander verteilten.[5] Der Besitz eines Adeligen dieser Schicht lag zwischen drei bis vier Kossätenstellen bzw. ein paar Rebparzellen und einem Dutzend von Hörigenstellen, konnte aber auch ein ganzes Dorf umfassen. Der Komitatsadel war die eigentliche politische Klasse Ungarns. Seine Macht war in der Komitatsorganisation begründet.

Die Institution des Komitates bedarf einer Erklärung.[6] Bis 1848 war das Komitat eine adelige Selbstverwaltung, die eine zugleich billige und umfassende Verwaltung des flachen Landes durch gewählte adelige Komitatsbeamte abgab. Das Komitat war auch die erste Gerichtsinstanz für Adelige. Die Komitatsversammlung war es, die je zwei Deputierte für den Landtag wählte und ein Mandat erarbeitete, an das die Abgeordneten im Landtag gebunden blieben. Durch dieses Instrument bildeten die Komitatsversammlungen die Stützpfeiler der Blöcke von Opposition und Regierungslager im Landtag und in der Politik im Allgemeinen.[7]

Zur Illustration der sozialen Situation des ungarischen Adels sei angeführt, dass ein Rittergutsbesitzer des ostelbischen Preußens zumeist in ärmeren und eingeschränkteren Verhältnissen lebte als ein mäßig begüterter ungarischer Aristokrat, jedoch normalerweise über dem Niveau des ungarischen Komitatsadels stand.

Alle Besitzer, ob adelig oder aristokratisch, bezogen Abgaben und Arbeitsleistungen (Robot) der Hörigen. Die persönliche Rechtsstellung der Bauern war durch Verfügungen von Joseph II. in den 1780er Jahren verbessert worden. Die Lasten, Abgaben und Robotschuldigkeit einer bäuerlichen Hufe hatte bereits das landesweite Urbarium von Maria Theresia 1767 festgesetzt. Diese waren seitdem in aller Regel erheblich niedriger, als die

---

4   Wellmann, Imre: Der Adel im transdanubischen Ungarn 1760–1860, in: Armgard von Reden-Dohna/Ralph Melville (Hg.): Der Adel an der Schwelle des bürgerlichen Zeitalters 1780–1860, Stuttgart: Franz Steiner 1988, S. 117–168; ferner Pálmány, Béla: A magyarországi nemesség társadalmi tagolódása (1686–1815) [Die soziale Gliederung des ungarischen Adels], in: Imre Ódor/Béla Pálmány/Péter Takács (Hg.): Mágnások, birtokosok, címerlevelesek. Debrecen 1997, Fónagy, Zoltán: Nemesi birtokviszonyok az úrbérrendezés korában [Magnaten, Landbesitzer, Briefadelige], Debrecen 1997, [Adelige Besitzverhältnisse in der Epoche der Urbarregulierung], in: Századok 133 (1999), S. 1141–1187. Über die mit den ungarischen Magnaten vergleichbaren österreichischen Aristokraten s. Stekl, Hannes: Österreichs Aristokratie im Vormärz. Herrschaftsstil und Lebensformen der Fürstenhäuser Liechtenstein und Schwarzenberg, Wien: Verlag für Politik und Gesellschaft 1973.

5   Szíjártó, István M.: Relatives and Miles. A Regional Approach to the Social Relations of the Lesser Nobility the County of Somogy in the Eighteenth Century, in: Bak, János (Hg.): History and Society in Central Europe, Bd. 2, Budapest: CEU Press 1994, S. 141–162.

6   Haselsteiner, Horst: Joseph II. und die Komitate Ungarns: Herrscherrecht und ständischer Konstitutionalismus, Wien [etc.]: Böhlau 1983, S. 26–38.

7   Péter, László: Az arisztokrácia, a dzsentri és a parlamentáris tradíció a XIX. századi Magyarországon [Die Aristokratie, die gentry und die parlamentarische Tradition im Ungarn des 19. Jahrhunderts], in: Ders.: Az Elbától keletre [Östlich der Elbe], Budapest: Osiris 1998, S. 187–218; ders.: The Aristocracy, the Gentry and their Parliamentary Tradition in Nineteenth Century-Hungary, in: Slavonic and East-European Review 70 (1992), Nr. 1.

vergleichbaren Lasten in den böhmischen Ländern oder in den deutschen Ostgebieten. Allerdings war auch der damit belastete bäuerliche Betrieb zumeist wesentlich kleiner.

Der Kampf zwischen Herren und Bauern hing von der Struktur der Betriebe auf beiden Seiten ab. Es gab Gruppen von Besitzern, denen die Robot äußerst wichtig war, aber auch solche, bei denen die Robot keine Rolle mehr spielte oder noch nie gespielt hatte. Entsprechend gestaltete sich die Reformbereitschaft der Landtage. Diese legten die Stufen, auf denen aus einer Hörigenhufe emporsteigend bürgerliches Eigentum wurde, nach und nach gesetzlich fest.

Die Auseinandersetzungen des Vormärzes begannen mit der im September 1825 einsetzenden Landtagsperiode.[8] Diese dauerte bis August 1827 und brachte eine Bestätigung der Rechte des Landtags, auch speziell des Rechts, über die Erhebung und die Höhe der Landessteuern zu bestimmen sowie alle drei Jahre einberufen zu werden. Hier fand der erste Auftritt eines unserer Hauptdarsteller, des Grafen István Széchenyi statt, der unter anderem ein Jahreseinkommen seiner Güter für die Gründung einer ungarischen gelehrten Gesellschaft, der späteren Akademie der Wissenschaften, stiftete.

Der Landtag von 1825 bis 1827 leitete auch einen politischen Reformdiskurs ein, indem er 1827 per Gesetz beschloss, die Reformpläne des Landtages von 1791 wieder hervorzuholen und öffentlich diskutieren zu lassen. Das kam einer allerhöchsten Genehmigung von politischen Diskussionen gleich. Kurz danach versuchte der Hof schon zu bremsen, so dass der Landtag von 1830 beinahe keine weiteren Reformen hervorbrachte.[9]

Adel und Landtag wurden allerdings jählings aufgeschreckt durch den Bauernaufstand von 1831.[10] Von nun an fungierte der Aufstand im politischen Diskurs als Schreckensgespenst, was im alten „System der Unfreiheit" geschehen konnte, wenn man den Bauern keine Rechte gewährte. Der Landtag wurde kurz vor Weihnachten 1832 wieder einberufen. Es formierte sich eine starke liberale Partei aus den Deputierten der Komitate. Sie unterbreitete dem Landtag eine Reihe von Reformvorschlägen. Die wichtigsten von ihnen betrafen die Mischehen von Katholiken mit Nicht-Katholiken, die freiwillige Ablösung der Lasten der Hörigen und die Schmälerung der Kompetenzen der Patrimonialgerichte.[11] Eine Gesetzesvorlage konnte dem König nur von beiden Häusern des Landtags, den sog. „Tafeln", einvernehmlich vorgelegt werden. Die Magnatentafel wurde jedoch von den hoftreuen Aristokraten beherrscht, während die liberale „Magnatenopposition" in der Minderheit war. Diese Konstellation diente dem Hof immer wieder dazu, sämtliche Reformvorschläge schon im Landtag scheitern zu lassen, ohne dass den König die Schuld daran

---

8   Vörös, Károly: Az abszolutizmus és rendiség konfliktusának kiújulása (1812–1830) [Das Neuaufleben des Konflikts zwischen Absolutismus und Ständetum], in: MT 5/1, S. 601–663; weiter C. A. Macartney: The Habsburg Empire 1790–1918, London – Basingstoke: Macmillan 1969; Király, Béla H. (Hg.): East-Central European Society and War in the Era of Revolutions 1775–1856, N. Y.: Atlantic Research and Publication, Columbia University Press 1984.

9   Gergely, András: A magyar reformellenzék kialakulása és megszilárdulása (1830–1840) [Die Formierung und Stärkung der ungarischen Reformopposition], in: MT 5/2, S. 669–787.

10 Tilkovszky, Lóránt: Adelige Opposition und Bauernaufstand in Ungarn und der Wiener Hof, 1831–1832, in: Glatz, Ferenc/Melville, Ralph (Hg.): Gesellschaft, Politik und Verwaltung in der Habsburgermonarchie 1830–1918, Wiesbaden: Franz Steiner 1987, S. 23–40.

11 Sándor, Pál: Deák und die Frage der Hörigen auf dem Reichstag der Jahre 1832–1836, Budapest: Akadémiai K. 1977.

träfe. Dies trieb die liberalen Magnaten in eine für diese Gruppe ungewöhnliche Politisierung und Radikalisierung.

Der Hof entschied sich in Anbetracht des sprunghaften Emporkommens einer politischen Öffentlichkeit, der ganzen Entwicklung mit Gewalt Einhalt zu gebieten. Eine Reihe von Gefangennahmen und offensichtlich rechtswidrigen Urteilen gegen die liberale Jugend sowie gegen die Oppositionsführer Kossuth und Wesselényi in den Jahren 1836/1837 verschärfte die Polarisierung. Zugleich versuchte der Hof, die Komitate unter seine Kontrolle zu bringen. Beide Versuche misslangen. Der nächste Landtag von 1839/40 erzwang die Freilassung der Gefangenen. Bei diesem und dem nächsten Landtag von 1843/44 sind zudem einige Reformideen als Gesetzesentwürfe beschlossen worden.[12] Damit entstand ein Programm für den liberalen Umbau der ungarischen Gesellschaft. Hinsichtlich der Agrarfrage waren auch die radikalsten Entwürfe gemäßigter als das, was die 1848er Revolution bringen sollte. Sie sahen die obligatorische Ablösung der Grundlasten der Hörigen vor – mehr nicht.

Was aber Kossuth und die Liberalen doch erreichten und was den Hof wie auch die Konservativen des Adels und in der Aristokratie bis aufs Blut reizte, war eine Ausweitung der politischen Öffentlichkeit. Als Reaktion auf diese politische Mobilisierung des Vormärzes, auf die „Politik der Straße" entstand 1846/47 eine zeitgemäße Konservative Partei.

Diese Rahmenbedingungen sind es, die wir als Hintergrund für unsere Geschichte im Auge behalten müssen.

Das Pferderennen, die Vereinsgründung und die Magnaten Ungarns – aristokratische Rollen im Fluss (1821–1835)

Die stärkste und angesehenste Organisation der landwirtschaftlichen Interessenvertretung Ungarns am Ende des 19. Jahrhunderts war der Ungarische Landes-Wirtschaftsverein. In diesem Abschnitt betrachten wir sein Entstehen und seine Tätigkeit bis 1847.

Der Verein entstand als informelle Gesellschaft zur Veranstaltung von Pferderennen. Die seltsam anmutende Geburt führt uns sofort zur Frage nach der Rolle, den Möglichkeiten und den Funktionen der Aristokratie zu Beginn des 19. Jahrhunderts.

Die Aristokraten Europas, allen voran die englische Aristokratie, verloren in dieser Zeit die Selbstverständlichkeit ihrer Rollen. An dieser Stelle können die Auswirkungen der aufgeklärten Adelskritik, die Veränderungen der Wirtschafts- und Lebensverhältnisse, die Konkurrenz am spätabsolutistischen Hofstaat der Fürsten, die Umwandlung der militärischen Rollen u. Ä. nicht geschildert werden.[13] Festzuhalten ist jedoch, dass die Generation von Lord Byron ihre traditionelle Eliterolle auf eine neue Art zu legitimieren suchte.

---

12 Vörös, Károly: A magyar reformellenzék harca a polgári átalakulásért (1840–1847) [Der Kampf der Reformopposition für die bürgerliche Umwälzung], in: MT 5/2, S. 855–976. Varga, János: A Hungarian Quo Vadis. Political Trends and Theories of the Early 1840's, Budapest: Akadémiai K. 1993.

13 Conze, Werner: Adel, Aristokratie, in: Brunner, Otto/Conze, Werner/Koselleck, Reinhart (Hg.): Geschichtliche Grundbegriffe. Historisches Lexikon zur politisch-sozialen Sprache in Deutschland. Bd. 1., Stuttgart: Ernst Klett, Bd. 1, 1972, S. 1–48.

Dafür gab es mehrere Möglichkeiten, die in England auch genutzt wurden. Die vertiefte und erneuerte Religiosität in der Form des Evangelikalismus war eher eine Antwort der Mittelklasse auf die neuen Zeiten, hatte aber auch einen aristokratischen Ableger, den sog. ‚Clapham Sect'.[14] Dies ermöglichte offensichtlich auch Möglichkeiten der politischen Betätigung. Die ideologisierte konservative Reaktion auf die Französische Revolution gehört ebenso hierher, wie die Opposition der Whig-Aristokraten gegen die Krone. Die Frontstellungen hatten sich verändert, denn diese Opposition war eben nicht liberal und schon gar nicht „bürgerlich". Die großen Herren nahmen nun die Belange der Allgemeinheit auf sich, in Abgrenzung einerseits gegenüber der von der Krone geförderten parlamentarischen Korruption, andererseits von der Engherzigkeit und dem Egoismus der liberalen Mittelklasse. Folglich bemühte sich die ‚whig aristocracy' auch, Edelmut und Uneigennützigkeit zu demonstrieren, indem sie ‚lost causes' unterstützte. Zu diesen aussichtslosen Vorhaben gehörten neben Tierschutz und Kinderschutz auch die Unterstützung der Armen oder die Solidarität mit Katholiken – und mit Franzosen.[15]

Die Begeisterung der englischen Aristokratie für den Sport hat wohl eine ähnliche Funktion gehabt. Die wahrscheinlich am meisten verbreitete soziologische Erklärung für die plötzliche Popularität der unterschiedlichen Sportarten stammt von Elias.[16] Darin wird die zunehmende Verbreitung und Popularität von Sport als eine Phase in der fortwährend gründlicher werdenden Kontrolle der Affekte und des affektgeleiteten Handelns während des „Prozesses der Zivilisation" betrachtet. Meines Erachtens trifft dies in dieser Allgemeinheit nicht zu. Sport treiben war bei den von Aristokraten präferierten Sportarten keine bloße Bändigung der Leidenschaften oder die Kanalisierung der Kampfinstinkte, sondern auch ein Bewahren von aristokratischer, individueller Exzellenz, eben durch Ausleben dieser Affekte. Neben geregelten Sportarten standen die ganz ungeregelten, in die sich die Aristokraten mit Begeisterung stürzten – so z. B. neben dem Handicap-Rennen das mörderische Hindernis-Rennen *(steeple-chase)*, neben dem Fechten mit Maske und abgestumpften Degen *(foil-play)* das Boxen.[17] Andererseits gerieten gerade die geregelten Sportarten sehr schnell in den Sog des großen Geldes beim Wetten, was der Bedeutung von ‚Eminenz' eine entschieden pekuniäre Wendung gab.[18]

Merkwürdigerweise schwappte im ersten Drittel des Jahrhunderts alles Englische sofort auf den Kontinent über. Es ist schwierig festzustellen, in wieweit das Mode war und wie viel davon auf ein dem englischen ähnliches Legitimationsdefizit hinwies. Im Falle Ungarns existierte sicherlich auch dieser zweite Faktor einer Erschütterung der Selbstver-

---

14 Briggs, Asa: The Age of Improvement 1783–1867, London – N. Y.: Longman 1979, S. 69–74.

15 Mandler, Peter: Aristocratic Government in the Age of Reform. Whigs and Liberals 1830–1852, Oxford: Clarendon Press 1990.

16 Elias, Norbert: Über den Prozess der Zivilisation: soziogenetische und psychogenetische Untersuchungen, Frankfurt/M: Suhrkamp 1997.

17 Longrigg, Roger: The History of Horse Racing, London – Basingstoke: Macmillan 1972, S. 155–162. Das „steeple-chase" ähnelte der Brutalität der Tierhetzen und der Hahnenkämpfe. Dem Zivilisierungskonzept von Norbert Elias widersprach das Hindernisrennen, in dem die Herren ihre Pferde selber ritten, ohne eine Unzahl von Regeln, aber mit umso mehr Unfällen und Blutvergießen.

18 Disraeli schrieb über Lord Bentinck: „He valued the acquisition of money on the turf, because there it was the test of success. He counted his thousands after a great race as a victorious general counts his cannon and his prisoners." Ebd., S. 121. – Auch dieser Aspekt fehlt in Elias' Interpretation.

ständlichkeit der sozialen Rollen. Es wäre aber blauäugig, persönliche Faktoren wie die Ausstrahlung zentraler Gestalten, wie der Leitfigur des ungarischen Vormärzes, des Grafen Széchenyi und den Sog der Modewellen zu übersehen.[19]

Wie auch immer – überall in Europa, von Doberan in Mecklenburg bis Schwechat bei Wien, entstanden in den 1820er Jahren Renngesellschaften, die das Rennen nach englischen Mustern, nach englischen Regeln, mit englischem Personal und *jockeys*, sogar mit komplett aus England importierter *equipage* – und mit ansehnlichen Kosten veranstalteten. Auch in Ungarn hat Graf Széchenyi 1821 ein Projekt zur Hebung der dahinsiechenden Pferdezucht durch die Einführung von Wettrennen nach englischem Muster entwickelt.[20] Er war nicht der Erste – die Mode der Rassepferde, der feinwolligen Schafe und die Anglomanie wäre auch ohne ihn nach Ungarn gelangt.[21] Doch Széchenyi konnte die Menschen bewegen. Er arbeitete seit 1822 mit einer Gruppe von gleichgesinnten jungen Magnaten an der Verwirklichung des Projekts. Sie bekamen zwar günstige Gutachten von der kgl. ungarischen Kanzlei in Bezug auf ihre beim König eingereichte Petition zur Gründung eines Rennvereins, aber die Genehmigungsurkunde kam und kam nicht zustande. So veranstalteten die jungen Aristokraten zunächst auf ihren Gütern unterschiedliche Rennen, Parforce-Jagden und *steeple-chases*. Dann organisierten sie im Sommer 1826 auch in Pressburg für das Publikum des Landtages von 1825 bis 1827 ein solches Rennen. Dies wird in der Literatur – eigentlich unberechtigt – als „das erste Rennen" erwähnt.[22] 1827 wiederholte man das Rennen, allerdings in Pest, und so ging es in jedem Jahr weiter. Die lockere Zusammenarbeit der Aristokraten in Form der Zeichnung von Anteilscheinen zur Deckung der Kosten einer Veranstaltung war schon am Anfang des Jahrhunderts üblich. Auch die Pester Veranstaltung war anfangs lediglich eine Gesellschaft, die die Kosten einer Zerstreuung gemeinsam trug. In den darauf folgenden zwei Jahren formierte sich ein Organisations-Ausschuss und 1830 wurde formell ein Rennverein mit Statuten, Versammlung und Leitung gegründet.[23]

Aus der langsamen Geburt des Rennvereins ergibt sich die Frage, ob es hier Gegenwind aus Wien gab. Die ungarische Geschichtsschreibung hat vielleicht den oppositionellen Charakter der Unternehmung überbetont. Obwohl Széchenyi in seinen Tagebüchern den schleppenden Genehmigungsvorgang immer wieder in diesem Sinn deutete, gibt es keinen konkreten Anhaltspunkt für eine Wiener Animosität. Von Metternich ist jedoch belegt, dass er Ungarn für zu unreif hielt, um solche zeitgenössische Neuerungen einzuführen.[24] Die

---

19 Vgl. Barta, István: Széchenyi, in: Acta Historica, 1960, Nr. 1–2, S. 4–68; Oplatka, András: Graf Stephan Széchenyi, Wien: Zsolnay 2004.

20 Vári, András: Angol játék magyar gyepen [Englisches Spiel auf ungarischem Rasen], in: Korall, Mai 2005, S. 99–131.

21 Siehe z. B. Wenckheim, Joseph Freiherr von: Ideen über eine Wiederherstellung der verfallenen ungarischen Pferdezucht und die Mittel den Zweck in möglichst kürzester Zeit zu erreichen. Pesth: Georg Kilian 1815, gedruckt bei Frantz Joseph Pazko 1815.

22 Fast zeitgleich gab es auch ein Rennen in Simmering das Széchenyi als Konkurrenzunternehmen auffasste, woran jedoch seine Freunde ebenso teilgenommen haben, wie die Wiener Aristokratie an dem Rennen von Széchenyi in Pressburg.

23 Andrássy, György/Döbrentei, Gábor (Hg.): Gyepkönyv. 1830-ki jelentés a magyarországi Állattenyésztő Társaság munkálódásairól, [Turfbuch. Bericht über die Tätigkeit des Tierzuchtvereins im Jahre 1830], Pest: Károlyi és Trattner 1830.

24 Andics, Erzsébet: Metternich és Magyarország [Metternich und Ungarn], Budapest: Akadémiai K. 1975, S. 94.

allgemeinen Ansichten des Kanzlers waren aber nicht entscheidend für die konkrete Einstellung diesem Projekt gegenüber, denn in den Gremien des Vereins, auf den Listen der Anteilszeichner und unter den Unterzeichnern der Petitionen fanden sich hohe Chargen des Hofes und hochrangige Armeeoffiziere, was bei einem als suspekt angesehenen Verein kaum möglich gewesen wäre.

Allerdings wurde der 1822 gestartete Genehmigungsvorgang von anderen Ereignissen eingeholt. Im August 1822 hatte der König – ohne einen entsprechenden Landtagsbeschluss – die Eintreibung der Steuern in Silbermünzen anstelle von Papiergeld verfügt, was einer Erhöhung der Steuern auf das 2,5-fache gleichkam. Die Komitate lehnten die Eintreibung der Steuer ab und protestierten, woraufhin königliche Kommissare mit Militärgewalt gegen sie vorgingen. In dieser Atmosphäre wollte Wien wahrscheinlich auch prinzipiell unproblematische Vereine nicht zulassen. Die spätere schlichte Kenntnisnahme der – formell ungenehmigten – Aktivitäten des Vereins zwischen 1827 und 1830 spricht jedenfalls für diese Deutung.

Diejenigen, die den Verein gemeinsam gegründet und den Löwenanteil der Kosten noch ein halbes Jahrhundert hindurch getragen haben, gehörten zu den mächtigsten und reichsten Familien des Landes. Diese Gruppe – die Grafen Széchenyi, György Károlyi, Mihály Eszterházy, György Andrássy und Baron Wesselényi – fühlte sich in einem doppelten Sinne als neue Elite Ungarns. Zum einen sahen sie sich als „kultivierte" Elite im selben Sinne wie auch zeitgenössische deutsche Aristokraten, wie Fürst Pückler-Muskau, die das Leben in England um dessen kultivierte Qualität beneideten.[25] Die Verfeinerung der Sitten und der Lebensverhältnisse hatte Programmcharakter, denn Sitten und Lebensverhältnisse waren *per definitionem* keine Privatangelegenheiten. Sitten und Kultur des traditionellen Ungarn gerannen zu Stereotypen, von denen sich die jungen Aristokraten auf Schritt und Tritt absetzen wollten. Außerdem fühlten sich einige von ihnen, vor allem Széchenyi selbst, als neue Elite, die für eine Erneuerung der „Zivilisation" wirkte. Damit ist ein Integrationsprojekt gemeint, das aus einer ungehobelten, in der Enge der lokalen Verhältnisse verharrenden ständischen Gesellschaft eine kultivierte, integrierte und entwicklungsfähige Zivilgesellschaft schaffen sollte.[26]

Die Anwendung des Begriffes „Zivilgesellschaft" auf die gesamte Gruppe der zumeist jungen Aristokraten würde wohl den emanzipatorischen Charakter ihrer politischen Absichten und ihre Radikalität zu stark betonen. Dies gilt jedoch nicht im Falle von Széchenyi, der diesen Begriff benutzte und auch in diesem Sinne meinte.[27] Er beeinflusste maßgeblich die geistige und politische Entwicklung der Aristokratie. Auch die Nutzung der

---

25 Mettin, H. Ch. (Hg.): Fürst Pückler reist nach England. Aus den „Briefen eines Verstorbenen", Berlin: Hans von Hugo und Schlotheim 1938.

26 Für den Begriff der „Zivilgesellschaft" in Ungarn, s. Péter, László: Volt-e magyar társadalom a XIX. században? A jogrend és a civil társadalom képződése [Gab es eine ungarische Gesellschaft im 19. Jahrhundert? Die Herausbildung der Rechtsordnung und der Zivilgesellschaft], in: Péter, László: Az Elbától keletre [Östlich der Elbe], Budapest: Osiris 1998, S. 148–186.

27 Vgl. Barany, George: Stephen Szechenyi and the awakening of Hungarian nationalism, 1791–1841, Princeton, N. J. 1968; Gergely, András: Széchenyi eszmerendszerének kialakulása [Die Formierung der Ideen von Széchenyi], Budapest: 1972; Lackó, Mihály: Széchenyi és Kossuth vitája, [Die Debatte von Széchenyi und Kossuth], Budapest: Gondolat 1977.

Geselligkeitsform des Vereins stellte eines der bewusst verfolgten Ziele Széchenyis dar.[28] Ähnlich kann man im Falle einer anderen, mit dem Rennverein zeitgleich gegründeten Unternehmung von Széchenyi argumentieren – der Gründung eines Casinos, eines Clubs nach englischem Muster, ebenfalls als Aneignung einer Geselligkeitsform gedacht und praktiziert.

GRÓF KÁROLYI GYÖRGY
28 éves korában
(1802–1877).

Abbildung 1: Graf György Károly im Alter von 28 Jahren
Quelle: Éble, Gábor: A nagykárolyi gróf Károlyi család leszármazása, Budapest 1913, Anhang.

Der 1830 gegründete Rennverein beschäftigte sich in seinen ersten Jahren fast ausschließlich mit Angelegenheiten der Rennbahn, mit Regeln und mit Pokalen, hieß aber von Anfang an „Tierzuchtverein", was konkret die Hebung der Pferdezucht (Abstammungsregistration, Vermittlung und Import von Zuchthengsten usw.) bedeutete. Bald hieß der Verein schon „Thierschau-Verein". Denn anlässlich des Jahrmarktes am Medardtag (dem 8. Juni), auf

---

28 Ulrich Im Hof: Das gesellige Jahrhundert. Gesellschaft und Gesellschaften im Zeitalter der Aufklärung, München: Beck 1982; ferner Richard van Dülmen: Die Gesellschaft der Aufklärer. Zur bürgerlichen Emanzipation und aufklärerischen Kultur in Deutschland, Frankfurt/M.: Fischer 1996.

den die Vereinsversammlung und die jährlichen Rennen folgten, gab es nun auch eine „Tierschau", d. h. eine Ausstellung und Messe mit besonders wohl geratenen Pferden, Schafen und Bullen. Für herausragende Zuchttiere wurden horrende Preise verlangt, was aber ohnehin nur für die Großgrundbesitzer eine praktische Funktion hatte.[29]

A NAGYKÁROLYI KASTÉLY (1794—1894) DÉLKELETRŐL.

Abbildung 2: Das Schloss Nagykárolyi (1794-1894) von Südosten
Quelle: Éble, Gábor: A nagykárolyi gróf Károlyi család leszármazása, Budapest 1913, S. 55.

Der Verein wurde dennoch immer populärer und wuchs bis 1835 bedeutend an. Mitgliederlisten sind zwar nicht überliefert, die Namen der Mitglieder des „leitenden Ausschusses" („*igazgató választmány*"- im Folgenden „Zentralausschuss") sind jedoch für alle Jahre bekannt. Mit den komplexer werdenden Aufgaben erschienen Angestellte und Klienten der großen Herren – Anwälte, Privatsekretäre und Wirtschaftsbeamte im Zentralausschuss. In den Zentralausschuss wurden aber auch gemeinadelige Großgrundbesitzer und sogar Angehörige des Komitatsadels gewählt. Daraus kann man schließen, dass auch die Mitgliedschaft des Vereins breiter geworden ist. Einen Indikator dafür finden wir 1832, als man zur Deckung der Kosten eines Vereinshauses noch einmal Anteilsscheine zeichnen ließ. In den Listen der Zeichner von Anteilsscheinen gab es neben den hohen

---

29 Andrássy, György/Döbrentei, Gábor (Hg.): Gyepkönyv. 1831-ki jelentés a magyarországi Állattenyésztő Társaság munkálódásairól Pest: Károlyi és Trattner 1831; Andrássy, György/Tasner, Antal (Hg.): Gyepkönyv. 1832-ki jelentés a magyarországi Állattenyésztő Egyesület munkálódásairól, Pest: Károlyi és Trattner 1832; Tasner, Antal: Gyepkönyv. 1833-iki jelentés a Magyarországi Állattenyésztő Társaság munkálódásairól, Pest: Károlyi és Trattner 1833 [Turfbuch. Bericht über die Tätigkeit des Tierzuchtvereins im Jahre 1831; 1832; 1833].

Herren viele Namen aus dem Gemeinadel und sogar eine Reihe von Pester Bürgern und Händlern.[30] Die Wettrennen selbst waren über alle Maßen populär. Die wachsende Bedeutung des Vereins wird auch durch die Entwicklung der Einnahmen widergespiegelt.

Tabelle 1: Einnahmen des Tierzuchtvereins (1827–1831)

Jahr	Gold (Stück)	Gulden (C. M.)
1827	847	1.210
1828	1.037	2.701
1829	1.029	4.548
1830	1.282	7.662
1831	1.361	8.330

Quelle: Zusammengestellt nach den Turfbüchern der entsprechenden Jahre.

Die endgültige gesellschaftliche Anerkennung sicherte 1834 die Zeichnung von Anteilen durch den Thronfolger, den Paladin Erzherzog Joseph, durch die Erzherzöge Franz und Franz Karl sowie die Stiftung eines Königspreises durch den Kaiser.[31] Dies kam einer Akzeptanz von Schirmherrschaften gleich.

Die hier geschilderte Entwicklung und die maßgebliche Rolle der Aristokratie dabei ist keine ungarische Besonderheit. Zwar wurde in der deutschen Sozialgeschichte die Sozialform des Vereins vor einigen Jahren noch als etwas Bürgerliches angesehen.[32] Adelige Teilnahme an städtischen Vereinen galt beispielsweise als absolute Ausnahmeerscheinung.[33] Unzweifelhaft richtig dabei ist die Feststellung, dass eventuelle Kontaktzonen zwischen Adel und Bürgertum noch lange keine Beweise einer „Verschmelzung" darstellen. Das bedeutet aber nicht, dass Adel und Verein nicht zusammengehören können. In letzter Zeit wurde die Breite der adeligen Geselligkeitsformen beginnend ab dem späten 18. Jahrhundert und damit auch die zentrale Bedeutung des Vereins unter diesen Geselligkeitsformen augenfällig dokumentiert.[34] Mehr noch, Forscher wie Silke Marburg und Josef Matzerath betonen die starke Beharrungskraft des Adels. Sie erblicken darin nicht nur ein Residuum, sondern plädieren dafür, dass „dem Adel die Möglichkeit offen stand,

---

30 Die Anteilscheine waren 60 Gulden CM wert. Von 42 Anteilszeichnern stellten die Aristokraten nunmehr lediglich etwa ein Viertel, die von ihnen gezeichnete Summe machte freilich fast zwei Drittel der Gesamtsumme aus. Andrássy, György Gr./Tasner, Antal (Hg.): Gyepkönyv. 1832-ki jelentés a magyarországi Állattenyésztő Egyesület munkálódásairól [Turfbuch. Bericht über die Tätigkeit des Tierzuchtvereins 1832], Pest: Károlyi és Trattner, 1832, S. 16f.

31 Tasner, Antal (Hg.): Gyepkönyv. 1835-iki jelentés a Magyarországi Állatenyésztő Társaság (ezentúl Gazdasági Egyesület) munkálódásairól [Turfbuch. Bericht über die Tätigkeit des Thierzuchtvereins (im Weiteren Wirtschaftsverein) im Jahre 1835], Pest: 1835, S. 3.

32 Vgl. Reif, Heinz: Westphälischer Adel 1770–1860. Vom Herrschaftsstand zur regionalen Elite, Göttingen: Vandenhoek&Ruprecht 1979, S. 398.

33 Gall, Lothar: Adel, Verein und städtisches Bürgertum, in: Fehrenbach, Elisabeth (Hg.): Adel und Bürgertum in Deutschland 1770–1848, München: R. Oldenbourg 1994, S. 29–43.

34 Marburg, Silke: Adel und Verein in Dresden, in: Marburg, Silke/Matzerath, Josef (Hg.): Der Schritt in die Moderne. Sächsischer Adel zwischen 1763 und 1918, Köln – Weimar – Wien: Böhlau Verlag: 2001, S. 45–62.

zentrale Bereiche des alten Selbstverständnisses beizubehalten." Obwohl sie bei dieser Feststellung insbesondere die Fähigkeit des Adels betonen, seine Elitestellung symbolisch zu definieren und zu verteidigen, lässt sich ihre Argumentation weiterführen. Schließlich gab es jenseits der symbolträchtigen Interessen, etwa „an Wappen, Jagdrecht, Kirchenstuhl, Familiengüter..."[35], noch ein weiteres zentrales ererbtes Interesse: Die Politik. Dies gilt wahrscheinlich auch für einige deutsche Territorien, ganz sicherlich aber für Ungarn.

Wirtschaftsförderung als unpolitische patriotische Unternehmung (1835–1847)

Durch die Akzeptanz des Hofes gefestigt, schritt der Verein zur Erweiterung seines Tätigkeitsfeldes. Schon bei der Generalversammlung von 1834 wurde ein Ausschuss zur Erarbeitung der Modalitäten der Umgestaltung gebildet, auf dessen Empfehlungen hin die Versammlung vom 8. Juni 1835 den Namen in „Wirtschaftsverein" änderte. Jetzt wurde auch ein weiterer Ausschuss damit beauftragt, eine neue Satzung auszuarbeiten, und es wurde ein neuer Zentralausschuss gewählt. Die soziale Zusammensetzung dieser Ausschüsse war durchaus gemischt.[36]

Parallel zur Umgestaltung des Vereins fanden die Sitzungen des Landtages von 1832 bis 1836 statt. Hier offenbarte sich ein krasser Gegensatz zwischen den liberalen Reformern der Untertafel und den konservativen Magnaten der Oberen bzw. der Magnaten-Tafel, die alle Reformvorschläge niederschmetterten. Offene, bisweilen sogar recht unhöfliche Aristokratie-Kritik war die Folge. Ab Anfang 1835 erhob die Regierung gerichtliche Anklage gegen das radikalste Mitglied des ursprünglichen Freundeskreises von Széchenyi, Baron Nicholas Wesselényi. Széchenyi bangte um seine Initiativen und verließ schon 1833 den Landtag. Aber trotz seiner Ängste in Bezug auf seine nunmehr argwöhnisch betrachteten Vereine, war er bei der Sitzung des Wirtschaftsvereins im Juni 1835, von der die Initiative für eine Erweiterung des Aufgabenkreises ausging, zugegen und opponierte nicht.[37]

Die veränderte Satzung vom Juni 1836 benannte als Vereinsziele die Ermittlung der gegenwärtigen Zustände der Landwirtschaft und Aktionen zur Verbreitung neuer Erkenntnisse über die Landwirtschaft. Dies sollte durch Beratungen, Preisfragen und Lesungen erreicht werden. Schon 1835 war die Herausgabe einer Zeitschrift vorgesehen, was 1837 verwirklicht wurde. Durch die veränderte Zielsetzung bekam die soziale Zusammensetzung des Vereins ein neues Gewicht. Die in der Fachliteratur übliche ausschließliche Behandlung von Vereinen im Kontext von Verbürgerlichung geht zu weit, denn auch der Adel in Ungarn und in Deutschland bediente sich dieser Form. Die prinzipielle Gleichheit der Vereinsmitglieder verhinderte nicht, dass die Angehörigen höherer Stände in Vereinen andere Rollen spielen konnten als die Bürger. Daher konnte

---

35 Marburg, Silke: Vom Stand zur Erinnerungsgruppe. Zur Adelsgeschichte des 18. und 19. Jahrhunderts, in: Marburg, Silke/Matzerath, Josef (Hg.): Der Schritt in die Moderne. Sächsischer Adel zwischen 1763 und 1918, Köln – Weimar – Wien: Böhlau Verlag 2001, S. 5–16, Zitat S. 14.

36 Ebd., S. 13ff., vgl. noch Széchenyi, István, Napló [Tagebuch], Bd. 4, 6.6.1835, in: Széchenyi István minden írása [Sämtliche Werke von István Széchenyi], CD-ROM, Budapest: Logod.

37 Ebd., Bd. 4, 8.6.1835.

auch die Vereinstätigkeit selbst zu einem der Mittel zur Darstellung von aristokratischer Exzellenz werden.[38] In einer Assoziation, die sich immer komplexere Ziele setzte, können jedoch Standesunterschiede im Laufe der täglichen Arbeit störend wirken. Dies wurde von den aristokratischen Führern des Vereins akzeptiert. Schon vor dem Beschluss zur Er-arbeitung einer neuen Satzung durch die Versammlung vom 8. Juni 1835 war ein Zentral-ausschuss gewählt worden, der sozial mehrschichtiger war als alles Bisherige.

Der Ideenaustausch im Verein beschäftigte sich zunächst vor allem mit Pferden sowie mit der Schafzucht, einer als „Englisch" angesehene Mode bei den gräflichen Dilettanten. Das Schaf konnte, rationell gehalten, sogar in der Depressionsphase der 1820er Jahren Pro-fit, in der Zeit der günstigen Wollpreise der 1830er Jahre sogar recht viel Geld ein-bringen.[39] Bei den meisten aristokratischen Herren war es wohl eher eine Prestigesache, und schon deswegen eine wenig profitable Unternehmung, wenn deren Ertrag mit den reellen Kosten verglichen wurde.[40] Das tat der Begeisterung der Herren keinen Abbruch, Schafe und Schafzucht gehörten zu den wenigen Themen, über die die Aristokraten unter Angabe ihres Namens in der Fachpresse Artikel publizierten. Über Schafe und Ställe, über die Methoden und Ergebnisse der Schur wurden in der Vereinszeitschrift in bukolischen, zum Teil überschwänglich-begeisterten Berichten geschrieben.[41] Denn die Aussage der Be-schäftigung mit der Schafzucht war eine Doppelte: Einerseits demonstrierten diese Tätig-keitsfelder aristokratische Exzellenz, in etwa demselben Sinne, wie das Sammeln von

---

38 Tóth, Bürger, Anm. 3.
39 Adalékok Magyarország nyersterményeinek ártörténetéhez [Beiträge zur Preisgeschichte der Stadt Pest], hg. von der Budapesti kereskedelmi és iparkamara [Handels- und Gewerbekammer], bearbeitet von Kőrösy, József, in: Pestvárosi Statisztikai Évkönyv [Statistisches Jahrbuch der Stadt Pest], 1873; Orosz, István: Agrárkrízis Magyarországon és Nyugat-Európában a 19. század 20-as éveiben [Die Agrarkrise in Ungarn und in Westeuropa in den 20er Jahren des 19. Jahrhunderts], in: Glatz, Ferenc (Hg.): Szomszédaink között Kelet-Európában. Emlékkönyv Niederhauser Emil 70. születésnapjára [Unter unseren Nachbarn in Europa. Festgabe anläßlich des 70. Geburtstages von Emil Niederhauser], Budapest: MTA Történettudományi Intézet 1993, S. 197–208.
40 Elsner, Johann Gottfried: Ungarn durchreiset, beurtheilet und beschrieben. 1–2. Bde. Leipzig: Adolf Frohberger 1840. Zur prestige-orientierten Schafhaltung s.: Csite, András: Egy presztízsorientált nagybirtoküzem a 18 – 19. század fordulóján [Ein prestige-orientierter Agrargroßbetrieb an der Wende vom 18. zum 19. Jahrhundert], in: Kapiller, Imre (Hg.): Gazdaságtörténeti tanulmányok [Studien zur Wirtschaftsgeschichte], Zalai Gyűjtemény 34, Zalaegerszeg 1993, S. 77–112; Vgl.: Joseph v. Bartosságh: Über rationelle Landwirthschaft in Ungarn, Pesth: 1832, S. 17: „Es gab eine Zeit … wo Ökonomie zur Mode ward. … Da richteten die Eigenthümer ihr Augenmerk auf ihre Güter, im Vor-gefühl höherer *rationeller* Landwirthschaft hoben sie … die Pächte auf, und verlegten sich selbst auf die *Ökonomie*. – Eine edle *Rivalität* steigerte die Bestrebungen, und wirkte am mächtigsten in der Schafzucht, sowohl in Hinsicht auf Vermehrung, als auch in der Veredlung." In einer Anmerkung dazu: „Die Preise, die in den *Licitationen* zu Holits für manchen Widder spanischer Abkunft bezahlt wurden, gränzen (!) ans Unglaubliche." Andererseits: „Es entstand ein *ökonomischer Luxus* und eine *ökono-mische Charlatanerie*." Daselbst, Hervorhebungen im Original.
41 Andrássy, György Gr.: Állattenyésztésről [Über Tierzucht], o. O.: o. J.; Kálnoky, Gusztáv Gr.: Milyen eredményei tapasztaltattak a negretti faj párosításának és keresztezésének az electoral fajjal, miután ez a gyapjúmennyiség növesztése végett évek óta divatban van? [Welche Ergebnisse hat die Kreuzung und Paarung der Negretti und Elektoral Rassen gebracht, nachdem es seit Jahren in Mode ist?], in: MG, 6.8.1843.

Kunstobjekten.[42] Andererseits galten sie jedoch auch als veranschaulichender Unterricht von der Anwendung der Technik und Wissenschaft im Dienste des allgemeinen Wohls.

Auf die Vereinsumgestaltung folgten Schritte der Wirtschaftsförderung. 1837 wurde ein Projekt zur Errichtung eines öffentlichen Lagerhauses für Wolle gestartet. Das war keine Kleinigkeit, denn die im Preis extrem schwankende Wolle hätte für die Grundbesitzer wesentlich besser verkauft werden können, wenn sie an einem Stapelplatz eine günstige Wende der Preise hätte abwarten können. Der Versuch scheiterte aber eben daran, dass man die Komplexität der Qualitäts- und Wertunterschiede nicht meistern konnte. Ab 1838 schrieb man gut dotierte Preisfragen aus, zuallererst über die Gemeinheitsteilungen, also über ein Thema, bei dem Politik und Agrotechnik kaum zu entflechten waren. Ab 1837 gab der Verein eine Monatszeitschrift heraus, deren Redakteur zugleich sein erster bezahlter Vereinssekretär war.

Die Erweiterung des Wirkungskreises brachte neue Schichten, vor allem die des Komitatsadels, in den Verein. Den aristokratischen Herren stand also zumindest in Sachen Schaf, Rüben, Klee, Stallbauten und Wollenfeinheit eine Schar von kleineren Herren als Partner zur Seite. Die jungen Aristokraten schienen im Wirtschaftsverein ein Diskussionsforum gewonnen zu haben, wo sie mit dem Gemeinadel, also mit dem zweiten Politikfaktor des Landes, einen Austausch pflegen konnten. Wie weit dieser Austausch tatsächlich über Standesgrenzen hinweg stattfand, lässt sich nur bei Einzelnen belegen.

Das allgemeine politische Klima konnte wohl die Diskussionsbereitschaft innerhalb des Vereins fördern oder hemmen. Die Regierungsoffensive von 1836 bis 1839 hatte eine Eiszeit zur Folge. Der Landtag von 1839/40 bedeutete dann eine vorübergehende Milderung. In einem Kuhhandel zwischen Hof und Landtagsopposition wurden die verurteilten Gefangenen im Mai 1840 freigelassen, den Forderungen des Hofes wurde dagegen am Ende des Landtags stattgegeben. Besonderes Vertrauen schöpfte man nicht zueinander; angeblich trafen die nach Landtagsauflösung heimkehrenden Abgeordneten auf den Straßen von Pressburg den freigelassenen, aber in der Einzelhaft der Festung von Spielberg verrückt gewordenen Lovassy, ehemals Tonangeber der liberalen Jugend.[43]

Der Kampf ging also weiter. Lajos Kossuth, der 1841 die Redaktion der Pesti Hírlap übernahm und die Zeitung als modernste und wirksamste politische Waffe perfektionierte, mobilisierte nach seiner Freilassung die breite Öffentlichkeit.[44]

Auch die Gegenseite gebärdete sich moderner. Ebenfalls ab 1841 fand sich eine Gruppe von meist aristokratischen „Neukonservativen" zusammen, die zwar gesellschaftliche Reformen für notwendig hielten, aber den Nationalismus, den Demokratismus und die Reichsgefährdung der ungarischen Liberalen für gefährliche Irrtümer hielten. Széchenyi hatte 1841 schon manche Gemeinsamkeit mit der Gruppe der Neukonservativen, er bekämpfte Kossuths demokratisch-nationalen Liberalismus auf das Heftigste, hoffte jedoch immer

---

42 Rodiczky, Jenő: Adatok a magyar mezőgazdaság történetéhez. A juhtenyésztés [Beiträge zur Geschichte der ungarischen Landwirtschaft. Schafzucht], Magyaróvár: Czéh Sándor 1880.

43 Gergely, András: A magyar reformellenzék kialakulása és megszilárdulása 1830–1840 [Die Formierung und Stärkung der ungarischen Reformopposition 1830–1840], in: MT 5/2, S. 669–787; ders.: The Liberalisation of Hungarian Political Life, 1830–1848, in: Etudes Historiques Hongroises 1985, Budapest: Akadémiai K. 1985, S. 241–259.

44 Kosáry, Domokos: Kossuth Lajos a reformkorban [Lajos Kossuth im Vormärz], 1. Aufl., Budapest: Antiqua 1946, 2. erw. Aufl., Budapest: Osiris 2002.

noch, sich der Radikalisierung und der Politisierung des öffentlichen Lebens widersetzen zu können. Inzwischen hatte er eine Reihe dem Wirtschaftsverein und dem Casino ähnliche, nichtpolitische, aber gesellschaftlich integrativ wirkende Projekte und Institutionen gegründet, in der Hoffnung, gesellschaftlichen Fortschritt jenseits der politischen Kämpfe zu erreichen.

1839/40 ging der Verein ein Stück weiter. Auf Beschluss der Versammlung von 1839 trennte man zuerst die Kosten und Einnahmen, die einerseits die Pferderennen, andererseits die Wirtschaftsförderung betrafen. Die Mitglieder konnten also wählen, ob sie ihre Beiträge für den einen, den anderen oder beide Zwecke verwenden lassen wollten. 1840 wurde die organisatorische Trennung beschlossen, aber erst 1842 tatsächlich durchgeführt. 1841 haben sich Károlyi und Széchenyi wieder gemeinsam bemüht, die Schirmherrschaft des Paladins Erzherzog Joseph für den Verein zu erreichen, was ihnen auch gelang.[45] Damit wurde ein deutliches Zeichen gesetzt, denn der einsichtige und erfahrene Paladin Ungarns, obwohl Statthalter Ferdinands bzw. der Familie Habsburg, identifizierte sich mit dem Land, in dem er der erste Würdenträger war. Er übernahm konsequent eine Fürsprecherrolle und geriet dadurch mit der Wiener Führungsriege immer wieder in Kollision. Die Jahre nach 1840 brachten keine Heilung der Wunden im politischen Leben. Im Gegenteil, mit der Ausbreitung der politischen Presse und dem sich verschärfenden Kampf in den Komitaten wurde womöglich noch mehr Salz in die Wunden gerieben. Das Bewusstsein der Polarisierung wuchs. Vor diesem Hintergrund können trotz Quellenmangels drei Aspekte der Vereinsgeschichte betrachtet werden, aus denen man auf die Einstellungen der aristokratischen Führungsgruppen im Wirtschaftsverein schließen kann.

Die erste ist die mit Bedacht bewahrte Ausgewogenheit sämtlicher Vereinsgremien. Neben einem Mann des Hofes wurde 1839, 1842 und 1845 immer ein Vertreter der Opposition gewählt. Das erstreckte sich auch auf die Religion: Neben einem Katholiken wurde immer wieder ein Protestant gewählt. Es dürfte auch kein Zufall sein, dass schon 1833 sämtliche im Wirtschaftsverein engagierte, katholische Magnaten an der Magnatentafel des Landtages gegen die offizielle katholische Position und für die Abschaffung der Reversbriefe in Mischehen stimmten. Der aus heutiger Sicht langsam, verzagt voranschreitende Prozess der Vergesellschaftung in der Vormärz-Zeit war nichtsdestoweniger ein reeller.

Der zweite Aspekt ist die Ausbreitung des Vereins selbst. Möglicherweise haben die Magnaten die gemischte Gesellschaft nicht genossen, deren Notwendigkeit sahen sie jedoch ein. Parallel zur Vermehrung der Vereinsagenden und der Zahl der Mitwirkenden entschloss sich die Vereinsversammlung im Jahre 1840, die Vereinsaktivitäten auf das ganze Land auszuweiten. Die wieder neu konzipierten Statuten sahen landesweit Komitatsvereine als Filialen des Landes-Vereins vor, der Beschluss der Versammlung setzte auch noch eine königliche Bestätigung der Statuten und aufgrund derer eine gesetzliche Fixierung der Vereinsfunktionen sowie einen beständigen Fond als Grundlage der Arbeitsfähigkeit zum Ziel. Die bewusste Distanz der Aristokraten um Széchenyi zum parteipolitischen Kampf ist zwar deutlich festzustellen, in sozialer Hinsicht aber öffneten sich die Magnaten durch die Vereinserweiterung gegenüber der Gesellschaft.

---

45 Über die Protektion des Palatins berichtete György Graf Károlyi in seiner Eröffnungsrede bei der Versammlung des Landes-Wirtschaftsvereins 1841. MOL P 414., Lad. 8. 6. t.

Die königliche Bestätigung der Statuten gelang dem Verein 1843. Bis dahin waren im Land schon mehrere Komitatsvereine entstanden. Diese standen dort, wo die Magnaten des Landes-Wirtschaftvereins ihre Besitzungen hatten, unter dem Vorsitz der betreffenden Aristokraten und ihrer Vertrauten.

Der bedeutendste Aspekt war, dass der Wirtschaftsverein ab 1841 eine öffentliche Wirkung entfaltete, die das davor Geleistete bei weitem überstieg. Er bezahlte und beschäftigte einen kleinen Stab von hauptamtlichen Mitarbeitern, mit deren Hilfe er eine Reihe von Ausstellungen, Messen, Tier- und Maschinenschauen im Lande organisierte, sowie Gesetzesvorlagen erarbeitete und dem Landtag unterbreiten ließ. Die Vereinspresse, eine wöchentlich zweimal erscheinende Zeitung, war jedoch das Neueste und Wirksamste. Der Vereinssekretär und Redakteur Török war ein Bewunderer von Széchenyi und der eigentliche Motor des Vereins.[46]

Das typische Kennzeichen dieser Presse war die unaufhörliche Vermengung von Technischem mit Politischem.[47] Vielleicht geschah das mit pädagogischer Absicht, vielleicht gar unwillkürlich. Schließlich waren die Felder des Ideenaustausches nicht politikfrei. Redete man von Gemeinheitsteilung, so lagen die der gesetzlichen Verfügung harrenden Fragen der Grundentlastung auf der Hand, schrieb man von Feldordnung und -polizei, so waren die Kompetenzverteilungen zwischen Dorfgemeinde, Patrimonialgericht, Herrschaftsverwaltung und Komitat berührt, empfahl man Wasserregulierung, waren damit Probleme der Servituten sowie die der ineinander verkeilten dominialen Wasser-Nutzungsrechte einerseits und die Zwangsgewalt der öffentlichen Hand über Privateigentum andererseits untrennbar verbunden. Nicht zufällig sind damit die am häufigsten politisierten Fragen der allgemeinen Steuerverpflichtung ohne Ansehen des Standes noch gar nicht berührt. Denn inmitten der bunten Vielfalt der Leserbriefe, Berichte der Lokalkorrespondenten und eingesandten Beiträge von Grundbesitzern, Anwälten und Priestern verstand der Redakteur Török es doch gar geschickt, die gefährlichen Klippen, an denen die breite Meinungsplattform des Vereins hätte zerschellen können, zu umschiffen. Deshalb wurde die Steuerfrage kaum je angesprochen. Die Grundentlastung wurde zwar gepriesen, aber das eigentlich brisante Problem, ob sie zwangsweise erfolgen oder den freiwilligen Vereinbarungen von Herren und Bauern überlassen bleiben sollte, wurde nicht angefasst. Török und seine Zeitung haben aber der Form nach höflich und abwägend, jedoch erstaunlich klar Stellung bezogen, wenn es um die von Török als „technisch" behandelten Fragen ging, wie z. B. den Maschineneinsatz oder die technische Ausbildung der Wirtschaftsbeamten. Wie oben angemerkt, kann auch die Politik, und die Linie der Zeitung in allen diesen „Nebenfragen" als fortschrittlich-modern bezeichnet werden. War die Reduktion auf anscheinend

---

46 Érkövy, Adolf: Emlékbeszéd Török János levelező tag felett [Gedenkrede zu Ehren von János Török, korrespondierendes Mitglied], Budapest: MTA Könyvkiadó-Hivatala 1875; Galgóczy Károly: Emlékbeszéd Török János felett [Gedenkrede zu Ehren von János Török], in: Galgóczy, Gedenkbuch 3, Anm. 2, S. 97–109.

47 Der Verein, ihre Trägerschichten und Aktivitäten lassen sich durchaus mit denen der entsprechenden Vereine in den Habsburgischen Erbländern vergleichen. Vgl. Bruckmüller, Ernst: Landwirtschaftliche Organisationen und gesellschaftliche Modernisierung. Vereine, Genossenschaften und politische Mobilisierung der Landwirtschaft Österreichs vom Vormärz bis 1914, Salzburg: Wolfgang Neugebauer 1977, bes. S. 54–89.

reine „Fachfragen" jedoch nicht zu bewerkstelligen, wurde die Frage ganz allgemein-
verschwommen behandelt.

Zu den heißesten Eisen gehörte die Zollfrage. Ursprünglich waren alle, die sich mit
Wirtschaftsfragen befassten, freihändlerisch eingestellt, und sämtliche Grundbesitzer und
Wirtschaftsbeamte blieben es auch später noch. Es wirkte doch störend, dass der ungarische
Agrarexport höhere Zölle zahlte als der industrielle Import aus Österreich.[48] Kossuth und
die Liberalen sahen allerdings schon 1842/43 die Möglichkeit, die bestehende Asymmetrie
des Zollsystems zuungunsten des ungarischen Agrarexports als Haupthindernis der wirt-
schaftlichen Entwicklung, insbesondere der nunmehr als Königsweg gepriesenen Industrialisierung, darzustellen. List diente dabei als ideologische Grundlage.[49] Dieses Schicksal hat
List nicht ganz verdient, hatte er doch betont, dass Schutzzölle nur ab einer bestimmten
Entwicklungsstufe greifen können, mit Zollschutz allein lässt sich keine Industrie aus dem
Boden stampfen.[50] Andererseits kam aber List zu seiner Anhängerschaft nicht so ganz un-
verdient, denn die Passagen seines Werkes, in denen die Auswirkungen des Zollschutzes
bzw. dessen Fehlen nicht im Allgemeinen, sondern im Kontext der Entwicklungen der einzelnen Länder erörtert werden, insbesondere auf Deutschland bezogen, sind erheblich
weniger behutsam, als die, die auf die deutsche Entwicklung keinen Bezug nehmen.[51] So
deuteten die Ungarn diese Ausführungen doch nach dem richtigen Sinn.

Die ab 1842 durch Kossuth betriebene Hochpreisung des Zollschutzes und der dadurch
entstehenden Industrie zu einer Zeit, als sich die hiesigen Ressourcenverhältnisse immer
noch nicht den Verhältnissen der westlichen Nachbarländer angeglichen hatten, als sich
durch die weiten Räume noch keine einzige Eisenbahnstrecke zog, erbosten die Gegner aus
unterschiedlichen Gründen.[52] Széchenyi war der Erste, der Protest einlegte. Im Juni 1841
wandte er sich gegen die „aufwieglerischen Manieren" von Kossuth und gegen die Politik
der Straße – und wurde über Nacht ein unpopulärer Mann.[53] Der führende Geist der Neukonservativen, denen Széchenyi ab dieser Zeit immer näher kam, Graf Emil Dessewffy,
meldete in seinem Ende Februar 1842 erschienen Buch grundsätzlichen Zweifel an dem
Konzept der Industrialisierung an.[54] Die Aktivisten des Wirtschaftsvereins und die Korres-

48 Komlos, Habsburg, Anm. 2, S. 25–45. Nach Komlos machten der Zoll und die zusätzliche Gebührenlast
    etwa 10,6 Prozent des Wertes beim ungarischen Export und 3,1 Prozent beim Import aus.
49 Der Liberale Trefort propagierte die Ideen von List an der Ungarischen Akademie der Wissenschaften
    schon im Dezember 1841. Földes, Béla: List Friedrich, in: KE Bd. 3, S. 858–866. Die erste ungarische
    Ausgabe: List, Fridrik: A politikai gazdálkodás nemzeti rendszere [Das nationale System der Politi-
    schen Oekonomie], Kőszeg: Reichard Károly 1843.
50 List, Friedrich: Das nationale System der Politischen Oekonomie, Jena: Gustav Fischer 1904, S. 62–76.
51 Ebd., S. 158–173.
52 Kossuth, Lajos: Vámszövetség I.-II. [Zollverband], Pesti Hírlap 1842, Nr. 110–111; ders.:
    Vámszövetkezési érdekek [Zollverbandsinteressen], ebd., Nr. 112; ders.: Nemzetgazdasági combinatiók
    [Nationalökonomische Kombinationen], ebd., Nr. 113; ders.: Iparegyesület [Industrieverein], ebd., Nr.
    114; ders.: Pótlék a vámszövetségi kérdéshez [Nachtrag zur Zollverbandsfrage], ebd., Nr. 115; ders.:
    Nemzetiség és kereskedési szövetkezés [Nationalität und Handelsverband], ebd., Nr. 120; ders.:
    Státusgazdasági tájékozás [Staatswirtschaftliche Orientierung], ebd., Nr. 121.
53 Széchenyi, István: A Kelet Népe [Volk des Ostens], Wigand Károly Fridrik: Pozsony ²1841. Reprint
    Budapest: KJK 1985.
54 Dessewffy, Emil: Alföldi levelek (1839–1840) és néhány toldalék (1841) [Briefe aus der Tiefebene,
    mit einigen Nachträgen], Buda: A magy. kir. egyetem betűivel 1842.

pondenten der Vereinspresse waren wiederum irritiert durch die, der ihrigen spiegel-verkehrten Verfahrensweise von Kossuth. Dabei wurde der politische Inhalt, der ein schein-bar pur wirtschaftliches Problem in sich barg, herausgerissen, radikal vergrößert und seines technisch-wirtschaftlichen Deutungsrahmens entkleidet. Wo die Fachleute die Politik zu ignorieren suchten, sah Kossuth gar nichts anderes als Politik.[55] Das stellt selbst sein Bio-graf fest: „Selbständige Nationalökonomie als Vorbereiter des selbstständigen ungarischen Nationalstaates! An dieser Messlatte misst Kossuth alle Vorschläge."[56]

Es musste die Vereinsaktivisten des Wirtschaftsvereins unangenehm überraschen, dass sich auf solchen irrigen Konzepten von 1844 bis 1846 trotzdem eine massenhafte Boykott-bewegung aufbauen ließ, die des sog. Schutzvereins, dem es um den „Schutz für die ein-heimische Industrie" ging.[57] Diese liberale Agitation griff Aktivisten und Fachleute sowohl in ihren politischen wie auch in ihren professionellen Aspirationen an. Wahrscheinlich trug diese Frustration dazu bei, dass es in dem nach seinem Selbstverständnis apolitischen Ver-ein 1847 zum politischen Konflikt kam, wie es im Abschnitt über die Politisierung des Ver-eins zu sehen sein wird. Zuvor sollten wir uns jedoch dem Vereinskader, den Wirtschafts-beamten zuwenden!

Die Wirtschaftsbeamten als Vereinsaktivisten

Die Helfer der großen Herren kamen in der ersten Zeit aus den Reihen der herrschaftlichen Bediensteten. Zuerst wurden die Privatsekretäre eingesetzt, beim Rennverein genauso wie bei Casino, Theater, Akademie und ähnlichen anderen Unternehmungen. Diese meist juristisch gebildeten jungen Adeligen kümmerten sich auch um die wohltätigen, kultu-rellen, sogar um die politischen Engagements der Magnaten. Sie wirkten im Wirtschafts-verein wie auch in den Bildungsvereinen im eigenen Namen mit und wurden dort meist auch in den Zentralausschuss gewählt. Freilich gelangten sie nicht kraft eigener Bedeutung dorthin, sondern unausgesprochen als Vertreter ihrer Brotherren. All diese Helfer der ersten Stunde waren zwar gebildete Leute, allen voran jedoch Vertraute der jungen Magnaten. Von Anfang an gab es im Vereinsleben jede Menge vertrauliche Vereinsgeschäfte. Die Ab-fassung der Regeln für die unterschiedlichen Wettrennen war z. B. eine äußerst heikle Sache, denn jeder wollte sie so modifizieren, dass damit den eigenen Pferden gedient würde.

Die Vertrauensleute der Herren, ganz gleich, ob sie als „Privatsekretäre" oder „Herr-schaftsanwälte" bzw. „Wirtschaftsbeamte" betitelt waren, setzten ein früheres Modell der sozialen Beziehungen fort: Das Modell des herrschaftlichen Klientels. Sie dienten lebens-länglich und identifizierten sich mit ihren Herren so vollständig, dass sie die Interessen der Herren umfassend und selbständig auch dann zu vertreten wussten, wenn der Herr ab-

---

55 In Bezug auf die politische Mobilisierung der Massen vgl. Kosáry, Domokos: Kossuth és a Védegylet [Kossuth und der Schutzverein], in: Magyar Történettudományi Intézet Évkönyve, 1942, S. 421–536.

56 Kosáry, Domokos: Kossuth Lajos a reformkorban [Lajos Kossuth im Vormärz], 2. Ausgabe, Budapest: Osiris 2002, S. 255.

57 Komlos, John: A Védegylet [Der Schutzverein], Történelmi Szemle 23 (1981), Nr. 1, S. 51–58. Die schutzzöllnerische Sichtweise s. in: Veliky, János: Az ipartámogató Kossuth [Der industriefördernde Kossuth], in: Századok 1994, Nr. 5, S. 818–830.

wesend oder verhindert (z. B. nach 1849 verhaftet) war. Diese meist aus ärmeren adeligen Familien stammenden Klienten, die manchmal Bedienstete waren, oft auch formell zwar nicht angestellte, aber jahrzehntelang mit den Angelegenheiten der herrschaftlichen Familie betraute dienstbare Geister, erhielten im Gegenzug weit mehr als Lohn, nämlich die Möglichkeit des sozialen Aufstiegs, ja sogar die Chance, selbst, also „in their own right" als Wissenschaftler, Schriftsteller oder Wettrennexperten respektiert zu werden. Tatsächlich bestand das ungarische Publikum in den 1840er Jahren zum erheblichen Teil aus Intellektuellen, die entweder eine Förderung erhielten oder sich eine Förderung erhofften. Es tat so, als ob es sich bei dem Herrn Bártfay nur um den Literaturkritiker und den Kassenwart der Akademie der Wissenschaften, beim Herrn Kuthy nur um den Schriftsteller, beim Herrn Tasner lediglich um den Englandkenner und „literary gentleman" handeln würde, und keineswegs auch um die Mitverwalter von riesigen Vermögen der Grafen Károlyi, Batthyány und Széchenyi.[58] Dabei überschnitten sich typischerweise die Rollen der Klienten, der fachkundigen „Expertenhelfer" der Magnatenhäuser in wirtschaftlich-rechtlichen Angelegenheiten, der Teilnehmer der literarischen Öffentlichkeit und der sich um diese Zeit rapide ausweitenden politischen Szene. Diese Ambivalenz zwischen den intellektuellen, den professionellen und den Rollen der Klienten war für das gesamte 19. Jahrhundert kennzeichnend. Schließlich hatte bereits die Formierung der literarischen Öffentlichkeit am Anfang des 19. Jahrhunderts zur Emanzipation angeregt. Auf der anderen Seite erwuchsen aus der bis zur Auflösung der Monarchie im frühen 20. Jahrhundert andauernden reellen politischen und wirtschaftlichen Macht der Aristokratie explizite Klientenpositionen.[59]

Nach den Vertrauten der Magnaten kamen mit der schrittweisen Erweiterung des Vereins bald auch „Fachleute", vor allem Spezialisten der Schafzucht in den Zentralausschuss. In den vierziger Jahren gelangten dabei nicht nur Angestellte, sondern auf Vertragsbasis dienende „Wirtschaftskonsulenten" in den Zentralausschuss. Nach 1845 gehörte insgesamt rund ein Viertel der Zentralausschussmitglieder dieser Gruppe an.[60] Breiter als dieser Führungskreis des Landesvereins war die Gruppe der Aktivisten und Organisatoren der Komitats- und Fachvereine. Ein Gesamtbild der Vereinspalette haben wir nicht, die Entwicklung der Mitgliedschaft des Landesvereins, dargestellt in

Tabelle 2: Mitgliederzahl des Landes-Wirtschaftsvereins (1830–*1848)*, soll die Verbreitung veranschaulichen.

Die Zahl der Mitglieder hat einen periodischen Rhythmus, was auch damit zusammenhängt, dass sich alle Zehn-Gulden-Mitglieder nicht nur für ein, sondern für sechs Jahre zur Beitragszahlung verpflichteten. Außerdem haben Erweiterungen und Spaltungen des Vereins sicher auch Spuren hinterlassen. Die Zahl der Mitglieder mit Stiftungen, die unter den Aristokraten zu suchen sind, nahm nur langsam zu, die der sich für sechs Jahre verpflich-

---

58 Zu Werken und Vita von Antal Tasner, Lajos Kuthy und László Bártfay s. die einschlägigen Einträge in Szinnyei, József: Magyar írók élete és munkái [Leben und Werke ungarischer Schriftsteller], Bde. 1–14, Budapest: Hornyánszky Viktor 1890–1914.

59 Vgl. für Klientelrollen und Emanzipation in der literarischen Öffentlichkeit: Kerényi, Ferenc: Pest vármegye irodalmi élete (1790–1867) [Das literarische Leben des Komitats Pest (1790–1867)], Budapest: Pest megye monográfia közalapítvány 2002, S. 157–190.

60 Magyarország Gazdasági Egyesületének Név- s Alapítványkönyve. 1847. évi május 32-ikén [Namens- und Stiftungsbuch des Wirtschaftsvereins Ungarns], Pest: 1847.

tenden Mitglieder dagegen ganz erheblich. Die eine „billige" Mitgliedschaft Genießenden erschienen erst im Jahre 1847 in größerer Zahl.

Tabelle 2: Mitgliederzahl des Landes-Wirtschaftsvereins (1830–1848)

Jahr	Mitglieder mit Stiftungen	Mitglieder mit Jahres-beiträgen	Mitglieder mit Zehn-Gulden-Anteilen	Mitglieder mit Fünf-Gulden-Anteilen	Sämtliche Mitglieder
1830	-		301		301
1831	-		340		340
1832	-		441		441
1833	-		316		316
1834	-		323		323
1835	-		498		498
1836	-		432		432
1837	9		489		498
1838	28		329		357
1839	k. A.		k. A.		k. A.
1840	122		489		611
1841	204		430		634
1842	k. A.		160		?
1843	161		268		429
1844	163		298		461
1845	190	16	318	10	534
1846	k. A.	5	450		k. A.
1847	228	113	636	76	1.053
1848	k. A.	108	705		k. A.

Quelle: Galgóczy, Károly: Országos magyar gazdasági egyesület [Ungarische Landes-Wirtschafts-verein], in: Szilassy, Zoltán (Hg.): Gazdasági egyesületek monográfiái, Budapest: 1896, S. 102.

Erläuterungen: „Mitglieder mit Stiftungen" waren diejenigen, die dem Verein über 200 Gulden gestiftet haben. Die Mitglieder mit Jahresbeiträgen zahlten anfangs sechs Jahre lang zehn Gulden pro Jahr. Die Statuten von 1843 führten neben diesen beiden Kategorien auch noch eine Mitgliedschaft mit jährlich fünf bzw. einer einmaligen Zehn-Gulden-Verpflichtung, die letzte Kategorie für Lehrer und Priester. Vgl. die Statuten von 1843, in: Namens- und Stiftungsbuch, Anm. 60.

Es scheint, als ob sich unter diesen Mitgliedern mit einem Beitrag von fünf Gulden vor allem Wirtschaftsbeamte eingefunden hätten. Ähnlich wachsendes Engagement kann man unter den Aktivisten des Vereins bemerken. Bezahlte Angestellte gab es bis 1848 nur etwa ein halbes Dutzend. Aber der Redakteur der Wochenzeitschrift des Vereins, Magyar Gazda (Ungarischer Wirt), hat ein landesweites Netz von Korrespondenten, Organisatoren von Vereins-Filialen, Ausstellungen in der Provinz und dergleichen mehr aufgebaut. Die Erweiterung dieses mitwirkenden Personenkreises konnte erfolgen, weil die Mitwirkung im Verein eine Art Schützenhilfe für die Professionalisierungswünsche der Wirtschaftbeamten und Agrarfachleute gewährte.[61] Wie ist das zu verstehen?

Die Professionalisierung dieser Gruppe konnte, verglichen mit den zeitgenössischen Erfolgen der Ärzte und der Anwälte, nur Teilerfolge bringen. Agronomie blieb eine Wissenschaft wie das heutige Fußballspiel. Jeder meinte davon gründliche Kenntnisse zu haben. Entsprechend schwierig war es für die „Möchtegern-Spezialisten" auf diesem Gebiet der Agrikultur, ihr Wissen als Geheimwissen darzustellen und fachspezifische Bildungsanstalten, Bildungspatente und ein an diese Qualifikation gebundenes Monopol der Berufsausübung einzufordern.

Tabelle 3: Rang, Position, Beruf der Mitglieder des Landes-Wirtschaftsvereins 1847

Eigene Kennzeichnung von Rang, Position, Beruf in den Mitgliederlisten	Zahl der Personen	In Prozent aller Positionsbezeichnungen
Aristokraten (Rang angegeben)	128	15,5
Wirtschaftsbeamte, Förster (ohne Jäger)	331	40,0
Gewählte Komitatsoffiziere	68	8,2
Priester, Pastoren	55	6,6
Anwälte	54	6,5
Handelsleute, Fabrikanten	41	5,0
Dozenten, Lehrer und Gelehrte	11	1,3
Andere Bezeichnungen	140	16,9
Angegebene Bezeichnungen insgesamt	828	100
Keine Bezeichnung angegeben haben	269	
Alles zusammen	1.097	

Quelle: Zusammengestellt nach Magyarország Gazdasági Egyesületének Név- s Alapítványkönyve. 1847. évi május 32-ikén [Namens- und Stiftungsbuch des Wirtschaftsvereins Ungarns], Pest: 1847.

Die Tätigkeit im Verein diente auch dazu, auf Umwegen eine Prestigeerhöhung, gleichsam eine „Standeserhöhung" dieser Gruppe von „Privatbeamten" zu „Experten" zu erreichen.[62] Es ist bezeichnend, dass eine der größten Aktionen des Vereins auf die Einführung öffentlich-fachlicher Bildungsanstalten für Wirtschaftsbeamte zielte, die aus Landessteuern auszustatten waren. Ein diesbezügliches, für damalige Verhältnisse ungeheuer kostspieliges Projekt in Form einer Gesetzesvorlage konnte 1844 sogar die Unterstützung der unteren

---

61 Vári, András: Az agrárértelmiség helyzete a 19. század első felében [Die Agrarintelligenz in der ersten Hälfte des 19. Jahrhunderts], in: Szociológiai Szemle 12 (2002), Nr. 2, S. 59–76.

62 Vári, András: Privatbeamte in der ersten Hälfte des 19. Jahrhunderts: Ersatzbürger?, in: Bruckmüller, Ernst/Stekl, Hannes/Urbanitsch, Peter (Hg.): Bürgertum in der Habsburgermonarchie, Wien – Köln: Böhlau 1990, S. 75–93; ders.: Alte und neue ländliche Lokaleliten im Prozeß der Bürokratisierung und Verbürgerlichung, in: Bruckmüller, Heiss, Stekl, Hannes/Urbanitsch, Bürgertum II, Anm. 26, S. 163–179. Zum Vergleich mit Österreich s. Brusatti, Alois: Die Stellung der herrschaftlichen Beamten in Österreich in der Zeit von 1780 bis 1848, in: VSWG 45 (1958), S. 505–516.

Tafel des Landtages gewinnen und scheiterte lediglich an der vom König verordneten vorzeitigen Schließung des Landtages.[63] So blieben die Wirtschaftsbeamten zwar nicht ohne jegliche fachliche Ausbildung, jedoch konnten um 1847 nicht mehr als ein Viertel der dienenden Wirtschaftsbeamten eine solche Fachausbildung erhalten.[64]

Die Politisierung des Vereins 1847

1844 scheiterten in Ungarn nicht nur die Träume der Wirtschaftsbeamten in Bezug auf die Fachausbildung, sondern auch eine Reihe von Reformschritten. Modernisierungsmaß-nahmen, wie die Reform der Städteverwaltung und -vertretung, des Bergbauwesens oder die Schaffung einer Kreditbank hatten die preußische Reformdiktatur oder der süddeutsche Konstitutionalismus schon 30 Jahre vorher durchführen können. Die ungarische Regierung des Jahres 1844 machte deutlich, dass sie eher die allseits für notwendig erachteten Reformen vereiteln würde als einen Zuwachs des Ansehens der Liberalen in Folge der Annahme der von ihnen proponierten Schritte hinzunehmen. Die Frustration in den Kreisen des Wirtschaftsvereins musste umso größer sein, als die Reformvorschläge recht komplexe Rechtsmaterien betrafen, auf hohem Niveau ausgearbeitet waren und willkürlich, ohne Rücksicht auf Schaden zu Fall gebracht wurden. All das machte es schwierig, zur Opposition und zur Regierung die gleiche Distanz zu wahren. Es ist jedoch offen, wem die Schuld an einer weitergehenden Polarisierung zugeschoben wurde. Obwohl die Opposition in Bezug auf die Unfähigkeit der Regierung, in irgendeiner Hinsicht Reformen zuzulassen, im Wesentlichen Recht behielt, war es auch möglich, ihre „Provokationen" für diese Starre verantwortlich zu machen. Einige „Fachleute" tendierten zu dieser Sicht.

Schon 1845 gab es in der Vereinszeitschrift Magyar Gazda einige irritiert-spöttische, aber ökonomisch wohlbegründete Bemerkungen gegen die im September 1844 lancierte Boykottbewegung des Schutzvereins. Darin wurde die Politik der forcierten Entwicklung der Industrie als Demagogie dargestellt, mit der sich das *indolentia*, das traditionelle Nichtstun tarnte. Es wurde korrekterweise darauf hingewiesen, dass die industrielle Entwicklung sich nur dann auf die Kaufkraft des Binnenmarktes stützen könne, wenn die Landwirtschaft entwickelt würde, wozu freilich auch Investitionen notwendig wären, deren voreilige Ablenkung in Richtung Industrie eine Geldverschwendung darstellte. Die umgekehrte Reihenfolge, dass zuerst die Industrie emporkommt und erst ihr folgend die Landwirtschaft, sah man als ein Ding der Unmöglichkeit.[65] Unter den damaligen Gegeben-

---

63 Emlékirat Magyarország törvényhozóihoz a honi mezőgazdaság ügyében a Magyar Gazdasági Egyesület által [Denkschrift zu den Gesetzgebern Ungarns bezüglich der vaterländischen Landwirtschaft], MG, 1844, Nr. 1, S. 1–9, Nr. 2, S. 17–27, Nr. 3, S. 33–45, Nr. 4, S. 49–58; A Magyar Gazdasági Egyesület által az országgyűléshez benyújtott kérelmeknek előleges tárgyalásával megbízott kerületi választmány jelentése [Bericht mit der Erörterung der an den ungarischen Landtag gerichteten Bitten des Ungarischen Wirtschaftsvereins beauftragten Bezirksausschusses], MG, 9.6.1844, S. 649–656; Anon.: Magyar gazdasági Egyesületünk ügye [Die Sache unseres Ungarischen Wirtschaftsvereins], MG, 27.10.1844, S. 527f.

64 Vári, Agrarintelligenz, Anm. 61.

65 Fialka: Csak ipar és gyárak! mezőgazdaságilag már a culminatio fokán túl vagyunk! [Nur Industrie und Fabriken! Mit der Landwirtschaft sind wir schon über den Gipfel der Kulminierung!], in: MG,

heiten war diese Kritik zweifellos richtig. Die Zeitung Magyar Gazda blieb jedoch ansonsten weiterhin unparteiisch bzw. vielfältig und vorsichtig in ihren Stellungnahmen.

Die politische Lage schien sich 1847 immer mehr zuzuspitzen.[66] Anfang 1847 bekam der Verein ein Regierungsgeschenk von 15.000 Gulden, was zwar erheblich weniger war als die Kapitalausstattung, um die der Verein 1844 den Landtag gebeten hatte, jedoch immer noch anderthalbfach das durchschnittliche Budget des Vereins in diesen Jahren überstieg. Török bedankte sich in seiner Zeitung überschwänglich.[67] Geld tat bitter Not, denn der Bau eines Vereinshauses war inzwischen in Angriff genommen worden. Török nahm in seinem Artikel das Geschenk und einige ähnliche Regierungsdotationen für Bildungsanstalten als Beweis für die konstruktiven Absichten der Regierung. Das war zu dem Zeitpunkt zweifellos eine verzerrte Sicht der Dinge.

Diese Meinung von Török war kein bloßes Wunschdenken, sondern spiegelte seine Affinität zu den Positionen der „Neukonservativen" wider, welche eine bedachte, „organische" Entwicklung des Landes statt der Allheilmittel der liberalen Politik bevorzugten. Ganz oben stand bei Török die Ausweitung der fachlichen Bildung durch den Ausbau der Bildungsanstalten. Török war es auch, von dem die Idee der zentralen, aus öffentlichen Mitteln ausgestatten höheren landwirtschaftlichen Bildungsanstalt stammte, für die er auch die Kampagne organisierte. Er öffnete zugleich aus eigenen Mitteln eine Ackerbauschule, welche er auch noch nach 1849 hinüberzuretten suchte.[68] Von ähnlichen Vorstellungen zeugte seine Artikelreihe in Bezug auf die Hungersnot von 1847. Diese wollte er vor allem durch Schulung, Fachbildung und Mentalitätsänderung bekämpfen. Er predigte verständige ordentliche Arbeit und Beharrlichkeit, die mehr erreichen würde als große „weltbewegende" Projekte für alle 52 Komitate, die ohnehin unkoordiniert bleiben und durch das landesübliche Übermaß an Dilettantismus geprägt würden.

Ob die Stellungnahmen von Török Eindruck machten oder der inzwischen recht angesehene und gut ausgestattete Wirtschaftsverein ohnehin zur Zielscheibe der Liberalen geworden wäre, wissen wir nicht. Jedenfalls erschienen bei der Frühjahrsversammlung des Vereins am 20. März 1847 22 neue, soeben in den Verein eingetretene Mitglieder, geführt von den leuchtenden Sternen des liberalen Himmels – Lajos Kossuth, Graf László Teleki und Graf Lajos Batthyány.[69] Der Beitritt wurde durch den jungen Fényes kundgegeben, dem Zweiten Sekretär des Landes-Wirtschaftsvereins, der 1846/47 schon recht aktiv in den

---

11.2.1845, S. 193–200.

66 Vörös, Károly: Forradalom előtt (1847–1848) [Vor der Revolution], in: MT 5/2, S. 1195–1227.

67 Török, János: A magyar kormány és a köztelek [Die ungarische Regierung und die „Köztelek"], MG, 20.1.1847, S. 82. – Köztelek hieß der Gutshof und Sitz des Vereins bei Pest.

68 Hídvégi, Lajos: Török János és a szőkehalmi gazdaképző története [János Török und die landwirtschaftliche Schule von Szőkehalom], Cegléd: Kossuth Múzeum 1963.

69 Galgóczy, Károly: Az Országos Magyar Gazdasági Egyesület története keletkezésétől az 1876-ik évig [Die Geschichte des Ungarischen Landes-Wirtschaftsvereins von seiner Entstehung bis zum Jahre 1876], in: Galgóczy, Gedenkbuch 2, Anm. 2, S. 67f.; s. auch Középponti egyesületi munkálódások [Tätigkeiten in der Vereinszentrale], MG, 7.4.1847, S. 445–448; Török, János: Auditur et altera pars. MG, 18.4.1847, S. 492–496; Török, János: Kinek orgánuma a Magyar Gazda? [Wessen Organ ist der Ungarische Landwirt?], in: MG, 7.4.1847, S. 433–437, hier S. 435; Anon.: Egy gyűlés új modorban [Eine neumodische Versammlung], in: Jelenkor 25.3.1847; Anon.: Sok baj semmiért [Viel Ärger um nichts], in: Jelenkor, 28.3.1847; s. auch: A Gazdasági Egyesület közgyűlése [Die Versammlung des Wirtschaftsvereins], in: Pesti Hírlap, 30.3.1847, S. 207.

liberalen Gremien mitwirkte, jedoch im Landes-Wirtschaftsverein neben Török fast überhaupt nicht zum Zug kam. Die Teilnahme der neu eingetretenen Mitglieder, die ein Drittel der Teilnehmer der spärlich besuchten Versammlung ausmachten, war jedoch eindeutig und auffallend regelwidrig. Alle Vereinsstatuten bestimmten, dass neue Mitglieder nicht allein durch eine einseitige Willenserklärung in den Verein eintreten konnten, sondern die Beitrittserklärung des zukünftigen Mitglieds mit Stellungnahme des Zentralausschusses der nächsten Versammlung zu unterbreiten und von ihr zu akzeptieren war. Mitglieder konnten ihre Rechte erst nach vollendeter Aufnahme ausüben. In diesem Fall geschah es anders. Dennoch regte sich kein Protest.

Der junge Fényes, der Zweite Sekretär des Landes-Wirtschaftsvereins, teilte am Ende der ansonsten fast gegenstandslosen Sitzung seinen Rücktritt mit, bat aber die Anwesenden darum, nicht nach den Gründen zu fragen. Kossuth konnte es nicht dabei bewenden lassen. Fényes stieß daraufhin Warnrufe aus, deutete Unregelmäßigkeiten bei der Rechnungslegung von Török an, kritisierte die Unterlassung von ordentlichen Einladungen zu den Sitzungen der Fachabteilungen des Vereins, die dann so der Öffentlichkeit nicht ganz zugänglich gewesen wären, und eine Tendenz der „Zentralisation" im Geschäftsgebaren von Török, was auch den finanziellen Unregelmäßigkeiten Vorschub geleistet hätte. Schließlich bemängelte er die Linie der Vereinszeitung, des Magyar Gazda, und schlug vor, dass Letzterem jegliches Kokettieren mit einer parteipolitischen Rolle verboten werden sollte. Den letzten Punkt haben wir schon behandelt, alle anderen waren bewusste Insinuationen, restlos falsch.

Es handelte sich hierbei aber um die normalen Schlachtrufe der Liberalen: Korruption, geheime Machenschaften einer Kamarilla, Zentralisation. Alle Anwesenden begriffen sofort, dass es nicht um Török ging. Eine Reaktion blieb aber merkwürdigerweise aus. Die Versammlung votierte – regelwidrig mit den Stimmen der Neudazugekommenen – dafür, in Bezug auf die von Fényes benannten Unregelmäßigkeiten einen Untersuchungsausschuss einzusetzen und legte weiter fest, dass Einladungen von nun an von den Eingeladenen gegengezeichnet werden sollten, als ob bis dahin die Versammlungen nicht ordentlich, sondern auf geheimen Wegen von Wenigen zusammenberufen und abgehalten worden wären. Daraus resultierte viel unnötige Arbeit für den Vereinsstab, denn in einer Gesellschaft, in der sich alle kennen und häufig treffen, war der Vorschlag von Fényes eigentlich sinnlos. Dieser unterstellte damit, dass die bisherige Vereinsleitung zu verschwörerischen Methoden tendiert hatte.

Am 21. März tagte die Versammlung weiter. Nun wurde die Zeitung die Zielscheibe, die laut Vorschlag des Grafen Teleki unter die Kontrolle eines Ausschusses gestellt werden sollte, obwohl sie kein Vereinseigentum, sondern im Besitz von Török war. Redakteur Török bekam drei Tage um sich damit abzufinden, oder die Zeitung vom Verein zu trennen. Nach Ablauf der drei Tage sah sich Török außerstande, diesem Verständnis von „Pressefreiheit" zu folgen, woraufhin die Versammlung den Beschluss fasste, sich vom Magyar Gazda zu trennen.

Die Tagebuchnotizen von Széchenyi zeigen die Veränderung der Einstellungen der Konservativen zu diesen Maßnahmen. Am 20. März wollte er noch gute Miene zum bösen Spiel machen.[70] Dagegen war es fünf Tage später aus mit der Ruhe, anlässlich der „voll-

---

70 Széchenyi Napló VI., 20.3.1847 [Versammlung des Wirtschaftsvereins].

kommenen Auflösung" fragte er nach, ob sich dieser „Paroxysmus" wieder legen würde und ob am Ende Freiheit oder Despotie warte.[71] Unternommen hat er aber nichts.

In dieser weiteren Sitzung der Versammlung am 25. März wurde das Recht des Zentralausschusses auf Bestätigung bzw. Ablehnung neuer Mitglieder eingeklagt. Nach langer Diskussion wurde dies bestätigt. Aber die Konsequenz, dass die unter Verletzung der Vereinsstatuten vorgenommenen Abstimmungen vom 20. März für ungültig erklärt werden, wurde nicht gezogen. Nach der beschlossenen Trennung der Zeitung vom Verein wollte der amtierende Präsident Graf György Károlyi die Versammlung auflösen. Die liberalen Mitglieder duldeten diese Initiative jedoch nicht, sondern bestanden darauf, die Versammlung am 27. März fortzusetzen. Dies führten sie ohne den anderen Teil der Mitglieder aus und wählten sich sogar einen stellvertretenden Präsidenten.

Dies bedeutete nichts weniger als die Okkupation des Vereins. Dies sahen auch die Magnaten im Verein so.[72] Vor allem aufgrund der aristokratischen Empörung trat ab 27. März eine Wende ein. Nach weiteren Schlachten – in einer davon, am 4. Juni 1847, erklärte selbst der Gründer Széchenyi mitsamt drei Viertel der Mitglieder des Zentralausschusses seinen Austritt aus dem Verein – wurde in der Generalversammlung vom 6. Juni 1847 ein Kompromiss geschlossen. Die Verbindung mit der Zeitung wurde aufrechterhalten, allerdings in etwas lockerer Form. Graf Károlyi blieb Präsident mit dem alten Zentralausschuss und mit dem Sekretär Török. Allerdings blieben auch die Liberalen im Verein und bekleideten wichtige Positionen.

Wenn es aber allen klar war, dass jenseits der Person von Török die Zeitung und jenseits der Zeitung der Verein selbst die eigentliche Zielscheibe der Attacke war, warum kam die Reaktion so langsam, unsicher und verspätet?

Man hat vielleicht bis jetzt die Politikferne des Vereins als eine Art Alternative zur Politik oder als eine Vorkehrung zur Ermöglichung eines rationellen Diskurses gedeutet. Das trifft in der Tat zu, reicht aber nicht weit genug. Denn die Vereinselite wollte nicht nur die Klippen der Politik umschiffen, sondern bezog eben eine gewisse moralische Überlegenheit aus dem nicht-politischen Verhalten. Gegenüber der Parteipolitik der Liberalen, die Leidenschaften schürend und auf Selbstdarstellung gerichtet schien, stand die Arbeit des Vereins als eine, die der Allgemeinheit diente, den Gepflogenheiten des rationellen Diskurses verpflichtet war und auf wissenschaftlichen Erkenntnissen basierte. Fingen sie an zu kämpfen, so hätten sie sich den Liberalen angeglichen. Das Dilemma war ähnlich, wie das der späteren Pazifisten.

Der Ausgang politischer Auseinandersetzungen hängt in letzter Instanz von der Unterstützung der Öffentlichkeit ab. Breite Teile der Öffentlichkeit waren aber bereit, die Gültigkeit der Inszenierung einer „politikfernen", „fachlichen" Sicht zu akzeptieren, wenn sie sich auf einen die gesamte Breite der Gesellschaft betreffenden Prozess bezog. In einer Debatte

---

71 Széchenyi Napló VI., 25.3.1847, Anm. 70.

72 Graf György Károlyi schrieb: „… ich gestehe, dass ich in Bezug auf dieses Institut kraftvoll vorzugehen gedenke, denn es würde mir leid tun, wenn der Wirtschaftsverein in die Hände der Leute des Oppositionellen Kreises gelangen würde, die sich um die Landwirtschaft nicht kümmern, und unser mit viel Mühe zusamengebrachtes Vermögen ebenfalls für ganz andere Zwecke verwenden würden." MOL P 398., Nr. 35005, Brief von Graf György Károlyi an Graf Lajos Károlyi, Pest 30.3.1847.

über eine so grundlegende Umwälzung, die zumeist als „Modernisierung" bezeichnet wird, gelten dezidiert politische Argumente häufig als deplatziert.

Am Ende wurde im Wirtschaftsverein doch gekämpft, aber hinter geschlossenen Türen. Weder die Zeitschrift von Széchenyi noch die von Török berichtete ausführlich von dem Konflikt, die liberale Pesti Hírlap war dagegen weniger zurückhaltend. Es scheint, dass zuerst beide Sichten der Dinge ihre Gültigkeit behielten, die „fachlich-unpolitische" und auch die „liberale". Dann fegte der Sturm der Jahre 1848/49 diese differenzierteren Ansichten in Bezug auf die Vorkommnisse von 1847 hinweg.

Jedoch nicht ganz. Die Ereignisse von 1847 wurden zwar nicht mehr thematisiert, die Erinnerung daran war dennoch vorhanden.[73] Man erinnerte sich des Kampfes, schrieb allerdings nie davon. Diese Geschichtsbetrachtung setzte die doppelbödige Reaktion der konservativen Vereinselite auf den Übernahmeversuch des Jahres 1847 fort. Man kämpfte, tat aber so, als sei nichts geschehen – ein denkbar ungünstiges Terrain für historische Rekonstruktionen.

---

73 S. Kap. „Weichenstellungen (1894–1910)", Abschnitt „Der Putsch im Wirtschaftsverein von 1894 und seine Folgen. Der Versuch zur Gründung einer Agrarpartei".

Revolution, Repression, Rekonstruktion –
Der Verein in seiner zweiten Etappe (1848–1861)

Die politischen und wirtschaftlichen Rahmenbedingungen (1848–1861)

Die Wiener Revolution vom 13. März 1848, die ungarische Revolution vom 15. März in Pest und die sich fortwährend radikalisierende Opposition im Landtag verstärkten sich gegenseitig in ihrer Wirkung.[1] Es war noch der alte ständische, jedoch durch die neue Lage aktivierte Landtag, der die sog. Aprilgesetze erließ, ein politisch-gesellschaftliches Umbauprogramm.[2] Darunter befand sich auch die Bauernbefreiung. Ab Juli 1848 tagte der neu gewählte ungarische Landtag und das Land wurde von einer dem Landtag verantwortlichen Regierung geführt.

Als nach Custozza die Wiener Regierung zu sich kam und die Herstellung der alten Ordnung mit Militärgewalt vorantrieb, bereitete das neue Ungarn dem im Wiener Auftrag nach Ungarn einrückenden kroatischen Heer Ende September eine herbe Niederlage.[3] In der ersten Phase des Krieges mussten die Ungarn die westliche Hälfte des Landes räumen, während sie Siebenbürgen fast vollständig von den kaiserlichen Truppen befreien konnten. Im Frühjahr 1849 gelang es ihnen, auch die Westhälfte des Landes, inklusive der Zwillingsstädte Buda (Ofen) und Pest zurückzuerobern. Im Mai bat allerdings Franz Joseph offiziell um russische Hilfe, woraufhin die Russen ihre Bereitschaft zur Intervention erklärten, so dass die ungarische Niederlage nur noch eine Frage der Zeit war. Sie erfolgte am 13. August 1849 mit einer bedingungslosen Kapitulation. Die blutige Rache war schnell und umfassend – die gefangen genommenen Offiziere wurden hingerichtet, die Mannschaften ins österreichische Heer zwangsrekrutiert. Zivile Teilnehmer der Revolution wurden vor das Kriegsgericht gestellt.

Die Frage war, wie sich die Österreicher nach der Niederschlagung der Revolution verhalten würden. Nach einem kurzen konservativen Intermezzo wurde diese Frage 1849 so beantwortet: Militärdiktatur, Abtrennung Siebenbürgens, Kroatiens und der Vojvodina, Aufhebung der Komitate, Einrichtung von fünf selbstständigen Verwaltungsbezirken, eine gewisse bürokratische Rationalisierung, zugleich Germanisierung der Zivilverwaltung, Beibehaltung der Bauernbefreiung, Steuerreform und kräftige Anhebung der Steuern, Zoll-

---

1 Vgl. Niederhauser, Emil: 1848. Sturm im Habsburgerreich, Budapest: Corvina 1990; Spira, György: Polgári forradalom (1848–1849) [Bürgerliche Revolution], in: MT 6/1, S. 59–434. Vgl. noch: Deák, István: The Lawful Revolution. Louis Kossuth and the Hungarians 1848–1849, N. Y. – London: Columbia U. P. 1979; Pajkossy, Gábor: „Liberty and Democracy for my Country". Lajos Kossuth, in: New Hungarian Quarterly 1994, S. 137–147.

2 Vgl. Gergely, András: Ungarns staatsrechtliche Stellung in der Habsburgermonarchie in den Aprilgesetzen von 1848, in: Glatz/Melville, Gesellschaft, Anm. 10, S. 41–54.

3 Tepperberg, Christoph / Szijj, Jolán (Hg.); Hermann, Róbert (Bearbeiter): Von der Revolution zur Reaktion: Quellen zur Militärgeschichte der ungarischen Revolution 1848–49, Budapest, Wien: Argumentum 2005.

einheit mit Österreich.[4] In dieser Situation hatte es für Ungarn wenig Relevanz, dass der Kaiser am Silvestertag 1851 die Olmützer Verfassung widerrief. Auf politische Entscheidungen waren die ungarischen Eliten gleich welcher Überzeugung weitgehend ohne Einfluss. Gesellschaftlicher Protest wurde mit Polizeimaßnahmen unterdrückt.[5] Konservative Politiker richteten schon im April 1850 ein Memorandum an Kaiser Franz Joseph, in dem sie die Zerstückelung Ungarns und gleichermaßen die Verfassung von Olmütz sowie die ungarischen Aprilgesetze von 1848 verurteilten. Der Kaiser nahm das Memorandum nicht in Empfang und erhörte auch weiterhin die Konservativen nicht.[6] Sie ließen nicht nach: 1850/51 erschienen gleich drei bedeutende konservative Flugschriften.[7] Die Regierung fühlte sich provoziert: Die ungarische Statthalterei verordnete den Behörden im Juli 1851 die schärfere Überwachung der ungarischen Konservativen.[8]

Die wirtschaftliche Integration ist in diesen Jahren wesentlich vorangekommen. 1850 gab es bereits eine Eisenbahnverbindung zwischen Pest und Wien, 1855 nach Süden bis Szeged, 1858 überquerten bereits mehrere Eisenbahnlinien die Tiefebene. Die Zollunion, die Eisenbahnen, die Nachfrage der österreichischen Reichshälfte und die steigenden Preise halfen dem Großgrundbesitz, die mit der Bauernbefreiung verbundene Anpassungskrise zu meistern.

Dabei traten jedoch erhebliche regionale Unterschiede auf. So kam es in den Jahren 1852/53 in einigen Landesteilen zu äußerst schlechten Ernten, die Hungersnöte verursachten. Die Steuerlast war insgesamt erheblich, die Veranlagung im Einzelnen jedoch recht willkürlich. Während die Verbrauchssteuereinnahmen in Ungarn pro Kopf unter den Werten in der Westhälfte der Monarchie blieben, was allein auf die Armut zurückzuführen war, lagen die Erträge der direkten Steuer, allen voran der Grundsteuer, über dem Durchschnitt des Reiches. Sie erreichten fast die Pro-Kopf-Beiträge Böhmens.[9] Schließlich wurde die staatliche Entschädigung für die durch die Agrarreform abgeschafften bäuerlichen Leistungen erst zwischen 1855 und 1857 bezahlt. Dies erfolgte in der Form zinstragender Staatsobligationen, die allenfalls mit erheblichen Kursverlusten verkauft werden konnten.[10]

---

4 Berzeviczy, Albert: Az absolutismus kora Magyarországon 1849–1865 [Die Epoche des Absolutismus in Ungarn 1849–1865], Budapest: Franklin Bd. 1 1922, Bd. 2 1925, Bd. 3 1932; Szabad, György: Az önkényuralom kora (1849–1867) [Die Epoche der Willkürherrschaft 1849–1865], in: MT 6/1, S. 435–554; Evans, Robert J. W.: From Confederation to Compromise: The Austrian Experiment, 1849–1867, in: Proceedings of the British Academy 37 (1995), S. 135–167.

5 Deák, Ágnes: Társadalmi ellenállási stratégiák Magyarországon az abszolutista kormányzat ellen 1851–52-ben [Gesellschaftliche Widerstandsstrategien in Ungarn gegen die absolutistische Regierung von 1851–52], in: Aetas 1995, H. 4, S. 27–59.

6 Berzeviczy, Absolutismus 1, Anm. 4, S. 159f.

7 Sommsich, Pál: Das legitime Recht Ungarns und seines Königs, Wien: Jasper, Hügel & Manz 1850; s. auch [Eötvös, József]: Über die Gleichberechtigung der Nationalitäten in Österreich, Pest: C. A. Hartleben 1850; Szécsen, Antal: Politische Fragen der Gegenwart, Wien: Jasper, Hügel & Manz 1851.

8 S. auch [Mór, Ludasi (Gans)]: Drei Jahre Verfassungsstreit. Beiträge zur jüngsten Geschichte Oesterreichs. Von einem Ungar, F. A. Brockhaus: Leipzig 1864, S. 21–23. Es wurde auch argumentiert, dass trotz Schikanen die konservative Aristokratie weiterhin eine bedeutende politische Rolle spielte, vgl.: Hidas, I. Péter: A magyar arisztokrácia és a politikai vezetés a forradalom után (1849–1853) [Die ungarische Aristokratie und die politische Führung nach der Revolution (1849–1853)], in: Történelmi Szemle 1989, Nr. 3–4, S. 232–248.

9 Szabad, Willkürherrschaft, Anm. 4, S. 546f. Die Steuern der Landwirtschaft hatten sich verdoppelt.

10 Ebd., S. 538. Demnach hatten die Obligationen 1856–1867 Kursverluste zwischen 18 und 39 Prozent an der Wiener bzw. an der Pester Börse.

Bis 1855 hatte es nur in Einzelfällen Vorabschläge für die Grundbesitzer gegeben. Auch die Bauern litten unter der Steuerlast. Über die Entwicklung ihrer Produktivität und ihres Wohlstands lässt sich wenig Bestimmtes sagen. Die von Bauern bewirtschaftete Fläche konnte allerdings in diesen Jahren ganz erheblich wachsen.[11]

Von der Preisentwicklung und der Nachfrage im Westen der Monarchie ging ein Wachstumsimpuls aus. Insgesamt stieg die landwirtschaftliche Produktion in den 1850er und 1860er Jahren jedoch nicht schneller als vor 1848.

Tabelle 4: Durchschnittliche Getreidepreise auf dem Pester Markt in Kreuzer österreichischer Währung je Pressburger Metzen

Jahr	Weizen	Halbfrucht	Roggen	Gerste	Hafer	Mais
1821–1825	180	131	106	86	68	100
1826–1830	230	173	132	102	77	111
1831–1835	256	194	147	128	94	140
1836–1840	196	144	119	101	77	133
1841–1845	224	158	139	108	87	130
1846–1850	375	290	245	184	140	194
1851–1855	478	384	349	235	192	260
1856–1860	412	291	245	196	160	218
1861–1865	452	0	298	227	178	269
1866–1870	495	0	329	239	188	255

Quelle: Adalékok Magyarország nyerstermémyeinek ártörténetéhez [Beiträge zur Preisgeschichte der Stadt Pest], hg. von der Budapesti kereskedelmi és iparkamara [Handels- und Gewerbekammer], bearbeitet von Kőrösy, József, in: Pestvárosi Statisztkai Évkönyv [Statistisches Jahrbuch der Stadt Pest], 1873, S. 256f.

Die Erklärung für diese, von der herkömmlichen Lehrmeinung abweichenden Ergebnisse, hat John Komlos darin gesehen, dass die Auswirkungen der einmaligen institutionellen Veränderungen, also der Zollunion und der Bauernbefreiung, überschätzt und das tatsächliche Wachstumspotential der vormärzlichen Landwirtschaft unterschätzt und die Rolle der Nachfrageentwicklung nicht beachtet wurde. Demnach hatte die Landwirtschaft auch schon vor 1848 trotz der feudalen Hürden eine gewisse Faktormobilität, so dass durchaus eine Umverteilung von Boden, Arbeitskräften und Kapital erfolgte. Die Zollbelastung ist im Vergleich mit anderen Bestimmungsfaktoren relativ gering gewesen. Die Bauernbefreiung ist im Hinblick auf ihre Wirkung auf die Produktionserweiterung ähnlich überbewertet worden. Schließlich findet Komlos die Triebkraft der Entwicklung der Agrarproduktion auf der Nachfrageseite vor allem in Österreich und in den dort stattfindenden Prozessen der Industrialisierung und Urbanisierung, die sich schon in den 1830er Jahren

---

11 Benda Gyula (Hg.): Statisztikai adatok a magyar mezőgazdaság történetéhez 1767–1867 [Statistische Angaben zur Geschichte der ungarischen Landwirtschaft 1767–1867], Budapest: KSH Könyvtár 1973, S. 66–81 und S. 245ff.; Tabelle S. 179–180 und S. 186–187.

bemerkbar machten und bis in die 1880er Jahre den Takt der Entwicklung der ungarischen Agrarexporte angaben.[12]

Tabelle 5: Wachstumsraten der Getreideproduktion in Ungarn und Österreich 1789–1913 (1913 Preise)

Jahre	Ungarn			Österreich			Habsburger Monarchie		
	A	B	C	A	B	C	A	B	C
1789–1841	1,4	0,5	0,9	0,8	0,6	0,2	1,1	0,6	0,5
1851–1868/70	1,4	0,8	0,6	0,5	0,8	-0,3	0,8	0,8	0,0
1869/70–1881/83	3,6	0,1	3,4	0,8	0,7	0,1	2,2	0,5	1,7
1881/83–1911/13	1,4	1,0	0,4	1,4	0,8	0,6	1,4	0,9	0,5

Quelle: Komlos, John: The Habsburg Monarchy as a Customs Union. Economic Development in Austria-Hungary in the Nineteenth Century, Princeton: Princeton U. P. 1983, S. 59.
   Erklärung der Säulen der Tabelle: A: Jährliche Produktionszunahme; B: Jährliche Bevölkerungszunahme; C: Jährliche Pro-Kopf-Zunahme der Produktion.

Was nun die uns näher interessierenden Großgrundbesitzer betrifft, so kann angenommen werden, dass ihre Produktion noch schneller als die der Kleinbesitzer auf die Steigerung der Absatzpreise reagierte, denn der Großgrundbesitz hatte auch noch in der nachrevolutionären Phase einen besseren Zugang zu Kreditquellen als alle anderen Produzenten. Freilich mussten viele Herrschaften bzw. Ländereien innerhalb von Herrschaften in den ersten Jahren verpachtet werden.[13]

   Diese, die Produzenten unterschiedlich erfassende, ungleiche, aber doch aufwärts gehende wirtschaftliche Entwicklung liefert den Hintergrund für einen Wandel der Politik. Härte schien nun nicht mehr unentbehrlich zu sein. Nach dem Krimkrieg meinte die Regierung Bach, die Lage unter Kontrolle zu haben. Der Kaiser gewährte im Mai und im September 1857 zweimal Amnestie und verfügte, dass die konfiszierten Güter der Rebellen zurückerstattet werden könnten und die Emigranten zurückkehren dürften. Nach Solferino und Villafranca geriet jedoch das ganze System ins Wanken. Gleich nach der Niederlage erfolgten noch weitere Ereignisse, die die – paradoxerweise erst im Widerstand zustande gekommene – Einheit der ungarischen politischen Klasse erhöhten. Am 1. September 1859 erließ der Kaiser ein sog. „Protestantenpatent". Es stellte die protestantischen Kirchen unter verschärfte Regierungsaufsicht und rief damit eine Protestwelle hervor, an der sich auch ungarische Katholiken beteiligten. Da daraufhin führende konservative protestantische Politiker ins Gefängnis kamen, geriet die konterrevolutionäre Rolle der Konservativen zunehmend in Vergessenheit. In die gleiche Richtung wirkte der Freitod des Grafen

---

12 Vgl. Komlos, Anm. 2. Für die älteren Auffassungen s. z. B.: Berend, T. Iván/Szuhay, Miklós: A tőkés gazdaság története Magyarországon, 1848–1944 [Geschichte der kapitalistischen Wirtschaft in Ungarn, 1848–1944], Budapest: Kossuth 1973.

13 Angaben über die Betriebsverhältnisse, d. h. auch Pachtungen gibt es erst 1895. Es ist anzunehmen, dass Pachtungen besonders in den ersten Jahrzehnten nach 1849 bedeutend waren.

Széchenyi. Ihm diente die Nervenheilanstalt von Döbling bei Wien im Wesentlichen als politisches Asyl. Als die Polizei damit drohte, ihrerseits die kaiserliche Fürsorge auch Széchenyi angedeihen zu lassen, nahm sich der depressive Széchenyi am 8. April 1860 das Leben. Sein Tod wurde landesweit betrauert, 80.000 Menschen pilgerten am 30. April 1860 zum Széchenyi-Requiem in die Pester Innerstädtische Pfarrkirche. Széchenyis Freitod steigerte noch einmal seine ohnehin riesige moralische Überlegenheit – und zugleich die der Konservativen.

Im Sommer 1860 suchte der Wiener Hof nach Kompromissen. Das Protestantenpatent wurde am 15. Mai durch ein ihm zuwider laufendes weiteres Patent entkräftet. Ab 1. Juli wurden die zerstückelten ungarischen Gebiete durch die Aufstellung einer „konzentrierten Statthalterei" wieder zusammen verwaltet. Am 31. Mai trat ein „Verstärkter Reichsrat" zusammen. Dieser war zwar als bloßes Beratungsorgan konzipiert, gewann aber infolge der außenpolitischen Bedrängnisse sowie durch Forderungen aus der Innenpolitik nach Partizipation rasch an Bedeutung. Unter seinen Mitgliedern taten sich besonders die ungarischen Konservativen (Graf György Apponyi, Graf Antal Szécsen, György Mailáth) hervor. Der Monarch wagte das Experiment des Oktoberdiploms. Dies brachte eine Regierung mit Beteiligung der ungarischen Konservativen, eine Wiederherstellung der ungarischen Regierungsorgane und die Rekonstituierung der Komitate sowie die Wiederzulassung der ungarischen Amtsprache.

Das Oktoberdiplom von 1860 kam den Vorstellungen der ungarischen Konservativen ziemlich weit entgegen, allerdings mit einer wesentlichen Einschränkung. Der Landtag von Ungarn wurde dem Reichstag unterstellt, Ungarn wurde somit rechtlich ins Reich einverleibt, obschon der ungarischen Rechtstradition nach das Land den eigenen Gesetzen entsprechend hätte regiert werden müssen. Die Konservativen hatten eine Reihe von Bedenken gegenüber dem Kaiser geäußert. Als diese vom Tisch gefegt wurden, stellten sie sich jedoch dem Kaiser zur Verfügung, obwohl die Ablehnung dieses Arrangements durch die ungarische Öffentlichkeit von vornherein abzusehen war.[14] Die territoriale Einheit des alten Königreichs und die Kontinuität der Geltung der Gesetze des Landes waren die zwei Eckpunkte, an denen auch die Konservativen keine Kompromisse mit dem Hof schließen wollten und konnten. Theoretisch entwickelte der konservative Antal Szécsen zwar eine Kritik des liberalen Glaubens an formelle Rechtsanstalten, praktisch jedoch trennte ihn in der Frage der Rechtskontinuität Ungarns nicht viel von den Auffassungen des liberalen Führers Deák.[15] Beide bekämpften die sog. „Verwirkungstheorie", also die These, dass die Ungarn durch die Rebellion ihren Anspruch, nach eigenen Gesetzen regiert zu werden und neue Gesetze nur durch den Landtag zu schaffen, „verwirkt" hätten. Freilich stand Deák auf der Grundlage der Aprilgesetze von 1848, die nach ihrem Wiederinkrafttreten den Bedürfnissen der Reichseinheit durch den einzig dazu befugten ungarischen Landtag hätten angepasst werden sollen. Demgegenüber wollten die Konservativen grundsätzlich zum Rechtszustand von 1847 zurückkehren, gestanden allerdings den Fortbestand einzelner Teile der Aprilgesetzgebung zu.[16]

---

14 Kecskeméthy Aurél naplója 1851–1878 [Tagebuch von Aurél Kecskeméthy 1851–1878], bearbeitet v. Rózsa, Miklós, Budapest: Franklin 1909.
15 Szécsen, Politische Fragen, Anm. 7, S. 30–48.
16 Berzeviczy, Absolutismus 3, Anm. 4, S. 115ff.

Für einen deutsch-österreichisch-ungarischen Vergleich ist die Kluft zwischen den ungarischen Konservativen und dem Hof sowie der österreichischen Elite gleich welcher Prägung die interessanteste. Denn durch die Unmöglichkeit der Verschmelzung mit der Hofpolitik konnten die ungarischen Konservativen eine gewisse Legitimität und Achtung für die konservative Politik in der Hochzeit der liberalen und nationalen Ideen bewahren.

Kurz nach ihrer Wiederherstellung im Zuge des Oktoberdiploms standen die ungarischen Komitate immer mehr in Aufruhr. Sie wählten Cavour und Garibaldi zu Ehrenmitgliedern und prangerten Rechtsverletzungen an, wozu sie insbesondere die unrechtmäßig auferlegten Steuern zählten, so dass die Steuern schließlich nicht einmal mit Militärexekution einzutreiben waren.[17] Dadurch gerieten die ungarischen Konservativen zwischen zwei Fronten. Die Ungarn wollten noch mehr, den Minister-Kollegen und vor allen Dingen dem Kaiser ging das schon viel zu weit. Die neue Zentralregierung vom 4. Februar 1861 unter Anton Ritter von Schmerling begann damit, die ungarischen Konservativen wieder aus der Regierung zu verdrängen.

Ab dem 6. April 1861 tagte der ungarische Landtag wieder. Er zeigte sich hinsichtlich seiner Rechtsansprüche unbeugsam und in der Eintreibung der Steuern wenig behilflich. Daraufhin wurden die konservativen Mitglieder der Regierung am 18. Juli 1861 entlassen, der Landtag am 14. August aufgelöst. Am 5. November wurde das nochmalige „Provisorium" verhängt, mit der Auflösung der Munizipalitäten und der Einführung der Militärgerichtsbarkeit. Was danach kam, war eine Neuauflage der Militärdiktatur der fünfziger Jahre, mit General Pálffy als Gouverneur, eine Diktatur allerdings, die der Lage nicht Herr werden konnte, die sich auch ihrer Schwäche bewusst war und allzu starke Konfrontationen vermeiden wollte.

Die 1848er Revolution und die Suspendierung des Vereins

Es war keine gute Zeit für die Vereinstätigkeit. Es lohnt sich jedoch, einen Blick darauf zu werfen, welche Personen und Gruppen welche Rolle in der Revolutionsperiode gespielt haben. Schließlich hat das Verhalten in der Revolutionszeit die Grundlage für die Legitimierung oder auch Delegitimierung späterer öffentlicher Tätigkeiten geboten.

Die Gruppe der Aristokraten zeigte sich wirtschaftlich fortschrittlich und nahm zu ihrer eigenen Überraschung die Vorlage zum Gesetz über die Bauernbefreiung im April 1848 an, obwohl darin die Formulierungen über die Zahlung von Entschädigungen an die Grundbesitzer nur sehr vage waren. Laut János Varga „trieb die Verzweiflung den Magnaten in Pozsony (Pressburg) das Wort ‚Bettler' am häufigsten auf die Lippen".[18] Nichtsdestoweniger sicherte der waghalsige oder eben aus Angst geborene Schritt den Aristokraten zumindest den Schein der Uneigennützigkeit in der Erinnerung der Nachwelt. Er ermöglichte ihnen auch die weitere politische Teilnahme. Umso natürlicher schien es, dass die Magnaten auch im Vereinsleben weiterwirkten. Zwar wurde in der Versammlung des Vereins im Sommer 1848 der Zentralausschuss erheblich umgestaltet, die eigentliche Füh-

---

17 Ebd., S. 144–147 u. S. 170–175.
18 Varga, János: A jobbágyfelszabadítás kivívása 1848-ban [Die Erringung der Bauernbefreiung 1848], Budapest: Akadémiai K. 1971, S. 174.

rung blieb jedoch mit der früheren Leitung weitgehend identisch. Vor allem blieb sie ausgewogen. Inmitten einer Revolution zeigt dies eine überraschende Fähigkeit zum Kompromiss, der dann aber in der Zeit des Revolutionskrieges nicht bewahrt werden konnte.

Viele Aristokraten nahmen folglich in der Anfangsphase der Revolution öffentliche Posten und Funktionen ein. So wurde Széchenyi in dem ersten ungarischen „verantwortlichen Ministerium" Verkehrsminister. Nach dem endgültigen Bruch mit Wien im September 1848 zogen sich jedoch die meisten von ihnen wieder zurück.[19] Oft gingen sie ins Ausland, einige dienten auf der kaiserlichen Seite. Zugleich kämpften einige Aristokraten in der aufständischen Armee. Es gab 60 Hochadelige unter den 660 ungarischen Generälen und Stabsoffizieren.[20]

Die meisten politisch engagierten konservativen Aristokraten, die auch im Wirtschaftsverein bis 1847/48 eine bedeutende Rolle gespielt hatten, schlugen sich schon beim Ausbruch der Revolution, spätestens aber im Herbst 1848 auf die Seite des Hofes, so die Grafen György Andrássy, Lajos Károlyi und Emil Dessewffy. Dagegen kämpften die Aktivisten des Vereins in der Revolutionsarmee. Dies gilt jedoch nur für die Zentrale und nicht für die Aktivisten in den einzelnen Komitaten. Diese waren als leitende Wirtschaftsbeamte selten in der Lage, in plötzlicher Aufwallung von patriotischen Gefühlen alles stehen und liegen zu lassen und in die Revolutionsarmee einzutreten.

Es gab also einige Mitglieder, die den Verein bei den siegreichen Kaiserlichen hätten in Misskredit bringen können, aber auch andere, „Unkompromittierte", die den Verein übernehmen konnten. Überraschend ist die Leichtigkeit, mit der dies geschah. Schon bei der ersten kaiserlichen Besetzung von Pest im Januar 1849 wurde eine „Alternativleitung" des Vereins aufgestellt.

Rittmeister Heinrich, der neue kommissarische Leiter – ein ehemaliger erzherzoglicher Adjutant, später Miteigentümer der Reitschule des Wirtschaftsvereins – ist durch den k. k. Zivilkommissar von Ofen, Pest und Altofen, Havas, eingesetzt worden.[21] Havas war bürgerlicher Abstammung, ein konservativer Jurist, Dekan der juristischen Fakultät der Universität, dann Obernotar, später Landtagsabgeordneter der Stadt Pest, ab 1845 Statthalterei-Rat. Er hat in mehreren Unternehmungen von Széchenyi mitgewirkt, scheint allseits geachtet gewesen zu sein und war in dem großen Konflikt des Vereins von 1847 als Vermittler aufgetreten. Seine Biographie veranschaulicht das zeitgenössische Wechselspiel der sozialen Rollen. So wurde er 1851 als Rat der ungarischen Statthalterei pensioniert, verlor

---

19 In den späteren Gerichtsverfahren wurde als Stichtag für einen „Anfang" der Rebellion der 3. Oktober 1848 festgesetzt. Mit einem Patent von diesem Datum löste der Herrscher den Landtag auf und verhängte das Kriegsrecht über das Land.

20 Bona, Gábor: Tábornokok és törzstisztek az 1848/49. évi szabadságharcban [Generäle und Stabsoffiziere im Freiheitskampf], Budapest: Heraldika ³2002; die allgemeine Charakteristik der Generäle und Stabsoffiziere, Tabelle 5.

21 Über die Einsetzung von Heinrich durch Havas, s.: A m. gazdasági egyesület bizottmányának hivatalos jelentése a 1851-ik év martius 16-án tartott közgyűlésen [Offizieller Bericht des Ausschusses des ungarischen Wirtschaftsvereins für die Versammlung am 16. März 1851], in: GL. 23.3.1851, S. 266f. – In einer anderen Quelle heißt es: Der Kassenwart des Vereins bittet in seinem Bericht vom 16. März 1849 um die Verfügung von Heinrich, „als eine durch den kgl. Kommissar während der Belagerung mit den Angelegenheiten des Vereins betrauten Person". MOL P 414., Lad. 8. 6. t.

jedoch danach sein mit Feder und Verstand ehrlich erarbeitetes Vermögen durch miss-glückte Fabrikgründungen.[22]

Die Ernennung von Havas und von weiteren hohen Amtsträgern der Zivilverwaltung fiel in die Zeit von Fürst Alfred II. zu Windisch-Graetz als Oberbefehlshaber der kaiser-lichen Truppen in Ungarn von Oktober 1848 bis April 1849. Windisch-Graetz ernannte ex-ponierte Persönlichkeiten der vorrevolutionären Konservativen auf die leitenden Stellen der Zivilverwaltung: Graf Moritz Almássy, György Mailáth, László Szőgyény.

Der Wirtschaftsverein verdankte diesem Experiment viel. So wurde das Vermögen des Vereins von dem k. k. Zivilkommissar von Ofen, Pest und Altofen, Havas und dem kom-missarischen Leiter des Vereins Rittmeister Heinrich gerettet. Schließlich hätten Truppen-einquartierungen dem noch nicht ganz fertigen Vereinshaus erheblichen Schaden zufügen können.[23]

Diese konservative Episode in der österreichischen Militärverwaltung ging allerdings rasch zu Ende, als Franz Joseph im April 1849 Windisch-Graetz abberief und ab Ende Mai Freiherr Julius von Haynau, die „Hyäne von Brescia", Oberbefehlshaber wurde. Aristo-kratische Autonomie und Sicherheit zählte unter Haynau nichts mehr. Graf György Károlyi kam sich dermaßen unschuldig oder ungefährdet vor, dass er erst am 6. Juni, am Tag des von der Revolutionsregierung zur Hilfe für den Kreuzzug gegen die russische Invasion ver-ordneten eintägigen Fastens, seinen Rücktritt als Obergespan einreichte und sich auf seine Güter zurückzog.[24] Haynau lehrte ihm die Sitten der neuen Zeit, indem er ihn nach der Wiederbesetzung Transdanubiens und Pests durch die Kaiserlichen am 11. August 1849 ins „Neugebäude" der Pester Kaserne und des Gefängnisses einlieferte, während er selbst sein Hauptquartier in Károlyis Pester Stadtpalais aufschlug.[25] Zwei Wochen vor seiner Fest-nahme soll Károlyi Rittmeister Heinrich brieflich mit seiner Vertretung in den Vereins-angelegenheiten beauftragt haben.[26]

In dem provisorischen Zivilverwaltungssystem Ungarns, verordnet durch Haynau am 24. Oktober 1849, verloren sämtliche Konservative ihre Posten, und keiner von den Leitern der 15 neu aufgestellten Bezirke des Landes kam während des Bach-Regimes 1849–1857 in die Leitungsgremien des Landes-Wirtschaftsvereins.

Nichtsdestotrotz ging der Verein nicht ein, denn eine derartige Institution war auch in den absolutistischen Verwaltungssystemen der Erbländer beliebt. Die patriotisch-ökonomi-schen Gesellschaften waren am Ende des 18. Jahrhunderts auf königliche Initiative ent-standen. Wo sie später erhalten geblieben sind, wie in Mähren und Schlesien, boten sie eine der Staatsverwaltung genehme Kombination von Lokalwissen, Informationsquellen und

22 Galgóczy, Gedenkbuch 3, Anm. 2, S. 136–139. Die Schilderung von Galgóczy wurde durch die Do-kumente im Bestand von Havas in MOL R 63. bestätigt.

23 Die Rechnungen für Brennholz, Fleisch, Speck, Wein und Schnaps für die ins Vereinshaus ein-quartierten Truppen legte der Hausmeister am 21.1.1849 Heinrich vor: MOL P 414., Lad. 8. 6. t.

24 Sein Bruder, der freiwillig in der Nationalgarde kämpfte, wurde schon Anfang Februar angeklagt. Jeney, Ferenc (Hg.): Bártfay László naplója [Tagebuch von László Bártfay], Bd. 1–2, Budapest: Petőfi Irodalmi Múzeum 1969, hier Bd. 2, S. 7–15.

25 Ebd., S. 25–31.

26 Galgóczy, Károly: Országos magyar gazdasági egyesület [Ungarischer Landes-Wirtschaftsverein], in: Szilassy, Zoltán (Hg.): Gazdasági egyesületek monográfiái [Monographien von Wirtschaftsvereinen], Budapest: 1896, S. 68; ferner: Offizieller Bericht, Anm. 21, S. 266.

Gutachtertätigkeit, ohne dass dafür der Preis einer allzu großen Einflussgewährung hätte bezahlt werden müssen. Wohl mit diesem Ziel wurde dem ungarischen Landes-Wirtschaftsverein eine Überbrückungshilfe aus dem Ärar gewährt.[27] Dann wurde von dem kgl. Zivilkommissar Ungarns Karl Geringer im März 1850 ein provisorischer Ausschuss zur Führung der Vereinsgeschäfte ernannt.[28] Der Ausschuss bestand aus elf Mitgliedern des früheren, viermal größeren Vereinszentralausschusses, das zwölfte Mitglied war eine Vertrauensperson der Polizei.[29] Insofern konnte der Verein doch einen Anschluss an das neue System finden.

Die Magnaten im Neoabsolutismus – Konservativismus als Widerstandsideologie

Ob dieser Platz unter der Wiener Sonne reell oder imaginär war, hing davon ab, ob der Verein weiterhin unter dem Einfluss der nunmehr fast einhellig konservativ eingestellten und daher oppositionell wirkenden Aristokraten blieb. Die wenigen, oft anonym erschienenen Flugschriften nach 1849 argumentierten auf ähnliche Art wie die Schriften der vierziger Jahre. Noch deutlicher, aber mit den gleichen Argumenten wie früher kämpfen sie gegen den „Nationalitätenschwindel".[30] Das liberale Prinzip der nationalen Selbstständigkeit führten die konservativen Autoren gedanklich zur logischen Konsequenz weiter – zur Auflösung des Habsburgerreiches. Das wäre – so das konservative Argument – schon wirtschaftlich eine Katastrophe. Nationalpolitisch stünden die Ungarn in der schönen neuen Welt der Nationen im slawischen Meer ohne Verbündete da. Weltpolitisch böte das eine Gelegenheit für die russische Expansion, die gewiss nicht ungenutzt bliebe. Demgegenüber steht bei diesen Autoren die Schilderung des Reiches als eine historisch gewachsene Einheit. Durch ebendiese historische, daher stabile politische Kollektividentität könnten sowohl der Monarch als auch die Völker die Vorteile des Friedens und der wohlgeordneten Verhältnisse genießen. Die 1848er Gesetzgebung, der Versuch eine autonome ungarische Nation zu schaffen, wird entweder außer Acht und unerwähnt gelassen, oder ausdrücklich verurteilt. Denn dieser Versuch gelte einer mechanischen, auf „Stammesnationalität" basierenden Nationsbildung, die zwangläufig nur durch äußere Reize, Herausforderungen und Kämpfe stabilisiert werden könne.[31] Ohne dies ausdrücklich zu sagen, verurteilte die ausschließliche Betonung der historischen und individuellen Strukturen gleichzeitig die bürokratisch-militärische Neuordnung des Königreichs Ungarn durch die Schwarzenberg-Bach-Regierung. Die Konservativen betrachteten sie als genauso revolutionär und daher illegitim wie die Aprilgesetze von 1848.

---

27 Ebd., S. 69.
28 Die Vereinsgeschichte schreibt von einer Zentralausschusssitzung, auf der der Zentralausschuss selbst diesen Ausschuss ernannt habe. Galgóczy, ebd., S. 69. Demgegenüber s. den Brief von Karl Freiherr Geringer an den Grafen György Károlyi vom 21. Mai 1850, Pest. Geringer informiert Károlyi, dass er in Abwesenheit von Károlyi den provisorischen Ausschuss ernannt habe – es war also gar keine Rede von einer Wahl durch den amtierenden Zentralausschuss. MOL P 414., Lad. 8. 6. t.
29 Offizieller Bericht, Anm. 21, S. 266.
30 Szécsen, Politische Fragen, Anm. 7, S. 67–78.
31 Ebd.

Nationalität erscheint im konservativen Denken als eine vor allem auf Kultur und Sitte begrenzte Modifikation des politischen Lebens, die dann auch die Gewährung einer kulturellen Autonomie notwendig macht. Diese kulturell-moralische Eigenart ist allerdings den Nationen äußerst wichtig, denn darin spiegeln sich die mannigfachen Komplexitäten der politischen Kultur wider, die in einer rationell organisierten bürokratischen Staatsverwaltung unmöglich berücksichtigt werden können. Dieses Argument ist ungarischen wie böhmischen Konservativen gemeinsam.[32] Aber die bloß implizierte Kritik an der Germanisierungspolitik von Innenminister Bach stempelte die Konservativen nicht nur in den Augen des Kritisierten, sondern wohl auch in denen des Kaisers zu gefährlichen Unruhestiftern, denn man wollte an die Durchführbarkeit einer Assimilierung der ungarischen Länder in das Völkergemisch der Monarchie glauben.

Wenn sie jenseits der politischen Struktur zu allgemeinerer Analyse kommen, dann betrachten die konservativen Autoren der postrevolutionären Zeit gerade das Programm der Verbürgerlichung in einer reduzierten Form. Sie halten diejenigen Institutionen und Maßregeln, die die Grundpfeiler des Programms der Verbürgerlichung sind, u. a. die Rechtsgleichheit, die allgemeine Steuerpflicht und die Erweiterung der Partizipation in der Politik für schlichte Modifikationen eines weiterhin tauglichen älteren gesellschaftlichen und politischen Modells. So werden dann auch diese Erneuerungen nicht pauschal abgelehnt, sondern in Maßen, mit Ausnahmen, mit Kompromissen akzeptiert, eben als Modifikationen. Vor allem dieses Wunschdenken, bürgerliche Gesellschaft auf einzelne institutionelle Umgestaltungen zu reduzieren, verriet die Ratlosigkeit und Lebensfremdheit der konservativen Autoren.

Beim Anspruch auf allgemeine Gültigkeit des liberalen Modells setzt aber schon grundlegende Kritik ein. Angefochten wird die Tendenz, die sozialen Verhältnisse in das Korsett rechtlich definierter Institutionen und Relationen zu zwingen, also die erstrebte allgemeine Rechtsförmigkeit. Abgelehnt wird auch die neue Art der Politik, in der eine durch die Zeitungen strukturierte und gesteuerte Öffentlichkeit politischen Einfluss gewinnt.[33]

Recht und Öffentlichkeit sind in den Augen der Konservativen keine bloßen Regelungsmechanismen, keine wertunabhängigen Techniken des friedlichen Zusammenlebens, sondern müssen eine ethisch-moralische Dimension vorweisen, um überhaupt funktionieren zu können. Dies kann unmöglich etwas anderes sein als der christliche Glaube. Wie dieser Anspruch verwirklicht werden kann, wurde nirgendwo geschildert. Dafür wurde umso breiter erörtert, welche irrsinnigen und unmoralischen Konsequenzen eine formelle Rechtsgleichheit und eine enthemmte freie Presse haben können. Die Notwendigkeit einer moralischen Dimension wurde durch die Amoralität von Presse und Recht in dem neuen

---

32 Thienen-Adlerflycht, Christoph: Graf Leo Thun im Vormärz. Grundlagen des böhmischen Konservativismus im Kaisertum Österreich, Hermann Böhlaus Nachf., Graz – Wien – Köln: 1967; Thun, Leo Graf: Betrachtungen über die Zeitverhältnisse, insbesondere im Hinblicke auf Böhmen, Prag: Calve 1849. Thun legte Wert darauf, die Schrift zuerst auf Tschechisch drucken zu lassen. Interessante Einblicke in die konservativen Gemeinsamkeiten bietet: Stekl, Hannes/Wakounig, Marija: Windisch-Graetz. Ein Fürstenhaus im 19. und 20. Jahrhundert,Wien – Köln – Weimar: Böhlau Verlag 1992, S. 221–225.

33 Szécsen, Politische Fragen, Anm. 7, S. 49–66.

„freien" System von Pressefreiheit und Rechtsgleichheit suggeriert. Das ist das Argument, das nach 1849 wesentlich schärfer formuliert wurde als davor.[34]

Die starke Neigung, die Religion als Regulierungsinstanz der Gesellschaft zu betrachten, wird bei den ungarischen Konservativen ebenfalls nicht detailliert ausgeführt, ist allerdings von besonderer Bedeutung. Sie grenzt sich nicht nur gegen den Liberalismus ab, sondern suggeriert einen nach 1849 gewiss nicht selbstverständlichen Einklang mit dem Hof. Dabei handelte es sich um den Hof eines tiefreligiösen Kaisers, der aber persönlich das Blutbad nach der ungarischen Niederlage zu verantworten hatte.

Die für ihre Zeitgenossen wichtigste Stellungnahme der Konservativen war diejenige in Bezug auf die schon am 24. Oktober 1849 vorgenommene Zerstückelung Ungarns. Die Konservativen plädierten für die Wiederherstellung des traditionellen Staatsrahmens, des Königreichs Ungarn. Dafür scheuten sie auch den Schritt in die Öffentlichkeit nicht und publizierten Memoranden und Flugschriften. Sie dachten und schrieben, dass die unbegründete und illegitime Härte des Kaisers seinen rebellischen Ländern gegenüber die demagogischen Umtriebe der national und liberal gesinnten Politiker begünstigte. Es kann aber angenommen werden, dass die gesamte ungarische politische Klasse, die in irgendeinem Sinne national gesinnt war, sich in dieser Zeit notgedrungen hinter die Konservativen stellte, welche die einzige legale und für die Autonomie des Landes eintretende politische Kraft bildeten. Das ging soweit, dass die Konservativen in der Ära Bach zu Hoffnungsträgern und Stellvertretern der national gesinnten liberalen Kräfte wurden.[35] Sehnsüchte nach nationaler Selbständigkeit haben sie mit emporgehoben – es handelt sich also um einen fremden Auftrieb.

Der Wirtschaftsverein im Neoabsolutismus – die Treue zu den konservativen Magnaten

Obwohl die konservativen Magnaten fremden Auftrieb bekommen hatten, blieb ihre alte Führungsposition sozusagen die ursprüngliche. Am eindeutigsten kann die materielle Position eingeschätzt werden. Nach den ersten drei bis vier Jahren, nach der Überwindung der Anpassungsschwierigkeiten standen die Magnaten Mitte der fünfziger Jahre keineswegs ärmer da als ein Jahrzehnt zuvor. Die Getreidepreise hatten sich verdoppelt (siehe Tabelle 4: Durchschnittliche Getreidepreise auf dem Pester Markt). Ein Geldregen ist nicht auf sie heruntergeprasselt, denn die Entschädigungszahlungen sind von der Staatskasse erst ab 1855 geleistet worden. Vorher waren jedoch in Einzelfällen Abschlagszahlungen möglich, was vor allem für die „Gutgesinnten" unter den Magnaten erreichbar war. Sozial gesehen standen die Aristokraten weiterhin in Hofnähe. Graf Antal Széchen, einer der begabtesten und ökonomisch versierten Konservativen, heiratete die Tochter des im September 1848 in Pest gelynchten kgl. Kriegsministers, Graf Franz-Philipp Lamberg. Sein Vater war Hofmeister der Erzherzogin Sophie, der Kaisermutter. Umso schwieriger war für die Aristokraten die Tiefe der Ungnade. Es waren nicht nur die Racheakte von Franz Joseph, die

---

34 Ebd.
35 Kecskeméthy, Tagebuch, Anm. 92, S. 14, 6. Okt. 1851.

einer geistigen Aufarbeitung harrten. Noch schlimmer empfanden sie, dass im System Schwarzenberg-Bach vor allem nach der auf politische Kontrolle der Altkonservativen zielenden Verfügung der ungarischen Statthalterei vom 12. Juli 1851 „Altkonservative der neudestruktiven Bürokratie … preisgegeben werden".[36]

Freilich waren die Magnaten weder kollektiv noch individuell der bürokratischen Staatsmacht ausgeliefert. Kollektiv waren sie zwar aus der Politik verdrängt worden, was durchaus ein Schock war. Doch ihre Stellung als Großgrundbesitzer und bedeutende Prestigeträger war nach wie vor unangefochten. Persönlich haben sogar die Kompromittierten erhebliche Möglichkeiten gehabt dem Druck auszuweichen. Sie hatten durchaus Chancen, wenn sie auf dem Gnadenweg um die Milderung verhängter Strafen baten. Nachdem György Károlyi z. B. am 10. Dezember 1849 schon eine Geldstrafe von 150.000 Gulden (Conventions-Münze) rechtskräftig vom Kriegsgericht auferlegt bekommen hatte, bat er weiterhin um Gnade. Zuerst bekam er die Erlaubnis, die Strafe in sechs vierteljährlichen Raten abzuzahlen. Dann ging es um die Revision des Urteils oder wenn das nicht ging, um die Erteilung von Abschlägen vor der Aufnahme der Entschädigungszahlungen – obwohl die Vorbedingung dafür die Unbescholtenheit war. Nach den Argumenten des Grafen hatte es eine Reihe von fatalen Missverständnissen gegeben. Bei dem Einzug von Kossuth und der Revolutionsregierung nach Pest hätte er gar nicht freiwillig, sondern unter Drohungen der gewaltsamen Menge seine Paradekutsche und seine Paradepferde für Kossuth bereitgestellt, im Oberhaus des Landtages hätte er nur mäßigend gewirkt, als Major der Nationalgarde nur Befehle ausgeführt.[37] Diese Entlastungsversuche wurden vermutlich bei vielen Betroffenen solange fortgesetzt, wie sie in der Verborgenheit des Schrifttums der Behörden blieben. Auch dieser Abgeschiedenheit ist es zu verdanken, dass der ungarischen Nation ihre Helden nicht abhanden gekommen sind, denn das große bürgerliche Conversations-Lexikon der Jahrhundertwende teilte die nämliche Episode um György Károlyi ganz im Sinne der österreichischen Anklage von 1849 als Fakten mit, während man von den Gegendarstellungen des Betroffenen aus den Jahren zwischen 1850 und 1852 nichts wusste.[38]

Über die den konservativen Aristokraten individuell erteilten Gnadenakte hinaus, versuchte die kaiserliche Regierung 1851 den Wirtschaftsverein noch mal ins aktive Leben zurückzurufen. Dafür gab es mehrere Gründe. Es wurde schon darauf hingewiesen, dass die Form eines Wirtschaftsvereins der österreichischen Regierung bekannt und bequem war. Die Schwarzenberg-Bach-Regierung widmete der Landwirtschaft generell ziemlich viel Aufmerksamkeit. Es gab ein Ackerbauministerium und 1849 wurde ein Kongress der Landwirte in Wien abgehalten. Es gab aber auch speziellere Gründe. Offensichtlich versuchte die Regierung in Ungarn, einem Land unter Kriegsrecht, Keile der partiellen Kooperation in die breite Ablehnung des Regimes zu treiben. Der Verein wurde schon 1850/51 mehr-

---

36 Brief von György Graf Andrássy an den Fürsten Ferdinand von Bretzenheim, datiert Hosszúrét 16.9.1851, in: Eduard von Wertheimer: Zur Geschichte der ung. Altkonservativen. Theil II., Ungarische Rundschau, 3. 1., Jan. 1914, hier S. 59.

37 Hier wurden die Argumente der Eingabe von György Graf Károlyi an Antal Augusz, Obergespan des Pester Bezirks zusammengefasst, datiert: Pest, 20. Juli 1851, MOL P 414. Lad. 8. 12 tétel. Augusz versprach, die Sache dem Fürsten Felix Schwarzenberg zu referieren.

38 A Pallas Nagy Lexikona, Bd. X., Pallas: Budapest 1895, Artikel „Károlyi család" [Die Károlyi Familie].

mals aufgefordert, der Regierung Gutachten zu schreiben. Allerdings existierte der Verein außerhalb des provisorischen Ausschusses faktisch nicht, denn die Mitglieder hatten ihre Beitragszahlungen weitgehend eingestellt. Deshalb hörten die Vereinspublikationen und sonstigen Tätigkeiten fast vollständig auf. Um die bestehenden Anlagen, das Vereinshaus, den Rebgarten und die Obstbaumschule usw. aufrechterhalten zu können, verkaufte Rittmeister Heinrich Ende 1850 einen Teil der Staatspapiere des Vereins; man zehrte also von der Substanz.[39]

Dies musste zu dem Wunsch beitragen, den der Zivilkommissar Ungarns Karl Geringer in seinem Brief am 6. Dezember 1850 dem Verein mitgeteilt hat: „… das Ministerium für Landeskultur und Bergwesen drückt … den Wunsch aus, dass die Pester Landwirtschaftsgesellschaft in ihrer ursprünglichen Form als rein private Gesellschaft je eher ihre Wirksamkeit beginnen möchte." Er rief den Verein auf, „seine Reorganisation, sobald es der Verein für tunlich erachtet, zu bewerkstelligen."[40] Entsprechend wurde die Erlaubnis zur Abhaltung einer „kleinen" Versammlung, eigentlich eine Vorbereitung für eine Generalversammlung, genehmigt, die dann am 16. März 1851 auch stattfand.[41] Hier wurde dem von Geringer eingesetzten provisorischen Ausschuss für seine Tätigkeit Dank ausgesprochen. Er wurde gebeten, den Verein auch weiterhin zu leiten. Das in der Satzung nicht vorgesehene, eigentlich illegitime zwölfköpfige Organ wurde um zehn weitere Mitglieder ergänzt. Dabei handelte es sich wohl nicht zufällig ausnahmslos um bekannte konservative Politiker oder deren engste Mitarbeiter. Der Verein wurde also von den konservativen Magnaten dominiert.

Geringer nahm dies zunächst hin. Die Generalversammlung des Vereins fand am 9./10. Juni 1851 im Beisein eines kgl. Kommissars statt.[42] Hier wurden zuerst die durch den provisorischen Ausschuss umgearbeiteten Vereinsstatuten angenommen, die Tätigkeit also Ansprüchen der Regierung angepasst. Es wurde aber auch der Vorschlag des Grafen György Andrássy angenommen, eine Immediateingabe an den Kaiser zu richten.[43] Hier ging es darum, die im Zusammenhang mit Kommassationen (Flurbereinigungen) und mit Gemeinheitsteilungen im Wald und auf der Weide aufgetretenen Probleme zu beheben und insbesondere die Sicherheit des Eigentums zu gewährleisten, da der Großgrundbesitz nach der Abschaffung der alten Komitatsorgane und wegen des Fehlens von neuen lokalen Verwaltungsorganen sehr unter Feld- und Viehdiebstählen litt. Der Antragsteller wurde gebeten, die Eingabe zu verfassen und dafür zu sorgen, dass sie in die Hände des Kaisers gelangt. Am nächsten Tag wurde der Zentralausschuss neu gewählt. Er bestand aus-

---

39 Über die Finanzen s. Offizieller Bericht, Anm. 21, S. 269f. – Über den Verkauf von Staatspapieren: „Kivonat a Gazdasági Egyesület Bizottságának f. 1850 October 14-kén 1850 tartott üléséből" [Protokollauszug der Ausschusssitzung des Ungarischen Wirtschaftsvereins, 14. Okt. 1850], mit Unterschrift von János Heinrich N., „stellvertreder Vorsitzender".

40 Kopie des Briefes in MOL P 414. Lad. 8. 6. t.

41 A M. Gazdasági Egyesület 1851. mart. 16-án tartott közgyűlésének jegyzőkönyve [Protokoll der Versammlung des Ung. Wirtschaftsvereins 16. März 1851], in: GL, 23.3.1851, S. 263f. Offizieller Bericht, Anm. 21, S. 269f.

42 A M. Gazdasági Egyesület f. 1851. junius 9 és 10-kén tartott közgyűlésének jegyzőkönyvi kivonata [Protokollauszug der Versammlung des Ungarischen Wirtschaftsvereins vom 9.und 10. Juni 1851], in: GL, 15.6.1851, S. 551–555.

43 Ebd., Andrássy war ein Freund von Széchenyi, Gründungsmitglied des Vereins, in den dreißiger Jahren Vereinssekretär, 1847 Vorsitzender eines Komitatsvereins.

schließlich aus konservativen Politikern; Vorsitzender wurde noch einmal der vorbestrafte Graf György Károlyi.

Zwei Wochen später, am 23. Juni wurden die Beschlüsse der Versammlung jedoch für null und nichtig erklärt und der Verein wieder unter die kommissarische Leitung des provisorischen Ausschusses gestellt.[44] Diese Wende in der Vereinsgeschichte lässt sich zum einen aus den politischen Rahmenbedingungen erklären. Die Schwarzenberg-Bach-Regierung war grundsätzlich gegen Tendenzen der Dezentralisation. Sie hätte möglicherweise den friedlichen Schein des Vereinslebens begrüßt, aber keineswegs den Lärm der Diskussionen. Speziellere Gründe für die Wende nennt die klassische Monographie über die Geschichte des Neoabsolutismus. Sie verweist auf eine Vorlage Geringers vom 25. September 1851.[45] Darin schlug Geringer vor, den Verein aufzulösen. Die dort tonangebenden Herren hätten weder Interesse an der Landwirtschaft noch einschlägige Kenntnisse und Erfahrungen, sie suchten im Verein lediglich Mittel zu ihren extremen und Besorgnis erregenden nationalen Zwecken. Schon wegen der ungarischen Geschäftssprache könne ein solcher Verein nicht erfolgreich arbeiten. In Anbetracht der Verschiedenheit der Regionen und Verhältnisse des Landes sei es gar nicht möglich, aus dem Zentrum operierend gute Ergebnisse zu erzielen. Der Verein müsste der inzwischen vorgenommenen Neuordnung der Verwaltung entsprechend in fünf Teile zerlegt werden. Die so neu konstituierten Vereine brauchten allerdings nicht allzu viele Mitglieder zu haben, die Vorsitzenden könnten aus den leitenden Beamten der fünf Bezirke kommen, die Versammlungen der Vereine würden unter Aufsicht ablaufen.

Diese allgemeinen Argumente passen zur Offensive der Regierung gegen die Konservativen, die mit dem vertraulichen Rundschreiben der ungarischen Statthalterei vom 12. Juli 1851 begann.[46] Darin hatte die Statthalterei die verschärfte Aufsicht über die Konservativen angeordnet. Im Falle einer „gefährlichen Agitation" müssten die hohen Herren namentlich angezeigt werden. Allerdings geschah die Annullierung der Beschlüsse der Generalversammlung des Vereins etwa einen Monat vor diesem Rundschreiben.[47] Zwar passte also die wiederholte Suspendierung in das Konzept von Bach, der unmittelbare Anstoß kann aber in diesen etwas späteren Überlegungen nicht gelegen haben. Graf György Andrássy selbst schrieb von einer „Auflösung des Ökonomischen Vereins, was hauptsächlich aus dem unverhohlen ausgesprochenem Grund erfolgte: Weil sich der Verein erkühnt hat, mit Umgehung der Regierungsgewalten direkt an Se. Majestät bittlich zu werden."[48]

---

44 Felsőbb rendelet minélfogva a Magyar Gazdasági Egyesület ügyeinek vezetésével az előbbi ideigl. választmány ujonnan megbizatik s felhatalmaztatik. Költ Pesten junius 23. 1851. [Höhere Verordnung, wonach der vormalige provisorische Ausschuss mit der Führung der Geschäfte des Ungarischen Wirtschaftsvereins betraut wird. Pest, 23. Juni 1851], in: GL, 6.7.1851, S. 615f.

45 Berzeviczy, Absolutismus 1, Anm. 4, S. 245f.

46 Die Verordnung vom 12. Juli 1851, abgedruckt in: Von einem Ungar [Ludasi (Gans) Mór]: Drei Jahre Verfassungsstreit. Beiträge zur jüngsten Geschichte Oesterreichs …, Leipzig: F. A. Brockhaus 1864, S. 21ff.

47 Die Erneuerung des Verbots war wohl auch früher bekannt gewesen, denn Korizmics, der Redakteur von „Gazdasági Lapok" (Wirtschaftsblätter) und Mitglied des von Geringer eingesetzten provisorischen Ausschusses, brach schon eine Woche nach der Versammlung, am 16. Juni nach England auf, was er anderenfalls sicherlich nicht getan hätte. Anon.: Szíves tudomásul! [Zur Kenntnisnahme], GL, 6.7.1851, S. 615f.

48 Brief von György Graf Andrássy an den Fürsten Ferdinand Bretzenheim, datiert: Hosszúrét,

Später brachte Andrássy den Vorfall sogar in Verbindung mit der am 20. August 1851 erfolgten Aufhebung der Ministerialverantwortlichkeit.[49]

Die Erklärung von Andrássy, die Immediateingabe an den Herrscher habe einen wunden Punkt in der Legitimität der bürokratischen Staatsmacht getroffen, ist plausibel. Allerdings gibt es auch eine andere Erklärung. So hatte man Károlyi als Vorsitzenden und den Zentralausschuss der alten Konservativen gewählt, anstatt Geringer als Protector des Vereins sowie eine Leitung um die bereits vorgestellten Havas, Rittmeister Heinrich sowie Augusz, dem Obergespan des Pester Bezirks einzusetzen.[50] Das Gerücht, Führungspersonen des neuen Regimes hätten die Vereinsleitung übernehmen sollen, kann als ein Beweis für die ernste Absicht der Regierung, den Verein beizubehalten, interpretiert werden. Die erneute Suspendierung einer konservativen Vereinsführung zeigt allerdings auch, dass die Regierung den Verein nur für nützlich hielt, wenn er den Konservativen entrissen wird.

Im Jahr 1852 erfolgte ein Aufruf zur erneuten Abhaltung einer Generalversammlung, dessen Ergebnis nicht überliefert ist.[51] Bekannt ist nur, dass es nach diesem Aufruf wieder die provisorisch-kommissarische Leitung war, die Versuche zum Eintreiben der Mitgliedsbeiträge unternahm.[52] Der Verein entbehrte in solchem Ausmaß die Unterstützung seiner Mitglieder, dass er auf eine jährliche Subvention der Regierung und auf Darlehen von ihr in steigender Höhe angewiesen war. Bis März 1851 überstiegen die laufenden Ausgaben die Einnahmen um das Doppelte. Zusammen mit den Zinsen und Abzahlungen der für den Bau des Vereinshauses aufgenommenen Darlehen betrugen die Zahlungsverpflichtungen jährlich 56.000 Gulden gegenüber 19.417 Gulden Jahreseinkommen bzw. 210.645 Gulden Vermögen.[53]

Der 1853 angestrebte Prozess gegen den ehemaligen Vorsitzenden György Károlyi war allerdings nicht nur Resultat schlichter Geldnot. Rittmeister Heinrich berief sich dabei auf die Erklärung in der Stiftungsurkunde, in der sich Károlyi verpflichtet hatte, im Falle der Nichtzahlung der Zinsen auf das Stiftungskapital diese gerichtlich eintreiben zu lassen.[54] Károlyi verweigerte dies mit der Begründung, dass er seine Stiftung für die satzungsmäßige Tätigkeit des Vereins vorgesehen hatte, der Verein jedoch mittlerweile ohne den Statuten

---

16. September 1851; vgl. auch den Brief von Andrássy an Bretzenheim, datiert: Hosszúrét, 13. Oktober, beide in: Wertheimer, Verfassungsstreit, Anm. 36, S. 59f., bzw. 69ff.

49 Andrássy schrieb in seinem Brief vom 13. Oktober 1851 an Bretzenheim: „Ich weiß es nun bestimmt, dass Seine Majestät von dieser höchst sonderbaren Empfindlichkeit der Regierungsorgane noch lange vor dem 20. August Kunde erhielt." Damit meinte er, dass auch diese Information den Schritt von der bürokratischen Diktatur in Richtung der Erweiterung der monarchischen Macht erleichtern konnte. In: Wertheimer, Verfassungsstreit, Anm. 36, S. 69ff.

50 MOL P 414. Lad. 8. 6.t. Brief von Leo Graf Festetics an den Grafen György Károlyi, dat.: Dáka, 20. Juli 1851.

51 Anon.: A magyar gazdasági egyesület tagjaihoz [An die Mitglieder des ungarischen Wirtschaftsvereins], GL, 7.11.1852, S. 1053f.

52 Benkő, Dániel/Brünek, József/Korizmics, László/Lumniczer, József/Magyar, Imre: A magyar gazdasági egyesület alapító s részvényes tagjaihoz [An die Stifter und beitragszahlenden Mitglieder des ungarischen Wirtschaftsvereins], GL, 19.12.1852, S. 1197f.

53 Das Vermögen bestand zur Hälfte aus Stiftungen, deren Kapitalien nicht in Gewahrsam des Vereins waren, sondern nur die Zinsen flossen ihm, durch Obligationen gesichert, zu.

54 Klageschrift … von János Heinrich Nep., Vorsitzender des Ungarischen Wirtschaftsvereins, als Kläger gegen den Grafen György Károlyi, als Beklagter, wegen der Zahlung von 600 Gulden und Zinsen …, MOL P 414. Lad. 8. 6. t.

entsprechende Leitung und ohne von den Mitgliedern erteilten Auftrag agierte. Diese Tätigkeit unter Verwendung des Namens des Vereins entspräche nicht dem Stiftungszweck. Károlyi bezweifelte außerdem, dass Rittmeister Heinrich ein legitimer Vertreter des Vereins wäre, und als solcher im Namen des Vereins den Vorsitzenden Károlyi vor Gericht belangen durfte.[55] Es war keine Überraschung, dass das kgl. Gericht und dann auch das Appellationsgericht zugunsten Heinrichs entschieden.[56] Es ist unbekannt, ob auch andere Mitglieder vor Gericht angeklagt waren. Die Klageschrift von Heinrich enthält als Beilage eine gedruckte Aufforderung des Vereins zur Beitragszahlung, die sicherlich nicht für einen einzelnen Empfänger gedruckt worden war. Der ruppige Umgang mit dem rechtmäßigen Vereinspräsidenten sowie wahrscheinlich auch mit der Mitgliedschaft musste Unmut auslösen.[57] Über eventuell vorhandenen Widerstand ist in den Archiven nichts überliefert. Die Konsolidierung des Bündnisses zwischen der Mitgliedschaft des Vereins und den konservativen Magnaten kann allerdings auch als Ergebnis der hier geschilderten Konflikte angesehen werden.

Die Vereinspresse, die Fachfragen und ein Fachmann

Die Vereinspresse war fast das einzige sichtbare Zeichen, die einzige Tätigkeit des Vereins in der neuen Epoche. Freilich sah sie anders aus als im Vormärz. Verständlicherweise war die Politikferne größer und die technizistische Betrachtung von komplexen Problemen noch ausgeprägter als vor 1848. Das entsprach wohl auch den Neigungen des Redakteurs László Korizmics, der später Vereinssekretär sowie zweiter Vorsitzender werden sollte. Die Person von Korizmics war bestimmend für die Zeit zwischen 1849 und 1878.

Korizmics entstammte einer Wirtschaftsbeamtenfamilie mit vielen Kindern. Er absolvierte Ingenieurstudien an der Pester Universität und wurde 1841 Wasserregulierungsingenieur auf den Gütern von Fürst Pál Esterházy.[58] Korizmics wurde landesweit bekannt, weil er als erster eine englische Errungenschaft der Zeit, das „water meadow", auf den Esterházyschen Gütern in Ungarn einsetzte. Das „water meadow" von Korizmics wurde durch eine offizielle Delegation des Landes-Wirtschaftsvereins besucht, und er selbst hat geholfen das Interesse durch seine Artikelreihe in der Vereinszeitschrift „Magyar Gazda" zu steigern.[59] Er diente unter der Revolutionsregierung im Landwirtschaftsministerium, machte den Rückzug der ungarischen Regierung im Winter 1848/49 nach Debrecen allerdings nicht mehr mit, sondern wartete die Kaiserlichen in Pest ab. Zur gleichen Zeit

55 Antwortschrift von György Graf Károlyi auf die Klageschrift von János Heinrich k. k. Rittmeister a. D., angeblicher Vorsitzender des Ungarischen Wirtschaftsvereins …, 14. 7.1843, MOL P. 414. Lad. 8. 6. t.
56 MOL P 414., abschließendes Urteil des Pester Komitatsgerichts vom 16. Aug. 1853; Urteil des Bezirksobergerichts von Pest vom 11. Okt. 1853; beide in MOL P 414. Lad. 8. 6. t.
57 Bei der Generalversammlung im Jahr 1851 wurde er nicht mehr in den Zentralausschuss gewählt. Der Prozess gegen den Grafen Károlyi im Jahr 1853 war wohl ein faux pas.
58 Galgóczy, Károly: Korizmics László, in: Gedenkbuch 6, Anm. 2, S. 25–45.
59 Korizmics, László: Levelek a rétöntözés érdekében, függelékül a Magyar Gazdasági Egyesület által az 1844dik évi országgyűlés elébe terjesztett rétöntözési törvényjavaslat-terve [Briefe im Interesse der Wiesenbewässerung, mit dem 1844er Landtag und dem Ungarischen Wirtschaftsverein vorgelegten Gesetzesvorlage über die Wiesenbewässerung als Anhang], Pest 1845.

entschied sich der Vereinssekretär und Redakteur der Vereinszeitschrift „Magyar Gazda" Török im Augenblick der Gefahr dafür, ins Feld zu ziehen, wo er bis zur Waffen- niederlegung kämpfte. Infolgedessen wurde die „Magyar Gazda" eingestellt, und Korizmics startete – angeblich mit Einwilligung Töröks – ein identisch angelegtes Blatt, die „Gazdasági Lapok" (Wirtschaftsblätter).[60] Die Zeitschrift erschien auch nach der ersten österreichischen Besetzung von Pest, wurde aber nach der Rückeroberung der Stadt durch die ungarische Honvéd-Armee eingestellt. Obwohl er kein Revolutionär war, hätte auch Korizmics nach der Niederlage Schwierigkeiten bekommen können. Er wurde allerdings zuerst durch seinen Bruder, der in der im Januar 1849 aufgestellten „Provisorischen Landesverwaltung" von Windisch-Graetz die Abteilung für Religionsfragen leitete, ge- schützt.[61] Dann trat er – durch Zufall, Freunde und seinen Bruder unterstützt – in die Admi- nistration des Zivilkommissars für Ungarn Karl Geringer ein. Einer der ersten Aufträge von Geringer an Korizmics war die Ausarbeitung des Urbarialpatents, d. h. die Durchführung der Bauernbefreiung.[62] In der kommissarischen Leitung des Wirtschafts- vereins war Korizmics von Anfang an Mitglied, irgendwann wurde er Sekretär.

Das Journal „Gazdasági Lapok" erschien im Januar 1850 auf Geheiß von Zivil- kommissar Geringer wieder. Das Blatt war zum Erfolg verurteilt, war es doch die einzige diesbezügliche Publikation in einem generell nach Nachrichten hungerndem Land. Die Zahl der Abonnenten belief sich angeblich auf 1.000. Die Monopolposition des „Gazdasági Lapok" hielt sich bis 1856, erst dann bekam es einen Konkurrenten.[63]

Breiten Raum nahm in der Vereinspresse ein Thema ein, das schon vor 1848 mit dem Professionalisierungsprojekt zusammenhing: Die öffentlichen Fachschulen und der Fach- unterricht. Ein unbekannter Autor der Zeitschrift gab 1851 wahrscheinlich die Ansichten des provisorischen Ausschusses in Reaktion auf den Wiener Landwirte-Kongress vom März 1849 wieder.[64] Sein Artikel machte unterschiedliche Standpunkte deutlich. Die Vor- lage des Ministeriums hatte den Kongress gebeten, über die Möglichkeit des land- wirtschaftlichen Fachunterrichtes auf drei Ebenen nachzudenken – als Teil des Unterrichts der Elementarschulen, als besondere Ackerbauschulen für Meier, Hofbauern usw. sowie schließlich als höhere Fachanstalten. Der Kongress der österreichischen Wirte hielt die erst- genannte Form für nützlich, jedoch wegen unzureichender Vorbedingungen in den Elemen- tarschulen für undurchführbar. Die Ackerbauschulen begrüßte er ohne Vorbehalt, hielt aber die Gründung einer höheren Anstalt aus finanziellen Gründen für unausführbar. Es wurde darauf hingewiesen, dass es nicht Aufgabe des Staates sei, Privatpersonen einen Beruf zu lehren.[65]

Im Gegensatz dazu begrüßte der ungarische Autor die Einfügung des Fachunterrichts in die Elementarschulen und fand auch an den Ackerbauschulen Gefallen, von denen drei für die unterschiedlichen Landesteile Ungarns zu gründen wären. Außerdem plädierte er für

60 Über die GL s. Galgóczy, Korizmics, Anm. 58.
61 Berzeviczy 1, Absolutismus, S. 78f., Anm. 4. Der Bruder war Antal Korizmics, Abt-Domherr.
62 Korizmics, László naplója 1853–1858 [Tagebuch von László Korizmics]. MTA Kézirattár, MS 662.
63 Es war die „Falusi Gazda", hg. 1856 von Elek Fényes, ab Juli 1857 von Adolf Érkövy.
64 Kistelki: Gazdászati érdekeink álladalmi ápolása. [Staatliche Pflege unserer wirtschaftlichen Interessen], in: GL, 19.1.1851, S. 49–58. Hinter dem Pseudonym verbirgt sich wahrscheinlich Korizmics.
65 Ebd., S. 51f.

eine ungarischsprachige höhere Anstalt in der Nähe von Pest.[66] Der Aufbau der Anstalt wurde etwas detaillierter beschrieben. Diese Ausführungen glichen einem bereits 1844 dem Landtag unterbreiteten Vorschlag des Vereins wie ein Ei dem anderen. Abschließend wurden die Landwirte zur „Gründung" des Wirtschaftsvereins animiert und der Regierung die Aufstellung einer landwirtschaftlichen Fachabteilung bei der Statthalterei, also einer Vorform eines ungarischen Landwirtschaftsministeriums empfohlen.

Hier sprach kein Einzelner, sondern eine Gruppe. Nur ein paar Wochen später wurde ein Lagebericht über die nunmehr genehmigte Versammlung des Wirtschaftsvereins unterbreitet, in dem man sich auch über die spätere Entwicklung Gedanken machte.[67] Bei dieser Gelegenheit wurde auch über die Fachschulen nachgedacht. Die Verfasser des Berichts, alles ältere angesehene Wirtschaftsbeamte, hielten von den sog. „höheren Anstalten" nicht weniger als sechs im Land für notwendig, von den Ackerbauschulen „der geringeren Landwirte" achtzehn. Sie stellten nun Forderungen an die bürokratische Staatsregierung, die der Landtag im Vormärz nicht hatte durchsetzen können. Die Wirtschaftsbeamten verfolgten also weiterhin ihr Professionalisierungsprojekt.

Damit verlassen wir vorerst die Manifestationen der Gruppeninteressen, denn über den heikelsten, ja geradezu wunden Punkt der Landwirtschaft, über die Steuern, findet man kaum etwas in dem Blatt von Korizmics. Das ist kein Zufall.

Gleich nach der Wiederbesetzung 1849 ging die österreichische Regierung daran, ein Grundsteuer-Kataster in Ungarn und Siebenbürgen aufzunehmen. Ungarn wurde 1853, Siebenbürgen 1855 das erste Mal steuerlich veranlagt. In Ungarn zahlte man 16 Prozent des kalkulierten Reinertrages, in Siebenbürgen 10 Prozent des Reinertrages. In der Kalkulation zur Steuer-Veranlagung wurde die geschätzte mittlere Ernte mit den Preisen des Jahres 1824 multipliziert. Dies ergab zunächst den Ertrag, dann nach Abzug der geschätzten Wirtschaftskosten den Reinertrag. Zu diesem Satz kamen noch zusätzliche Abgaben, wie die Grundentlastungsaufsteuer, wodurch die staatlichen Steuern bis 1867 in Ungarn auf 31,25 Prozent, in Kroatien auf 32,42 Prozent und in Siebenbürgen auf 21,3 Prozent des im Kataster registrierten geschätzten Reinertrags stiegen.[68] Das sind auch im internationalen Vergleich hohe Steuersätze. Sie mussten nicht notwendigerweise außerordentlich hohe Belastungen mit sich bringen, denn die Landwirtschaft expandierte in mehrerlei Hinsicht: Das Areal wurde vergrößert, die Preise stiegen an, die Verkehrsverbindungen wurden verbessert. Allein das schnell wachsende Verkehrsnetz sorgte dafür, dass lokale Missernten oder ähnliches Missgeschick nicht gleich in harte Not ausarteten. Damit wurden auch Schwankungen der steuerlichen Belastbarkeit der Bevölkerung ausgeglichen. Andererseits

---

66 Ebd., S. 57f.
67 A M. Gazd. Egyesület választmányának felterjesztése a Gazd. Egyesület jövendő állása- a gazdasági intézetek- és alsóbb földműves iskolák felállítása iránt Magyarországon [Denkschrift des Ausschusses des Ungarischen Wirtschaftsvereins bezüglich der zukünftigen Stellung des Vereins und der Errichtung höherer landwirtschaftlicher Schulen und Ackerbauschulen in Ungarn], Pest: Lukács, László 1851.
68 Milhoffer, Sándor: Magyarország közgazdasága [Ungarns Volkswirtschaft], Budapest: Franklin 1904, Bd. II., S. 167; Vgl. Bernát, Gyula: Az új Magyarország agrárpolitikája 1867–1914 [Die Agrarpolitik des neuen Ungarns 1867–1914], Pécs: Dunántúl Pécsi Egyetemi Könyvkiadó és Nyomda RT. 1938, S. 171f. Die Zahlen beinhalten die Landessteuer ohne die Gemeindesteuer. Über letztere s. Kap. „Die Agrarkrise und die Reaktionen – die Zusammenkünfte von 1878–1881", Unterkapitel „Die Agrarkrise und die Belastungen der Landwirtschaft".

wurde die erhöhte, neuartige und nunmehr ausschließlich in Geld zu entrichtende Steuerlast je nach Ort und Zeit, also vor allem in den Gebieten mit unzureichendem Marktanschluss von den Bauern und Grundbesitzern, als äußerst drückend empfunden. Rückstände und Beschwerden häuften sich. Korizmics wurde ab Januar 1854 bei der kgl. Finanzdirektion ausschließlich mit der Erledigung der Beschwerden über die Steuerveranlagung betraut. Die einzelnen Vorgänge sind zwar nicht mehr dokumentiert, die eigenartigen Ergebnisse dieser Behörde stehen jedoch außer Zweifel. Nach der Bearbeitung sämtlicher Eingaben, Beschwerden und Reklamationen sind die Steuern im Landesmaßstab nicht geringer, sondern wesentlich, um etwa 17 Prozent höher geworden.[69]

Während die Steuerbehörden Beschwerden mit Auflehnung gleichsetzten, gab es in der Tat ein Programm des zivilen Ungehorsams, an dessen erster Stelle Steuerverweigerung und Missachtung des österreichischen Tabakmonopols standen. Die ungarischen Geschichtsbilder von patriotischer Steuersabotage dürften allerdings die Rolle der patriotischen Gesinnung bei Nichtzahlung von Steuern doch etwas zu hoch bewerten. Diese Bauernschinderei bei den Steuerbeschwerden machte die tägliche Arbeit von Korizmics aus. In seinem privaten Tagebuch fehlt fast zwei Jahre lang jede Spur davon, dass er den Vorgang irgendwie eigenartig gefunden hätte.

Im November 1856 gab es jedoch eine brutale Warnung. Sein Schwager, ein Stuhlrichter wurde – wegen seiner offiziellen Tätigkeit – qualvoll ermordet. Er hatte sich nach einer Zwangsvollstreckung auf dem Heimweg befunden. Zu dieser Zeit war Korizmics bereits ein ziemlich bekannter Mensch. Generell hatte die Strenge im Land nachgelassen und man entwickelte einen Sinn für Kritik. Korizmics schrieb in sein Tagebuch nach zweijähriger vollständiger, konformer Zufriedenheit die erste scharf kritische Bemerkung über die Arbeit der eigenen Behörde.[70]

Im April 1857 machte Korizmics einen weiteren Schritt. Auf einer gemeinsamen Kontrollreise mit dem Verfasser der Steuerveranlagungs-Instruktion kam er auf einen Umstand, der allerdings sonst im Land allgemein bekannt war. Die tatsächlichen Kosten der Produktion überstiegen in der Regel die kalkulierten Kosten im Steuerkataster. Außerdem wurden die oben angegebenen landesweit geltenden Steuersätze durch die Gemeindeumlagen bzw. Steuerzuschläge zur Deckung der Gemeindekosten noch weiter erhöht.[71] An dem Punkt hält sein Tagebuch auch schon eine kleine Diskussion mit dem Verfasser der Steuerinstruktion fest.[72]

---

69 Ebd., S. 166f. Milhoffer bringt das ursprünglich im Steuerkataster aufgenommene Einkommen und auch den revidierten, um 17 Prozent größeren Posten als Ergebnis der „äußerst einseitigen Tätigkeit des Revisionsausschusses".

70 Korizmics, Tagebuch, November 1856, Anm.62, S. 67f. Über die Kriminalität 1856–58 s. Berzeviczy, Absolutismus 2, Anm. 4, S. 127f.

71 Die Differenz kann – wegen der örtlichen Unterschiede der Gemeindesteuer – nicht geschätzt werden. Varga István: A közterhek [Die öffentlichen Lasten], in: Szabó, István (Hg.): A parasztság Magyarországon a kapitalizmus korában 1848–1914 [Die Bauernschaft in Ungarn in der Epoche des Kapitalismus 1848–1914], Budapest: Akadémiai K. 1965, Bd. II., S. 246–318. Die Landesaufsteuer zur Grundentlastung betrug 1853 25 Prozent, in den 1860er Jahren schon 60 Prozent der Grundsteuer. Vgl. Szabad, Willkürherrschaft, Anm. 4, S. 539. Gemeindeaufsteuern kommen noch hinzu!

72 Korizmics, Tagebuch, Anm. 62, S. 69.

Nach einer weiteren Kontrollreise im Sommer bedankte er sich im September 1857 für den erhaltenen Joseph-Orden bei Erzherzog Albrecht, Generalgouverneur Ungarns. Korizmics referierte auf Anfrage des Erzherzogs über seine Entdeckungen in Bezug auf die übermäßige steuerliche Belastung der Untertanen. Sofort wurde er gebeten, einer kleinen Sitzung der leitenden Beamten der Finanzverwaltung beizuwohnen und seine Erfahrungen zu schildern. Der allerhöchste Besuch des Kaisers war kurz zuvor, am 8. September, zu Ende gegangen. Den Erzherzog berührten die dem Herrscher an mehreren Orten über-reichten Beschwerden über die Steuerlast peinlich. Irgendetwas musste unternommen werden. Korizmics platzte also im rechten Moment in die Szene, er diente als Werkzeug oder Hemmschuh, um den vorwärts preschenden Steuerapparat zu verlangsamen.[73] Spätes-tens von da an hatte er einen gewissen Zugang zum Generalgouverneur. Seine Position war schon durch die landwirtschaftliche Ausstellung im Juni 1857 gestärkt worden, die neben der Rundreise des jungen Kaiserpaares nach einem Jahrzehnt die erste große öffentlich-populäre Veranstaltung war und daher Massenandrang genoss.

Solche und ähnliche Kniffe dienen überall zur Stärkung der Position eines beamteten Intellektuellen oder intelligenten Beamten. Über den Einzelfall hinausweisend ist die als „Reduktion der kognitiven Dissonanz" zu kennzeichnende Erscheinung. Korizmics war direkt verantwortlich für die Bearbeitung der Beschwerden in Bezug auf die Steuerver-anlagung. Für eine Bearbeitung, die einer Strafe der von den Untertanen versuchten Wider-rede gleichkommt. In seinem Tagebuch ist zwei Jahre lang keine Spur von Kritik zu finden. Genau zur Zeit einer beginnenden Modifikation der Innenpolitik entdeckte er die Un-gerechtigkeit der bis dahin verfolgten Herrschaftspraxis und lieferte die Argumente für die Wende – ohne, dass er im Privaten auch nur ein einziges Mal leise die Frage gestellt hätte, was er denn in den vorherigen Jahren seiner Tätigkeit verrichtet hätte?

Die Neuzulassung des Vereins 1857

Der landwirtschaftlichen Ausstellung im Juni 1857 folgte die Wiederherstellung des Wirt-schaftsvereins im Herbst. Es fragt sich, ob die Wiederzulassung des Vereins als Auftakt einer Versöhnung nach der Zeit der Zerwürfnisse gelten darf? In den bisherigen For-schungen zum Neoabsolutismus wird betont, dass Milderungen und die Amnestie nach der Pariser Konferenz sowie anlässlich der Rundreise des Kaiserpaares 1857 bewusst begrenzt gehalten, einzeln abgewogen und verabreicht worden sind. Sie sollten nicht als Modi-fikation der Politik, sondern als kaiserliche Gnade erscheinen.[74] Neben der Amnestie und der Rückgabe der konfiszierten Vermögen der Rebellen war 1857 die Wiederbelebung der geschlossenen Akademie und des Wirtschaftsvereins eine solche Konzession.[75] Demnach stand der Verein im Schnittpunkt von drei unterschiedlichen Bestrebungen. Die Regierung wollte sich versöhnlich zeigen, die Konservativen etwas von ihrem früheren Einfluss zu-rückgewinnen, die unmittelbar Beteiligten, wie der Sekretär des provisorischen Ausschus-

---

73 Ders., Tagebuch, 8. Sept. 1857, S. 99.
74 Berzeviczy, Absolutismus 2, Anm. 4, S. 112–120.
75 Ebd., S. 105–110.

ses, Finanzrat Korizmics und seine Mitarbeiter wollten den Verein in einer Form auferstehen lassen, die ihn zu ihrer Spielwiese machte.

Heinrich fragte Korizmics schon vor dem Besuch des Herrscherpaares im Januar 1857, worum man anlässlich des Besuches als allerhöchstes Geschenk bitten könnte. Korizmics schlug die Wiederzulassung des Vereins in seiner alten Form, die Erlassung seiner Schulden (15–20.000 Gulden), eine ungarischsprachige höhere fachbildende Anstalt, eine Landkreditbank und einige Hilfsfonds für Preisfragen für den wiederhergestellten Verein vor.[76]

Interessant ist aber, dass es seitens der Regierung schon vorher Anzeichen von Nachgiebigkeit in Bezug auf die Vereinszulassung gab. Die früheste Eingabe in Bezug auf die Genehmigung von Statuten stammt vom 4. Juli 1856. Sie wurde durch die Serbisch-Banatische Statthalterei eingereicht, der zu genehmigende Verein war die aus örtlichen Grundbesitzern und Fachmännern zu gründende „K. k. Landwirthschaftsgesellschaft in Temesvar".[77] Der frühe Zeitpunkt bedarf einer Erklärung. Es ist viel zu früh, um ihn im Rahmen des Herrscherbesuches in Ungarn 1857 deuten zu können. Außerdem war es kein Einzelfall, diesem Gesuch folgten andere. Denn nachdem die „Ständige Commission für Vereinsangelegenheiten" die Statuten untersucht und korrigiert hatte, wurden sie durch Bach dem Kaiser vorgelegt. Franz Joseph genehmigte die Statuten mit folgender Bemerkung:

„Ich bewillige die Gründung einer Landwirthschaftsgesellschaft in Temesvar auf Grundlage der vorgelegten Statuten … Zugleich finde ich Sie zu beauftragen die Verhandlungen über die Statuten der Ackerbaugesellschaft in Meinem Königreiche Ungarn, in Gemäßheit meiner Entschließung vom 17ten Februar 1854 thunlichst zu beschleunigen und deren Ergebniß Mir … zu unterbreiten, falls sich aber Hindernisse entgegenstellen sollten, mir diese, wie auch vom Stande der Verhandlungen ohne Verzug Auskunft zu erstellen."[78] In der unterstützenden Vorlage von Bach gibt es nichts, was die Bemerkung des Kaisers weiter erhellen könnte. Es ist vorstellbar, dass gerade zu der Zeit des kaiserlichen Entschlusses solche Gesichtspunkte auftauchten, die eine schon früher entschiedene Rekonstitution des Vereinslebens nunmehr dringlicher machten, oder es gab schon 1854 einen Beschluss, die Vereine wieder aufleben zu lassen, nur die Verwirklichung wurde vertagt.

Die tatsächliche Wiedergründung des Wirtschaftsvereins erfolgte erst 1857. Gerüchten zufolge wollte Erzherzog Albrecht eigentlich Korizmics den Posten des Vorsitzenden geben. Allerdings hielt auch er es für selbstverständlich, dass der Verein einen Aristokraten zum ersten Präsidenten wählen solle. So bestand die Vorbereitung zur Rekonstituierung daraus, dass man versuchte, den Grafen Károlyi zur Zahlung der Außenstände seiner Beiträge zu bewegen, denn nichtzahlende Mitglieder durften nicht wählen und waren erst recht nicht wählbar. Der Termin musste einmal verschoben werden, bis sich der Graf am vorletzten Tag der Verlängerung dazu durchgerungen hatte. Offensichtlich hatte er den zuvor gegen ihn geführten Prozess noch nicht verkraftet.

Die Versammlung wurde dann am 16. und 17. November 1857 abgehalten, die modifizierten Statuten angenommen und eine neue Leitung gewählt. Erster Vorsitzender wurde

---

76 Korizmics, Tagebuch, Januar 1857, Anm. 62, S. 77f.
77 MOL D. IV. 1. Nr. 23175. Statuten der Landwirthschaftsgesellschaft in Temesvar. Die Akte wurde von der Serbisch-Banatischen Statthalterei am 4. Juli 1856 zur Genehmigung unterbreitet, daher müssen die Vorbereitungen von Mai bis Juni stattgefunden haben.
78 MOL D. IV. 1., Nr. 23175. Datum des allerhöchsten Entschlusses Wien, d. 12. Feb. 1857.

Graf György Károlyi, dritter Vorsitzender László Korizmics. Dieser schrieb: „Auch der 48-köpfige Zentralausschuss ist mit glücklichem Taktgefühl konstituiert worden. Es wurde ein Bündnis von Grundbesitz und Wirtschaftsintelligenz." Allerdings bekam Károlyi eine Woche nach seiner Wahl doch Bedenken. Er teilte brieflich mit, dass er den Posten des Vorsitzenden wegen der Vielzahl seiner Geschäfte doch nicht annehmen könne. Damit war die Aussage der Versöhnungsszene in ihr Gegenteil umgeschlagen – Protest statt Versöhnung.[79]

Nun startete Korizmics eine verzweifelte Suche nach einem neuen Präsidenten. Sein Kandidat war Graf György Festetics, der aber 1848/49 auf der kaiserlichen Seite gekämpft hatte und deswegen im Casino als „Deutscher" galt. Das Casino war zwar kein völlig exklusiver Magnatenklub, denn auch wenig begüterte, liberale Politiker wie Deák gehörten dazu. Ein Mann vom Stande eines Korizmics konnte jedoch nicht hinein und war daher auf Nachrichten anderer angewiesen. In buchstäblich letzter Minute sind die hohen Herren im Casino allerdings übereingekommen, den Bruder von György Károlyi, Graf István Károlyi vorzuschlagen, woraufhin Korizmics die von ihm auf Festetics eingeschworenen Mitglieder blitzschnell auf den neuen Kandidaten „umleiten" musste. Es darf als Anzeichen der wenig individualistischen Praxis im Verein angesehen werden, dass von den 110 Anwesenden 105 für den Überraschungskandidaten ihre Stimme gaben.

Die „Breite" des Vereins –
die Komitatsvereine und die Repolitisierung des Vereinslebens (1859–1861)

Unter „Breite des Vereins" kann erstens die spektakuläre Zunahme der Mitgliederzahl und zweitens die Mitgliedschaft in den verschiedenen Komitatsfilialen verstanden werden. Die Mitgliedschaft des Landes-Wirtschaftsvereins stieg von 140 Mitgliedern bei der Neukonstituierung bis Jahresende auf über 700 und in weiteren zwei Jahren auf über 1.200. Die Verteilung der Mitglieder 1859 hat sich im Vergleich zum Vormärz etwas geändert. Die größte Gruppe stellten immer noch die Wirtschaftsbeamten (28,9 Prozent), aber die nichtaristokratischen Grundbesitzer (28,6 Prozent) haben gegenüber der früheren Periode erheblich aufgeholt, gefolgt von den Aristokraten (13,8 Prozent).[80] Die „Breite" des Vereins schlug sich aber auch in der Entstehung bzw. Zulassung der Vereine in den einzelnen Komitaten nieder. Nur die Komitatsvereine konnten das „Publikum der Landwirte" im ganzen vielfältigen Land zur Teilöffentlichkeit zusammenfügen.

Die Zulassung der Komitatsvereine bedeutete eine Wende in der neoabsolutistischen Vereinspolitik. Nach der Wiederzulassung des Landesvereins Ende 1857 mussten zwar die Organisatoren eines Komitatsvereins ihr Gesuch bei der Statthalterei oder beim Komitat einreichen, es wurde aber in allen mir bekannten Fällen dort positiv begutachtet und an das Innenministerium weitergeleitet. Hier gelangte es vor ein „ständiges Comite in Vereinsangelegenheiten", das in fast allen Fällen Veränderungen in den geplanten Statuten vorschlug. Diese dienten dazu, die Regierungskontrolle zu stärken und statutenfremden Tätig-

---

79 Vgl. Berzeviczy, Absolutismus 2, Anm. 4, S. 106. Nach Berzeviczy akzeptierte Károlyi den Posten nicht, weil er sowieso keine Hoffnung auf die kaiserliche Bestätigung hegen konnte.

80 A Magyar Gazdasági Egyesület alapszabályai és névjegyzéke 1859. évről [Statuten und Namensregister des Ungarischen Wirtschaftsvereins], Pest: Herz János 1860.

keiten sowie dem „Kapern" eines Vereins vorzubeugen. Die „unordentlichen Statuten" wurden vorsorglich vom Komitee selbst ausgebessert, und aufgrund des Votums des Komitees vom Innenminister Dr. Bach, ab August 1859 von seinem Nachfolger Graf Goluchowski, dem Kaiser unterbreitet, der die Statuten eigenhändig genehmigte. Dies geschah sogar dann, wenn es sich nicht um eine Neugründung, sondern nur um eine Modifizierung der Statuten handelte.[81]

Der Aufwand war erheblich, auch wenn sich der Apparat sichtlich auf Fließbandarbeit einstellte. Fehlerhafte Statuten wurden stereotyp meist den Statuten des schon am 8. November 1859 genehmigten „Landwirthschaftlichen Vereins für die obere Theiß-Gegend" angeglichen.[82] In einem Circulations-Protokoll heißt es sogar: „Diese aus Ungarn einlangenden konfusen Statuten-Entwürfe machen die Hinausgabe eines Mutter-Statutes nothwendig".[83] Die Statuten des Landwirthschaftlichen Vereins für die obere Theiß-Gegend sind bemerkenswert, weil sie die Existenz von möglichen Verbindungen zum Landesverein mit keinem Wort erwähnen.[84] Dieser beträchtliche Aufwand in Bezug auf Statuten und die gleichzeitige Unterlassung von jeglicher Erwägung in Bezug auf die persönlichen Eigenschaften der um Vereinszulassung Ansuchenden ist zusammengenommen symptomatisch für die Ansichten der Wiener Bürokratie in den Jahren 1856 bis 1860. Offensichtlich glaubte man, die Rechtsinstitution der Vereinssatzung als Kontrollmittel einsetzen zu können.

Kontrolliert wurden vor allem die Verbindungen von Vereinen untereinander sowie zum Landesverein. Solche Verbindungen waren nach den anfänglichen Vorstellungen der Behörden zu verhindern. Das sollte sich bald ändern. Die bereits erwähnte, am 12. Februar 1857 genehmigte Temeswárer Landwirtschaftsgesellschaft wandte sich 1858 abermals mit einer Bitte ans Innenministerium. Sie bat darum, Filialen gründen zu dürfen. Die Möglichkeit war in dem Statutenentwurf bei der Gründung vorgesehen, sie wurde jedoch herausgestrichen, genauso, wie die einschlägige Verfügung aus dem Statutenentwurf des Landes-Wirtschaftsvereins.[85] Das Innenministerium forderte zur Orientierung Berichte von den Ländern an, in denen Landwirtschaftsgesellschaften mit Filialen arbeiteten, also aus den böhmischen und österreichischen Ländern. Die Serbisch-Banater Statthalterei leitete am 4. März 1860 schon einen Auflösungsentschluss des Temeswárer Vereins wegen mangelnder Teilnahme weiter, woran – nach der Meinung von Verein und Statthalterei –

---

81 MOL D2/IV. G. 1., Modifizierte Statuten des Szolnoker Wettrennen- und landwirthschaftlichen Vereins, gesehen beim k. k. Generalgouvernement, Ofen, 5. Mai 1860; sowie die beigefügten Akten – unter anderem die allerhöchste Genehmigung der Statutenmodifizierung vom 17. Okt. 1860.

82 MOL D2/IV. G. 1. I., Ministerium des Innern, Protokoll Nr. 24767/860, Landwirthschaftliche Vereine für die Comitate Csongrád, Zemplén, Ungh. Der Akte beigelegt wurden auch der Entwurf der Statuten des Veszprémer Vereins und das Circulations-Protokoll vom ständigen Comité in Vereinsangelegenheiten. Letzteres hat Verbesserungen vorgeschlagen und sie gleich in die Statuten eingefügt. Dann wurde im Vortrag von Goluchowski der Kaiser um Genehmigung ebendieser „verbesserten Statuten" gebeten, ohne Rücksprache mit den Vereinsgründern zu halten.

83 MOL D2/IV. G. 1. I., Ministerium des Innern, Protokoll Nr. 24767/860, Landwirthschaftliche Vereine für die Comitate Csongrád, Zemplén, Circulations-Protokoll, 15. Mai 1860.

84 A felső-tiszai gazdasági egyesület alapszabályai [Statuten des landwirthschaftlichen Vereins für die obere Theiß-Gegend], Budapest: Herz János 1860.

85 MOL D2/IV. G. 1., Ministerium des Inneren, 3. Departement, Nr. 8964/860. Vortrag, datiert: Wien, 23. Juni 1860.

das Verbot der Filialgründung schuld sei. Das Referat des Innenministeriums schloss sich
bemerkenswerterweise an:

„Die politischen Bedenken, welche sich aus der Besorgniß ableiten, daß der in Filialen
verzweigte Organismus zu staatsgefährlichen Zwecken mißbraucht werden könnte, lassen
sich zwar nicht in Abrede stellen, schienen dem Ministerium des Inneren aber nicht überwiegend zu seyn, da jene politischen und nationalen Elemente, die gefährlich werden
könnten, durch die landwirthschaftlichen Filialen nicht geschaffen, und wenn vorhanden,
durch das Verbot solcher Filialen weder beseitigt noch unschädlich gemacht werden. Im
Gegentheile durfte die im Verbote von landwirthschaftlichen Filialen liegende ungleiche
Behandlung Ungarns und der Vojvodina im Vergleich zu den anderen Kronländern den
extremen Parteien einen neuen Stoff zu Beschwerden bieten und somit die Nachtheile die
vermieden werden sollen, in noch höherem Grade herbeiführen. Überdies bieten das
Vereins- und das Strafgesetz der Behörde die Mittel, um bei gehöriger Wachsamkeit den
Mißbrauch der landwirthschaftlichen Vereine zu politischen Tendenzen hintanzustellen."[86]

Zumindest im letzten Punkt hat sich die Bürokratie wohl doch geirrt. Es gibt kein Statut
und kein Gesetz, das eine Politisierung eindämmen oder aufhalten könnte. Zugleich
veranschaulicht das Referat, wie bereits Ansätze einer rechtlich-administrativen Gleich-
behandlung der Provinzen den politisch aktiveren Ländern und Öffentlichkeits-Segmenten
Freiräume eröffnen. Denn die Komitatsvereine waren an sich schon Foren der Öffentlichkeit; speziell nach dem Oktoberdiplom waren sie im November 1860 an den Protesten
und Kundgebungen maßgeblich beteiligt.[87] Andererseits gibt es eine merkwürdige Verteilung der Aktivitäten der Mitgliedschaft des Zentralausschusses des Landesvereins im
Jahre 1859. In einem Jahr, in dem es schon einiges zu besprechen gab, wozu die
nichtpolitischen Vereine doch recht vorteilhafte Orte schienen – nahm an den normalen
Sitzungen des Vereinszentralausschusses kein einziger der großen Aristokraten oder der
leitenden konservativen oder liberalen Politiker, die ausnahmslos Zentralausschussmitglieder waren, teil. Der Verein wurde durch Korizmics und die Sekretäre, Wirtschaftsbeamte und Klienten der Großgrundbesitzer, geleitet. Bei den eher unregelmäßigen
Sitzungen der Fachabteilungen des Vereins sowie in der Jury von unterschiedlichen Ma-
schinenwettbewerben drängte sich aber alles, was einen Namen hatte.[88] Entweder waren
die Herrschaften brennend interessiert an den Neuigkeiten der Agrotechnik – was nicht
auszuschließen ist, oder man suchte doch einen verborgenen Ort des Meinungsaustausches,
wozu vor November 1860 die Komitate noch nicht, die Vereine jedoch schon zur Verfügung standen.[89] Eventuell treffen beide Erklärungen zu. Die Segmente der ungarischen
politischen Öffentlichkeit – Magnaten, Komitatsadel, Berufspolitiker und Intellektuelle –

---

86 Ebd.
87 Szabad, György: Forradalom és kiegyezés válaszútján (1860–61) [Am Scheideweg von Revolution und
    Ausgleich (1860–61)], Budapest: Akadémiai K. 1967, S. 163.
88 A Magyar Gazdasági Egyesület f.é. február 12-én tartott igazgató választmányi ülésének jegyzőkönyve;
    A Magyar Gazdasági Egyesület f.é. március 2-én tartott igazgató választmányi ülésének jegyzőkönyve;
    A Magyar Gazdasági Egyesület f.é. junius 1-jén tartott igazgató választmányi ülésének és f. évi junius
    6-kán tartott közgyűlésének jegyzőkönyve [Protokoll der Ausschusssitzung des Ungarischen Wirt-
    schaftsvereins vom 12. Februar, 2. März, 1. Juni und 6. Juni des Jahres]. Pest: Herz János 1859.
89 Szabad, Willkürherrschaft, Anm. 4, S. 500. Nach Szabad wählte Deák ganz bewusst die „formell
    politikfreien Foren" der Akademie und des Wirtschaftsvereins zu Szenen seiner Tätigkeit.

scheinen sich unter den modernen Formen der Vergesellschaftung (Klub, Casino, Verein, Akademie, literarische Gesellschaft usw.) ein Versteckspiel mit der bürokratischen Regierung geleistet zu haben.

Die Regierung wurde des Spieles bald überdrüssig: General Pállfy, der Gouverneur Ungarns, hat 1862 den ungarischen Kanzler, Grafen Forgách, darum ersucht, die Vorsitzenden der einzelnen Wirtschaftsvereine in den Komitaten von den Behörden ernennen zu lassen. Forgách hat dies jedoch für unzweckmäßig und für politisch unklug gehalten.[90] Es scheint allerdings, als ob diese Politisierung des Landesvereins und der Komitatsvereine auch ohne den Eingriff der Regierung nur eine vorübergehende war. Die Magnaten und Politiker, konservative wie liberale, hatten spätestens ab Mai 1865 nicht mehr das Bedürfnis, sich verstecken zu müssen. Darauf ist im Folgenden noch einzugehen.

---

90 MOL D 185., Kgl. Ungarische Hofkanzlei, Präsidialakten, 11. fasc. 533/1862. Die Quelle verdanke ich Frau Dr. Ágnes Deák.

Der Verein als Lobby (1862–1877)

Die politischen Rahmenbedingungen (1862–1877)

Nach der Verkündung des sog. Schmerling-Provisoriums am 15. November 1861 brauchten die ungarischen Politiker nur zu warten. Die Unmöglichkeit der Konsolidierung der Herrschaft über Ungarn brachte Kanzler Forgách und Gouverneur Pálffy in die gleiche missliche Lage, in der sich ihre Vorgänger befunden hatten. Es musste eine Lösung gefunden werden. Denn die internationale Lage war prekär, und mit einem latenten Volksaufstand im Hinterland konnte ein internationaler Zusammenstoß nicht durchgestanden werden. Der Hof lernte aus der Geschichte. Er sah ein, dass nicht die konservativen, sondern eher die liberalen Kräfte Ungarn konsolidieren könnten. Die konservativen Politiker kooperierten dann ihrerseits mit Deák und leisteten Überbrückungsdienste, während György Mailáth seit dem 26. Juni 1865 als ungarischer Kanzler, Baron Pál Sennyey vom 18. Juli 1865 an als *tavernicus*, Vorsitzender der Statthalterei, diente. Entsprechend erging vor Silvester 1864 die Aufforderung an Deák, seine Ansichten vertraulich mitzuteilen.[1] Nach seinen Verhandlungen machte Deák seine Versöhnungspläne im April 1865 in Zeitungsartikeln publik, die den Kern des späteren Ausgleichs enthielten.[2] Die vorbereitenden Maßnahmen wurden von Juli bis September des gleichen Jahres getroffen und im November 1865 fanden Wahlen zum kommenden Landtag statt. Dabei leistete Ungarn selbst einen Beitrag zum höfischen Lernprozess, indem es der Deák-Partei eine ganz überwältigende Mehrheit bescherte, während die Konservativen mit sechs bis sieben Prozent der Abgeordnetenmandate vorlieb nehmen mussten.

Nach dem Zwischenspiel der österreichischen Katastrophe bei Königgrätz begann der ungarische Landtag am 19. November zu tagen, während Graf Andrássy, Baron Eötvös und Lónyay als designierte Minister nach Vorgaben von Deák in Wien Verhandlungen führten. Die Andrássy-Regierung wurde im Februar 1867 ernannt, der Landtag verabschiedete GA XII. 1867 über „die zwischen den Ländern der ungarischen Krone und den anderen Ländern unter der Herrschaft Seiner Majestät obwaltenden Verhältnisse und die Modalitäten ihrer Erledigung", also den Ausgleich mit Österreich am 29. Mai 1867. Die Krönungszeremonie fand am 8. Juni statt – Österreich-Ungarn wurde geboren.[3] Die Liberalen konnten – auch mit Hilfe der Konservativen, die der sog. Deák-Partei beitraten – die Lage sehr schnell konsolidieren. Die linke Opposition, die eine pure Personalunion zwischen Ungarn und Österreich anstrebte, wurde an die Wand gespielt.

---

1 Über Deák s.: Deák, Ágnes/Molnár, András: Deák Ferenc. Budapest: Vince K. 2003.

2 Szabad, Willkürherrschaft, Anm. 4, S. 731–768.

3 Kolossa, Tibor: A dualizmus rendszerének kialakulása és megszilárdulása (1867–1875) [Die Formierung und Stabilisierung des Systems des Dualismus (1867–1875)], in: MT 6/2, S. 773–850; sowie Katus László: A tőkés gazdaság fejlődése a kiegyezés után [Wirtschaftsentwicklung Ungarns nach dem Ausgleich], in: MT 6/2, S. 913–1037.

Damit begann die Ära des liberalen Ausbaus eines integrierten Rechtsstaates. Diese Aufbauleistung kann nicht hoch genug geschätzt werden – vor allem vor dem Hintergrund der in den einleitenden Passagen dieses Buches geschilderten regionalen, gesellschaftlichen und kulturellen Unterschiedlichkeit der vielfach segmentierten ungarischen Gesellschaft. Das moderne Ungarn wurde in diesen Jahrzehnten geboren. Doch die Geschichte, die hier von agrarischen Magnaten und Intellektuellen erzählt wird, entspringt geradezu aus Fehlern und Versäumnissen dieses großen Werkes. Dies bestimmt die Perspektive.

Noch im Jahre 1867 nahm die ungarische Regierung Staatsanleihen für den Eisenbahnbau auf, die ungarischen Gründerjahre begannen. Die neue, dem Volk verantwortliche Regierung stürzte sich in einem bis dahin ungekanntem Ausmaß in Schulden, zeitgleich wurden die Einrichtungen des ungarischen Staates in der ungarischen Staatshälfte ausgebaut.[4] Die wirtschaftlichen Beziehungen zwischen Österreich und Ungarn bildeten im Ausgleichswerk keine gemeinsame Angelegenheit, eine Wirtschaftseinheit, Zoll- und Währungsunion der beiden Reichshälften war staatsrechtlich nicht vorgeschrieben. Aus praktischen Erwägungen wurden aber schon in dem Ausgleichs-Gesetz die Schließung von Zoll- und Handelsverträgen sowie die Erhaltung des gemeinsamen Währungssystems als Möglichkeiten angesprochen. Der sog. „Wirtschaftsausgleich" musste alle zehn Jahre erneuert werden – er wurde ein Zankapfel ersten Ranges.

Am 14. November 1871 wurde Graf Andrássy zum gemeinsamen Außenminister ernannt. Sein Nachfolger an der Spitze der ungarischen Regierung wurde Graf Menyhért (Melchior) Lónyay.[5] Lónyay war evangelisch reformierter Konfession und war erst 1871 in den Grafenstand erhoben worden. Er hatte schon in den 1850er Jahren als Finanzfachmann gegolten und 1858 die erste ungarische Versicherungsgesellschaft sowie die Ungarische Bodenkreditanstalt gegründet. Er war also ein geschäftstüchtiger Mensch. Lónyay wurde 1870 gemeinsamer Finanzminister. Aus Wien kehrte er dann heim, um die Regierung zu leiten. Lónyay hat nicht mehr als ein Jahr amtiert. Nach einem Spießrutenlauf im Landtag hat ihn der Kaiser im Dezember 1872 auf seine Bitte seines Postens enthoben. Die gegen ihn erhobenen Vorwürfe waren materieller Art, und gipfelten in dem Kampfruf: „Während das Land verarmt, soll der Ministerpräsident nicht reich werden!"

Die rasante Staatsverschuldung traf zusammen mit einem plötzlichen Rückgang der reellen Wirtschaftsleistungen durch zwei aufeinander folgende Missernten und die letzte große Choleraepidemie zwischen September 1872 und Januar 1874, die offiziell 190.000, möglicherweise jedoch sogar 400.000 Tote forderte.[6] Auf diesem dürren Boden der Wirtschaftsleistungen ergoss sich die mitteleuropäische Überliquidität der Jahre 1871/72, weiter gesteigert durch die Börsenspekulation. Das Ergebnis war in Ungarn das gleiche wie in Wien – ein Börsenkrach. Dieser hat allerdings in Budapest fast den ganzen Staatskredit mitgerissen, so dass der Staat nur sehr knapp einem Bankrott entging. Die zu dessen Abwendung aufgenommenen Kredite haben die Staatsverschuldung noch weiter erhöht.

---

4   Ebd.; Pók, Attila: Neue Staatsstruktur des Habsburgerreichs – neues Verwaltungssystem nach dem Ausgleich in Ungarn, in: Glatz/Melville, Gesellschaft, Anm. 10, S. 189–202.

5   Cieger, András: Árny- és fényképek. Lónyay Menyhért személyisége [Schatten- und Lichtbilder. Die Persönlichkeit von Menyhért Lónyay], in: Aetas 2002, Nr. 2–3, S. 36–54.

6   Kövér, György: 1873. Egy krach anatómiája [1873. Anatomie eines Krachs], Budapest: Kozmosz Könyvek 1986, S. 124.

Auch die politischen Grundmauern bröckelten weg. Die lose Vereinigung der Deák-Partei zerfiel in der ersten Hälfte der 1870er Jahre zusehends. Nach mehreren Wendungen vereinigten sich im März 1875 die Reste der Deák-Partei mit einem Teil der bisherigen Opposition, mit der „Mitte-Links-Partei" von Kálmán Tisza zur „Freisinnigen Partei" und formierten eine neue Regierung unter dieser Fahne.[7] Die konservative Sennyey-Gruppe blieb außerhalb der Regierung und bildete somit eine rechte Oppositionspartei.

Aus der Sicht konservativer Beobachter gab es nicht zu leugnende Ähnlichkeiten zwischen dem Staat und der Wirtschaft Ungarns sowie derjenigen eines Balkanlandes.[8] Von den ehemaligen konservativen Politikern, die 1860 das Oktoberdiplom mitgetragen hatten (Graf Antal Szécsen, Baron Miklós Vay, Graf György Apponyi) konnte keiner im neuen Regime eine nennenswerte Rolle spielen.[9] Die Leitung der konservativen Gruppe fiel Baron Sennyey zu. Sennyey trat mit seinen Getreuen zunächst in die Deák-Partei ein. Nach dem liberalen Umbau des Staates 1867 haben sich die Konservativen auf ihre Rolle als Bewahrer der traditionellen Stellung der katholischen Kirche konzentriert.

In diesem Zusammenhang gab es zwei Streitfragen: Es ging erstens um das „jus patronatus regii" und damit um die katholische Autonomie und zweitens um die päpstliche Infallabilitäts-Doktrin vom 18. Juli 1870. Der Kern der ersten Streitfrage bestand darin, dass aufgrund des jus patronatus regii die Könige weitgehenden Einfluss auf die Ernennungen in der Kirchenhierarchie beanspruchten. Zu Zeiten von Maria Theresia und Joseph II. wurden die Bischöfe fast wie Staatsbeamte ernannt. Das Konkordat Österreichs mit dem Papsttum 1855 regelte zwar die Rechte von König und Papst, wurde aber 1867 von der ungarischen Regierung nicht anerkannt. Somit war die katholische Kirche Ungarns in erhebliche Abhängigkeit von der liberalen Staatsführung geraten. Denn der König nahm Ernennungen zum Erzbischof und Bischof auf Vorschlag der Regierung vor. Auch das Vermögen, die Besitzungen und Institutionen sowie das Schulwesen der Kirche wurden nicht autonom verwaltet, wie bei den protestantischen Kirchen, sondern weitgehend durch das Kultusministerium. Die frühere Einheit von Staat und Kirche zeigte jetzt ihre Kehrseite.[10]

Der erste Kultusminister war ein liberaler Katholik, Baron Eötvös, der schon 1867 die Formierung einer „katholischen Autonomie" anregte. Auf einem „katholischen Autonomiekongress" 1870/71 wurde dann ein Selbstverwaltungsmodell erarbeitet, das allerdings den Weltlichen mehr Mitspracherecht einräumte, als es den Bischöfen lieb war, denn zwei Drittel der Mitglieder der Selbstverwaltungsgremien wären danach von Laien gewählt worden. In der Zwischenzeit verstarb Eötvös, und der liberalen Regierung wurde klar, welche

7 Kolossa, Stabilisierung, Anm. 3, S. 858–865.
8 Vgl. über die Möglichkeit des Staatsbankrotts: Kövér, Krach, Anm. 6, S. 104–109.
9 Kolossa, Stabilisierung, Anm. 3, S. 845–848.
10 Salacz, Gábor: Egyház és állam Magyarországon a dualizmus korában 1867–1918 [Kirche und Staat in Ungarn im Zeitalter des Dualismus 1867–1918], München: Molnár 1974; Adriányi Gábor: A magyar egyház és a Vatikán (1848–1918) [Die ungarische Kirche und der Vatikan (1848–1918)], in: Zombori, István (Hg.): Magyarország és a Szentszék kapcsolatának ezer éve [Tausend Jahre der Beziehungen zwischen Ungarn und dem Vatikan], Budapest: Magyar Egyháztörténeti Enciklopédia Munkaközösség 1996, S. 211–254. Kurze Einführung in: Friedrich Gottas: Ungarn im Zeitalter des Hochliberalismus. Studien zur Tisza Ära (1875–1890), Wien: Verlag der Österreichischen Akademie der Wissenschaften 1976, S. 61–67.

Machtmittel sie in der Hand hielt. So wurde das ausgearbeitete Modell zu den Akten gelegt und die materielle Abhängigkeit der Kirche konserviert.

Diese Entwicklung beschleunigte die zweite Streitfrage: Die päpstliche Infallabilitäts-Doktrin. Fünf Tage nach der Verabschiedung im Vatikan verbot die liberale ungarische Regierung ihre Verkündung in den Kirchen des Landes. Der Ministerrat beschloss die Reinstallierung des *„placetum regium"*. Dabei handelte es sich um das Recht des Königs, jede päpstliche bzw. aus dem Vatikan kommende Urkunde, Mitteilung und Verfügung daraufhin zu kontrollieren, ob sie im Einklang mit den Landesgesetzen stünde. Auf Grundlage des *„placetum"* mahnte die Regierung im August diejenigen Bischöfe ab, die sich dem Verbot der Verkündung widersetzten. Die Schwäche der Kirche wurde damit offenkundig und durch das Scheitern der Autonomie-Verhandlungen besiegelt.

Darauf eher mechanisch reagierend publizierten die Konservativen am 23. Mai 1872 ein katholisch-konservatives Programm und starteten einen Versuch zur Gründung einer Partei.[11] Der Versuch ist nicht allzu weit gediegen, obschon gleichzeitig die Auflösung der Deák-Partei im Gange war. Die katholisch-konservativen Aktivisten wurden am 3. März 1875 zur „Rechtsopposition" umgetauft und verkündeten erneut ein politisches Programm, das aber nicht mehr auf katholische Wünsche zugespitzt war, sondern auf weltliche und moderne Themen, wie die Sparsamkeit im Staatshaushalt und den Aufbau einer zentralisierten und verstaatlichten professionellen Verwaltung.[12] Damit bekam die Partei in den Wahlen im Sommer desselben Jahres gerade einmal fünf Prozent der Sitze im Parlament. Die Konservativen standen allein da, denn der Klerus schreckte bei den Wahlen davor zurück, seine Sympathien für sie zu offenbaren.

Die wirtschaftliche Entwicklung, der Grundbesitz und die Aristokratie

Nach der letzten Hochzeit des Absolutismus war die Phase von 1867 bis 1877 also ein liberaler und nationaler Aufbruch, eine Gründerphase, in der das fremde Geld Banken und Eisenbahnen schuf, während die Landwirtschaft in denselben Bahnen weiterrollte wie zuvor. Welche wirtschaftlich-sozialen Situationen und Rollenveränderungen ergaben sich dadurch?

Durch die Aushändigung der Grundentlastungs-Obligationen von 1855 bis 1857, durch die Preisentwicklung und durch die seit Anfang der 1860er Jahre bestehenden, wenn auch begrenzten Kreditmöglichkeiten hatten die Besitzer theoretisch die Möglichkeit, ihre Ländereien zu Großbetrieben zu entwickeln. Allerdings stiegen die Steuern für einen durchschnittlichen Landwirt auf das Doppelte des Niveaus vom Vormärz. Gerade die Aristokraten hatten jedoch oft die Möglichkeit, die Veranlagungsgrundlage zu „beeinflussen".[13]

---

11 Gefordert wurde im Programm vom 23. Mai 1872 die Unterstützung des katholischen Schulwesens, die Aufhebung des „jus placetum", verurteilt wurde die staatliche Eheschließung. Vgl. Mérei, Gyula (Hg.): Magyar polgári pártok programjai 1867–1918 [Parteiprogramme ungarischer bürgerlicher Parteien 1867–1918], Budapest: Akadémiai K. 1971, S. 144–145.

12 Ebd., S. 85–91. Das Parteiprogramm vom 14. Mai 1875 betonte die Notwendigkeit einer starken Regierung, der Modernisierung der Verwaltung und der Sparsamkeit, sogar bei der Armee.

13 S. weiter unten im Unterkapitel „Die Agrarkrise und die Belastungen der Landwirtschaft".

Die Magnaten hatten neben der Landwirtschaft noch andere Aufgaben und Verdienst-möglichkeiten. Dazu gehörte unter anderem die Flussregulierung. Die von Széchenyi in Angriff genommene Flussregulierung ging sowohl in der Periode des Neoabsolutismus wie auch nach 1867 weiter. Das bis dahin nur extensiv, vor allem als Weide genutzte Land in der Tiefebene wurde im Zuge der Regulierung zum Kornland. Dazu mussten Unmengen von Geld durch den Staat und die Anrainer investiert werden. Da den Regulierungs-gesellschaften der einzelnen Flussabschnitte in der Regel große Aristokraten vorstanden – die Grafen Gyula Andrássy, Emil Dessewffy und sein Sohn Aurél, Sándor Károlyi, Gyula Szapáry – war diese Aufgabe für eine Gruppe der Aristokraten in den siebziger und acht-ziger Jahren eine Schule des öffentlichen Wirkens und des privaten Nutzens.[14]

Id. Andrássy Gyula a kiegyezés idején.

Abbildung 3: Graf Gyula Andrássy
Quelle: Hegedűs, Lóránt Két Andrássy és két Tisza. Bp. 1941. S. 64-65.

---

14 Mezey, Gyula: Dessewffy Aurél gróf [Aurél Graf Dessewffy], Budapest: Magyar Gazdaszövetség (o. J.), S. 7.

Viele Aristokraten gingen in der Politik und dem Kapitalismus voll auf. Sowohl in den Aufsichtsräten der Banken wie auch bei den Eisenbahngesellschaften finden sich aristokratische Namen. Nimmt man den wahrscheinlichen Höchststand von 1873, so finden sich aristokratische Namen in vielen Vorständen der Geldinstitute. Sie kommen allerdings nicht gleichmäßig vor – in bestimmten Banken gibt es ein bemerkenswertes aristokratisches Kontingent, in anderen fehlen die Aristokraten vollständig.

Tabelle 6: Aristokraten in den Führungsgremien von Banken 1873

Typ der Bank bzw. der Bankleitung	Anzahl der börsennotierten Kreditanstalten	Anzahl der Stellen von konservativen Politikern	Anzahl der Aristokraten als Direktorats-Mitglieder	Anzahl der Aristokraten als Präses bzw. Vizepräses
Ungarische Bodenkredit anstalt	1	3	14	2
Andere Bodenkredit anstalten	2		6	0
Banken mit z. T. aristokratischer Führung	6		4	4
Banken ganz ohne aristokratische Führung	5	0	0	0

Quelle: Gesammelt aus: Mihók, Alexander: Ungarischer Compass für das Jahr 1874, Budapest: Tettey Sándor és fia 1874.

Offensichtlich konzentrierte sich die aristokratische Teilnahme auf die Ungarische Bodenkreditanstalt. Sie war eine Gründung der Großgrundbesitzer aus dem Jahre 1863, worauf wir später noch zurückkommen werden. Da Bodenkreditanstalten auf das Vorbild der preußischen „Landschaften" zurückgehen und auf der solidarischen Haftung der Grundbesitzer beruhen, gab es für eine solche Bankanstalt wohl keine Bedenken in Bezug auf den standesgemäßen Charakter. Das galt für die anderen Banken in erheblich geringerem Maße.

Noch eindeutiger ist die aristokratische Teilnahme bei den bis 1884 durch Privatgesellschaften gebauten Eisenbahnen. Diese waren die spektakulärsten Errungenschaften des Kapitalismus in Ungarn in den 1860er und 1870er Jahren.

Die wirtschaftliche Entwicklung, der Grundbesitz und die Aristokratie   83

Von den 15 bis 1873 gegründeten Privatbahngesellschaften gab es zehn Gesellschaften, in denen entweder der Präses oder der Vicepräses sowie zusätzlich weitere Aufsichtsratsmitglieder Magnaten waren.[15] Natürlich gab es eine regionale Bindung der Großgrundbesitzer, so dass ihre Teilnahme an den Erschließungsprojekten ihrer Regionen zu erwarten war. Allerdings erklärt dies nur einen Teil des aristokratischen Engagements in den Bahngesellschaften.

Tabelle 7: Ungarischer Eisenbahnbau – Länge der übergebenen Strecken (km)

Zeit	Ungarische Staatsbahn	Privatbahnen	Lokalbahnen	Insgesamt
1846–1848		176		176
1849–1866		1.977		1.977
1867–1884	1.894	4.093	399	6.386
Insgesamt bis 1918	3.031	6.326	12.760	22.117

Quelle: Majdán, János: A „vasszekér" diadala [Der Sieg der „eisernen Kutsche"], Budapest: Kossuth 1987; Anhang, Tab. 1.

Nimmt man noch die konservativen Politiker gemeinadeliger Herkunft hinzu, so ergibt sich eine breite Berührungsfläche zwischen „traditionellen Eliten" und den Vertretern des kapitalistischen Geschäfts. Die Berührungsfläche ist jedenfalls breiter, als es die am Anfang der 1880er Jahre einsetzende antikapitalistische Kritik der Agrarier vermuten ließe. Die Herren Barone Anselm Rothschild, Victor Erlanger und Konsorten waren durchaus keine apokalyptischen Reiter, die urplötzlich über die nichts ahnenden, kommerziell unerfahrenen Großgrundbesitzer herfielen. Vielmehr waren das allesamt alte Geschäftspartner.

Es kann schon sein, dass die Angehörigen der alten Eliten andere Geschäfte auf eine andere Art und Weise machten als die international verbundenen jüdischen Großunternehmer. Das müsste vergleichend untersucht werden. Von Unschuld in Bezug auf kapitalistische Geschäftsgebaren kann bei zumindest einem gut sichtbaren Typ der Aristokratie trotzdem keine Rede sein. Insofern dürfte bei der späteren emotionellen Aufladung der antikapitalistischen Kritik auch uneingestandene Selbstkritik im Hintergrund gestanden haben.

Der Kommerz stellte aber nicht die einzige Möglichkeit für die Teilnahme der Aristokratie am modernen Leben dar. In den beiden Jahrzehnten nach der Aushändigung der Entschädigungs-Obligationen von 1855 bis 1857 standen einem jungen Grafen so manche Möglichkeiten offen. Er konnte das eigene Vermögen in der raffinierten Konsumkultur der weiten neuen Welt verprassen. Viele taten dies. Man konnte aber die neuen Möglichkeiten der Reise und des Reichtums auch dazu nutzen, auf die Frage nach der Legitimierung der aristokratischen Stellung, die schon Byron und Széchenyi gequält hatte, neue Antworten zu suchen. Man reiste als Entdecker und Kartograph nach China und Tibet. Man

---

15 Mihók, Alexander: Ungarischer Compass für das Jahr 1874, Budapest: Tettey Sándor és fia 1874. Die drei nicht berücksichtigten Gesellschaften waren Firmen, bei denen die Leitungsorgane „fremdbestimmt" waren – z. B. die Bahnen einer Bergbaugesellschaft.

versuchte sich als Künstler, wobei man sich nicht nur der Malerei oder der Musik, sondern dem anti-bürgerlichen Künstlerdasein an sich mit Haut und Haaren verschrieb.[16]

In den im Vormärz von Széchenyi gegründeten Institutionen, die durch ihr Wirken in Literatur, Kunst und Wissenschaft eine integrierte nationale Gesellschaft schaffen sollten, blieb die Aristokratie also auch in den 1860er und 1870er Jahren durchaus präsent. Dabei traten Aristokraten nun nicht mehr nur als Mäzene, Förderer und Schirmherren, sondern in wachsender Zahl auch als Schaffende in Erscheinung. Für den Wirtschaftsverein ergibt sich ein anderes Bild, ein Bild des uneingestandenen Desinteresses.

A tőketerebesi kastély.

Abbildung 4: Das Andrássy-Schloss von Tőketerebes
Quelle: Hegedűs, Lóránt Két Andrássy és két Tisza. Bp. 1941. S. 64-65.

Die Tätigkeiten und Funktionen des wiedergegründeten Vereins

Der Verein war bei der Neukonstituierung im Jahre 1857 hoffnungslos verschuldet.[17] Der größte Gläubiger war das Ärar. Schon im Januar 1857 bat Korizmics Erzherzog Albrecht um die Erlassung der Vereinsschulden. Dieser Wunsch wurde später erfüllt.

---

16 Die Beispiele sind zahlreich, aber immer Einzelbeispiele. Ein Essay, das auch wertet: Halász, Gábor: Magyar viktoriánusok [Ungarische Viktorianer], in: Ders.: Tiltakozó nemzedék, Budapest: Magvető ²1981, S. 92–124, (1. Ausg.: 1942).
17 Laut Bericht der Ausschusssitzung vom 8. Februar 1858 stammte fast die Hälfte der Gesamteinnahmen

Ab 1858 entfaltete der Verein eine Gutachter-Tätigkeit für die Regierung und ver-öffentlichte Memoranden. Neben technischen Fragen gab es auch wirtschaftspolitische Probleme. Dazu gehörten die Fragen der Ausbildungsanstalten, des Eisenbahnbaus, des Tabakanbaus und des Agrarkredits. Die Diskutanten konnten zwischen verschiedenen Alternativen entscheiden. Nachdem aber die Grundfragen der Wirtschaftspolitik, wie etwa die Bauernbefreiung und die Zollunion, 1849 entschieden worden waren, gab es nicht mehr die Möglichkeit, eine technische Diskussion über Einzelfragen zu einer allgemeineren Diskussion über das Wirtschaftssystem zu erweitern. Daher hatten die Debatten nach 1857 einen ganz anderen Stellenwert und eine andere Bedeutung als im Vormärz.

Bei der Frage der Fachbildung ging es darum, wie viel agrartechnisches Wissen eine immer noch extensive Landwirtschaft braucht, und wieweit die Professionalisierung der Wirtschaftsbeamten gehen sollte. Schon 1858 hat Erzherzog Albrecht Korizmics in dieser Frage um seine Meinung gebeten.[18] Korizmics schlug die Errichtung von vier neuen Anstalten neben der bereits existierenden deutschsprachigen Anstalt in Altenburg und der ungarischsprachigen Fachschule in Keszthely vor.[19]

Auf der Generalversammlung des Landes-Wirtschaftsvereins am 12. November 1860 nahm Korizmics im Auftrag des Zentralausschusses nochmals Stellung.[20] Er stellte fest, dass wegen der Verschiedenheit der Produktion jede Großregion eine eigene Anstalt bekommen sollte. Er verwahrte sich gegen die übliche Dreiteilung der Fachbildung, denn in Wirklichkeit gäbe es bei der landwirtschaftlichen Fachbildung nur zwei Stufen, die eine für Praktiker, Bauern, Gesinde und Meier, die andere für Wirtschaftsbeamte, wo die Praxis sich auf die Wissenschaft stützt.[21] Die Versammlung gründete einen Ausschuss zur Untersuchung der Frage.

Dieser Ausschuss referierte seine Ergebnisse am 18. März 1861, also zu einem Zeitpunkt, als das Land in heller Aufregung war, so dass die Kampfeslust nicht nur auf den Straßen, sondern auch in den Gremien aufloderte. Der Ausschuss betonte noch einmal die Wichtigkeit der Fachbildung und steigerte seine Forderungen, wobei er zur Dreiteilung der Fachbildung zurückkehrte. Man brauche eine „Akademie" als Oberstufe für das ganze Land, „höhere Anstalten" in den Komitatssitzen als Mittelstufe, und auf der Unterstufe könne man die fachliche Bildung ins Programm der Elementarschulen aufnehmen.[22] Wollte man 1844 eine einzelne dreistufige Zentralanstalt, so wurden 1851 in der Gazdasági Lapok neben sechs mittleren 18 untere fachbildende Anstalten vorgesehen, 1861 stand aber eine obere Fachschule 52 mittleren gegenüber, während die unterste Stufe ganz wegfiel.

Die Statthalterei wollte allerdings neben der seit 1850 wieder Deutsch unterrichtenden Fachschule von Altenburg nur zwei weitere haben. Unter dieser Maßgabe forderte sie das

von 1850 bis Januar 1858, insges. 150.000 Gulden, aus Darlehen. Galgóczy, Gedenkbuch 2, Anm. 2, S. 115f.

18 Korizmics, Tagebuch, 4.3.1858, Anm. 62, S. 144.

19 Ebd., April 1858, Anm. 62, S. 153.

20 Országos Magyar Gazdasági Egyesület (OMGE) Évkönyve [OMGE Jahrbuch], 1 (1860), Pest: Herz, János 1861, S. 141–148.

21 Ebd., S. 146.

22 OMGE Évkönyve [OMGE Jahrbuch] 2 (1861), Pest: Herz, János 1862, S. 114; Vgl. Heckenast, József: A mezőgazdasági szakoktatástörténet alapjai az 1850-es és 1910-es évek között [Geschichte des landwirtschaftlichen Fachunterrichts von 1850–1910], Gödöllő: 1992, S. 42–49.

Gutachten des Wirtschaftsvereins an.[23] Der Verein hat daraufhin die Reorganisierung der ältesten ungarischsprachigen Fachschule in Keszthely „Georgikon" und die Neueröffnung einer Fachschule in Debrecen vorgeschlagen. Die als Schulstandorte vorgesehenen Städte überboten einander mit freien Grundstücken, Gütern und Gebäuden für die Schulen.[24]

Die hartnäckig vertretenen Ansprüche auf staatlich finanzierte fachbildende Anstalten standen mit dem Professionalisierungswunsch der Wirtschaftsbeamten in Verbindung. Es gab allerdings auch andere Faktoren. Maßnahmen für fachliche Bildung stellten auf dem Weg der staatlichen Wirtschaftspolitik in Richtung zu mehr Interventionismus die erste Stufe dar. Wirtschaftsförderung bedeutete in Ungarn bis in die 1890er Jahre vor allem Bildungsförderung. Auch infolge der wissenschaftlichen Entwicklung war es in den fünfziger und sechziger Jahren leichter als zuvor, formelle Bildungsanstalten zu fordern. Die Agronomie wurde im Zuge des Fortschritts der Agrochemie erst um diese Zeit als Wissenschaft anerkannt. Auch in den deutschen Ländern wurden reihenweise fachbildende Anstalten gegründet.[25]

Am Ende blieb die Altenburger Fachschule bestehen, die Restrukturierung der Anstalt in Keszthely war 1865 abgeschlossen, und die Fachschule in Debrecen öffnete ihre Tore im Jahre 1868. Alle drei galten als „höhere Anstalten". Weitere derartige Anstalten entstanden 1869 in Kolozsmonostor und 1874 in Kassa.

Der Wirtschaftsverein hat sich in den 1860er Jahren mehrmals zum Eisenbahnbau geäußert.[26] Die ökonomische Fachabteilung des Vereins, in der mehrere Männer wirkten, die später führende Wirtschaftspolitiker werden sollten, erarbeitete ein Memorandum über die Entwicklung des Eisenbahnnetzes.[27] Darin wurde die Bedeutung des Verkehrswesens hervorgehoben, dessen richtige Entwicklung genauso wichtig sei, wie die Regulierung des monetären Systems. Denn „die eine wie die andere Sache sei imstande, ein Land empor-zuheben oder in eine koloniale Lage herunterzudrücken."[28] Man nahm das Eisenbahngesetz des Revolutionsjahres 1848 als Grundlage, das die sieben nationalen Hauptlinien bestimmt hatte. Darin war vorgesehen, die Verbindung zum Meer, also zum Hafen Fiume, auf Staatskosten zu bauen. Damit sollte auch der Seehafen Fiume gegenüber Triest bevorzugt werden. Außerdem sollte das Netz strahlenförmig zum Budapester Mittelpunkt konstruiert werden. Das Memorandum griff nun auf dieses Konzept zurück und beanstandete die seither eingetretenen Änderungen.[29]

---

23 Das Anschreiben der Statthalterei vom 20.8.1862 nebst dem erstellten Gutachten des Landes-Wirt-schaftsvereins, s. in: Az Országos Magyar Gazdasági Egyesület felterjesztése a gazdasági és erdőszeti tanintézetek ügyében [Denkschrift des Landes-Wirtschaftsvereins die Forst- und Landwirtschaftlichen Lehrinstitute betreffend] Teil I-V., in: GL, 25.1.1863, S. 49 ff.; 1.2.1863, S. 68ff.; 8.2.1863, S. 88–91; 15.2.1863, S. 97ff.

24 Ebd., Teil I sowie OMGE Évkönyve 3 (1862–66), S. 65.

25 Siehe die Angaben in: Hermann J. Meyer: „Landwirthschaft (landwirthschaftliche Lehranstalten)", Neues Konversations-Lexikon, Hildburghausen: Bibliographische Anstalt ²1870 (1. Aufl.: 1867) 10. Bd.

26 Az OMGE emlékirata a magyarországi vasutak tárgyában [Denkschrift des Landes-Wirtschaftsvereins die ungarischen Eisenbahnen betreffend], Pest 1862.

27 Von Ernő Hollán, Antal Csengery und Menyhért Lónyay. Vgl. OMGE Évkönyve [OMGE Jahrbuch], 3 (1862/66), Pest: Herz, János 1867.

28 OMGE emlékirata [Denkschrift], Pest 1862, Anm. 26, S. 7.

29 Ebd. Das betraf die Präferierung von Triest über Fiume und die Verlegung der Ostbahn nach Süd-siebenbürgen, auf die Linie Arad-Nagyszeben-Constanta.

Es ist verständlich, dass gerade das Verkehrswesen das Feld der engsten Verflechtung von Gruppen- und Brancheninteressen mit der staatlichen Wirtschaftspolitik darstellte. Sogar die einzelnen Komitatsvereine verfügten über eine „Eisenbahnpolitik" und warben dafür aktiv. Das Projekt der Ostbahn wurde bereits in der Frühphase auch vom Landes-Wirtschaftsverein wärmstens unterstützt. Graf György Károlyi hatte als Präsident sogar einen speziellen Ausschuss gebildet und dem Kaiser durch eine Deputation eine Bittschrift unterbreitet.[30] Später hat die Ostbahn nochmals großes Aufsehen erregt, denn von den Hauptlinien war sie eine der am wenigsten rentablen Strecken, die die größte staatliche Förderung erhielt, wobei Subventionen in spektakulärem Ausmaß veruntreut wurden.[31]

Es erregten allerdings weniger die Projekte von landespolitischer Tragweite die Gemüter als der Bau von möglichst billigen Nebenlinien. Um diesem Problem nachzugehen, hat die nationalökonomische Fachabteilung des Wirtschaftsvereins einen Ausschuss gebildet und Vorschläge publiziert.[32] Kostenersparnis wurde zu dieser Zeit noch als eine Frage der entsprechenden Linienführung, leichterer Schienen, sparsamerer Bauten und Anlagen betrachtet. Es wurden also lediglich rein technische Maßnahmen erörtert. Die betrügerischen Unternehmer im Eisenbahnbau sind erst nach 1873 zum Topos geworden.

Der größte Erfolg des Landes-Wirtschaftsvereins war in dieser Epoche die Gründung der Ungarischen Bodenkreditanstalt. Im August 1851 publizierte die „Gazdasági Lapok" eine Überblicksdarstellung zu den solidarisch haftenden Bodenkreditanstalten in Deutschland.[33] Sie wurden ohne Wenn und Aber als nachahmungswürdig empfohlen. Es wurde allerdings gewarnt, dass „ihre günstige Wirkung lediglich die größeren Besitzungen erreicht und die kleineren Landwirte sie nicht spüren werden."[34]

Im gerade wiedererrichteten Wirtschaftsverein wurde eine Untersuchung der Bodenkreditverhältnisse von dem Sohn des konservativen Politikers und ehemaligen ungarischen Kanzlers György Mailáth, György Mailáth d. J., in der Zentralausschusssitzung vom 1. Juni 1858 vorgeschlagen. Dementsprechend hat der Wirtschaftsverein den Vorsitzenden der nationalökonomischen Fachabteilung, den späteren Finanzminister und Ministerpräsidenten Menyhért Lónyay beauftragt, mit Hilfe des Sekretärs von Deák, Antal Csengery, einen Memorandums-Entwurf zu erarbeiten.[35] Das Memorandum wurde an Erzherzog Albrecht gerichtet und erörterte lediglich die Notwendigkeit einer Bodenkreditanstalt. Hier wurde aber auch mitgeteilt, dass inzwischen eine Konferenz von Magnaten tagte, die sich der Sache angenommen habe.[36] Es wurde ganz und gar nicht behauptet, dass diese Konferenz irgend-

---

30 OMGE Jahrbuch 3, Anm. 27, S. 107.

31 Über die spätere Geschichte der Ostbahn s. Kövér, György: Állam – bank – vasútépítés. A magyar keleti vasút (1868–73) [Staat – Bank – Eisenbahnbau. Die ungarische Ostbahn], in: Ders.: A felhalmozás íve, Budapest: Új Mandátum 2002, S. 243–253.

32 Az OMGE közgazdasági szakosztályából kiküldött bizottmány munkálata az olcsó vasutakról [Elaborat des von der Fachabteilung des Landes-Wirtschaftsvereins entsendeten Ausschusses über die billigen Bahnen], Pest: Szathmári Károly 1865.

33 S. auch: Földbirtoki hitelintézetek [Bodenkreditanstalten], GL, 10.8.1851, S. 735–740.

34 Ebd., S. 738.

35 A MGE f.é. június 1-ső napján tartott igazg. választmányi ülésének jegyzőkönyve [Protokoll der Ausschusssitzung vom 1.6.1858], GL, 10.6.1858, S. 329–332.; A MGE közgazdasági szakosztály f. é. június 10-kén tartott ülésének jegyzőkönyve [Protokoll der volkswirtschaftlichen Fachabteilung vom 10.6.1858], GL, 15.7.1858, S. 400.

36 OMGE Jahrbuch 1, Anm. 20, S. 118f.

wie mit dem Wirtschaftsverein zusammenhinge. Lónyay und Csengery hielten es sogar im Gegenteil für nötig, sich dafür zu entschuldigen, dass das Memorandum im Namen des Wirtschaftsvereins eingereicht werde.[37] Die Magnaten-Konferenz entsandte einen Ausschuss zur Erarbeitung der Satzung der Kreditanstalt und zur Durchführung des Genehmigungsverfahrens.[38] Derselbe Ausschuss fungierte später als „Kreditanstalts-Commission" des Wirtschaftsvereins.[39]

Schon bei der oben erwähnten Magnatenkonferenz bekommt man den Eindruck, dass trotz der lebhaften Beteiligung des Vereins an der Agitation zugunsten der Gründung einer solchen Kreditanstalt und trotz der Mitgliedschaft von beiden Vizepräsidenten, Korizmics und Gábor Lónyay in der Leitung der werdenden Bodenkreditanstalt, die Kreditanstalt nicht ganz die Sache des Wirtschaftsvereins wäre. Korizmics freilich wurde „gleich bei der Gründung der Bodenkreditanstalt zum Leiter der Kreditabteilung …".[40] Hier konnte er also seine früheren Kenntnisse über Bodenerträge verwenden und weitere Kontakte knüpfen.

Die Macht in der Bodenkreditanstalt behielten aber die konservativen Großgrundbesitzer. In der zweiten Versammlung der Gründer der Bodenkreditanstalt wurden die Personal- und Vergütungsfragen außer von Lónyay und dem Grafen Emil Dessewffy von den Grafen György Károlyi, János Barkóczy und János Cziráky sowie József Ürményi entschieden.[41]

Die Gründung der Bodenkreditanstalt scheint demnach eine Sache der Großgrundbesitzer, eventuell auch der Regierung gewesen zu sein, die von dem Wirtschaftsverein nach Kräften unterstützt wurde, aber nicht in dessen Einfluss- und Verantwortungsbereich gelangte. Die Magnaten gaben die Sache nicht aus der Hand.

Abschließend lässt sich über die unterschiedlichen Anliegen des Wirtschaftsvereins und die seine Tätigkeit bestimmenden Magnaten sagen, dass sie sich nach dem Zwischenspiel der Jahre 1857 bis 1861 immer mehr als private, kapitalistische Unternehmer gebärdet haben. Ihre konkreten wirtschaftlichen Schritte und Projekte kamen mitunter, wie bei den Eisenbahnen, nicht nur Einzelpersonen oder partikularen Wirtschaftszweigen, sondern auch der Allgemeinheit zugute. Das war dann aber eine glückliche Koinzidenz.

Diese Haltung spiegelte die Absage wider, die die Landwirte bzw. die Wirtschaftsvereine 1868 einer Initiative von Gorove, dem Minister für Landwirtschaft, Industrie und Handel, erteilten. Gorove reservierte 1868 Teile seines Etats für die Entwicklung der Landwirtschaft und wollte die Wirtschaftsvereine an der Verwendung beteiligen. Im Juni 1868 wurde die Anregung des Ministeriums auf einer landesweiten Konferenz des Landes-Wirtschaftsvereins, dem „ersten Landwirte-Kongress", verhandelt.[42] Das Resultat fiel völlig negativ aus. Die Konferenz betonte die Autonomie der Vereine und wies das Angebot von

---

37 Ebd., S. 117f.

38 Csengery, Antal: A Magyar Földhitelintézet ügyében [In der Sache der Bodenkreditanstalt], Pest: (o. J.), S. 7; und OMGE Jahrbuch 1, Anm. 20.

39 OMGE Jahrbuch 3, Anm. 27, S. 91. Gutachten des Wirtschaftsvereins warnten vor den – allerdings reellen – Gefahren der Geschäfte mit den ausländischen Konkurrenzunternehmungen der Bodenkreditanstalt.

40 Galgóczy, Korizmics László, Anm. 58, S. 41.

41 Anon.: A magyar földhitel-intézet alapítóinak második nagy gyűlése [Die zweite Großversammlung der Stifter der Bodenkreditanstalt], GL, 22.2.1863, S. 124.

42 Bernát, Gyula: Agrarpolitik des neuen Ungarns, Anm. 68, S. 208ff.

Gorove, einen Teil des Gehalts der Vereinssekretäre durch das Ministerium bezahlen zu lassen, zurück. Sie haben allerdings in zwei Hinsichten doch um eine gewisse staatliche Unterstützung gebeten. Zum einen wollten sie eine Reihe von Gesetzen und Verwaltungsmaßnahmen, wie ein selbständiges Ministerium für Landwirtschaft, die Reform der Zucker- und Spiritussteuer, die Neugestaltung der Eisenbahntarife u. Ä. Außerdem bat der Beschluss der Landeskonferenz um die Errichtung eines Fonds zur Wirtschaftsentwicklung. Aus diesem Fond hätte man die Gründung von Wirtschaftsfachschulen, die Ausschreibung von Preisfragen und die Vergabe von Prämien bezahlen können. „Die Initiative von Gorove geriet in kurzer Zeit sowohl bei der Regierung wie auch bei den Landwirten in Vergessenheit. Regierung und Gesellschaft gingen ihre Wege und kümmerten sich nicht um einander …"[43]

Wirtschaftsbeamte und Aristokraten im wiedergegründeten Verein

Wie haben sich die Veränderungen außerhalb des Landes-Wirtschaftsvereins in der Zusammensetzung der teilnehmenden Schichten des wiedergegründeten Vereins widergespiegelt?

Im Zuge der durch die Bauernbefreiung ausgelösten Liquiditätskrise des Großgrundbesitzes wurden viele Großbetriebe aufgelöst, verpachtet und parzelliert, ihre Gutsverwaltung und das Personal entlassen.[44] Die Wirtschaftsbeamten als Schicht gehörten eindeutig zu den Verlierern dieser Veränderungen. Es stellte sich die Frage, ob sie als Helfer, Klienten oder Vereinskader eine gewisse Förderung erhalten konnten? Es stand den Land besitzenden Eliten 1867 frei, aus dem Wirtschaftsverein eine schlagkräftige landwirtschaftliche Interessenvertretung zu machen, Agrarfachhochschulen zu gründen und ihre langjährigen Helfer, die Agrarintelligenz, zu einer festeren sozialen Position gelangen zu lassen.

Nichts davon geschah. Dafür gab es zwei Gründe. Erstens hätte ein großer Teil der genannten Maßnahmen, insbesondere die Gründung von Agrarfachschulen, entweder den Großgrundbesitzern Kosten verursacht oder sie hätten aus der Staatskasse bestritten werden müssen. Neben der direkten oder indirekten Finanzierung der Fachschulen wären auf die Großgrundbesitzer vor allem steigende Lohnkosten zugekommen. An Fachschulen ausgebildete Experten hätten schließlich unter Berufung auf ihre besondere Qualifikation mehr Lohn, Honorar usw. verlangen und auch bekommen können, zumal der Staat die entsprechende Qualifikation als Vorbedingung zur Ausübung eines Berufes per Gesetz verfügen konnte. Die aristokratische Grundbesitzer-Elite hätte sich aber wohl auch nicht für die Lebenslage und Interessen ihrer ehemaligen Klienten interessiert, wenn keine Kosten zu tragen gewesen wären.

Diese Gleichgültigkeit manifestierte sich z. B. in der Unterlassung einer Neuregelung der Pachtverhältnisse. Denn gerade in den Pachtungen hätten viele entlasse Wirtschaftsbeamte ein Auskommen finden können, wenn die Pachtverhältnisse nicht mehr von balkanischen Kleinkriegen zwischen Eigentümern und Pächtern bestimmt worden wären. Dazu hätte man vor allem die Rechtsvorschriften der Pachtverträge und die Spruchtätigkeit der

---

43 Galgóczy, Landes-Wirtschaftsverein, Anm. 26, S. 30.
44 Vörös, Ungarische Landwirtschaft, Anm. 5.

Gerichte beeinflussen müssen. Zumindest in England gab es eine gut ausgebildete Rechts-
praxis, die Vorkehrungen für die Regelung der kritischen Punkte im Pachtverhältnis getroffen hatte. Korizmics selbst hatte in den 1850er Jahren versucht, in seinem Blatt für derartige Regelungen zu werben.[45] Nach der Rekonstituierung des Vereins konnte oder wollte
er jedoch keine entsprechende Kampagne durchführen. Er hatte wohl gesehen, dass die
Magnaten jede, auch nur sanft erzieherische Außeneinwirkung auf ihre Besitzverhältnisse
ablehnten. Es blieb ihm nichts anderes übrig, als bereits 1866 den Zerfall der ehemaligen
Schicht der Wirtschaftsbeamten zu beklagen:

„Ich frage dich, mein lieber Freund, ob es nicht möglich gewesen wäre, von der so sehr
zerstörten, dem Zerfall überlassenen Klasse der Wirtschaftsbeamten, eine wackere und
mächtige Pächter-Klasse, in verhältnismäßig sehr kurzer Zeit zu schaffen! … Zweifelsohne
wäre es möglich gewesen, wenn unsere Herren den Wert dieser Klasse hätten hinreichend
würdigen können, und wenn sie gewusst hätten, dass unser wirtschaftlicher Fortschritt in
diesem Vaterland, den wir in irgendeiner Richtung aufweisen können, ein Werk von ebendieser verdienstvollen Klasse ist! Anstelle dessen, dass wir diese, um das Aufblühen des
Vaterlandes vielverdiente Klasse gehörig selektiert aufgeholfen und umgestaltet hätten,
ließen wir sie auseinander gehen; und wir haben unsere Güter denjenigen überantwortet,
die sofort und umso mehr Vorschuss, Pacht und Kaution versprochen haben. Auf einen
Schlag haben wir eine ganze, recht nützliche Klasse zugrunde gerichtet; obwohl wenn wir
von unseren Gütern in denjenigen Jahren, in denen der Boden einen guten Preis holte, einen
proportionalen Anteil verkauft und damit unsere Lasten getilgt hätten: Dann wären wir
nicht auf Vorschüsse und Kautionen angewiesen – und dann hätten wir von den Besten
unter unseren Wirtschaftsbeamten auf einen Schlag die so sehr gewünschte und so sehr
entbehrte Farmer-Klasse aufrichten können!"[46]

Es ist also keine „Klasse von Farmern" entstanden. Diese Idee sollte allerdings 25 Jahre
später noch einmal aufblühen.

Ausschlaggebend für diese Auseinanderentwicklung der Gruppen von ehemaligen
Vereinsgenossen in den 1860er und 1870er Jahren war also dreierlei:

1. Während die Wirtschaftsbeamten ihre vormalige Existenzgrundlage verloren und
   sich als neuer Berufsstand nicht zu etablieren vermochten, wurden die aristokratischen Großgrundbesitzer noch reicher und mächtiger als zuvor.

2. Die Aristokraten strebten keine aktive, öffentliche Rolle an, bei der die Beamten und
   Vertrauten ihnen hätten behilflich sein können.

3. Die Aristokraten betätigten sich nunmehr nicht nur als Agrarkapitalisten, sondern
   auch als Gründer im Eisenbahngeschäft, ja sogar im Bankgeschäft. Als erfolgreiche
   Kapitalisten und als alte Aristokratie kombinierten sie die Vorteile aus zwei
   Systemen. Weit über der damaligen ungarischen Gesellschaft stehend, brauchten sie
   ein Integrationsprojekt wie das des Grafen Széchenyi nicht mehr.

---

45 Korizmics, László: Az angol haszonbérleti viszonyokról [Über die englischen Pachtverhältnisse],
   Teil 1, in: GL 28.9.1851, S. 903–907; Teil 2, in: GL 5.11.1851, S. 927–932.
46 Korizmics, László: Gazdasági levelek [Wirtschaftsbriefe], Pest: 1867, S. 44f.

Andererseits sind auch die Wirtschaftsbeamten weitgehend aus dem Verein ausgeschieden. Die Mitgliederzahl, die in der Phase der Rehabilitierung von 1857 bis 1861 wieder den Stand von 1847 erreicht hatte (über 1.200), sank bis 1877 auf fast die Hälfte (etwas über 700). Die Mitglieder, die Jahresbeiträge zahlten waren fast verschwunden, die Stiftungen, die unwiderrufbar waren, blieben.[47] Die längerfristigen Änderungen in der Mitgliedschaft des Wirtschaftsvereins werden im Abschnitt über die Periode von 1894 bis 1910 untersucht.

Das oben Gesagte bezieht sich auf das Gros der Wirtschaftsbeamten. Eine kleine Elite, die auch bei der Professionalisierung an der Spitze der Bewegung und der Forderungen stand, ging nicht unter. Die fachliche Grundlage dieser Elitenbildung bildeten die Komplexitäten des Wirtschaftens – der Betrieb blieb zwar extensiv, aber die rechtlichen Rahmenbedingungen des Betriebes waren stark umkämpft, wie die Streitigkeiten bei den Urbarregulierungsprozessen und die Konflikte bei der Steuerveranlagung zeigen. Diese Gruppe bediente allerdings die Herren ganz und gar nicht lediglich in ihrer „professionellen Weise". Als „Wirtschaftskonsulent" leistete sie eine Kombination von fachlichen und persönlichen Diensten. Was diese Kombination ermöglichte, war ein Ineinandergreifen von Professionalität und persönlicher Dienstleistung, von Angestelltendasein und Mitgliedschaft in einer Gefolgschaft. Die nicht zu dieser Dienstelite Zählenden sind, wie das Zitat zeigt, mehr oder weniger der Proletarisierung anheim gefallen.

Doch anstelle der in den fünfziger und sechziger Jahren vom Winde verwehten Klasse der Wirtschaftsbeamten produzierte die wachsende Zahl der Fachschulen ab den siebziger Jahren eine neue Schicht der Agrarfachleute. Es kann angenommen werden, dass ihre Einstellungen zu Großgrundbesitzern und zu Kapitalisten nicht völlig anders waren als die ihrer Vorgänger. Wenn diese Annahme zu einem bestimmten Grad richtig sein sollte, war die Institution, innerhalb derer die aufeinander bezogenen sozialen Rollen weitergereicht wurden, der Landes-Wirtschaftsverein bzw. die Wirtschaftsvereine.

---

47 Az Országos Magyar Gazdasági Egyesület alapszabályai [Statuten des Ungarischen Landes-Wirtschaftsvereins] 1877.

Die Agrarkrise (1878–1881)

Die politischen und wirtschaftlichen Rahmenbedingungen

Die politische Krise der Jahre 1877/78 speiste sich aus mehreren Quellen. [1] Zum einen stand die alle zehn Jahre fällige Erneuerung der Zoll- und Handelsunion mit Österreich an. Diesen „Wirtschaftsausgleich" wollte man in beiden Reichshälften seit längerem nachbessern. In den Verhandlungen standen drei Problemkomplexe zur Debatte: Die Außenzölle des gemeinsamen Zollgebietes der Monarchie, die Frage der Rückvergütung der Verbrauchssteuer und die „Dualisierung" der Österreichischen Nationalbank.

In der Zollfrage war die gesamte ungarische Politik freihändlerisch eingestellt, gab aber dem Schutzbedürfnis der Industriellen Österreichs nach. Die Verbrauchssteuer bezahlten die Produzenten dem Ärar in dem Land, wo ihre Anlagen arbeiteten, dann bauten sie die entsprechende Summe in den Preis der Güter ein, um sie vom Endverbraucher wiederzuerlangen. Das bedeutete in der Praxis eine Besteuerung der einen, der verbrauchenden Reichshälfte, durch die andere, der produzierenden Reichshälfte. In der Verbrauchssteuerfrage hat Tisza nachgegeben, um dann mit aller Macht für eine duale Umgestaltung der Nationalbank kämpfen zu können. Die Verhandlungen zogen sich in die Länge, Tisza fand sich in eine Ecke getrieben. Er reichte am 8. Februar 1877 seinen Abschied ein – und empfahl Sennyey als Nachfolger. Sennyey war aber kein moderner Politiker, er hatte zu viele Prinzipien. Der König verübelte ihm, dass er auch beim Militär sparen wollte. Die bis dahin gemachten wirtschaftspolitischen Zugeständnisse von Tisza verstießen gegen seine freihändlerischen Prinzipien. Den bereits erzielten Kompromiss wollte er also nicht mittragen. So lehnte er das Angebot des Königs, eine Regierung zu bilden, ab. Es kam ein zufriedener Tisza am 26. Februar 1877, weniger als drei Wochen nach seinem Rücktritt, wieder an die Regierung. Er hatte aber noch einiges zu meistern.

Die Parlaments-Debatte des Wirtschaftsausgleichs war nicht leicht für Tisza. Nachdem schon im Mai 1876 etwa 70 freisinnige Abgeordnete Protest gegen die Zugeständnisse an die österreichischen Zollerhöhungswünsche einlegten, spaltete sich am 28. Januar 1878 eine Fraktion der Partei unter Leitung des liberalen Juristen Dezső Szilágyi ab. Der Widerstand gegen den von der österreichischen Industrie gewünschten Zollschutz und die Autonomieansprüche in der Nationalbankfrage verflochten sich mit der Unzufriedenheit in Bezug auf die Verwaltungsreform vom März 1876. Letztere übertrug zwar die Verantwortung für die Verwaltung der Komitate und Städte nicht direkt der Regierung, erweiterte aber deren Einfluss auf die regionale und kommunale Selbstverwaltung. Die munizipale Autonomie galt jedoch schon im Vormärz als Trutzburg der ungarischen Nation.

Zu all diesen Kämpfen gesellte sich ab 1877 die außenpolitische Krise. Ende 1877 fand eine Massenkundgebung in Budapest zur Unterstützung der mit den Russen kämpfenden

---

1 Szász, Zoltán: A konzervatív liberalizmus kora. A dualista rendszer konszolidált időszaka (1875–1890) [Das Zeitalter des konservativen Liberalismus], in: MT 6/2, S. 1165–1331.

Türken statt. Es folgte der Berliner Kongress mit dem Beschluss zur Okkupation Bosniens sowie deren Durchführung. Die Besetzung Bosniens von Juli bis Oktober 1878 brachte unerwartet hohe Verluste – 7.410 Gefallene in der Friedenszeit! Die Kosten der Okkupation ruinierten das Budget endgültig, führten zum sprunghaften Anstieg der ohnehin sehr hohen Staatsverschuldung und Ende September zum Rücktritt des Finanzministers Kálmán Széll. Der Rücktritt von Széll galt als Protest gegen das Kippen des Staatshaushalts und vielleicht auch gegen die über Bosnien hinausreichenden, nach Saloniki greifenden Pläne des Militärs.[2] Die Bosnien-Politik wurde auch über die Frage der Kosten und Opfer hinaus kritisiert. Die Unabhängigen wollten nicht noch ein südslawisches Volk innerhalb der Monarchie haben. Die Konservativen argumentierten für die Respektierung der staatlichen Legitimität des Osmanischen Reiches. Die Regierungsmehrheit schmolz auf wenige Abgeordnete zusammen, und auch sie verzagten zusehends.

Inzwischen hatte Tisza erhebliche Verdienste angesammelt. Er schloss Kompromisse beim Wirtschaftsausgleich. Er verteidigte zäh die Außenpolitik im Parlament und unterstützte die Okkupation und stellte damit in den Augen von Franz Joseph einen wohltuenden Kontrast zu den damaligen österreichischen Liberalen dar. Tisza prägte sich dem König, seinen Freunden und Feinden gleichermaßen ein, als er Ende September 1878 nochmals seinen Hut nahm. Der König erteilte jedoch Tisza am 11. Oktober 1878 einen neuen Auftrag zur Formierung einer Regierung. Graf Gyula Szapáry, der Präsident des Wirtschaftsvereins, trat im Dezember 1878 die Nachfolge von Széll an. Damit konsolidierte sich die Lage der freisinnigen Regierung in Ungarn, während sich in Österreich der Kaiser im Februar 1879 von der liberalen Auersperg-Regierung trennte.

Eine der Früchte der Krise war die sog. „Vereinigte Opposition", eine unaufrichtige Mischung aus der früheren Konservativen Partei von Sennyey und den Ende Januar zusammen mit Szilágyi ausgetretenen Abtrünnigen der Freisinnigen Partei. Sie wurde im April 1878 unter der Führung von Graf Albert Apponyi gegründet. Die Vereinigte Opposition stand auf der Grundlage des Ausgleichs und versuchte sich als Alternative zu Tisza zu profilieren. Wegen ihrer Inhomogenität wurde sie als „Mischlingspartei" verhöhnt.

Apponyi brachte zwar allmählich einen etwas moderneren, durch konfessionelle Rücksichten weniger gebundenen, behutsam-sozialkonservativen Stil in die Politik. Bis 1886 wurden seine Bestrebungen jedoch durch den zweiten Mann seiner Partei, Dezső Szilágyi, einen liberalen kalvinistischen Juristen, gehemmt. Apponyi gestand in seinen Lebenserinnerungen, dass seine Partei deswegen so farblos und ohne politischen Biss gewesen sei, weil die Gruppen innerhalb der Partei einander gegenseitig lahm legten.[3] Er selbst hatte auch nicht das politische Gewicht, das vorher Sennyey auf die Waage gebracht hatte.[4]

Es war aber nicht nur Apponyi, der Anpassungsschwierigkeiten hatte. Politiker jeder Couleurs mussten sich den Herausforderungen stellen, die ab Ende der siebziger Jahre die

---

2   Sárkány Sándorné Halász Terézia: Széll Kálmán életrajza [Biografie von Kálmán Széll], Budapest: Fodor Árpád 1943.

3   Apponyi, Albert Gr.: Ötven év. Ifjukorom – Huszonöt év az ellenzékben [50 Jahre. Meine Jugend – 25 Jahre in der Opposition], Budapest: Pantheon 1922, S. 109.

4   Egy magyar conservatív [Asbóth János]: Báró Sennyey Pál és gróf Apponyi Albert [Baron Sennyey Pál und Graf Albert Apponyi], Budapest: Révai 1884.

einsetzende Agrarkrise und die Ausweitung der politischen Mobilisierung, verbunden mit der Entfaltung der Macht der Presse, bedeuteten.

Speziell wegen der Agrarkrise bahnte sich zeitgleich mit der politischen Krise eine Wende in der Geschichte der agrarischen Strömungen an. Wegen des Fehlens einer echten konservativen Partei und der Unschlüssigkeit der Apponyi-Partei, Themen im Zusammenhang mit der sozialen Frage anzusprechen, hatte diese behutsame Wende eine über sich selbst hinausweisende Bedeutung.

Die sozialen Themen hatten auch die Kirchen nicht vertreten können. Die Protestanten standen entweder den Unabhängigen oder den Liberalen nahe. Auch der katholischen Kirche standen zu dieser Zeit sozialkonservative Gedanken noch fern.[5] Diese Distanz wurde durch die Abhängigkeit der Bischöfe von der liberalen Regierung verstärkt: „Die Bischöfe hatten keine Lust, mit dem Aufgreifen der Sozialen Frage ihre eigene Lage und das Kirchenvermögen zu gefährden."[6] Das ungarische Kirchenoberhaupt, Fürstprimas Simor, nahm 1885 das erste Mal Stellung zur Sozialen Frage, die er durch christliche Nächstenliebe zu lösen empfahl. Simor gelangte also 1885 noch nicht an den Punkt, an dem Ketteler bereits 1864 war. Trotz Herausgabe der Schriften Kettelers regte sich kein sozialer Gedanke in der ungarischen katholischen Kirche.[7] Diese Aufgabe fiel anderen zu. Die sozialkonservativen Belange wurden von den Agrariern angesprochen. Dadurch waren im Ungarn der 1880er Jahre Agrarismus und Konservatismus verflochten.

Es war der Preisverfall des Jahres 1878, der die Grundbesitzer zu einem „zweiten Landwirtekongress" veranlasste. Dieser Kongress ist oft als der Anfang der agrarischen Bewegung in Ungarn angesehen worden.[8] Es deutet aber einiges darauf hin, dass die Wende im politischen Denken bei den Großgrundbesitzern nicht allein durch den Preisverfall ausgelöst wurde. Die Agrarkrise verstärkte nur eine bereits vorhandene antikapitalistische Atmosphäre. Dass die Aristokratie an dem Gründungsfieber ebenfalls teilgenommen hatte, steht dazu in keinem Widerspruch. Daher war auch der zweite Landwirtekongress kein plötzlicher Wendepunkt, eher ein vorsichtiges Herantasten, was sich dann in weiteren solchen Zusammenkünften fortsetzte. Dabei wurden die agrarischen Belange im Parlament zumeist von der „Vereinigten Opposition" unterstützt.

Die späten 1870er Jahre waren auch von einer bis dahin nur im Revolutionsjahr gesehenen Mobilisierung des Volkes gekennzeichnet. Die Presse zeigte nun ihre Macht. Ein Teil von ihr hat 1877 gegen die (zu Unrecht) für russlandfreundlich gehaltene Außenpolitik von Andrássy gehetzt – Frontberichterstatter verbreiteten blutige Nachrichten vom russisch-türkischen Krieg. 1878 machten die Verluste bei der Okkupation Bosniens Schlagzeilen. 1879 enthüllte das mit dem Geld der Vereinigten Opposition ausstaffierte

---

5 Adriányi, Die ungarische Kirche, Anm. 10, S. 211–254. Hermann, Egyed: A katolikus egyház története Magyarországon 1914-ig [Geschichte der katholischen Kirche in Ungarn bis 1914], München: Auróra Könyvek² 1982, (1. Ausg. 1973).

6 Ebd., S. 231–232.

7 Ketteler, Vilmos Manó: A munkások kérdése és a kereszténység [Die Arbeiterfrage und das Christentum], 1864.

8 Láng, Péter: Mezőgazdasági érdekképviselet Magyarországon. Az agrárius mozgalom zászlóbontása és szervezeteinek kiépülése [Landwirtschaftliche Interessenvertretung. Der Ausbau der Organisationen der agrarischen Bewegung], Agrártörténeti Szemle 13 (1971), Nr. 3–4, S. 392–406; Szabó, Neue Züge, wie Anm. 4.

„Magyarország" eine Reihe von Skandalen, die die Regierung erschütterten, aber nicht zu Fall brachten. Medienhistoriker sehen um diese Zeit einen Trend von der „Ideen verkündenden Presse" der Parteien zu einer immer weniger parteigebundenen, mit Sensationen und Intimitäten angereicherten, kapitalistischen Presse für die Masse der städtischen Kleinbürger.[9]

Das Drama der Außenpolitik, die Absatzkrise der Landwirtschaft und die generelle Desillusionierung in Bezug auf das kapitalistische Wirtschaftssystem öffneten der konservativen Argumentation neue Bahnen und machten die alten wieder befahrbar. Als wieder einsetzbares älteres Argument diente die Kritik an der galoppierenden Staatsverschuldung und der hohen Steuerbelastung.

Zu den beständig etwa 30 Prozent der gesamten Staatsausgaben ausmachenden Lasten des Schuldendienstes kamen noch die Zinsgarantien und Vorauszahlungen zugunsten der privaten Eisenbahngesellschaften, die von 1879 bis 1890 jährlich etwa zwei bis vier Prozent der gesamten Staatsausgaben betrugen.[10] Das Gefühl, dass eine immer größer werdende Staatsmaschinerie immer mehr verschlingt und nichts hergibt, wurden die Agrarier auch dann nicht los, wenn sie die Ausgaben der einzelnen Ministerien anschauten. Das Budget für die Landwirtschaft war nicht nur wesentlich kleiner als die Etats des Finanzministeriums und des Handelsministeriums, es wurde auch vom Innenministerium und meistens vom Justizministerium übertroffen.[11] Aus der folgenden Tabelle wird deutlich, dass der sprunghafte Anstieg der Staatsverschuldung zwischen 1870 und 1880 erfolgte. In den achtziger Jahren wuchsen die Schulden etwas langsamer. Eine Konsolidierung trat erst in den 1890er Jahren ein.

In den Augen der Agrarier war die Verschuldung das Ergebnis der Ausbeutung des ungarischen Staates durch die internationalen Großbanken, die durch verantwortungslose Regierungspolitiker unterstützt wurden.[12] Die ungleiche Verteilung von Lasten und Ausgaben im Budget wurde auf die gesamte Palette von staatlichen Leistungen bezogen. Die alte Kritik an der Verwaltung wurde wieder aufgegriffen. Man beklagte die Fehlleistungen der staatlichen Verwaltung, etwa bei Veterinärmedizin und Seuchenkontrolle sowie bei der Eindämmung von Feld- und Waldfrevel jeder Art. Man beschwerte sich über die Willkür der Lokalbeamten, sowohl der Munizipalitäten wie auch der Regierung, insbesondere in der

9 Gergely, András/Veliky, János: A politikai sajtó története 1875–1890. Bevezetés [Geschichte der politischen Presse 1875–1892. Einführung], in: Kosáry, Domokos/Németh, G. Béla (Hg.): A magyar sajtó története 1867–1892 [Geschichte der ungarischen Presse], II/2. 1867–1892, Budapest: Akadémiai K. 1985, S. 251–271.

10 Matlekovits, Sándor: Magyarország közgazdasági és közművelődési állapota ezredéves fennállásakor [Ungarns Volkswirtschaft und Bildung bei seinem tausendjährigen Bestehen], Budapest: Pesti Könyvnyomda Rt.: Bd. 1–2, 1897–1898, hier Bd.2, S. 1059–1061.

11 Es gab bei dem Landwirtschaftsministerium eine Reihe von Regiebetrieben (Gestüte, Staatsgüter usw.), die die Ausgaben in die Höhe trieben. Daher kann nur ein Bruchteil der Differenz zwischen den Gesamtausgaben und den Verwaltungsausgaben als Förderung der Landwirtschaft angesehen werden, es sei denn, man rechnet auch Teile der Ausgaben für Unterricht als Wirtschaftsförderung. Die Jahre 1874–1883 brachten die schnellste industrielle Entwicklung (6,1%) in der Periode 1830–1914, wobei die Industrieförderung, insbesondere die Förderung der Eisenbahnen eine bedeutende Rolle spielte. Kein Grund zur Freude bei den Agrariern, die dies als Ergebnis einer Umverteilung zugunsten der Industrie betrachteten. Vgl. Komlos wie Anm. 2, S. 145, Tabelle 4.19.

12 Zum Zinsniveau: Kövér, 1873, wie Anm. 6.

Finanzaufsicht.[13] Es schien, als ob die Grundbesitzer für das viele Geld vom Staat nur behindert und gequält würden. Manche stellten die Frage: Wessen Staat ist das eigentlich?

Tabelle 8: Index der Staatsschulden, -ausgaben und -einnahmen (1868=100%)

Jahr	Größe der Staatsschulden	Höhe der Zinszahlungen	Staatsausgaben	Staatseinnahmen
1870	120	110	135	111
1875	229	210	158	125
1880	324	350	196	160
1885	537	432	243	206
1890	698	517	241	325
1895	815	612	222	331

Quelle: Matlekovits, Sándor: Magyarország közgazdasági és közművelődési állapota ezredéves fennállásakor [Ungarns Volkswirtschaft und Bildung bei seinem tausendjährigen Bestehen], Budapest: Pesti Könyvnyomda Rt.: Bd. 1–2, 1897–1898, hier Bd. 2, S. 1113.

Diese Periode der Umorientierung in Bezug auf sozialkonservative Themen war im Sommer 1882 noch nicht abgeschlossen, wurde jedoch jäh unterbrochen. Denn die Ritualmordanklage gegen die Juden von Tiszaeszlár stellte die diffusen antikapitalistischen Strömungen vor die Entscheidung, ob sie sich an einer derartigen Hetze beteiligen würden oder nicht. Die meisten ungarischen Agrarier und Konservativen haben sich, im Unterschied zu den deutschen Agrariern, zurückgehalten. Dass sie sich an der antisemitischen Kampagne nicht beteiligten, bedeutet aber nicht, dass sie von Antisemitismus unberührt geblieben wären.

Drei Magnaten:
die Grafen Albert Apponyi, Sándor Károlyi und Imre Széchényi

Die bis jetzt verfolgten Fäden unserer Geschichte sind in eine neue Phase gelangt. Eine ganze Reihe von neuen Persönlichkeiten erscheinen in den Jahren 1878 bis 1880 auf der Bühne. Sie kommen aus alten Familien – sie fassen aber ihre Rollen neu, anders auf. Die wichtigsten Akteure Graf Albert Apponyi, Graf Imre Széchényi und Graf Sándor Károlyi sollen hier kurz vorgestellt werden. Dabei geht es zunächst nur um die Zeit bis 1890, denn der Sturz von Tisza d. Ä. sollte dem Wirken aller drei Personen neue Möglichkeiten eröffnen.

Graf Albert Apponyi
Graf Albert Apponyi war als Sohn des Grafen György Apponyi, des königlich-ungarischen Hofkanzlers, 1846 in Wien geboren.[14] Sein Vater war vor 1848 und nach 1849 die leitende

---

13 Somssich, Miklós: Somssich Pál beszédei 1843–1888 [Reden von Pál Somssich]. Budapest: Dr. Vajna – Bokor 1942, S. 345–354, hier S. 347. Zuerst in Pesti Napló 9 (1868), 14, 16,. 17, 18. Jan.

Figur der Konservativen. Er bekleidete die Würde des Obersten Landesrichters von 1861 bis 1863. Der Sohn Albert wurde im Jesuiten-Gymnasium in Kalksburg in Niederösterreich erzogen und studierte dann Jura in Wien und Pest. Als er sich auf eine Rolle in der zukünftigen Elite Ungarns vorbereitete, wendete sich das Blatt und statt einer modernisierten konservativen Restauration kamen 1867 die Liberalen zum Zuge. Ab 1868 unternahm Apponyi Reisen durch Westeuropa, war aber auch bei der Eröffnung des Suez-Kanals zugegen. 1870 kehrte er nach Ungarn zurück und wurde 1872 Abgeordneter. Er trat dem 1872 von seinem Vater, von György Mailáth und Sennyey gegründeten katholisch-konservativen Parteiansatz bei. Apponyi war zwar Großgrundbesitzer, gehörte aber mit insgesamt 2.600 Joch zu den unteren Rängen.[15]

Abbildung 5: Graf Albert Apponyi.
Quelle: Apponyi, Albert: Erlebnisse und Ergebnisse, Berlin 1933.

---

14 Apponyi, Anm. 3, S. 6–35.
15 Er besaß in den 1890er Jahren, nachdem er die Besitzungen von seinem Vater übernahm, etwa 2.602 Katastraljoch, von dehnen die Hälfte aus Acker bestand und etwa 1.000 Joch verpachtet waren. Der Besitz ist durch seinen Vater stark belastet worden.

Albert Apponyi kam bei den Wahlen 1878 ins Abgeordnetenhaus. Ab dann war er bis zum Ende des Ersten Weltkrieges dauerhaft Abgeordneter. 1878 trat er der Vereinigten Opposition („Mischlingspartei") bei, die er fortan leitete. Apponyi war fleißig, musikalisch, etwas naiv und im eigentlichen Wortsinn anständig. Auch war er ein hervorragender Redner. In all dem war er ein Gegenpol zum Regierungschef Tisza. Apponyi markierte, ja inszenierte sich Tisza gegenüber als „die bessere 1867er Partei", als Alternative. Gleich am Anfang seiner Karriere als Parteichef hatte er die Angriffe gegen die Tisza-Regierung in den Jahren 1878/79 zu führen. Sie umfassten fast alle politischen Themen: Staatsverwaltung, Wahlkorruption, Außenpolitik, Staatsverschuldung. Ende der siebziger Jahre fing er an, sozialkonservative Argumente in seine Reden einzufügen. Er selbst gestand aber, dass er damit – mehr als bei kirchen- oder wirtschaftspolitischen Fragen – auch innerhalb der eigenen Reihen auf Widerstand stieß, denn „damals war das sozialpolitische Gewissen im Lande kaum erwacht".[16]

Erst vor diesem Hintergrund wird die eher vorsichtige Annäherung Apponyis an die Soziale Frage etwas bedeutsamer. Andererseits fällt auf, dass er keine gemeinsame politische Aktion mit dem alten Apponyi unternahm, obwohl der junge Apponyi durchaus zu seinem Vater hielt. Es war klar, dass die Zeit des Altkonservativismus, wie es ihn in Ungarn früher gegeben hatte, abgelaufen war. Albert Apponyi fand zwar den Anschluss an den Neu- oder Neokonservativismus nicht, wusste sich aber vom Alten zu trennen.

Albert Apponyi meldete in der Budget-Diskussion des Jahres 1879 Kritik wegen der die Planungen weit übersteigenden Lasten in Zusammenhang mit der Okkupation Bosniens an. Andererseits warf er der Regierung Konzeptionslosigkeit vor. Als Illustration verwies Apponyi auf die Ratlosigkeit der Regierung gegenüber der Abnahme der Viehbestände.

„[Hier] manifestiert sich die Krankheit nicht mehr lediglich in der Abnahme der Erträglichkeit, sogar das Stammvermögen des Landwirts ist angegriffen; der Wert des Landbesitzes nimmt fortlaufend ab; das Umlaufkapital des Kleinlandwirtes verringert sich; das Zugvieh wird bedeutend weniger und in vielen Komitaten geht der Bauer dieses wertvollsten von seinem Vermögen verlustig, was nur den ersten Schritt zum vollen Besitzverlust bildet. Die Depossedierung der ungarischen Besitzerklasse, die Versteigerung des ungarischen Besitzes, oder andere scheinbar freihändige Verkäufe, die sich bei näherem Hinsehen als Zwangsverkäufe entpuppen, bereiten allmählich das Ergebnis vor – dass das von unseren Vorfahren mit ihrem Blut erkämpfte Land nicht uns, sondern einem uns langsam verdrängenden fremden Element gehören wird."[17]

Apponyi konnte die Tisza-Regierung freilich zu keinen Schutzmaßnahmen bewegen. Nicht nur in dieser Frage war sein Erfolg begrenzt. Seine Partei rutschte nach den Wahlen von 1875, bei denen sie 75 Mandate errang, ab. 1881 bekam sie 57, 1884 nur noch 64, 1887 ganze 44 Abgeordnetensitze. Freilich waren es keine geheimen Wahlen und sowohl die zeitgenössische Presse, wie auch Apponyi in seinen Erinnerungen schilderten die von der Regierung eingesetzten Mechanismen der Einflussnahme ausführlich.[18] Im Falle von Apponyis Erinnerungen kommt jedoch das Gefühl auf, dass die institutionalisierte Wahl-

16 Apponyi, Anm. 3, S. 109–110. Vgl. auch: Kiss, Endre: Apponyi Albert, az ideológus és politikus [Albert Apponyi, der Ideologe und der Politiker], in: Történelmi Szemle 19 (1986), Nr. 1, S. 1–35.
17 KN 1878–81, Bd. 3, 22.2.1879, S. 146–147.
18 Apponyi, 50 Jahre, Anm. 3, S. 110–113.

beeinflussung einen geeigneten Vorwand bot, von der Erörterung der Erfüllung oder Nicht-erfüllung des eigenen politischen Auftrags abzulenken. Während sich Apponyi Tisza gegenüber als anständiger, moralischer und vornehmer Mensch aufführte, hatte er sich 1887 gegen Vorwürfe seiner Magnaten-Freunde zu verteidigen, dass er sich zu tief in den parlamentarischen Niederungen suhlte. In seiner Antwort erklärte Apponyi seinen plebe-jischen Umgang mit den Notwendigkeiten der parlamentarischen Parteipolitik.[19] Dann ging er allerdings zum Gegenangriff über. Die Aristokratie bedeute für ihn keine Stütze mehr. Nur eine Hand voll Magnate seien es, die sich für die öffentlichen Belange interessieren. Als Beispiel brachte er die von Tisza 1885 durchgeführte Reform des Oberhauses. Tisza hatte zuerst eine Reform mit 150 vom König, d.h. von der Regierung, lebenslang er-nannten Mitgliedern durchgeführt, die einer liberalen parlamentarischen Diktatur gleichge-kommen wäre.[20] Am Ende wurde die Zahl der ernannten Mitglieder auf 50 fixiert und die alten Familien hatten ihr erbliches Recht der Teilnahme bewahrt, wenn sie mehr als 3.000 Gulden Grundsteuer im Jahr bezahlten. Doch das hieß, dass zwei Drittel der Aristokraten ihre bisherige Teilnahme verloren. Es war auch Apponyi klar, dass der übrig gebliebene Teil des ständischen Landtages in seiner ursprünglichen Form nicht zu halten war. Aus seiner Sicht hatten sich hier die reicheren Aristokraten mit Tisza verbündet und die ärmeren Verwandten ausgebootet – ein hässliches Spiel, das dauerhaft Zwietracht säte, ohne für die Verfassung von Nutzen zu sein. Apponyis Schlussfolgerung war, dass mit dieser Aristo-kratie kein Staat zu machen sei.

Wenn dem so war, ergibt sich die Frage wen Apponyi eigentlich repräsentierte. Ende der achtziger Jahre bediente er sich zunehmend nationaler Argumente. Seine Theorie war, dass sich das Ausgleichs-Werk stabilisieren ließe, wenn die ständigen Irritationen durch die antiungarische Armeeführung aufhörten und durch Einführung kleinerer Korrekturen beim Heer (ungarische Kommandosprache der entsprechenden Einheiten, Insignien usw.) das einem souveränen Land gebührende „Ansehen" gewährleistet sein würde. Dann würde das ungarische Volk den historischen Kompromiss ohne Vorbehalt akzeptieren. Die Stich-haltigkeit dieser Theorie ist nie erprobt worden, der König ließ bei der Armee nichts ver-ändern. Es kann angenommen werden, dass Apponyi die unwiderstehliche Anziehungskraft der nationalen Unabhängigkeit entdeckte und diese Kraft in gezähmter Form zu nutzen trachtete. Das wäre ein politisches Kalkül. Über und hinter dem Kalkül könnte eine Änderung der sozialen Identität stehen. Es gibt auch eine andere Möglichkeit der Deutung. Wie auch in Böhmen und Österreich, scheinen sich auch in Ungarn immer mehr Menschen vor allem als „Ungarn" und erst nachrangig als Magnaten, Träger von Hofwürden oder Söhne der katholischen Kirche gefühlt zu haben.

---

19 MOL P 389. p. Brief Albert Apponyi an Dessewffy und Károlyi, 30.7. Enns 1887.
20 Vgl. GA VII. und VIII 1885, ferner Vörös, Károly: A főrendiház 1885. évi reformja. Egy kutatás tervei és első eredményei [Die Reform des Oberhauses im Jahre 1885. Erste Ergebnisse einer Forschung], in: Á. Varga, László (Hg.): Rendi társadalom – polgári társadalom. Társadalomtörténeti módszerek és források 1 [Ständische Gesellschaft – bürgerliche Gesellschaft 1], Salgótarján 1987, S. 397–406; Püski, Levente: A liberális alkotmányosság és az 1885. évi főrendiházi reform [Die Reform des Oberhauses im Jahre 1885 und die liberale Verfassungsmäßigkeit], in: Nagy, Zsuzsa L./Veress, Géza (Hg.): Történeti tanulmányok [Historische Studien]. Acta Universitatis Debreceniensis de Ludovico Kossuth nominatae Series Historica 14, Debrecen 1992, S. 67–82.

Graf Imre Széchényi

Graf Imre Széchényi wurde am 31. März 1858 in Horpács, Komitat Somogy geboren. Sein Vater Dénes war der Neffe des Vereinsgründers István Széchenyi.[21] Dénes Széchényi war in jüngeren Jahren Husarenoffizier, wie fast alle in seiner Familie, wenn sie nicht Priester wurden.[22] Er war ein Reiter und Pferdeliebhaber, schrieb einschlägige Bücher, die in drei Sprachen mehrere Male aufgelegt worden sind. Darüber hinaus brachte er auch ein mutiges Buch gegen den Kult von Kossuth heraus.[23] Seine Söhne, so auch Graf Imre, wurden ebenfalls hervorragende Reiter und *sportsmen*. Graf Imre wurde später zum stellvertretenden Vorsitzenden des Ungarischen Athletischen Clubs gewählt und wurde einmal als „Herkules im Frack" bezeichnet.[24]

Von den hier vorgestellten drei Aristokraten interessierte sich nur Széchényi systematisch für die eigenen Besitzungen, ihre Wirtschaftsweise und Entwicklung. Er hat zwar anscheinend nur Privatunterricht erhalten, der ihm aber offensichtlich intellektuelle Neugier und ein methodisches Vorgehen vermittelt hatte. Im März 1880 machte er einen Besuch in Niederschlesien, im Kreis Bolkenhein bei der Familie seiner Mutter, den Hoyos. In seinen Aufzeichnungen finden sich Darstellungen von Pflugformen, Ausführungen über die schlesische Art Holzscheite aufzustapeln, aber auch über die Häufigkeit von Selbstmorden und die Einstellungen zum Tod.[25] Es fand auch die große Politik, wie die Verfügungen und die Folgen der Politik des kurz zuvor zurückgetreten liberalen preußischen Kultusministers Adalbert Falk, ihren Niederschlag. Am ausführlichsten werden jedoch Grasgärten, Düngung, Wagen und Fabriken beschrieben. Bald danach, im Februar 1881 ging Széchényi nach Amerika. Es ist ungeklärt, wie der junge Graf die Bekanntschaft des deutschen sozialkonservativen Schriftstellers Rudolph Meyer machte. Mit ihm und mit vier weiteren, verwandten jungen Aristokraten machte er 1881 eine einjährige Studienreise in Amerika, deren Ergebnisse er in Zeitungen und Broschüren veröffentlichte, eine erregte Diskussion provozierend.[26]

Er trachtete sichtlich danach, dem Beispiel seines großen Ahnen István Széchenyi zu folgen und sich der Erbschaft würdig zu zeigen. Das war auch anderen klar, was sein Streben nicht erleichterte. Er wusste um die Last und benahm sich zunächst vorsichtig. Aber nach seiner Rückkehr aus Amerika und einem erfolgreich bestandenem publizistischen Schusswechsel mit den Liberalen war er so etwas wie ein junger Star der

---

21 Der Vater des Grafen Imre Széchényi, Graf Dénes, war der Sohn eines Bruders des in der Vormärzzeit eine bedeutende Rolle spielenden Grafen István Széchenyi. Der Gründer des Wirtschaftsvereins, Graf István und seine Linie schreibt sich wie „Széchenyi", die von seinen Brüdern abstammenden Linien schreiben sich „Széchényi".

22 Siehe die Familienmitglieder in: Halász, Sándor: Új országgyűlési almanach 1887–1892, Főrendiház [Neues Landtagsalmanach. Oberhaus], Budapest: Athenaeum 1887, S.148–152; ferner die Einträge in Szinnyei, Anm. 58.

23 Széchényi, Dénes Gr.: Egy őszinte szó a Kossuth-cultusról [Ein aufrichtiges Wort über den Kult von Kossuth], Budapest: Franklin 1891.

24 Justh, Zsigmond naplója [Tagebuch von Zsigmond Justh], hg. von Gábor Halász, Budapest: Athenaeum, S. 305.

25 MOL P 623. Bd. VII. fasc. 14. 3.t.

26 Vgl. Meyer, Rudolf: Ursachen der amerikanischen Concurrenz. Ergebnisse einer Studienreise der Herren Grafen Géza Andrássy, Géza und Imre Széchényi, Ernst Hoyos, Baron Gabriel Gudenus und Dr. Rudolf Meyer, Berlin: Hermann Bahr 1883.

Aristokratie geworden. Der kaum Volljährige wurde ins Oberhaus gewählt, und sein Onkel teilte ihm brieflich mit, dass der Landes-Wirtschaftsverein ihn in den Vorstand wählen möchte, er möge bitte dem Verein schnellstens beitreten.[27]

1885 heiratete er Gräfin Mária Andrássy, die Tochter des Aladár Andrássy, des jüngeren Bruders des Außenministers Graf Gyula Andrássy. Der Schwiegervater war seit 1875 Vorstandvorsitzender der größten Bank Ungarns, der Ungarischen Allgemeinen Creditbank. Hinter der Creditbank standen die Creditanstalt und die Rothschilds aus Wien.

Die Verwandtschaftsbeziehungen waren natürlich von Bedeutung. Marie Andrássy war nicht nur eine Schönheit, sondern eine bedeutende Frau. Mit dem Schwiegervater schien Széchényi auch recht gut zusammenzupassen. Denn Graf Aladár Andrássy war ebenfalls ein passionierter Landwirt und Pferdeliebhaber, der sich Gestüte hielt, nationalökonomisch interessiert und national eingestellt (er hatte 1848/49 den Unabhängigkeitskrieg bis zur Kapitulation durchgekämpft) und vor allem ein bodenständiger Realist war. „Eine Bauern-Exzellenz. Mit all den guten und schlechten Eigenschaften des Bauern."[28] Wenn auch nicht direkt zusammen mit seinem Schwiegervater, doch wahrscheinlich mit Rückenwind der Creditbank erwarb Széchényi interessante Vorstandsposten. So war er unter anderem im Vorstand der Ungarischen Bank für Handel und Industrie, einem von dem liberalen Führer und Sohn des Ministerpräsidenten István Tisza 1890 gegründeten Unternehmen, das die Funktion eines „Credit Mobilier" erfüllen sollte.[29]

Széchényi begnügte sich auch nach 1885 nicht allein mit häuslichem Glück und Vermögen. Er verfolgte weiterhin die gesellschaftlichen Probleme. Nach dem Beschluss des Kongresses der Wirtschaftsvereine vom 17. Mai 1884 sollte auch in Ungarn eine Bestandsaufnahme nach dem Muster der Enquete des Vereins für Socialpolitik über „Bäuerliche Zustände in Deutschland" gemacht werden. Die beste Monografie über die Bauern eines Komitats hat 1886 Széchényi geliefert.[30] In der parlamentarischen Politik sah man ihn nicht. Umso sichtbarer war er im Oberhaus, in das er schon Ende der achtziger Jahre einrückte und wo er kontinuierlich eines der aktivsten Mitglieder war.[31]

Sein Freund, der oberungarische Großgrundbesitzer und Schriftsteller Justh beschrieb Imre Széchényi in seinem Tagebuch: „Echtes Hoyos-Denken, viele brillante Eigenschaften, obwohl ein wenig langsame Auffassung. Langsam und sicher – er geht vorwärts. Un de nos avenirs. Volkswirt – à la Széchenyi István. Das ist auch das Problem mit ihm. Seine sind keine unbetretenen Wege. Epigon."[32]

---

27 MOL P 623. Fasc. VIII. 18. Brief vom Grafen Pál Széchényi an den Grafen Imre Széchényi, Budapest, 22. April 1883.

28 Justh, Anm. 24, S. 315.

29 Rodiczky, Jenő/Kormos, Alfréd (Hg.): Gazdák évkönyve [Jahrbuch der Landwirte], Bd. 6. 1893–94, Budapest: Eggenberger 1893, S. 189–190.

30 Anon.: A parasztbirtok állapota Somogy, Kolozs, Szolnok-Doboka és Torontál megyékben. [Der Zustand des bäuerlichen Besitzes in den Komitaten] Budapest: OMGE 1886.

31 Er ist nach 1885 ins Oberhaus gewählt worden. Die Besitzungen blieben vorerst bei seinem Vater, so dass er die 3.000 Gulden-Grundsteuer-Grenze verfehlt hätte. Die Familien aber, die ihre persönlichen Teilnahmerechte verloren, durften eine bestimmte Anzahl von Mitgliedern wählen. So wurde Graf Imre mit 28 Jahren ins Oberhaus gewählt – als Jüngster!

32 Justh, Tagebuch, Anm. 24, S. 305.

Obwohl er Széchényi als bedächtig vorwärts gehend wahrnahm, während Justh sich selbst für dekadent hielt, gab es ein gemeinsames Problem beider Freunde. Dabei handelte es sich um das Problem aller ihrer aristokratischen Freunde, das auch schon den großen Ahnen István Széchenyi beschäftigt hatte: Den Verlust der Selbstverständlichkeit der eigenen sozialen Rolle. Széchényi wie Justh konstruierten ihr Leben, experimentierten mit Daseinsformen. Die Exzellenz musste man sich in Sport, Geschäft, Politik, Musik, sozialer Reform, Kunst, Eleganz und Lebensstil erarbeiten. Diejenigen, die der Anstrengung nicht fähig waren, wie etliche Freunde von Széchényi und Justh, haben sich oft in den Freitod geflüchtet.[33] Der Titel des Romans von Justh hieß „fuimus".[34]

Graf Sándor Károlyi

Sándor Károlyi ist als Sohn des Grafen István Károlyi, des ältesten von den drei Károlyi Brüdern (István, György, Lajos), Attache der österreichischen Botschaft in Paris, geboren. Die erste Frau von Graf István war Georgine Dillon, eine Schwägerin des Comte Polignac, des französischen Ministerpräsidenten.[35] Aus dieser Ehe ist 1821 Graf Ede geboren, die junge Mutter ist aber schon 1831 gestorben. 1831 nahm Graf István Gräfin Franziska Esterházy zur Frau, die ihm im gleichen Jahr einen Sohn gebar, Sándor.[36] Wegen des zerbrechlichen Gesundheitszustandes der jungen Frau hielt sich die Familie meist in Italien auf, kehrte aber nach ihrem Tod nach Ungarn zurück.[37] Der junge Graf Sándor muss Französisch als Muttersprache gehabt haben.

1848 fanden sowohl István Károlyi wie auch sein Sohn den Weg in die Honvéd-Armee bzw. zur Nationalgarde, während der jüngere Bruder von István, Lajos, auf der kaiserlichen Seite kämpfte. Der 18-jährige Sándor Károlyi kämpfte in dem Korps Klapka, das die Festung Komárom bis Oktober 1849 gegen die kaiserliche Belagerung hielt und dann gegen freies Geleit kapitulierte. Graf Sándor wurde mit dem *Geleitschein* der Verteidiger im Oktober 1849 entlassen.[38] Im Juli 1850 bekam er seinen Pass nach Frankreich, seitdem wohnte er mit seinem Halbbruder Ede in Paris. Angeblich wurden sie unterstützt.[39] Von Not kann jedenfalls keine Rede sein, Graf Sándor wohnte in dem Palais der Familie in der 10. Rue de Tivoli.[40] Sándor Károlyi kehrte schon 1854 mit einer persönlichen Amnestie nach Ungarn zurück. Fortan widmete er sich der Aufgabe, den riesigen, aber zerrütteten und ver-

33 So z. B. der junge Graf István Csáky, Graf Géza Batthyány – vgl. Halász, Gábor: Justh itthon [Justh zu Hause], in: Justh, Tagebuch, Anm. 24, S. 292–294.

34 Justh, Zsigmond: Fuimus [Wir sind gewesen], Budapest: Franklin 1895.

35 Galgóczy Károly: Emlékbeszéd idősb gróf Károlyi István felett [Gedenkrede über Graf Károlyi István d. Ä.], in: Gedenkbuch 3, Anm. 2, S. 24–25.

36 Éble, Gábor: A nagykárolyi gr. Károlyi család leszármazása [Die Abstammung der gräflichen Károlyi Familie], Budapest: 1913.

37 Galgóczy, Károlyi István, Anm. 35, S. 25.

38 MOL P 389. g. Geleitschein für Herrn Grafen Alexander Károlyi, Komorn, 1. Okt. 1849.

39 In der Trauerrede wurde erwähnt, dass es der Onkel von Sándor Károlyi, Fürst Pál Esterházy war, der die jungen Grafen unterstützte, s. [Novák, Lajos]: Emlékbeszéd, melyet … gr. Károlyi Sándor … 1906 november 12-én rendezett gyászünnepélyén mondott Novák Lajos. felett [Gedenkrede zur Trauerfeier von Graf Sándor Károlyi, gehalten am 12. November 1906 von Novák Lajos], Budapest: Stephaneum 1906. Vgl. noch Kovalovszky, Miklós – Solt, Andor: Gróf Károlyi Sándor élete és alkotásai [Leben und Werke von Sándor Károlyi], Budapest: Csáthy Ferenc Rt. 1942, S. 15.

40 MOL P 2023 Czakó Elemér, 14. t.

schuldeten Besitz seines Vaters zu sanieren.[41] Er dürfte schon damals auch andere Aufgaben gehabt haben. Im Sommer 1860 war er Mitglied des geheimen Widerstandes und es ist wahrscheinlich, dass er sich der Bewegung schon früher angeschlossen hat. Seine Rolle ist auch deswegen schwierig herauszuarbeiten, weil er zumeist, auch im Widerstand, im Schatten seines älteren Halbbruders Ede Károlyi stand, von dem man allerdings genau weiß, dass er in der Leitung der Widerstandsbewegung wirkte.[42] Sándor Károlyi erscheint zwar punktuell, aber ein politisches Portrait von ihm haben wir nicht.[43] Die meisten Spuren hinterließ seine Aufgabe, das Pressezentrum der revolutionären Emigration, den in Brüssel wohnenden Baron Miklós Jósika im Auftrag der Leitung der linken, intransigenten „Beschlusspartei" des 1861er Landtags zu informieren. Jósika musste seinerseits die westeuropäischen Zeitungen mit Artikeln und Informationen über die Verhandlungen im Landtag versorgen und damit das Bild über die ungarische Lage entsprechend beeinflussen. Die Briefe von Sándor Károlyi sind erhalten geblieben, werden aber eher die Meinungen der „Beschlusspartei" spiegeln als seine individuellen Ansichten.[44]

Es gibt eine ganze Reihe von nicht nachprüfbaren Legenden um Károlyi. Demnach wäre er eine der Hauptgeldquellen der Emigration und von Kossuth selbst gewesen; ferner, dass er eine Art graue Eminenz des Widerstandes gewesen sei. Sicherlich wurde er für einen disziplinierten, vertrauenswürdigen, durch Kapricen, Frauen, Kartenspiel und andere Wirbel und Stürme unbeirrbaren Menschen gehalten.[45] Es war bestimmt kein plötzlicher Einfall, dass die Urkunden über die eingezahlten Geschäftsanteile der Stifter bei der Gründung des Bodenkreditinstituts im Kasten von Sándor Károlyi deponiert wurden.[46]

Sándor Károlyi berichtete 1862 der konservativen „Magyar Sajtó" aus Rom über die „römische Frage", d. h. über den Versuch, das Land des Papstes in den neuen italienischen Staat einzuverleiben. Diese Artikel enthielten selbstständige Ideen. Dann antwortete er 1863 in einem offenem Brief auf einen Artikel von Baron Frigyes Podmaniczky, seinem Regimentskameraden von 1848 bis 1849.[47] Beide Herren hielten einen Verein zur „Verbreitung von nüchternen Ideen in Bezug auf die Nationalökonomie" für notwendig. Károlyi

---

41 Das wurde schon in den 1800er Jahren behauptet, s. auch: Gróf Károlyi Sándor, in: Vasárnapi Újság, 11.10.1885.

42 Szabad, Scheideweg, Anm. 87. Szabad berichtet von einer Reihe von Aktionen von Ede Károlyi im Jahre 1860, S. 33, 48, 57, 83,128, 163. Der Autor fasst die Spitzelberichte über die Tätigkeit von Ede Károlyi im Februar 1861 in den Komitaten zusammen, alles in Vorbereitung eines neuen Aufstandes, S. 283–284.

43 Ebd., S. 141, S. 315, S. 451, S. 455.

44 Ebd., S. 455–457. Die Briefe veröffentlichte Varga, János: Határozatiak és feliratiak 1861-ben (Gróf Károlyi Sándor levelei báró Jósika Miklóshoz) [Beschlusspartei und Adresspartei im Jahre 1861], in: Levéltári Szemle 51 (1983), Nr. 1–2, S. 191–223.

45 Bánffy, Miklós: Emlékeimből [Aus meinen Erinnerungen], Kolozsvár: Polis 2001 (1. Aufl. 1932), S. 64–67. Die Tante von Bánffy, Clarisse Kornis war die Frau von Sándor Károlyi. Bánffy reproduziert als tradiertes Wissen der Familie, dass Károlyi an der sog. Komáromy-Verschwörung von 1861–1864 teilgenommen hätte und, dass er für das Goldene Vlies vorgesehen gewesen wäre. Da er aber anstandshalber dem Kaiser ausrichten ließ, dass er der Geldgeber von Kossuth sei, wäre die Verleihung nicht im Sinne des Kaisers gewesen. Vgl. MOL P 2023 Czakó Elemér, 14. t.

46 Zweite Großversammlung, Anm. 41, S. 124.

47 Podmaniczky, Frigyes br.: Nyílt levél Károlyi Sándorhoz [Offener Brief an Sándor Károlyi], A Hon, 1 10.1.1863. Antwort: Károlyi, Sándor gr.: Nyílt válasz báró Podmaniczky Frigyesnek [Offene Antwort an Podmaniczky Frigyes], A Hon, 1, 21.1.1863.

dachte an einen Verein für die Verbreitung der „sozialen Wissenschaften", dessen Tätigkeit zwischen der der Akademie und der des Wirtschaftsvereins liegen sollte.[48] Die Aufgabe des neuen Vereins wurde allerdings nur *ex negativo*, als vorsichtige Kritik der bestehenden Zustände gegeben: „Das Vermögen der Einzelnen soll sich weiter vermehren, aber es soll ohne Schaden für die anderen und für die Gemeinde geschehen. Die materielle Richtung soll sich entfalten, aber die geistige Entwicklung soll nicht nachlassen, sondern es soll uns immer vor Augen bleiben, dass unsere materielle Entwicklung lediglich der Angelpunkt unserer geistigen Kraft sein sollte."[49]

Offensichtlich liegt hier die vorsichtig formulierte Aversion gegenüber dem zeitgenössischen Profitrausch vor. Eine Quelle dieser konservativen Disposition könnte nach seinen Biografen eine angebliche Verbindung zu dem in Paris wirkenden Ingenieur-Soziologen Le Play sein.[50] Dafür gibt es aber keine Beweise. Die Familientradition könnte auch eine Rolle spielen: „Die Károlyi von Fót hatten drei Traditionsstränge: Den bigotten Katholizismus, die Habsburg-Feindlichkeit und die Sympathie für das französische ‚ancien regime', die von der Verwandtschaft durch die Dillon mit der französischen Aristokratie, mit den Familien Polignac und Maillet und anderen Familien herrührte. Der Herzog Jules Polignac war der berüchtigt reaktionäre Ministerpräsident von Karl X. Die auf Gefühlen gegründeten Traditionen enthalten in der Regel ein Gemisch von einander widersprechenden Elementen. Das Rebellen-Verhalten, der Abscheu vor der Dynastie und die Unterstützung von Kossuth und den italienischen *carbonari* waren auch bei den Károlyi schwierig zu vereinbaren mit dem Klerikalismus und der Anhängerschaft zu den Bourbonen."[51] Der Autor dieser prägnanten Charakterisierung steckt allerdings selber in Erklärungsnot. Graf Mihály Károlyi war zuerst Lieblingszögling von Sándor Károlyi, wurde dann als verbitterter Opponent gegen die Tisza-Regierung und aufgrund seiner ententefreundlichen Haltung im Herbst 1918 zum ersten Präsidenten der Republik Ungarn ausgerufen, verfasste die zitierten Zeilen aber schon in seiner französischen Emigration als Kommunist.

Obwohl Sándor Károlyi ein Vermögen in seine politischen Ziele steckte und bedeutende Summen altruistischen Vorhaben widmete, trug er auch um das eigene Vermögen Sorge. Die Entwicklung seines Vermögens ist nicht ganz klar, denn sein Vater, Graf István, hatte schon vor 1848 bei seinen Brüdern Schulden. Obendrein bekam er 1849 eine hohe Geldstrafe für seine Teilnahme am Aufstand von 1848. Anschließend verwendete er eine Unsumme, angeblich eine Millionen Gulden, für die römisch-katholische Kirche in Fót, seinem Herrschaftssitz. Dass sein Sohn Sándor trotz allem einer der reichsten Männer Ungarns geworden ist, muss er wohl auch glücklichen Umständen verdanken. So lag z. B. eine Herrschaft von ihm in Pester Stadtnähe. Auf Károlyi-Boden konnte so eine industrielle Kleinstadt vor den Toren der Hauptstadt entstehen, die auch das hauptstädtische Wasserwerk einschloss.[52]

48 Gróf Károlyi Sándor: Sociális tudományokról [Über soziale Wissenschaften], Teil 1–2, A Hon, 1 23.1.1863 und 24.1.1863.

49 Károlyi, Offene Antwort, Anm. 47.

50 Vgl. Kovalovszky/Solt, Leben, Anm. 39, S. 16; ferner Majláth, József: A Magyar Gazdaszövetség és Le Play [Der Ungarische Landwirtebund und Le Play], in: Tizenkét év a Magyar Gazdaszövetség történetéből 1896–1908 [Zwölfe Jahre aus der Geschichte des Landwirtebundes 1896–1908], Budapest: Pátria Rt. 1908, S. 32–34.

51 Károlyi Mihály: Hit, illuziók nélkül [Glaube, ohne Illusionen], Budapest: Magvető 1977, S. 21.

52 Es handelte sich um Újpest. Der Ort wurde in den 1830er Jahren gegründet, hatte 1850 673, 1870 6722,

GRÓF KÁROLYI SÁNDOR,
orsz. képviselő, az agrármozgalom megindítója és
vezére; az aranygyapjas-rend vitéze
(1831—1906).

Abbildung 6: Graf Sándor Károlyi.
Quelle: Éble, Gábor: A nagykárolyi gróf Károlyi család leszármazása, Budapest 1913, Anhang.

Von Bildung kann man bei Graf Sándor nur begrenzt reden. Von universitären oder höheren Studien gibt es keine Spur. Dies verwundert nicht, wenn man bedenkt, dass er 1848 mit 17 Jahren in den Krieg zog. Andererseits stellte sich bei unterschiedlichen Anlässen wiederholt heraus, dass er sich in Bezug auf das, was er für wichtig hielt, von Fachleuten beraten ließ und selber einschlägige Literatur dazu las.

Sándor Károlyi hatte seit mindestens 1860 einen Aufgabenkreis, in dem er technische Kenntnisse, Gewandtheit in der staatlichen Verwaltungskultur und ein Gefühl für den Ausgleich von divergierenden Interessen verbinden musste. Diese komplexe Rolle fiel den

---

1881 11.668 und 1891 schließlich 23.521 Einwohner.

Leitern der Flussregulierungsgesellschaften zu. Károlyi wurde 1860 zum Präsidenten der Gesellschaft für einen Theiß-Abschnitt gewählt und wurde dann von 1878 bis 1894 zunächst zweiter, dann erster Vorsitzender der Gesellschaft des Theißtals, des Dachvereins der Flussregulierung im Theißbereich.[53] Die Theiß-Regulierung machte riesige, bis dahin nur als Weide genutzte Gebiete mit ungeheuren Kosten zu Kornland. Die Grundbesitzer tendierten schon wegen der Unkosten dazu, ohne weitere Investitionen möglichst schnell zu ihrem Geld zu kommen. Das beförderte die Getreidemonokultur und ließ dann die neugewonnen Gebiete die Absatzkrise umso deutlicher spüren. Die Großgrundbesitzer mit größerem Kapital wurden selber zu Unternehmern bei der Flussregulierung, so auch die Grafen Ede und Sándor Károlyi.[54] Hier zählte aber nicht nur das Kapital, sondern auch die soziale Position, die Verbindungen. Die technischen Spezifikationen der Werke, die Aufteilung der Kosten zwischen Staat und Regulierungsgesellschaft, die staatliche Zuwendung für letztere wurde bis ins Detail vertraglich geregelt – konnten aber bei der praktischen Umsetzung vor Ort meistens nicht eingehalten werden. Die Verhandlungen über Abweichungen und die Begründung von Mehrkosten oder Verzögerungen mit Ministerium, Komitat, Unternehmern und Grundbesitzern waren die wohl wichtigsten Aufgaben der Leiter der Regulierungsgesellschaften. Einen erheblichen Teil der späteren Partner Károlyis hat er in diesem Zusammenhang kennen gelernt.[55]

Károlyi erhielt schon 1872 ein Angebot der Unabhängigkeitspartei, für den Landtag zu kandidieren, lehnte aber ab. Nach der Vereinigung der Deák-Partei mit dem Linkszentrum von Tisza trat er 1878 in Szeged mit dem Programm der Regierungspartei, der Liberalen auf. Zwei Drittel seiner Wahlrede beschäftigten sich mit der Außenpolitik, ein Drittel mit der Flussregulierung.[56] Doch Károlyi kam noch nicht 1878, sondern erst 1881 in den Landtag. Seinen ersten großen Auftritt hatte er schon früher, 1879/80 bei den Konferenzen des Landes-Wirtschaftsvereins.

Im weiteren Verlauf ihres Lebens wählten die drei Herren unterschiedliche Laufbahnen. Apponyi wurde Vollblutpolitiker, Széchényi kokettierte zeitweilig mit der Rolle eines Intellektuellen und Károlyi blieb im Hintergrund, akkumulierte Macht und versuchte seine Vorstellungen von gesellschaftlicher Entwicklung zu verwirklichen. Damit standen sie jedoch, jeder auf seine Weise, in der alten Tradition der Aristokratie.

---

53 Károlyi wurde 1878 2. Vorsitzender der Gesellschaft des Theißtals und erarbeitete 1879 und 1881 Denkschriften über die Theißregulierung, die in GA XIV:1884 und GA XXIII:1885 mit einflossen. Kovalovszky/Solt, Leben, Anm. 39, S. 32–33.

54 Pogány, Mária: Tőkés vállalkozások és kubikos bérmunkások a Tisza-szabályozásnál a 19. sz. második feléhen [Kapitalistische Unternehmungen und Erdarbeiter bei der Theiß-Regulierung in der zweiten Hälfte des 19. Jahrhunderts], Budapest: Akadémai K. 1966, S. 37–39.

55 Der Vater des späteren Landwirtschaftsministers, Ignác Darányi d. Ä., war zur gleichen Zeit wie Károlyi Vorsitzender einer anderen Regulierungsgesellschaft im selben Komitat Csongrád, vgl. Galgóczy Károly: Darányi Ignác, in: Gedenkbuch 5, Anm. 2, S. 114–115.

56 MOL P 1508. Wahlrede von Graf Sándor Károlyi, Szeged, I. Wahlbezirk, 21. Juli 1878. Die Szegediner mussten sich wohl eher für Flussregulierung interessieren, denn sie lebten gefährlich. Im darauf folgenden Jahr, in der Nacht vom 11. März 1879, spülte die Theiß die ganze Stadt förmlich hinweg.

Die Agrarkrise und die Belastungen der Landwirtschaft

Die Agrarkrise war eine sich zunehmend verschärfende Absatzkrise der Landwirtschaft. Die europäische Landwirtschaft sah sich den mit Kostenvorteilen produzierenden Konkurrenten ferner Weltteile ausgesetzt. So ist der amerikanische Weizenexport zwischen 1850 und 1880 auf das Fünfzehnfache gewachsen.[57] Der amerikanische Bürgerkrieg gewährte zwischenzeitlich einen Aufschub, aber nach seinem Ende bekam Europa die Konkurrenz voll zu spüren. Diese wirkte sich zunächst auf die Preise aus. Die Budapester Preise lagen bis 1906 etwa 25 bis 30 Prozent unter dem Niveau der 1870er Jahre.

Tabelle 9: Weizenpreise in Budapest (1867–1911)

Jahre	1867–1871	1872–1876	1877–1881	1882–1886	1887–1891	1892–1896	1897–1901	1902–1906	1907–1911
Preis Gulden (ö. W./ Doppelzentner	10,94	12,37	11,64	9,45	8,40	7,66	9,31	8,44	12,02

Quelle: Schwarz, Benő: Gabonaárak [Getreidepreise], in: KE, Bd. 2, S. 406–412, hier S. 410.

Es lohnt sich jedoch nicht allein auf die Preise zu schauen. Ein besseres Bild bekommt man, wenn man die durchschnittlichen Bruttoerlöse pro Hektar beachtet. Die ungarische Landwirtschaft, welche die Weizenanbaufläche zwischen 1870/1874 und 1885/1888 um etwa elf Prozent erhöhte, brachte pro Hektar folgende durchschnittlichen Bruttoerlöse:

Tabelle 10: Wert der Weizenproduktion (1870–1888)

Im Durchschnitt der Jahre	Durchschnittspreise der Pester Börse (in Gulden (ö. W.)/ Doppelzentner)	Bruttowert des Ertrags pro Hektar (= Ertrag x Preis, in Gulden (ö. W.)	„Halbbruttowert" pro Hektar (= Bruttowert – Wert des Saatgutes, in Gulden ö. W.)
1870–1874	12,80	84,67	59,07
1875–1879	10,76	79,09	58,57
1880–1884	11,12	115,75	93,52
1885–1888	8,05	102,42	85,01

Quelle: Pólya, Jakab: A gazdasági válság [Die Wirtschaftskrise], Budapest: Athenaeum 1890, S. 262–263.

Anm.: Die Spalte „Halbbruttowert" ist dadurch entstanden, dass man den jeweiligen Durchschnittspreis von zwei Hektoliter Saatkörnern pro Hektar vom Bruttowert des Ertrages abgezogen hat. Der Saatgutpreis wurde durch den Weizenpreis bestimmt, so bewegte sich der Preis der Saat entgegengesetzt zum Erlös aus dem Verkauf des Weizens. Damit wurden die Schwingungen der Erlöse gebremst.

---

57 Gaál, Jenő: A mezőgazdasági válság kérdése [Die Frage der Agrarkrise], Budapest: 1885, S. 5.

Zwar kann man aus solchen Daten unterschiedliche Schlüsse ziehen, doch schauten die Großgrundbesitzer allein auf die Preise und schlugen 1879 Alarm. In der Festrede von Graf Pál Széchényi anlässlich des 50-jährigen Bestehens des Wirtschaftsvereins hieß es: „Alle … wissen und sagen, dass … der Wert von Grund und Boden in großem Maße abgenommen hat, der Handel stagniert, die Industrie liegt zum großen Teil lahm, die Rohprodukte haben keinen Preis mehr und unter solchen Umständen kann weder der Händler, noch der Handwerker oder der Landmann bestehen, sie können sich kaum ernähren und sogar ihre Steuer können sie nur aus dem Kapital bezahlen! Alle können ausrechnen, wie lange, durch die Konkurrenz der billig produzierenden benachbarten Staaten von unserem natürlichen Markt verdrängt, wir noch darben können, bis unser Kapital verbraucht und *auch unsere Rasse zerstört wird!*"[58] (Hervorhebung im Orig. – A. V.)

In einer Analyse des Ökonomen Jakab Pólya von 1890 sah die Sache etwas anders aus.[59] Die Tatsache des Preisverfalls wurde zwar nicht bestritten, aber durch andere Faktoren relativiert, wie man in *Tabelle 10: Wert der Weizenproduktion (1870–1888)* sehen kann. Aufgrund dieser Ergebnisse musste er die Panik von 1879 für übertrieben halten, denn um diese Zeit hätte man eher von einer Stagnation der Ertragswerte als vom Preissturz reden dürfen. Laut Pólya spielten beim Sinken der landwirtschaftlichen Erträge neben dem Preisverfall auch die steigenden Kosten für Arbeiter eine Rolle. Mangels besserer Daten kann man diese Kosten den Lohnsätzen der Tagelöhner gleichsetzen, die nach 1849 erheblich anstiegen. Dieses Wachstum der Löhne fasste Pólya als einen langfristigen und natürlichen Prozess auf, der dem „ehernen Lohngesetz" von Ricardo in seiner richtigen Deutung keineswegs widerspricht. Die für die Grundbesitzer bereits äußerst unbequeme Prognose wurde durch die Ausführungen über eine angeblich „natürliche" Abnahme der Grundrente noch weiter verdüstert. Danach verschoben sich bei den beobachteten Veränderungen einfach die Proportionen zwischen den unterschiedlichen Teilelementen des volkswirtschaftlichen Einkommens – Lohn, Grundrente, Erlös des Agrarunternehmers.[60] Nun waren die ungarischen Grundbesitzer zumeist sowohl Grundeigentümer als auch Agrarunternehmer, obwohl ein immer größeres Areal der mittleren und der größeren Besitzkategorien verpachtet wurde. Daher ließen sie sich wohl kaum durch diese Ausführungen beruhigen. Der Wirtschaftsverein, den wir in den 1870er Jahren als dahinsiechenden Verein von Lobbyisten sahen, reagierte auf den 1878er Preissturz wie eine welke Blume auf Mairegen. Dem Verein stand seit Mai 1876 Graf Gyula Szapáry vor, der dann ab Dezember 1878 Finanzminister wurde. Seine Vizepräsidenten waren Korizmics

---

58 Széchényi, Pál gr.: Az Országos Magyar Gazdasági Egyesület megalakulásának 50. évfordulója [Fünfzigjährige Wiederkehr der Gründung des Ungarischen Wirtschaftsvereins], in: Nemzetgazdasági Szemle, 3 (1879), H. 1 (Jan.-März), S. 55–60, hier S. 57.

59 Pólya, Jakab: A gazdasági válság [Die Wirtschaftskrise], Budapest: Athenaeum 1890, S. 265–267. Pólya berief sich auf Ricardo über die „natürliche Abnahme des Preises der Arbeitskraft" und fügte hinzu, dass die Vervollkomnung des Verkehrs, die Aus- und Einwanderung und die industrielle Arbeitskraftnachfrage dazu führte, dass die „Arbeit eine Weltware" geworden ist.

60 Die langfristige Abnahme der Grundrente konnte empirisch nicht bewiesen werden: Sándor, Pál: A XIX. század végi agrárválság Magyarországon [Die Agrarkrise am Ende des 19. Jahrhunderts], Budapest: Akadémiai K. 1958.

und Graf Pál Széchényi.[61] Szapáry beklagte sich noch in seiner Rede, bei der Versammlung des Vereins im Februar 1877, über die geringe Teilnahme und über die Beitragsrückstände. Die abgedroschenen Gemeinplätze, die er als Trost verteilte, bekamen allerdings im nächsten Jahr durch den Preissturz neues Gewicht.

Es war allerdings nicht allein der Preissturz der Agrarprodukte, der die Gemüter bewegte. Die Grundbesitzer fühlten sich von mehreren Faktoren bedroht – von den sinkenden Preisen, von den steigenden Löhnen und von den permanent hohen Steuern. Gegenüber dem Anstieg des Lohnniveaus bot sich die breitere Anwendung von Maschinen an. Dem Preisverfall dachte man mit Verbesserung der Produktivität und eventuell mit Zollerhöhung beizukommen. Für die Steuer war der Staat verantwortlich, der sie auf andere Schultern hätte umverteilen können. Die anhaltend hohe Belastung der Landwirtschaft warf also eine knifflige Frage auf, die dann beim Kongress der Landwirte zum Dauerthema wurde. Es ging darum, wie viel Rücksicht die Landwirtschaft von der liberalen Regierung erwarten könne.

Tabelle 11: Anteile einzelner Steuerarten am Gesamtertrag der direkten Steuern (1868–1896)

Steuerarten	1868	1870	1875	1880	1885	1890	1896
	in Prozent des Gesamtertrages						
Grundsteuer	66,1	57,4	51,6	43,4	36,0	34,5	31,2
Unterschiedl. Erwerbs-, Einkommens-, Unternehmer- und Kapitalsteuerarten	22,1	29,3	31,6	28,8	27,5	28,2	30,4
Haussteuer	11,5	10,9	12,1	9,9	9,2	10,5	11,2
Verzugszinsen, Rückstände	0,1	2,3	3,2	2,3	1,8	1,5	1,3
Frachtsteuer	-	-	1,1	2,5	4,3	6,2	8,4
Allg. Einkommensaufsteuer	-	-	-	*11,1*	*17,9*	*16,6*	*15,5*
Wehrdienstersatzsteuer	-	-	-	1,7	3,0	2,4	1,7

Quelle: Matlekovits, Sándor: Magyarország közgazdasági és közművelődési állapota ezredéves fennállásakor [Ungarns Volkswirtschaft und Bildung bei seinem tausendjährigen Bestehen], Budapest: Pesti Könyvnyomda Rt.: Bd. 1–2, 1897–1898, hier Bd. 2, S. 1075.

Die Tabelle zeigt – entgegen dem ersten Eindruck – nicht das rapide Sinken der Bedeutung der Grundsteuer. Denn die „Allgemeine Einkommensaufsteuer" war eine Zusatzsteuer, die mit einem bestimmten Prozentsatz auf alle anderen direkten Steuern zusätzlich erhoben wurde. Verteilt man diese Aufsteuer proportional auf die anderen Steuerarten, so ergab die Grundsteuer – erhöht durch den entsprechenden Anteil der Aufsteuer – bis 1880 die Hälfte

---

61 Galgóczy, Landes-Wirtschaftsverein, Anm. 26, S. 82.

des gesamten direkten Steueraufkommens. Andererseits stagnierte die Summe des Betrages der Grundsteuer zwischen 1875 und 1890 bei 36 bis 40 Millionen Gulden, während dem Staat neben direkten Steuern immer mehr Konsumsteuern und Einnahmen aus den Staatsbetrieben zuflossen. Innerhalb der Gesamtheit der Staatseinkünfte trat die Grundsteuer doch langsam zurück.[62] Schaut man aber, wie es die Herren von damals taten, auf das „Gegenstück" der Grundsteuer, die Steuern auf Kapital und Unternehmungen, so stagnierten sie in den achtziger Jahren bei sechs bis neun Millionen Gulden, d. h. zwischen 15 und 25 Prozent von dem, was der Landbesitz zu entrichten hatte.[63]

Obwohl keine der agrarischen Persönlichkeiten, ob Graf oder Fachmann dies jemals zugab, standen nicht nur der Regierung, sondern auch den Großgrundbesitzern doch einige Möglichkeiten zur Verfügung, die Steuerverteilung zu beeinflussen.

Da war zunächst die Steuerveranlagung. Der zwischen 1850 und 1853 fertig gestellte provisorische Steuerkataster wurde fortwährend rektifiziert. Aufgrund von GA VII: 1875 über die Neuregelung der Grundsteuer-Veranlagung wurde dann zwischen 1875 und 1883 ein neuer permanenter Kataster fertig gestellt. Bei den Rektifizierungen sowie beim neuen Kataster gab es ständig Erleichterungen für die größeren Grundbesitzer. Sie fußten auf sich ändernden Steuerveranlagungsregeln. So wurden die stipulierten Erträge derjenigen Wirtschaftszweige, die sich in den Händen der Bauern befanden, öfter nach oben, die, in denen der Großbetrieb herrschte, nach unten revidiert.[64] Als 1879 die ersten Ergebnisse des neuen Katasters vorzeitig publik wurden, sah man, dass die Steuergrundlage sich um zwei Drittel des vorherigen Betrags erweitert hat.[65] Das war nicht weiter verwunderlich, denn bei der Schätzung des hypothetischen Reinertrages für den neuen Kataster wurden die mittleren Preise der Jahre 1867 bis 1872 zugrunde gelegt, im Gegensatz zu dem vorigen „provisorischen" Kataster, der mit den Preisen von 1824 gearbeitet hatte. Das Parlament mit seinem ansehnlichen Anteil von Grundbesitzern verfügte daraufhin eine Maximierung der Grundsteuer. So musste der Finanzminister den Steuersatz auf 25,5 Prozent des Reinertrages senken, hat aber aufgrund der erhöhten Steuergrundlage trotzdem in etwa denselben Betrag bekommen.[66] Weil das Parlament den Ertrag der Grundsteuer maximiert hatte, musste der Staat seine Einnahmen woanders herholen. Daher wurde die bereits erwähnte zusätzliche dreißigprozentige „Allgemeine Einkommensaufsteuer" auf alle Steuern eingeführt.

Es gab eine Reihe weiterer Aufsteuern, die sowohl vom Staat als auch von den Komitaten und den Gemeinden erhoben wurden. Diese Aufsteuern waren entweder degressiv, oder wegen ihrer Bemessungsgrundlage eine geringere Last für die Großgrundbesitzer als für die kleinen Landwirte. Die Aufsteuern waren keine Bagatellposten: Im

---

62 Vgl. Katus, László: Magyarország gazdasági fejlődése (1890–1914) [Wirtschaftsentwicklung Ungarns], in: MT 6/1, S. 275. Katus fasste die staatlichen Einkommensarten zusammen. Danach machten 1890 die direkten Steuern immer noch 38,6 Prozent, die Konsumsteuer 18,3, die Gebühren 11,2 und die Gefälle (Salz, Tabak, Lotto) 32 Prozent sämtlicher steuerartigen staatlichen Einnahmen aus.

63 Matlekovits, Zustand 2, Anm. 10, S. 1075.

64 Varga, István: A közterhek [Die öffentlichen Lasten], in: Szabó, István (Hg.): A parasztság Magyarországon a kapitalizmus korában 1848–1914 [Die Bauernschaft in Ungarn in der Epoche des Kapitalismus 1848–1914], Budapest: Akadémiai K. 1965, S. 246–319, hier S. 303.

65 Ebd., S. 268.

66 Ebd., S. 268–269.

Landesdurchschnitt stieg der Grundsteuersatz von 25,5 Prozent mit den unterschiedlichen Aufsteuern auf 50,44 Prozent des Kataster-Reinertrages.[67] Bei den Aufsteuern im Allgemeinen und speziell bei der Gemeinde-Aufsteuer wurde der Großgrundbesitz systematisch bevorzugt. Wenn man also die Steuer der Landwirtschaft nicht mit der Steuerlast der Banken, der Börsengeschäfte oder der Industrie vergleicht, sondern auf die Verteilung der Steuern innerhalb der Landwirtschaft schaut, dann ergibt sich das unschöne Bild einer herrschenden Klasse, die die öffentlichen Lasten nicht zu tragen gewillt war, statt dessen diese in zunehmendem Maß auf Schwächere abschob. Dies half dem Großgrundbesitz bei der Bewältigung der Absatzkrise.

Die liberale Publizistik sah die ganze Thematik der Krise erheblich anders. Zuerst wurde sie nicht zur Kenntnis genommen, später wurde ihre Existenz geleugnet. In angesehenen Organen wurde das hanebüchene Argument gebracht, wonach es keine Absatzkrise gäbe, denn es würde immer noch erheblich weniger Getreide produziert, als der hypothetisch nötige Konsum der Bevölkerung des Kontinents bzw. der Erde.[68] Einige in der „liberalen Ökonomie" Unbewanderte fuhren jedoch fort, statt physiologischen Kalorie-Bedürfnissen nur zahlungsfähige Nachfrage zu berücksichtigen. Ein liberaler Journalist machte sich 1885, als sich die Preisdepression mit Niedrigpreisen kräftiger als Ende der siebziger Jahre manifestierte, lustig über das Schmerzensgeschrei der Grundbesitzer, da man nirgendwo aufgelassene Felder und verlassene Häuser im Lande sehe.[69] Der Hohn war unangebracht, der konkrete Einwand war jedoch einigermaßen berechtigt. Denn rechnet man mit den Angaben, die bei der Getreide-Enquete von 1880 gemacht worden sind, die sich also auf das Ende der 1870er Jahre beziehen, so erreichte ein Großbetrieb in einem Jahr mit durchschnittlicher Ernte beim Weizen immer noch eine Nettoprofitrate von bis zu 20 Prozent.[70] Daher schien die agrarische Panik vollkommen unbegründet, was die liberale Presse auch wiederholt betonte. Die Ertragsraten bei allen anderen Früchten lagen jedoch wesentlich niedriger als beim Weizen: Die Differenz des Durchschnittsertrags der betreffenden Arten von Pflanzenproduktion zu dem Ertrag der Weizenproduktion machte beim Mais 40 Prozent, beim Roggen 35 Prozent und beim Hafer 25 Prozent aus.[71] Weizen war also die Profitquelle und wenn diese versiegte, konnte sie durch keine andere Pflanze ersetzt werden. Sicherlich wirkten die weiter bestehenden Absatzmöglichkeiten für Produkte der Tierzucht dem entgegen, doch die Tierproduktion spielte in dieser Periode in den Großbetrieben nur eine zweitrangige Rolle.

Die Preise fielen nach den günstigen Jahren 1880/81 weiter, der Weizenpreis lag 1884 noch tiefer als der von 1879, der die Panik ausgelöst hatte. Anfang der achtziger Jahre konnte der Ertrag des Weizens auf durchschnittlichen Böden zwar noch die Produktionskosten, die Steuern und die Zinsen des Betriebskapitals decken, Profit warf er jedoch nicht

---

67 Ebd., S. 313.
68 Heltai, Ferenc: A vámok emelése és a mezőgazdaság helyzete [Die Erhöhung der Zölle und die Lage der Landwirtschaft], Budapesti Szemle 42 (1885), Nr. 2, S. 76–110, über die Krise S. 91–92.
69 Ebd., S. 85–87.
70 Az Országos Magyar Gazdasági Egyesület által gazdasági bajaink kimutatása és orvoslása érdekében tartott enquete-tanácskozások. I. csoport. A növénytermelés és gabonakereskedés kérdései [Enquete, veranstaltet durch den ungarischen Wirtschaftsverein im Interesse der Auffindung unserer wirtschaftlichen Probleme], Budapest: M.kir. államnyomda 1880, S. 12, 15–16.
71 Ebd., S. 13, Angaben von Rottler.

mehr ab, oder nur einen minimalen, was bei der kleinsten Störung den Durchschnitts-Betrieb zur Verschuldung und damit auf eine abschüssige Bahn trieb.[72] Die Produzenten mit unterdurchschnittlichen Bedingungen mussten auch erleben, dass sie in einem normalen Jahr ohne Kalamitäten nicht einmal die Zinsen des festgelegten Betriebskapitals durch den Betrieb erwirtschaften konnten.[73] Allein den Zins des Betriebskapitals wiederzugewinnen, hieß aber noch nicht, profitabel zu wirtschaften.

Diese Krise der Landwirtschaft hängt mit einem dritten, von der liberalen Publizistik geflissentlich übersehenen Faktor zusammen. Weder die Bauern noch die Großgrundbesitzer traten die liberale Post-1867-Periode schuldenfrei an. In welchem Tempo und aus welchen Gründen sie sich in den 1850er Jahren verschuldet hatten, entzieht sich der einigermaßen verlässlichen historischen Rekonstruktion. Konnten die höheren Preise den plötzlichen dramatischen Anstieg der Steuer nicht wettmachen? Hielten die Herren an ihrem herrschaftlichen Lebensstil zu lange fest? Wollten die Bauern die neugewonnene Freiheit mit süßem Nichtstun feiern? Fehlten die Mittel zur Umstellung der größeren Güter und entstand so aus einmaligen Notlagen eine dauerhafte Verschuldung? Waren die Wucherzinsen daran schuld, die von den Kreditsuchenden vom Geldverleiher mangels eines modernen Bankssystems abverlangt wurden?[74] Fest steht nur, dass die ungarische Landwirtschaft Anfang der achtziger Jahre hoch verschuldet war. Auch die Form der Kredite war recht ungünstig. Pfandbriefe und Amortisationskredite wurden erst ab 1876 entwickelt, als die Emission gesetzlich geregelt wurde. Die Absatzkrise traf also große und kleine Besitzer, die nicht einfach Zins und Kapital zurückzahlen mussten, sondern über deren Köpfen auch das Damoklesschwert der jederzeit kündbaren Kredite hing. Dies würde die gedrückte Stimmungslage der Landwirte auch bei normalen Gelderträgen erklären.

Die eben angedeuteten Verschuldungsprozesse scheinen direkte Parallelen in der deutschen Agrargeschichte zu haben. Es waren allerdings hier wie dort komplexe und ideologisch äußerst belastete Vorgänge. Die Großgrundbesitzer wurden schon vor der Agrarkrise für ihre verschwenderische Lebensweise und für irrationelle Landkäufe kritisiert. Neben dem angeblichen Überkonsum sehen auch moderne deutsche Sozialhistoriker den Hang, Land zu überhöhten Preisen gekauft zu haben („Überspekulation"), als Ursache für die Verschuldung der deutschen Landwirtschaft. Diese früher akkumulierten Belastungen seien dann verantwortlich für die Verschlechterung der Ertragslage in der Agrarkrise.[75] Abgesehen davon, dass wir diesen Vorgang weiterhin kaum wirklich kennen, sollte gerade in einem liberalen Deutungsrahmen Überspekulation als eine durchaus normale

---

72 Das wurde sogar vom freisinnigen Heltai zugegeben, Anm. 68, S. 96–97.

73 In Bezug auf die Profitabilität der Betriebe auf Äckern unterschiedlicher Qualitätsstufen gab es 1897 im Steuerkataster einen zwanzigfachen Unterschied zwischen den Böden mit dem höchsten Ertrag von 10,65 Gulden pro Katastraljoch und mit dem geringsten Ertrag von 0,55 Gulden pro Katastraljoch. Milhoffer, Ungarns Volkswirtschaft, II. Bd., Anm. 68, S. 172.

74 Nagy, István: A mezőgazdaság Magyarországon az abszolutizmus korában (1849–1867) [Die Landwirtschaft in Ungarn im Zeitalter des Absolutismus], Budapest: Hornyánszky Viktor 1944, S. 21–39.

75 Flemming, Jens: Landwirtschaftliche Interessen und Demokratie. Ländliche Gesellschaft, Agrarverbände und Staat 1890–1925, Bonn: Verlag Neue Gesellschaft 1978, S. 19–20. Dieser Standpunkt wurde auch schon vertreten von Rosenberg, Hans: Die Pseudodemokratisierung der Rittergutsbesitzerklasse, in: Machteliten und Wirtschaftskonjunkturen, Göttingen: Vandenhoeck & Ruprecht 1978, S. 83–101, hierzu S. 107. Der Artikel ist zuerst 1958 erschienen, er wurde dann mehrmals wiederabgedruckt und vielfach zitiert.

wirtschaftliche Erscheinung gelten. Eine spätere, in der Depression formulierte Forderung nach wirtschaftspolitischer Unterstützung – wie sie von allen Wirtschaftszweigen gestellt wurde – kann man nicht mit dem Argument begegnen, die Landwirtschaft wäre „selbst Schuld" an ihrer Lage.

Den Blick wieder nach Ungarn wendend sieht man also, dass auf der einen Seite jegliche Störung des Wirtschaftsmechanismuses schöngeredet wurde, während auf der anderen Seite die Schwierigkeiten von Anfang an metaphorisch überhöht wurden. Die Agrarier malten dem „Publikum" das Schreckensbild einer Expropriation der Stellung und des Vermögens der ungarischen „historischen Klassen" durch Fremde. Das „Publikum" – erschrak.

Abbildung 7: „Ernte auf den goldwogenden Kornfeldern" – nach dem Touristenkalender.
Quelle: Budapest 1940 – Kalender für das Jahr 1940, Budapest o. J.

Die erste Reaktion auf die Agrarkrise: Der II. Landwirtekongress

Als Reaktion auf die sinkenden Getreidepreise veranstaltete man in Ungarn eine Reihe von Kongressen und gründete Zeitungen. Sie zeigen jedoch, dass es den Grundbesitzern und Agrarfachleuten gleichermaßen schwer fiel, sich von der freihändlerischen, liberalen Wirtschaftstheorie zu verabschieden. Sie waren darin aufgewachsen und damit bis dahin gut gefahren. Alles, was nach antiliberaler Kritik der Wirtschaftspolitik aussah, schien in der logischen Konsequenz seiner positiven Vorschläge in für damalige Verhältnisse unerhörtem Ausmaße Befugnisse und Gelder dem Staat überantworten zu wollen.

Der II. Landwirtekongress fand vom 3. bis 5. Juni 1879 im Rahmen der Landeswirtschaftsausstellung in Székesfehérvár statt. Hier waren der Landes-Wirtschaftsverein und die Lokal- und Komitatwirtschaftsvereine vertreten. Die Veranstaltung gilt in der Historiographie als Beginn der agrarischen Bewegung.

Auf dem Kongress wurde die Diskussion über die einzelnen vorgeschlagenen Fragen durch Referate eingeführt. Die erste Frage war, was der ungarische Landwirt zu tun hätte, um in der durch die amerikanische und russische Konkurrenz verursachten Preisdepression bestehen zu können. Der Referent Kenessey gab eine recht nüchterne Antwort. Er stellte fest, dass es eine Überproduktion von Getreide gäbe und dass auch längerfristig „sich die Preise nicht erholen, sondern weiter verringern werden".[76] Er hielt sichtlichen Abstand zur Schutzzollfrage und schlug stattdessen die Abkehr von der Getreidemonokultur vor. Denn auch wenn „wir nicht von … dem Wertverlust unseres Getreides bedroht wären, … liege es nicht in unserem Interesse, mit dem System der überwiegenden Getreidekultur … zu brechen?"[77] Man müsste den Anbau von Futterpflanzen erweitern und das Schwergewicht der Landwirtschaft vor allem auf Viehzucht verlegen, die pro Hektar mehr Wert als die Getreideproduktion schafft. Dennoch zeigten die sich auf Seuchengefahr berufenden deutschen Vieh-einfuhrverbote, dass auch dieser Weg kein Königsweg sei – zumindest nicht ohne staatliche Unterstützung und Handelsverträge. Es war also konsequent, dass in der Diskussion die Mehrheit den Standpunkt bezog, dass dieses Problem nicht ohne die zweite Frage zu behandeln sei, die Frage nach einer starken landwirtschaftlichen Interessenvertretung.

Die Verbindung des konkreten Produktionsproblems mit der Frage der Interessenvertretung erwies sich allerdings als Sackgasse, denn solange nicht größere Probleme der Landwirtschaft die preußische Form der halbstaatlichen Kammer erzwangen, blieb die historisch nicht unbegründete „Staatsscheu" der ungarischen Grundbesitzer überwältigend. Die Leistungsfähigkeit der freien Assoziation hatte allerdings ihre Grenzen. Diese provozierten immer wieder Versuche zur Einführung von Vereinen mit obligatorischer Mit-

---

76 Anon.: A magyar gazdák Székesfehérváron 1879. évi június 3–5. napjain tartott II. országos gazdaértekezletén tárgyalt első kérdés: „Az amerikai és oroszországi concurrentia folytán beállott gabonaárcsökkenés, a túlnyomólag gabonatermelést üző magyar gazda létezhetését nyomasztóvá tévén: mi a teendőnk, hogy megállhassunk …" [Erste Frage, die beim 2. Kongress der ungarischen Landwirte vom 3. bis 5. Juni 1879 erörtert wurde: Was ist zu tun, um zu bestehen, … wenn durch den infolge der amerikanischen und russischen Konkurrenz eingetretenen Preisverfall das Leben des größtenteils Getreide produzierenden ungarischen Landwirtes beschwerlich wird?], Budapest: Könyvnyomda 1879, S. 7.

77 Ebd., S. 11.

gliedschaft, also von Kammern, wie auch hier beim II. Landwirtekongress. Der Vorschlag zur Umbildung der Vereine ist zwar angenommen worden, konnte dann aber nicht verwirklicht werden, so dass diese Versuche ohne Erfolg blieben.

Die Beschlüsse des Kongresses von 1879 waren konkret und wenig radikal.[78] Es ging um folgende Punkte:

Teil A der Beschlüsse betraf die Interessenvertretung:

1. Errichtung eines selbständigen Landwirtschaftsministeriums

2. Die Aufstellung eines Landwirtschaftsrates als beratendes Organ des Ministeriums und Klammer zwischen offizieller Politik und den Bewegungen der Landwirte

3. Ein Wirtschaftsverein in jedem Komitat auf gesetzlicher Grundlage

4. Die Vereine sollten aus einer Aufsteuer von 0,5 Prozent auf die Grundsteuer finanziert werden. Damit hätte man faktisch die Struktur von Zwangsvereinen geschaffen, ohne dass dies allerdings in den Beschlüssen offen gesagt wurde.[79]

5. Es sollte jährlich ein Wirtschaftskongress abgehalten werden.

„Dieser Kongress soll den Vorsitzenden des Landes-Wirterates jährlich wählen, ferner einen 20-köpfigen Ausschuss entsenden, dessen Auftrag bis zum nächsten Landeskongress dauern soll. Seine Aufgabe ist es, die Beschlüsse des Kongresses zu verwirklichen und zwischen den einzelnen Wirtschaftsvereinen die Verbindung herzustellen."[80] Es sollte demnach einen Dachverband für die zu Kammern umgestalteten Komitatsvereine geben. Dieser wäre wohl geeignet, die Belange des Landes-Wirtschaftsvereins an sich zu ziehen. Wie die Führung dieses Vereins darauf reagierte, sehen wir im nächsten Unterabschnitt.

Teil B. des Kongressbeschlusses behandelte den „wirtschaftlichen Systemwechsel". Hier stand die Entwicklung der Viehzucht und des Futteranbaus obenan. Dem Beschluss nach war es notwendig, zumindest eine von den nach Westen führenden Eisenbahnlinien „unter dem Einfluss des ungarischen Staates" zu betreiben, der eine günstige Eisenbahntarifpolitik ermöglichen würde.[81] Des Weiteren wurde ein neues „Feldpolizei-Gesetz" gefordert sowie eine Modifizierung des Grundsteuergesetzes (GA VII. 1875), um die Preisdepression kompensieren zu können.

Die meisten vom Kongress beschlossenen Ziele und Maßnahmen hätten auch ohne staatliche Aktionen verwirklicht werden können; sie lagen innerhalb des Verantwortungsbereiches eines Betriebsleiters. Auch die weitergehenden Forderungen waren relativ leicht zu erfüllen. Die Regierung hatte bereits ihr Entgegenkommen gezeigt, z. B. in der Frage der Eisenbahntarife. Bereits 1879 wurde GA XXXI. über die Gründung der Landes-Volksbodenkreditanstalt (Kisbirtokosok Országos Földhitelintézete) verabschiedet. 1880 trat ein

78 A magyar gazdák Székesfehérvárott 1879. évi június 3–5. napjain tartott II. országos értekezlete által hozott határozatok [Beschlüsse des 2. Kongresses der ungarischen Landwirte, 3.–5. Juni 1879], Teil 1–2, in: Magyarország 13.–14.7.1879.

79 Obwohl hier die Idee der Umbildung der Interessenvertretung zu Kammern nicht verwirklicht wurde, erschien sie etwas später wieder: É. N.: Gazdasági egyesületek szervezéséről [Über die Organisierung von Wirtschaftsvereinen], in: Magyar Föld 28.2.1880.

80 Beschlüsse 1.

81 Beschlüsse 2.

neues und wirksameres Viehseuchengesetz in Kraft; im selben Jahr wurde die Theißtalbahn (Tiszavölgyi Vasút) verstaatlicht, 1882 die Österreichische Staatsbahn dualistisch umgestaltet. Die Erweiterung des Einflusses des ungarischen Staates auf die Eisenbahnen erfolgte jedoch nicht, um die Landwirte zufrieden zu stellen, sondern um die horrenden Auszahlungen, die aus der Übernahme von Zinsgarantien resultiert hatten, zu drosseln. Es gab dabei aber auch Überlegungen zur Wirtschaftsförderung.

Obwohl die Forderungen an sich gemäßigt waren, wurden sie seltsam dringlich vorgetragen. In der 1880er Budgetdebatte empfahl Dessewffy auf das Entschiedenste, von dem „laissez faire"-Prinzip Abstand zu nehmen. „Um jeden Preis müssen wir unsere Landwirtschaft emporheben."[82] Die Forderungen des Landwirtekongresses wurden in einem Memorandum an das Parlament zusammengefasst. Das Memorandum wurde so, wie seine Verfasser hofften, tatsächlich von dem Nationalökonomischen Ausschuss des Parlaments diskutiert und mit einem Bericht dem Parlament vorgelegt.[83] Dieser Ausschussbericht unterstützte die meisten Wünsche der Landwirte.

Wenn aber die konkreten Forderungen entweder ganz oder zum Teil durch die Landwirte selbst hätten verwirklicht werden können und die weitergehenden, dem Staat zufallenden Aufgaben baldigst erledigt wurden, wozu diente dann die Entschiedenheit der Forderungen? Ich denke, genau das ist die eigentliche Aussage. In derselben „Öffentlichkeit der Landwirte", in der der zunehmende Bedeutungsverlust des Landes-Wirtschaftsvereins bis 1879 still hingenommen wurde, erwachte nun ein neuer Kampfgeist, ein Sehnen nach Stärke und Einfluss. Obwohl es in den Beschlüssen des Landwirte-Kongresses kaum antiliberale Momente gab, hat die später kreierte, mythologische Bewertung, die die Anfänge der agrarischen Bewegung mit diesem Kongress assoziiert, insofern recht, dass dieser neuer Kampfgeist in der Tat eine auffallende Neuerscheinung darstellte.

Die ersten agrarischen Aktionen:
Der Reformversuch des Wirtschaftsvereins,
die Enqueten von 1880 und die Gründung des Landwirteklubs

Der Reformversuch des Wirtschaftsvereins

Den Versuch einer Erneuerung stellte weniger der Landwirtekongress als der Anlauf zu einer Umgestaltung des Wirtschaftsvereins dar. Der II. Landwirtekongress wählte zur Verwirklichung seiner Beschlüsse ein Exekutivkomitee. Ihm stand allerdings niemand von der alten Führung des Wirtschaftsvereins vor, sondern neue Herren, die Grafen Aurél Dessewffy und Jenő Zichy.[84] Trotz einiger vorhandener Überschneidungen der zwei Gremien ist so eine „Alternativleitung" eine äußerst auffallende Erscheinung. In diesen Kreisen war offener Streit recht unüblich. Wahlen wurden, wenn möglich, im Voraus entschieden, ohne Kampagnen. Der Präsident des Wirtschaftsvereins und kgl. Finanzminister Graf Gyula Szapáry ist im Oktober 1879 wegen eines Zusammenhangs seiner Börsengeschäfte

---

82 [D. A.]: A költségvetés alkalmából [Aus Anlass des Budgets], Magyar Föld 25.2.1880.
83 KN 1878–81, Bd. 20, Sitzung 826, S. 155–169.
84 Beschlüsse 2.

mit seiner Tätigkeit als Finanzminister in einen Skandal geraten. Das konnte aber im Juni noch keine Rolle spielen – es sei denn, schon seine Nichtberücksichtigung bei den Wahlen im Juni signalisierte einen solchen wachsenden Vertrauensverlust, der dann auch bei dem späteren Skandal eine Rolle spielte.[85] Das Blatt, das die Enthüllungsberichte publizierte, war die von der „Gemäßigten Opposition" von Apponyi unterstützte politische Tageszeitung. Szapáry übrigens wehrte alle Vorwürfe mannhaft ab.[86]

Das besagte Exekutivkomitee hatte einen recht begrenzten Auftrag. Dessewffy versuchte diesen auszuweiten. So setzte sich das neue Forum die Aufgabe einer Integration der Komitatsvereine und des Landesvereins zum Ziel. Dahinter stand freilich ein weiteres Ziel – die Leitung des Wirtschaftsvereins zu übernehmen und den Verein anders, schlagkräftiger zu gestalten. Es ging also nicht um eine Rebellion oder einen Angriff gegen den Wirtschaftsverein, wohl aber um seine grundlegende Veränderung.[87]

Im Vormärz konnte der Landes-Wirtschaftsverein die Komitatsvereine als Filialen integrieren, im Neoabsolutismus, nach der Neugründung von 1857 mussten die Statuten sowohl des Landesvereins wie auch der Komitatsvereine die strikte Trennung aussprechen. Die Komitatsvereine selbst strebten jeweils in die entgegengesetzte Richtung, indem sie vor 1848 selbständig werden wollten, jedoch nach 1857 die Nähe des Landesvereins suchten.[88] Über das Tauziehen in Bezug auf die Reintegration der Komitatvereine nach dem Sommer 1879 informierte das Blatt von Dessewffy ab Neujahr 1880, das sich selbst offiziell als „Organ des Exekutivkomitees" bezeichnete.[89] Die Integration der Provinz-Vereine erwies sich als nicht leicht. Vom II. Landwirtekongress im Juni 1879 bis zum April 1880 fiel keine Entscheidung. Dann kam man innerhalb des Wirtschaftsvereins auf die Idee, auch dort eine Fachabteilung zur Frage der Integration der Vereine zu gründen.[90] Der Landes-Wirtschaftsverein schickte den Komitatsvereinen per Rundschreiben die Entwürfe der geplanten Statuten zu.[91] Nach dem Entwurf des Landesvereins wäre die Integration eine äußerst

---

85 Cieger András: A kormányférfi (A dualizmuskori kormányzati politika egyes kérdéseiről) [Der Regierungsmann (Über einige Fragen der Regierungspolitik in der Epoche des Dualismus)], in: Századvég. N. F. 11 (1998), Winter, S. 3–24.

86 Über den Fall Szapáry s. KN 1878–81, Bd. 8, Sitzung 161, 6.11.1879, S. 17–18; Sitzung 167, 14.11.1879, S. 158–159.

87 Den entgegengesetzten Standpunkt s. in: Csík, Tibor: A mezőgazdasági érdekképviselet és Károlyi Sándor [Die Agrarinteressenvertretung und Sándor Károlyi], in: Pajkossy, Gábor (Hg.): Politika, politikai eszmék, művelődés a XIX. századi Magyarországon [Politik, politische Ideen, Kultur im Ungarn des 19. Jahrhunderts], Budapest: ELTE BTK Újkori Magyar Történeti Tanszék 2000.

88 Dies hat schon Pál Somssich formuliert, zitiert in: A magyar gazdák országos szövetsége [Der Landesverband der ungarischen Landwirte], in: Magyar Föld 21.5.1880.

89 Die erste Ausgabe vom 24.12.1879 trug diesen Titel, ab Neujahr einen veränderten. Der Zeitungseigentümer war zwischen 1.1.1880 und 1.1.1881 das von der 2. Landeskonferenz der Landwirte entsendete Exekutivkommitee, später war es der Landes-Wirtschaftsverein. Voit, Krisztina: A budapesti sajtó adattára 1873–1950 [Datenbank der Budapester Presse], Budapest: Argumentum 2000, ‚Magyar Föld'.

90 Anon.: Az országos gazdasági egyesület szövetkezeti szakosztályának ülése a vidéki gazdasági egyesületeknek az országossal leendő összeköttetése tárgyában [Beratung der Genossenschafts-Fachabteilung des Landes-Wirtschaftsvereins über die Integration der ländlichen Vereine mit dem Landesverein], in: Magyar Föld 11.4.1880.

91 Anon.: A magyar gazdák országos szövetségének létesítése érdekében [Im Interesse der Errichtung eines Landesverbands der ungarischen Landwirte], Magyar Föld 23.4.1880.

lockere gewesen. Die Komitatsvereine hätten ihre Autonomie voll bewahrt. Im Gegenzug hätten sie zwar eine Stimme in der Vollversammlung des Landesvereins bekommen, woraus aber kein Einfluss erwachsen wäre.

Das Ziel dieser die Komitate und den Landesverein nur scheinbar integrierenden Unternehmung war, den Reformern um Dessewffy den Wind aus den Segeln zu nehmen. Dies gelang, denn am 20. Mai 1880 erhob eine Konferenz der Vereine den Entwurf des Landesvereins zum Beschluss. Somit haben die Komitatsvereine ihre Autonomie bewahrt und hätten trotzdem nicht kritisiert werden können, dass sie die ach so notwendige Einheit blockiert hätten. Dessewffy hat gute Miene zum bösen Spiel gemacht; am Tag darauf hat das Magyar Föld von Dessewffy das Ergebnis der Konferenz wärmstens begrüßt.[92] Er versuchte dann noch vorsichtig, die Existenz des „Integrationsorgans", des Exekutivkomitees, zu retten, kam aber auch damit nicht durch.

Der entstandene lockere, vom Landes-Wirtschaftsverein abhängige Verbund hatte offenbar keine Schlagkraft. Keine von ihm ausgehende größere Aktion ist bekannt. Doch seine jährlichen Konferenzen waren Foren bzw. Bühnen der Agrarier. Am 23. Mai 1880, am Tag nach der Sitzung des Exekutivkomitees, die die Gründung des neuen Verbandes regelte, fand die erwähnte Festversammlung des Landes-Vereins anlässlich des 50-jährigen Jubiläums seines Bestehens statt.[93]

Obwohl die Gruppe von Dessewffy-Károlyi mit ihrem Reformversuch nicht durchkommen konnte, hat sie doch in den Festreden Ermunterungen erhalten – so von dem Vorsitzenden Szapáry.[94] Die Wogen sollten nach der Auseinandersetzung der hohen Herren geglättet werden.

Die *Enquete*-Reihe des Landes-Wirtschaftsvereins

Nun, die unklare Geschichte von einer Reform des Wirtschaftsvereins lässt mehrere Deutungen zu, von macchiavellistisch geführten Machtkämpfen bis zu Rangeleien von etwas tollpatschigen Magnaten. Etwas scheint jedoch eindeutig zu sein: Man wollte eine größere, straffere, schlagkräftigere Form der Interessenvertretung. Hinter den konträr oder unklar verlaufenden Versuchen schimmerte die Metapher einer Speerspitze. Im Folgenden wird das Gegenstück dazu betrachtet – die *Enquete*-Reihe des Landes-Wirtschaftsvereins hatte nichts mit Kampf oder Aktion im Sinn.

Noch vor dem II. Landwirtekongress, auf der Märzversammlung des Landes-Wirtschaftsvereins 1879 schlug Graf Sándor Károlyi vor, dass die Gründe der Agrardepression im Kreis von Vertretern der Wirtschaftsvereine mit anderen Fachleuten und Personen des öffentlichen Lebens besprochen werden sollten.[95] Dafür wurden fünf Problemkomplexe

---

92 Landesverband, Anm. 88.

93 Az országos magyar gazdasági egyesület jubileuma [Das Jubiläum des Ungarischen Landes-Wirtschaftsvereins], in: Magyar Föld 1880, Beilage 23.5.1880. Es gab schon einmal einen Versuch, das 50. Jubiläum 1879 zu feiern: Széchényi, Pál gr.: Az Országos Magyar Gazdasági Egyesület megalakulásának 50. évfordulója [50. Jubiläum der Gründung des Ungarischen Landes-Wirtschaftsvereins], in: Nemzetgazdasági Szemle, 3 (1879), Nr. 3, S. 55–60.

94 Das Jubiläum, wie oben.

95 Az Országos Magyar Gazdasági Egyesület által gazdasági bajaink kimutatása és orvoslása érdekében tartott enquete-tanácskozások [Enquete des Ungarischen Landes-Wirtschaftsvereins für die Untersuchung unserer Wirtschaftsprobleme], Budapest: M. kir. államnyomda 1880, Vorwort.

gebildet: Pflanzenbau und Getreidehandel, Viehzucht, Wein, Forstwirtschaft und Verkehr. Alle sollten in besonderen Fachtagungen erörtert werden. Auch hier wurden die einzelnen Themen von Fachreferenten eingeleitet.[96] Die Choreographie ist bezeichnend – eingeladen haben im Namen des Landes-Wirtschaftsvereins die Vorsitzenden; es referierten die „Fachleute", worunter man leitende Wirtschaftsbeamte der großen Güter, Ministerialbeamte mit ähnlichem Hintergrund und einzelne nichtaristokratische Großgrundbesitzer zu verstehen hat. Es schien, als ob die Gattung *Enquete* eine Kenntnisnahme im Wortsinn zu bedeuten hätte. Dabei könnten sowohl die formelle Gegenüberstellung – Fachleute erscheinen hier als „Berufsstand" – wie auch die Freiheit der Diskussion als ein Zeichen für das gestiegene Prestige und die Selbsteinschätzung der „Fachleute" gedeutet werden.

Ein Teil der Diskussionsbeiträge griff über die vorher formulierten technisch-ökonomischen Fachfragen hinaus. Einige – vor allem ältere, arrivierte Herren – sahen den Zeitläufen gelassen entgegen und setzten auf die Fähigkeit der Landwirte zu lernen und sich zu vervollkommnen. Andere wiederum waren pessimistischer und sprachen in Bezug auf unterschiedliche Aspekte des Wirtschaftens immer wieder von Fehlern und Unterlassungen oder auch von Handlungsbedarf der staatlichen Wirtschaftpolitik. Wörtlich ist niemals gesagt worden, dass die alte Elite des Landes vom Staat verlassen und vergessen worden ist oder dass der Staat in fremde Hände gefallen sei. Aber die Kritiken in Bezug auf die Versäumnisse der staatlichen Wirtschaftspolitik wollten doch auf etwas Ähnliches hinweisen.

Der Landwirteklub – die Mitglieder, die Bewegung und der Diskurs

Der Funktion nach ähnelte der Reihe der *Enqueten* eine andere Initiative: Die Gründung des Landwirteklubs (Gazdakör) im Jahre 1881. Formell war er eine Fachabteilung des Landes-Wirtschaftsvereins, im Wesentlichen ein Klub nach altem Modell, der über Räumlichkeiten mit einer Bibliothek verfügte und regelmäßig Veranstaltungen und Diskussionen durchführte. Über die Mitgliedschaft ist zwar nichts bekannt, wohl aber über die Zusammensetzung des Vorstandes. Dieser Landwirteklub ist eine nähere Betrachtung wert, denn er geriet bald als geheime und besonders reaktionäre Gesellschaft in Verruf. Der führende Journalist des liberalen Regierungsblattes Beksics gedachte des Landwirteklubs 1884 so: „Der Landwirteklub wurde die reaktionäre Filiale. Das Gestüt und der Kuhstall der Ideen-Bastarde. Von dort wurden die agrarischen Ideen lanciert."[97]

Die liberale und sozialistisch orientierte Geschichtsschreibung hat sich dem Urteil von Beksics angeschlossen. Vielleicht etwas vorschnell, denn es gab und gibt keine Texte, die das Urteil hätten begründen können. Die Zusammensetzung der Leitung des Klubs ist für eine angeblich halbgeheime reaktionäre Unternehmung etwas überraschend. Die katholische Aristokratie stellte nur etwas mehr als ein Viertel der Mitglieder (zwölf von 42), es gab jedoch gewichtige Gegenspieler. Die Minister Tisza und Kemény konnten die Regierung sowie die kalvinistische Kirche und vier jüdische Großunternehmer bzw. –händler das Großkapital mit allem Nachdruck vertreten. Ein starkes Kontingent machten zudem die leitenden Ministerialbeamten jeder Konfession aus.

---

96 Ebd.

97 Timoleon [Beksics, Gusztáv]: Politikai divatok, in: Legújabb politikai divat [Neueste politische Mode], Zilahy Sámuel Budapest: 1884, reprint in: Tőkéczki, László (Hg.): Magyar liberalizmus [Ungarischer Liberalismus], SzázadvégBudapest: 1993, S. 184.

Der bunte Charakter war kein Zufall, denn das Vereinsziel bestand im Ideenaustausch der Landwirte untereinander sowie mit Vertretern der Industrie und des Handels zur Beförderung der agrarischen Interessen.[98] Die agrarisch-konservativen Eliten, vor allem eben die jüngeren Magnaten, bedienten sich also bewusst sozial „gemischter" Gesprächsrunden.

Die Aktion des Landwirteklubs, die den meisten Staub aufwirbelte, war eine Reihe von Diskussionen über das Kreditproblem der Landwirtschaft, die – abweichend von anderen ähnlichen Gesprächsrunden – auch veröffentlicht wurden.[99] Man hat hier die Gründung von Kreditgenossenschaften vorgeschlagen. Die Referenten der vierteiligen Diskussionsrunde und die Autoren passen in das skizzierte bunte Bild. So war einer der Diskutanten der junge István Tisza, Sohn des Ministerpräsidenten Kálmán Tisza, der später zum liberalen Parteiführer und zum Ministerpräsidenten aufsteigen sollte.[100] Der Landwirteklub war also ein Forum der Öffentlichkeit und keine geschlossene Gesellschaft. Warum provozierte diese Diskussionsrunde dann den oben zitierten Journalisten Beksics und andere liberale Publizisten?

Dafür gibt es zwei Erklärungsansätze, die zum einen von der Form und zum anderen von der Substanz ausgehen. Die Form dieses Öffentlichkeits-Forums war eine altertümliche. Sie schloss sich einem Modell des räsonierenden Publikums an, das aus Zeiten stammte, als man noch mit den Gegnern in Diskussionen um Erkenntnisse des allgemeinen Wohls rang. Man fühlte sich beinahe in die Spätaufklärung versetzt. Dieser altmodische Zug konnte irritierend auf die Vertreter der neueren Arten der mediatisierten Öffentlichkeit wirken. Andererseits ging es auch ums Wesentliche, um die Substanz. Die führenden liberalen Publizisten, wie auch die Aristokraten, hatten gesellschaftliche Programmvorstellungen. Das eigentlich Wesentliche war für die Intellektuellen nicht das Programm an sich, sondern ihre eigene Kompetenz und Zuständigkeit bei der Beurteilung diesbezüglicher Fragen. Von den drei führenden liberalen Journalisten der Zeit (Beksics, Heltai, Láng), die die Agrarier wiederholt angegriffen haben, versuchten sich alle in den Disziplinen des Herrschaftswissens (Recht, Geschichte, Nationalökonomie). Die ernsten, beständigen Anstrengungen der Aristokraten, mithilfe gerade dieser Wissenschaften wirtschaftlich-gesellschaftliche Fragen anders zu beantworten als die liberalen Publizisten, verletzten nicht allein liberale Empfindlichkeiten, sondern weckten Eifersüchte der Intellektuellen. Man wehrte sich dagegen, dass die Magnaten Intellektuelle „spielen" wollten.

---

98 A magyar gazdák társaskörének ügyrendje [Geschäftsordnung des Geselligkeitskreises der ungarischen Landwirte]. Budapest: Athenaeum 1882.

99 OMGE (Hg.): A Gazdakör hitelügyi bizottságának emlékirata a kisbirtokosok hitelviszonyai tárgyában [Denkschrift des Kreditausschusses des Landwirteklubs über die Kreditverhältnisse der Kleinbesitzer], Budapest: Morvay és Mérei 1894.

100 Diskussionen in: Egyetértés 17.1.1884, 24.1.1884, 31.1.1884.

Die Formierung des agrarischen Diskurses (1881–1886)

Die politischen und wirtschaftlichen Rahmenbedingungen (1881–1886): Die Herausforderung des Antisemitismus

Trotz der wachsenden Desillusionierung 1877/78 konnte sich die Regierung von Kálmán Tisza konsolidieren. Ausschlaggebend dafür war das Vertrauen des Hofes. Die „Vereinigte Opposition" von Apponyi musste selbst einsehen, dass sie keine kohärente Alternative bot – am 20. November 1880 erfolgte ihre Auflösung.[1] Am 23. März 1881 entstand sie als „Gemäßigte Opposition" aufs Neue. Diese Jahre erscheinen im eigenen Rückblick von Apponyi als eine Zeit des Experimentierens mit sozialkonservativen Argumenten.[2] Betrachtet man die deutschen konservativen Wahlaufrufe und Programme der Zeit, so scheinen sie in zwei Richtungen deutlicher als die unscharfen Aussagen der ungarischen „Gemäßigten Opposition" zu sein. In den deutschen Programmen findet man eine explizitere Gebundenheit an die Kirchen und konkretere Momente der sozialkonservativen Kritik als in den Texten der Apponyi-Gruppe.[3]

Tabelle 12: Verteilung der Abgeordneten bei den Landtagswahlen (1875–1892)

Partei	1875	1878	1881	1884	1887	1892
Freisinnige Partei	332	239	235	235	263	243
Unabhängigkeits-Partei	36	76	88	72	78	86
Rechtsopposition (Sennyey)	21	-	-	-	-	-
Vereinigte bzw. Gemäßigte Opposition; Nationale Partei (Apponyi)	-	75	57	62	44	61
Antisemiten-Partei	-	-	-	16	11	0
Nationalitäten	24	9	14	16	9	0

Quelle: Toth, Adalbert: Parteien und Reichstagswahlen in Ungarn 1848–1892, München: R. Oldenbourg Verlag 1973, Tabelle 10. (Die Angaben von Toth werden hier verkürzt dargestellt.)

---

1 Apponyi, Anm. 3, S. 106–110.
2 Ebd., S. 131–135.
3 Vgl. den Wahlaufruf der Freikonservativen Partei vom 24. Okt. 1867; Programm der Freikonservativen Partei, Berlin, 27. Okt. 1867; Deutsche Konservative Partei. Gründungsaufruf, Frankfurt am Main, 7. Juni 1876, in: Franz, Günther/Mommsen, Wolfgang (Hg.): Deutsche Parteiprogramme. I. Die konservativen Parteien. Von den Anfängen bis 1918, Leipzig/Berlin: B. G. Teubner 1932, S. 18–23.

Wie aus der Tabelle hervorgeht, ließen das Übergewicht der Regierungspartei und die Behauptung der Unabhängigkeitspartei als wichtigste Oppositionskraft die Apponyi-Formationen nicht hochkommen. Die Mehrheitsverhältnisse waren von 1878 bis 1892 recht stabil.[4] Diese Stabilität der Herrschaftsverhältnisse scheint für ruhige Zeiten zu sprechen. Nichts ist jedoch für diese Jahre weniger zutreffend. Vom Gesichtspunkt der Möglichkeit einer agrarisch-neokonservativen Bewegung sind zwei Ereignisreihen von Bedeutung. Das war erstens die Reform des Oberhauses. Eine 1881 eingereichte Gesetzesvorlage hatte die Zuständigkeit der staatlichen Zivilregister für jüdisch-christliche Mischehen vorgesehen. Ihre Niederlage im Oberhaus am 11. Dezember 1883 führte zur Reform des Oberhauses (GA VII. 1885). Die von der Reform ausgehende Erschütterung wurde bereits im Zusammenhang mit der Kritik Apponyis an der Aristokratie behandelt. Sie stellte tatsächlich eine schwere Schlappe für die konservative Aristokratie dar. Da auch dieses Gesetz die Zustimmung des Oberhauses brauchte und auch bekam, hat die Reform zugleich die Abhängigkeit mancher Teile der Aristokratie und des Klerus von der Tisza-Regierung offenbart. Die Oberhaus-Reform beschleunigte den Prozess des Abschieds der Aristokraten von ihrer Führungsrolle. Wollten sie weiterhin Einfluss in der Politik, so mussten sie sich in die populäre Politik (Presse, Parlament) voll einschalten.

Die populäre Politik der Zeit war eine äußerst unschöne. Am 4. April 1882 kam der Fall des verschwundenen Dienstmädchens Eszter Solymosi zum Vorschein, der zu einer Anklage gegen die Tiszaeszlárer Juden wegen Ritualmordes führte. Vom 28. bis 30. September 1882 gab es antisemitische Krawalle in Pressburg. Die Regierung machte keinen Hehl aus ihrer Sympathie; sie verbot die Vereine der Antisemiten und unterdrückte ihre Presse. Die Verhandlungen im Prozess von Tiszaeszlár wurden mit außerordentlich großem Interesse verfolgt, der Fall wurde zum Testfall des ungarischen Liberalismus hochstilisiert. „Der Ministerpräsident Tisza, der von Anfang an von der Unschuld der Angeklagten überzeugt war, hat nicht mal … den für einen Ministerpräsidenten geziemenden Schein der Unparteilichkeit beachtend und hat gegen seinen eigenen Justizminister mit Hilfe der Staatsanwaltschaft die Verteidigung unterstützt.“[5] Die liberalen Anstrengungen führten am 3. August 1883 zum Freispruch der Angeklagten. Das Land war in Aufruhr: Im August und September brachen landesweit antisemitische Krawalle aus.[6] Diese wurden in mehreren Fällen durch bewaffnete Truppen bekämpft, so dass es Tote und zahlreiche Verwundete gab. Im Oktober wurde eine Landes-Antisemitenpartei gegründet.[7]

---

4   Zur politischen Strukturierung vgl.: Szabó, Dániel: A magyar társadalom politikai szerveződése a dualizmus korában. Párt és vidéke. [Die politische Strukturierung der ungarischen Gesellschaft in der Epoche des Dualismus. Partei und Umgebung.] In: Történelmi Szemle 34 (1992), S. 199–230.

5   Szász, Zeitalter, Anm. 1, S. 1275–1276.

6   Kubinszky, Judit: Adalékok az 1883. évi antiszemita zavargásokhoz [Beiträge zu den antisemitischen Krawallen 1883], in: Századok 102 (1968), Nr. 1–2, S. 158–177. Die Autorin meint, die Krawalle wurden durch die Propaganda der Antisemiten ausgelöst und die Regierung hätte nicht früh genug eingegriffen, um die erschrockenen Juden zu noch mehr Regierungstreue zu animieren. Die Massenbeteiligung wird durch die Hass schürende Propaganda, die Beteiligung der „Lumpenelemente" und die durch die Lokaleliten gewährte Führung erklärt.

7   Fischer, Rolf: Entwicklungsstufen des Antisemitismus in Ungarn 1867–1939. Die Zerstörung der magyarisch-jüdischen Symbiose, München: R. Oldenbourg 1988; Gyurgyák, János: A zsidókérdés Magyarországon. Politikai eszmetörténet [Die Judenfrage in Ungarn. Politische Ideengeschichte], Budapest: Osiris 2001; Gottas, Ungarn, Anm. 10.

Der mit nicht ganz sauberen Mitteln erreichte Erfolg der Liberalen konnte die Tatsache nicht aus der Welt schaffen, dass der Antisemitismus eine populäre Sache war. Blicken wir kurz hinter die Schlagzeilen!

Grob, aber m. E. doch vertretbar wäre die Unterscheidung der Politiker der Zeit in zwei Typen. Der eine hörte auf oder tolerierte zumindest das „vox populi", der andere hielt die populäre Mobilisierung an sich, und Krawalle erst recht für äußerst gefährlich in Bezug auf Ordnung und Freiheit. Die wirtschaftliche Rolle und die Geschäftspraktiken der jüdischen Unternehmer erregten bei breiten Segmenten der politischen Klasse Widerwillen. Doch bei dem zweiten, dem Volksmobilisierung abgeneigten Typ war nicht dieser Widerwille ausschlaggebend, sondern die Furcht vor bzw. Abneigung gegen Massenmobilisierung jeder Art. Wenn man die Parteien anschaut, erkennt man, dass ihr Verhalten auch von diesen Überlegungen bestimmt wurde.

Die Freisinnige Partei war eine Sammelpartei, die durch die Vorteile des Regierens zusammengehalten wurde. Zu diesen Vorteilen gehörte auch die Unterstützung des Großkapitals für die Wahlkasse. Die Einstellungen der Liberalen gegenüber den Juden waren nicht unbedingt von ethischen Werten geleitet. Kálmán Tisza sowie seine Ideologen dachten eher in Kategorien eines für beide Seiten vorteilhaften Tauschhandels. Die Juden erhielten die volle, nicht nur rechtliche, sondern auch gesellschaftliche Anerkennung durch Integration in die ungarische Gesellschaft und zeigten im Gegenzug Bereitschaft zur nationalen Assimilation sowie zur Unterstützung der Regierung.[8] Diese Haltung zu den Juden hatte es auch schon im Vormärz und namentlich bei Kossuth gegeben und sie war auch von liberalen Vertretern des Judentums akzeptiert worden.

Es fragt sich, ob dieses Kalkül aufgehen konnte. Kann sich eine politisch-intellektuelle Elite im Namen der von ihr Angeführten zu einer vollständigen Selbstaufgabe, also faktisch zu einem sozio-kulturellen Freitod verpflichten? Diese Verantwortung konnte das liberale Judentum umso weniger auf sich laden, als auch innerhalb der jüdischen Religionsgemeinschaft die Einstellungen zur Modernität dermaßen heiß umkämpft waren, dass die Gemeinschaft dann auch formell in drei Teile zerbrach. Die einzelnen Gemeinden folgten entweder der neologen oder der orthodoxen, oder aber der sog. „status quo ante" Richtung.[9]

Die tradierte Gedankenwelt der Unabhängigkeitspartei war nicht weniger liberal, fortschrittsgläubig und judenfreundlich als die der Freisinnigen. Die Hintergründe waren hier jedoch komplexer. Es ist ganz und gar nicht unbemerkt geblieben, dass ein erheblicher Teil der unterschiedlichen jüdischen Gruppen in Ungarn trotz meist deutschsprachiger Kultur 1848/49 den Freiheitskampf unterstützte und dafür nach der Niederlage auch büßte. Ebenso offensichtlich war, dass sich die ungarische Kultur bei den Juden nach 1848 rapide ausbreitete. Dies konnte auch einen Philosemitismus erzeugen. Man blickte auf die Juden als Verbündete, die man ohne Kritteln und Nörgeln über fremde Gebräuche akzeptieren sollte. Dies war zwar eine Minderheitenansicht, aber sie war durchaus zählebig.

8 Für die Ansichten von Tisza und seines Leibjournalisten Csernátony, s. Gyurgyák, Anm. 321, S. 211–214, S. 278–279.
9 Ebd., S. 215–225; vgl. Katzburg, Nathaniel: Fejezetek az újkori zsidó történelemből Magyarországon [Kapitel aus der neuzeitlichen jüdischen Geschichte in Ungarn], Budapest: Osiris Kiadó 1999 (1. Ausg. Jerusalem 1975), S. 88–98.

Die Unabhängigkeitspartei wurde jedoch von andern Faktoren in eine entgegengesetzte Richtung gezerrt. Das 1848er Verhalten der Juden war selbstverständlich uneinheitlich. Eine Bilanz ist nicht möglich, die zeitgenössische öffentliche Meinung zu rekonstruieren, ist auch keine leichte Aufgabe. Die neuere jüdische Geschichtsschreibung meint allerdings, dass die früheren ungarisch-jüdischen Historiker sowohl die Teilnahme der Juden an der Revolution wie auch ihr oppositionelles Verhalten danach erheblich überzeichnet hätten und die Juden in ihrer Mehrheit 1848 und danach in der Ära Bach konservativ und kaisertreu eingestellt gewesen wären.[10] Damit hatte die Unabhängigkeitspartei freilich ihre Probleme, die auch nach 1867 weiter ins Gewicht fielen. Das Erbe des Freiheitskrieges bestand für sie in der ungebrochenen Opposition zu Österreich. Die Realität des funktionierenden 1867er Regimes hat diese Opposition nicht geschwächt. Auch nach dem Ausgleich von 1867 wurde aufrührerische Propaganda strafrechtlich verfolgt, der Gesamtstaat und die Person des Monarchen waren unantastbar. Das half aber, die ohnehin nicht sehr differenzierten Empfindungen der 48er in eine platte kulturelle Österreich-Feindlichkeit, eine Abneigung gegen alles, was deutschsprachige Kultur war, zu verwandeln. Viele Juden in Ungarn waren aber, trotz einer in historischem Maßstab rasanten Assimilierung, auch noch in den achtziger Jahren kulturell der deutschen Kultur verbunden und von Haus aus deutschsprachig – auch wenn sie sich politisch tief und aufrichtig mit dem neuen liberalen Ungarn identifizierten.[11] Als sich die Unabhängigkeitspartei und die von ihr immer mehr eroberte öffentliche Meinung an den uneingestandenen oder schöngeredeten Kompromissen des Ausgleichs mit Österreich wund gerieben hatte, stachen die Verbindungen und Affiliationen der ungarischen Juden immer mehr ins Auge. Was also die Unabhängigen forderten, war im Grunde dieselbe Assimilationsleistung, wie die Liberalen. Allerdings war das Klientel bzw. das Milieu der Unabhängigkeitspartei dasjenige, in dem zu dieser Zeit in Ungarn wie in Österreich am eindeutigsten populäre antisemitische Bewegungen entstanden. Dabei handelte es sich um städtische Kleinbürger im Allgemeinen und Berufe im Untergang oder im Konkurrenzkampf mit dem Großkapital im Besonderen.

Die Unabhängigkeitspartei hat lange gezögert, bis sie der Zusammenarbeit mit den Antisemiten eine Absage erteilte. Einige ihrer führenden Persönlichkeiten und Zeitungen hatten in der Zwischenzeit bereits mehr oder weniger deutlich antisemitische Positionen vertreten. Es ist fraglich, wie weit die Partei als Ganzes davon abzuhalten gewesen wäre, wenn Kossuth aus seinem italienischen Exil nicht ein überdeutliches Wort über die Unversehrtheit der Rechtsgleichheit und als Teil derer über die Bedeutung der Judenemanzipation gesagt hätte.[12] Während er einerseits für die Verteidigung der Rechte der ungarischen Juden eintrat, inklusive der Zivilehe, meinte er die Assimilation der Juden fördern und fordern zu müssen. Andererseits hielt er es aber durch die „Pflicht zur Selbsterhaltung" für geboten, fremden Juden die Einwanderung zu verwehren. Kossuth hielt die antisemitischen Bewegungen des Volkes für eine Reaktion auf dessen Elend. Daraus

---

10 Katzburg, Anm. 323, S. 52–55.

11 Das moderne, „neologe" Judentum tendierte dazu, sich die ungarische Sprache anzueignen, die orthodoxen Juden zeigten geringere Bereitschaft, die orthodoxen Aschkenasim sprachen Deutsch, vgl. ebd., S. 100–102.

12 Brief von Lajos Kossuth an Ignác Helfy, 15. Okt. 1882, in: Pajkossy, Gábor (Hg.): Magyar Szabadelvűek [Ungarische Freisinnige], Budapest: Új Mandátum 1998 (1999), S. 150–154; Vgl. Gyurgyák, Anm. 7, S. 263–274.

resultierte für die sich auf ihn berufende Partei eine doppelte Aufgabe. Die mittelalterliche Judenhetze war zu bekämpfen und gleichzeitig waren konstruktive Maßnahmen zu erarbeiten, durch die die Verelendung gestoppt werden könne.

Es drängt sich der Verdacht auf, dass es gerade die Schichten und Gruppen waren, die in der Depression nach 1873 dem Kapitalismus gegenüber kritisch geworden sind, die dachten, die Juden hätten ihren Teil des im Vormärz geschlossenen und mit der Emanzipation besiegelten Vertrages der Assimilation nicht eingehalten. Damit sind wir bei der Sozial- und Wirtschaftspolitik angelangt, wozu neben Kossuth auch die Konservativen einen Beitrag leisten wollten. Denn hier berührten sich die Standpunkte.

Kossuth hielt angesichts der Animositäten gegenüber den Juden folgende Maßnahmen für notwendig: 1. die Aufhebung der Einklagbarkeit von Wirtshausschulden, 2. die Einschränkung des Wuchers, 3. die Begrenzung der Wechselfähigkeit auf den Handel und auf das industriell-gewerbliche Gebiet, 4. die Schaffung von leichtem und billigem Kreditzugang für das „Dorfvolk", nicht nur im Bereich des Hypothekarkredits, sondern auch des persönlichen Kredits, 5. eine Senkung der Kosten der Staatsverwaltung sowie 6. die Förderung der Industrie. Im letzten Punkt des Programms von Kossuth gegen den Antisemitismus hieß es: „Die ungarische ‚gentry', welche während des tausendjährigen Bestehens des Landes das Rückgrat der Nation bildete, ist der Verwüstung anheim gefallen. Diese Frage (welche fälschlicherweise ‚agrarische Frage' genannt wird, denn sie ist keine) soll nicht vernachlässigt werden, man muss die Wege diskutieren, auf denen diese Verwüstung hintangehalten werden kann …"[13]

Kossuth blieb also nicht bei einzelnen Missständen, er griff in seinem letzten Punkt behutsam auch das heißeste Eisen an: Die Frage nach dem Elitenwechsel, die Verdrängung der historischen Elite, der „gentry", wie es bei ihm heißt. Diese Schicht hatten wir eingangs als „Komitatsadel" gekennzeichnet. Diese letzte Sorge teilte Kossuth offensichtlich mit den Agrariern.

Auch wenn die Agrarier als solche nicht im Parlament saßen, dürfen wir ihre tatsächlich vorhandene, wenn auch eingeschränkte Vertretung nicht übergehen – die Gemäßigte Opposition von Apponyi, die sich am Tag nach der Vorlage des Mischehengesetzes durch den Justizminister neu formierte. Sie reagierte auf die Woge des Antisemitismuses getreu ihrem Wesen uneindeutig. Keiner der Abgeordneten ließ sich durch die Antisemiten mitreißen, die große Mehrheit hielt auch rhetorisch Abstand. Dies galt nicht nur für die vor lauter Unzufriedenheit in die Opposition, zu der Apponyi-Gruppe getriebenen ursprünglichen Liberalen um Szilágyi. Auch die konservativen Herren, die in der Apponyi-Partei saßen, grenzten sich vom Pöbel ab, den die Antisemiten in ihren Augen darstellten. Der alte Somssich z. B. war ein Aushängeschild der Konservativen, ein ganz hervorragender Redner und Kopf. Er entstammte dem reichen Komitatsadel, gehörte der Generation an, die vor 1848 die Liberalen von Kossuth, nach 1849 die Liberalen von Bach bekämpfte. Nach 1867 trat er in die Deák-Partei ein. Somssich geißelte im Landtag die Staatsverschuldung, die Steuerlast und das Tabakmonopol so erbarmungslos, dass er nach der Bosnien-Krise zur Gemäßigten Opposition von Apponyi wechselte. 1881 war er schon 70 Jahre alt, hatte zwar enormes Ansehen, aber wohl keine Führungsambitionen mehr. Denn sowohl im Landes-Wirtschaftsverein wie auch in der Apponyi-Partei hätte er eine größere Rolle spielen

---

13 Ebd., S. 154.

können. Somssich hatte ein deutliches *Ressentiment* gegenüber dem neuen Typ des staatsnahen und korrupten Unternehmers – trotzdem erlaubte er sich keine antijüdischen Sprüche. In der Debatte des Mischehen-Gesetzes sprach er sich für die Vorlage aus, d. h. er befürwortete die Mischehe vor dem Zivilstandsbeamten. Zugleich ließ er seinem Abscheu gegen die Antisemiten freien Lauf: „Ich frage diejenigen Herren, die heute so stark gegen den Juden agitieren, habt ihr vergessen, dass hodie mihi, cras tibi? Habt ihr vergessen, dass diejenige große Masse, die heute mit dem Einsatz des Arguments der materiellen Interessen gegen die Juden aufgebracht werden kann, morgen auch gegen eine andere Klasse der bürgerlichen Gesellschaft aufgebracht wird?"[14]

Die Judenverfolgung verurteilte er aber nicht nur aus dem Gesichtspunkt des Selbstschutzes der bürgerlichen Gesellschaft. Nach Somssich war die Sache von ihrem Wesen her ungerecht, denn die Juden gaben in Wahrheit keinen Grund zur Verfolgung. Es waren nicht ihre Taten oder ihr Verhalten, die die Antipathie provozierten. Der wahre Grund des Antisemismuses war nach Somssich (wie nach Kossuth) das Elend der wegen der schlechten Staatsführung immer ärmer werdenden Massen im Kontrast zu den zur gleichen Zeit reicher werdenden Juden. Als Prinzip erklärte er, dass er „sich von der antisemitischen Hetze im Namen der Religion der Liebe mit Abscheu abwendet".[15]

Die Argumente von Somssich teilten bei weitem nicht alle. Während die Apponyi-Gruppe sich von den Antisemiten abgewandt hatte, lehnten sie die Mischehenvorlage mehrheitlich ab. Diese Haltung konnte aus antijüdischer Einstellung oder aus dem Streben nach Beibehaltung der kirchlichen Kompetenzen in der Eheschließung resultieren. Sie war also nicht automatisch antisemitisch.[16] Schon Zeitgenossen hatten aber den Eindruck, dass es zu dieser Zeit eine gewisse Brücke zwischen Katholizismus und Antisemitismus gab. Die normalerweise eher regierungsfreundliche katholische Kirche hatte deutlich zur Ablehnung der Mischehen-Gesetzesvorlage durch das Oberhaus beigetragen.[17] Wie es dazu kam, kann hier nicht untersucht werden. Es sei nur angemerkt, dass die antisemitische Stimmung in den Reihen des niederen Klerus auf die Gemäßigte Opposition oder auf Apponyi keinen direkten Einfluss ausübte. Die Gruppen lagen zu weit auseinander. Apponyi und seine Mitarbeiter können nicht als Vertreter der katholischen Kirche gelten, denn sie bemühten sich ernsthaft, von dieser traditionellen konservativen Rolle wegzukommen. Dass Apponyi dann doch nicht zu neueren Inhalten des Konservatismus, zum Sozialkonservativismus gelangte, gehört auf ein anderes Blatt.

Die Unabhängigen erklärten, so weit sie nicht auf die antisemitische Linie eingeschwenkt waren, die Probleme mit der unvollkommenen Souveränität des Landes, schoben die Verantwortung auf die Regierung, warteten auf eine bessere Zukunft und taten gerade das nicht, was Kossuth gefordert hatte. Die Kleinarbeit der institutionellen Teillösungen der komplexen Probleme blieb unerledigt.

---

14 Somssich, Anm. 13, S. 282–285, hier S. 283.

15 Somssich, Anm. 13, S. 267–268.

16 KN 1881–83 Bd. Sitzung 271, 26.11.1883, S. 260, Redebeitrag von Albert Kovács. Kovács meinte, die Mischehe sei eine Vorhut der staatlichen Ehe, wenn mit letzterer einmal ein Versuch gemacht wird, wird die Mischehe als Präzedenz dienen.

17 Mikszáth, Kálmán: A polgári házasság a főrendek előtt [Die Zivilehe vor den Oberständen], in: Ders.: A tisztelt házból [Aus dem Hohen Hause], Budapest: Szépirodalmi K. 1958 (Zuerst erschienen 1884), S. 116–124; Apponyi, Anm. 3, S. 136.

Dagegen versuchten zumindest einige aus der jungen „agrarischen" Aristokratie, sich den Herausforderungen der wirtschaftlichen Probleme zu stellen. Diese jungen Aristokraten agierten meist außerhalb des Parlaments. Die vorgeschlagenen Lösungen waren, um es vorneweg zu sagen, recht unpraktikabel. Sie versuchten aber immerhin, die antikapitalistischen Aufwallungen der Massen, als antikapitalistisch und nicht antisemitisch, ernst zu nehmen.

Die jungen Aristokraten agierten nicht direkt im politischen Feld. Sie führten aber, meist unter Zuhilfenahme von zeitgenössischen neokonservativen Gedanken des Westens, höchst beachtete und viel gelesene publizistische Debatten. Diesen Diskussionen wenden wir uns jetzt zu.

Tisza Kálmán.

(Horovicz festménye.)

Abbildung 8: Kálmán Tisza
Quelle: Hegedűs, Lóránt: Két Andrássy és két Tisza. Budapest 1941. S. 160.

Die Diskussionen um die „Mittelklasse"
sowie die Debatte um „homestead" und die bäuerlichen Erbrechtssysteme

Das Dilemma des Elitenwechsels:
Der alte begüterte Adel, die entstehende Mittelklasse, die Juden und die Aristokraten

Die theoretischen Importe der antiliberalen Gesellschaftskritik hatten sich, wie in Deutschland, so auch in Ungarn in Bahnen zu fügen, die schon vorher eingefahren worden sind. Während in Deutschland der Staat (Stahl), die Arbeiterfrage (Ketteler) und der Korporatismus (Hintze) den Mittelpunkt bildeten, bezogen sich in Ungarn die am häufigsten geäußerten, sorgenvollen Kommentare zur Entwicklung der Gesellschaft auf das Schicksal des alten begüterten Adels.

Immerhin war diese Schicht nicht einfach die alte politische Elite, sondern diejenige, die den Freiheitskrieg von 1848/49 durchgekämpft, dafür gebüßt und nach 1867 dem liberal-konstitutionellen System seine Legitimität verliehen hatte. Es muss daran erinnert werden, dass Klassen und Schichten hier nicht einfach Besitzverhältnisse oder Prestigehierarchien darstellen. In den zeitgenössischen Analysen galten die „historischen Mittelklassen" – in Abgrenzung einerseits zum gemeinen Volk, andererseits zur Aristokratie – zugleich als Kulturträger.[18] Die politische Kultur dieser Schicht war die einer sich selbst verwaltenden politischen Gemeinschaft. Diese politische Kultur hatte die Grundlage des vormärzlichen Adelsliberalismuses gebildet. Die prinzipiell liberal-nationale Orientierung gekoppelt mit dem praktischen Erfahrungsschatz, mit den angeeigneten Formen der Verwaltung und Kommunikation war die Mitgift dieser Schicht für den liberalen Rechtstaat. Um diese Mitgift ins Staatsleben einbringen zu können, musste diese Schicht in etwa auf ihrem Niveau erhalten bleiben. Im zeitgenössischen Begriff der „historischen Mittelklasse" ist also zweierlei enthalten: Ein gewisser Lebensstandard bzw. Besitzstand, der in einer modernen Sozialstruktur das Hauptkriterium bilden würde, damals aber lediglich als notwendige Vorbedingung für den zweiten Aspekt, die aktive und unabhängige politische Betätigung, gesehen wurde. Obwohl die besagte Schicht in der Tat die politische Macht ausübende Klasse stellte, bot sich die Metapher der „Mittelklasse" bzw. des „Mittelstandes" an, da sie sich sowohl hinsichtlich ihrer Besitzungen wie auch in Bezug auf ihr Prestige in der Mitte zwischen Aristokratie und Volk befand. Die damit abgebildete soziale Position konnte erhalten bleiben oder auch auf andere, neue Gruppen übergehen.

Es gab also einerseits die zeitgenössischen Programme der gesellschaftlichen Umgestaltung, andererseits ein beständiges Nachdenken darüber, wie, durch welche Trägerschichten sie verwirklicht werden könnten. Dem Historiker bietet dies die Möglichkeit, gesellschaftlichen Wandel in zeitgenössischen Kategorien zu beschreiben.

Die erste Generation der Autoren, die über Gesellschaftsstruktur und „Mittelklasse" schrieb (Zsigmond Kemény, Lajos Mocsáry, János Török, Ágoston Trefort, János Vajda und Kálmán Tisza) hat in den 1850er und 1860er Jahren mit Bestürzung den Zerfall und die

---

18 Kövér, György: Középrend vagy középosztályok? Társadalomteremtő fogalomalkotás Magyarországon a reformkortól az első világháborúig [Mittelstand oder Mittelklasse? Gesellschaftsstiftende Begriffsbildung in Ungarn vom Vormärz bis zum Ersten Weltkrieg], in: Századok 2003, Nr. 5, S. 1119–1168.

Verrohung der Schicht der mittleren Grundbesitzer konstatiert. Die Analyse des ungarischen Sozialhistorikers Kövér stellte einen Wandel der Einstellungen zwischen den Autoren der fünfziger (Kemény és Mocsáry) und der sechziger Jahre (Tisza) fest. Demnach schienen in den fünfziger Jahren trotz der Bedrängnisse die Chancen der mittleren Grundbesitzer, sich in den Bereichen der Bildung und der Berufswahl an die neue Welt anzupassen, aussichtsreicher als 1864, also in dem Jahr, als sich Kálmán Tisza zu Wort meldete. Nach Kövér wurde vor dem Ausgleich „die Dominanz der grundbesitzenden ‚historischen' Schichten nicht in Frage gestellt". Man stellte sich eine aus unterschiedlichen Elementen zusammengesetzte, konglomeratähnliche Klasse als die Mittelklasse der neuen Gesellschaft vor. Damals wurde das Problem, „wie die Elite der jüdischen Händler und Geschäftsleute sich in eine zukünftige Mittelklasse einfügen werde, noch nicht ernsthaft ins Auge gefasst."[19] Entsprechend optimistisch wurden die Chancen der kulturellen Homogenisierung beurteilt.

Nach Kövér setzte die zweite Runde der Diskussionen über Mittelbesitz und Mittelklasse, alte und neue Elite in den 1880er Jahren ein, als Iván Simonyi eine pessimistische Analyse lieferte. In seiner Wahrnehmung verfiel nicht nur die Schicht der mittleren Grundbesitzer, sondern auch das Bürgertum. Den finanziellen Ruin dieser Schichten verband Simonyi mit der falschen Wirtschaftspolitik der Regierungen und der Entleerung der konstitutionellen Grundinstitutionen, wie Parlamentarismus und Munizipalismus, die zu leeren Hülsen geworden waren.[20]

Es gab aber nicht nur diejenigen, die der alten begüterten Elite nachtrauerten. Manche wendeten ihre Blicke der Zukunft zu. Die führenden liberalen Publizisten der achtziger Jahre nahmen die Verheißungen des Vormärzes wortwörtlich. Sie maßen der formellen Rechtsgleichheit und Volksvertretung weiterhin diejenige integrationsstiftende Wirkung zu, die diesen Konzepten im Vormärz zugeschrieben worden war. Aus dieser Sicht gewährten nicht die Patrioten den vor den Toren wartenden Fremden, Außenstehenden, Hörigen und armen Sündern Rechtsgleichheit und Freiheit, sondern die Rechtsgleichheit und die Freiheit schufen erst die Patrioten, die in dem Schöpfungsakt alle gleich und zur Teilnahme an den Geschäften der politischen Gemeinde gleich fähig und berufen waren. Das Konzept geht deutlich auf Kossuth zurück.

Dieses Konzept ist ein Integrationskonzept. Da es aber während den Spannungen der achtziger Jahre wieder belebt wurde, entwickelte es eine Doppelbödigkeit. Der liberale Publizist Lajos Láng konstatierte 1881 eine Verarmung der Schicht der mittleren Besitzer, weil sie mehr konsumierten als sie verdienten. Láng fand auch ein positives Beispiel: „Schauen wir dagegen die Rasse an, in der alle Sünden und Tugenden auf prägnanteste Weise Ausdruck finden. Schauen wir die Juden an, und wir werden sehen, dass angestrengte Tätigkeit und ein alle Gelegenheiten ausnutzender Erwerbstrieb eben nicht die Befriedigung der immerzu wachsenden Bedürfnisse ausschließt. Wohl wahr, dass der Jude nicht den größeren Teil seines Einkommens für die Freude seines Magens ausgibt, noch steckt er sein Einkommen ins Kartenspiel, aber sehen wir uns seine Wohnung an und wir werden ungleich mehr Komfort und Geschmack darin finden als bei einem Christen mit vergleichbarem Vermögen. Oder gehen wir zu den Vergnügungslokalen, Straßen, Prome-

---

19 Ebd., S. 1127.
20 Ebd., S. 1129–1130.

naden, Theater, ins Konzert oder in die Gaststätten, und wen sehen wir dort, und zwar immer mit seiner Familie und noch dazu mit großer und sorgfältig gekleideter Familie …? Den Juden. Schließlich – um seinen ehrenwertesten Charakterzug zu erwähnen – wer gibt seinen Kindern die beste Erziehung, wer ist es, der selber Not leidet, wenn nötig, hungert, nur damit er für seine Kinder mehr aufwenden kann, als die viel reichere Klasse der Grundbesitzer? Nochmal der Jude. Das Hauptproblem ist es demnach nicht, dass wir zu viel ausgeben, sondern, dass wir zu wenig verdienen."[21] Demnach wird der wirtschaftliche Rückgang der alten adeligen Grundbesitzerschicht nicht durch die Konsumgewohnheiten verursacht, denn auch die Juden geben viel Geld für solche Zwecke aus. Das kontrastiert mit dem Ausgangspunkt des Buches, der just den Überkonsum der adeligen Grundbesitzer anprangerte. Das angeratene Mehrverdienen musste in den Ohren eines ländlichen Publikums inmitten der Absatzkrise und der Überbesteuerung der Landwirtschaft zynisch klingen. Das ist nur ein Zeichen von mehreren dafür, dass die Schrift sich nur an bestimmte Segmente des Publikums richtete.

Láng wollte ausdrücklich an dem liberalen Integrationskonzept festhalten, nach dem die neue Mittelklasse ein Amalgam werden solle. Da er aber die alte Elite, die Schicht der mittleren Grundbesitzer, so kritisch, um nicht zu sagen abwertend darstellte, den neuen Partner hingegen so positiv bewertete, ergeben sich Zweifel an der Umsetzbarkeit dieses Ziels. Kann bei derartig ungleichen Bewertungen der Teilnehmer überhaupt ein Amalgamationsprozess stattfinden? Wenn ja, bleibt es dann noch ein organisches Zusammenwachsen, oder wird es zur Verdrängung führen? In der Tat wurde Láng entgegnet, dass die alte Schicht des mittleren Besitzes bald gar kein politischer Faktor mehr sei.[22] Das Argument von Láng wurde später in schärferer Form durch einen anderen liberalen Publizisten, Beksics, verwendet. Im Kontext der achtziger Jahre stach das Konzept von Beksics durch eine geradezu provokante Bejahung des Elitenwechsels und eine Freundlichkeit gegenüber der modernsten konfessionell-ethnischen Gruppe, den Juden hervor. Kennzeichnend ist ferner eine auch für damalige Verhältnisse geradezu gehässige Herablassung gegenüber den „unmodernen", bäuerlichen Nationalitäten.[23] Beksics verwendete eine bewusst sozialdarwinistische Phraseologie – bei ihm erscheint der alte ungarische Adel wie eine alte, schöne, würdige, aber wenig leistungsfähige Rinderrasse, die der Blutauffrischung durch sein ideales Gegenstück, dem quicklebendigen, leistungsstarken Juden harrt.

Die Diskussionspartner, die sich auf diesen Bahnen des Denkens bewegten, konnten sich eines Echos sicher sein. Das war vielleicht gar nicht unbeabsichtigt, denn Beksics schrieb im Schnitt zweieinhalb Bücher pro Jahr. Er war eben durch und durch Journalist, auf Wirkung, Schall und Rauch bedacht.

Beksics war der erste, der auf die Aristokraten ausdrücklich Bezug genommen hat.[24] Es war nach ihm vornehmlich die Aristokratie, die Vertreter der schwarzen Reaktion und die

---

21 Láng, Lajos: A társadalmi deficit [Das gesellschaftliche Defizit], Budapest: Kilián Frigyes 1881, Reprint: Budapest: KJK 1986, S. 58–59.

22 Ebd.; Szontágh, Pál: Nyílt levél Láng Lajoshoz [Offener Brief an Lajos Láng], in: S. Láng, Defizit, S. 74–85, hier S. 85.

23 Beksics war südslawischer Abstammung. Über seine Ansichten vgl.: L. Nagy Zsuzsa: A „nemzeti állam" eszméje Beksics Gusztávnál [Die Idee des ‚nationalen Staates' bei Gusztáv Beksics], in: Századok 97 (1963), S. 1242–1278.

24 Timoleon [Beksics Gusztáv]: Legújabb politikai divat [Neueste politische Mode], Budapest: Zilahy

katholische Kirche, die sich nach ihrer mittelalterlichen Machtfülle zurücksehnten, und so für die Stockung der Integrationsprozesse in der ungarischen Gesellschaft die Verantwortung trugen.

Parallel zu den zuletzt vorgestellten Debatten über Elitenwechsel lief eine andere Diskussion. Hier haben junge Aristokraten mit konservativem Hintergrund das Problem der Besitzzerstückelung der Kleinbauern angesprochen. Die Aristokraten verwiesen dabei nicht auf die Elitediskussion, was Beksics durchaus tat. Aber auch ohne seine Hinweise las der Zeitgenosse beide Diskussionen nebeneinander und verglich sie, was auch uns zum Vergleich animiert. Zuvor aber müssen wir auch die Vorgeschichte des anderen Diskurses kennen lernen.

Die Frage des bäuerlichen Erbrechts
und der gesellschaftlichen Segmentierung vor 1882

Die Vorgeschichte dieser Problematik reichte weit zurück. Schon Friedrich List dachte nach der Teuerung und Hungersnot von 1816/17 in Württemberg über die durch Realteilung verarmten und überbevölkerten, von Massenauswanderung gezeichneten Gebiete nach.[25] Der österreichische Absolutismus des 18. Jahrhunderts hat sich durch ähnliche Befürchtungen einer Überbevölkerung leiten lassen, als er die Teilung der Hörigenhufen begrenzte.

In Ungarn wurde im Gesetz über die freie Verkäuflichkeit des Nießbrauchs der Hörigenhufen (GA IV. 1836) verfügt, dass ein Höriger je nach Größe der Gemarkung maximal zwei bis vier Hufen erwerben kann. Zugleich wurde verboten, Hausgrund von den Äckern ohne Genehmigung des Grundherren zu trennen. Beim Verkauf durften kleinere Teile als Viertelhufen nicht veräußert werden. Der Bodenkonzentration und -zerstückelung waren hier also noch Grenzen gesetzt.

1839/40 hat der Landtag die Erbrechte der Hörigen verhandelt. Hier trafen bereits Liberale und Konservative aufeinander – jedoch mit anderen Argumenten als später.[26] Die Liberalen unterstützten die freie Verfügbarkeit über den Boden. Sie mutmaßten, dass mit der Zeit die Bevorzugung von jeweils einem Erben überwiegen und dadurch zu starke Besitzzerstückelung vermieden würde. Die Konservativen opponierten aus Angst vor der Differenzierung und Verarmung innerhalb der Schicht der Hörigen gegen die freie Verfügbarkeit des Bodens. Das folgende Gesetz (GA VIII. 1840) stellte einen Kompromiss dar: Nur für das von Hörigen selbst erworbene, jedoch nicht für das ererbte Vermögen galt die freie Verfügbarkeit.

Im Landtag von 1839/40 hat auch Széchenyi einen Vorschlag in Bezug auf die Vererbung der adeligen Güter gemacht. Demnach durfte das Erbe nicht in kleinere als 50 Joch große Stücke geteilt werden. Wenn es sich anders nicht teilen ließe, durfte nur einer der

---

Sámuel 1884, S. 71.

25 Günter Moltmann (Hg.): Aufbruch nach Amerika. Friedrich List und die Auswanderung aus Baden und Württemberg 1816/17. Dokumentation einer sozialen Bewegung, Tübingen: 1979.

26 Hársfalvi, Péter: Törekvések a parasztbirtok „védelmére" [Bestrebungen zum „Schutz" des Bauernbesitzes], in: Szabó, István (Hg.): A parasztság Magyarországon a kapitalizmus korában 1848–1914 [Die Bauernschaft in Ungarn in der Epoche des Kapitalismus 1848–1914], Budapest: Akadémiai K. ²1972, Bd. 2, S. 146–183, hier S. 150–151.

Erben das Erbe übernehmen und die anderen wären auszuzahlen.[27] Dieser Vorschlag Széchenyis wurde fünf Jahre später vom liberalen Elek Fényes erneuert.[28]

Nach dem Freiheitskrieg beließ das Urbarialpatent von 1853 die Begrenzungen der Erbverfügungen der Hörigen, somit auch die der Bodenzerstückelung, in Kraft. Es hat sich aber bei den Regulierungsverfahren schnell herausgestellt, dass die Bauern den Erbgang ihrer Güter nach ihrem eigenen Willen regelten und sich nicht an das Minimum der Viertelhufe hielten.

Der Landes-Wirtschaftsverein nahm die Frage im Mai 1881 auf die Tagesordnung der Generalversammlung. Der Referent war Sándor Léderer, der seinen Vorschlag im Voraus veröffentlicht hatte. Die aufgeworfenen Fragen waren: Ist ein Besitz-Minimumgesetz notwendig? Soll es verpflichtend oder fakultativ sein? Wenn es einen unteilbaren Stammbesitz geben sollte, könnte dieser hypothekarisch belastet werden? Wenn ja, könnte er auch gepfändet werden?[29]

Ein dauerhaft vertretener mehrheitlicher Standpunkt konnte in diesem Fall kaum entstehen. Im Gegensatz zu den heute weit verbreiteten Erwartungen wollten sich die Ansichten über anzustrebende Erbgewohnheiten in dieser Zeit nicht nach Weltanschauungs- und Parteigrenzen richten. Schließlich verfügte keine der damaligen Parteien über eine formulierte, geschweige denn durchdachte Gesellschaftspolitik. Besitz erben, fortführen und teilen sind bedeutende und heikle Sachen. Die Gesetzgebung hätte dem Staatsbürger auf diesem Gebiet wahrhaftig nahe treten und viel Unheil oder Heil bewirken können. Da kann es nicht verwundern, dass die darüber Nachdenkenden beständig ihre Ansichten änderten und sich keineswegs konsequent zeigten. Am Ende der diesbezüglichen Verhandlungen sprach sich 1881 die Generalversammlung des Landes-Wirtschaftsvereins für die Notwendigkeit eines Besitzminimums aus und beauftragte die Genossenschafts-Fachabteilung des Vereins mit der Erarbeitung einer diesbezüglichen Gesetzesvorlage, die in einem Jahr dann tatsächlich fertig wurde.[30] Sie sah ein Minimum von zwölf bis 18 Katastraljoch, je nach Qualität des Landes, also eine für die Ernährung einer Familie ausreichende bäuerliche Wirtschaft vor. Diese wäre dann geschützt vor Teilung, vor der Belastung mit Schulden und vor Versteigerung. Die erarbeitete Vorlage wurde dem Landtag und der Regierung zwar vorgelegt, aber nicht weiter verhandelt.

Das letzte Aufflackern dieser Diskussion fand zeitgleich mit der Fertigstellung der Gesetzesvorlage 1882 in Form eines gereizten Pressestreites statt. Das „Pesti Napló" brachte im Juli 1882 einen programmatischen Leitartikel, der über Besitzzerstückelung, das Chaos in den Grundbüchern und über die üblichen Grenzen längst überschreitende Verschuldung von bäuerlichen wie auch herrschaftlichen Besitzern klagte.[31] Der unbekannte Autor schlug die Aktualisierung der veralteten Angaben in den Grundbüchern vor und riet zur Bildung von Besitzkategorien (Groß-, Mittel- und Kleinbesitz etc.) in dem damals

27 Pólya, Jakab: Gróf Széchenyi István minimum-javaslata és annak irodalma [Der Minimum-Vorschlag von Graf István Széchenyi und die Literatur dazu], in: Nemzetgazdasági Szemle 7 (1883), Nr. 5, S. 19–31.

28 Fényes, Elek: A földbirtoknak végnélküli feldarabolása [Die endlose Zerstückelung des Grundbesitzes], in: MG, 16.6.1844, S. 665–669.

29 Nachricht über das Referat von Lederer in Magyar Föld, 19.12.1880.

30 Magyar Föld, 11.5.1882. Das weitere Schicksal der Vorlage ist unbekannt, dem Ministerrat wurde es nicht vorgelegt.

31 Leitartikel, ohne Autor und Titel, Pesti Napló, 6.7.1882.

gerade erarbeiteten neuen Kataster. Außerdem riet er zur Schaffung von solchen „Stammbesitzungen" innerhalb sowohl des Groß-, wie auch des Mittel- und Kleinbesitzes, deren „Besitzeinheiten aus individuellen Gesichtspunkten ... nicht zu zerstückeln wären ...". Das Gesetz würde in Bezug auf diese „Stammbesitzungen" sowohl die Möglichkeiten der Pfändung, wie auch die der hypothekarischen Belastung begrenzen. Zugleich wird die Wechselfähigkeit eingeschränkt: Bauern sollten überhaupt nicht mehr zur Ausstellung von Wechseln berechtigt sein, die Grundbesitzer nur zur Ausstellung von Wechseln an Geldinstitute. Ferner wurde gewünscht, dass „das Geschäft der Provinzsparkassen reguliert werden solle, damit die Wucherei von diesen winzigen Banken aufhöre". „Das Zinsmaximum der Provinzbanken solle gesetzlich auf zwei Prozent über dem Zinsfuß der Nationalbank fixiert werden." Eine weitere Forderung ist uns von alters her bekannt: Wirtshaus-Schulden sollten nicht mehr gerichtlich vollstreckt werden. Gefordert wurde auch die Schaffung eines autonomen ungarischen Zollgebietes: „... weil ohne dem werden wir nie Zölle von reellem Wert zum Schutze der Rohprodukte bekommen und werden nie in der Lage sein, bei der österreichischen Konkurrenz-Industrie – abgesehen von den Mühlen – uns zu entwickeln".[32]

In der Neuauflage der Diskussion 1881/82 in den Wirtschaftsvereinen und in der Pesti Napló manifestierte sich eine deutliche Abneigung gegenüber gesellschaftlichen Veränderungen. Das Thema des Elitenwechsels wurde parallel zum Problem der bäuerlichen Besitzzerstückelung und zu den Fragen des bäuerlichen wie des adeligen Besitzverlustes debattiert. So konnte man von Bauern reden und dabei auch an seine Standesgenossen denken. Die Themen „Elitenwechsel" und „Besitzminimum" wurden schon 1881 von dem führenden Journalisten des Regierungsblattes von Tisza, Gusztáv Beksics, explizit gekoppelt.[33] Beksics schloss seine Analyse der Weltgeschichte: „Die Grundlage der Demokratie ist die Gleichheit. Gleichheit fußt auf einer so breiten Verteilung des Vermögens, dass der größere Teil des Volkes vermögend sein, und dass das Volksvermögen nicht in wenigen Händen konzentriert sein sollte ...".[34] Weiter: „Im Prinzip kann getrost behauptet werden, dass *alle Institutionen, die die Teilung des Vermögens begünstigen, zugleich auch die Demokratie begünstigen.*"[35] (Hervorhebung im Original – A. V.) Beksics sagte kein Wort darüber, ob er die Gleichheit lediglich in Bezug auf den Grundbesitz für wünschenswert hielt oder auch die gleichmäßige Verteilung von Kapitalbesitz fördern wollte. In Bezug auf den Grundbesitz hatte er deutliche Vorstellungen: „Ich bezweifle, dass die Besitzzerstückelung in Ungarn so weit gekommen ist, dass ein Minimum-Gesetz dagegen geschaffen werden sollte. Wenn aber die Zerstückelung Tatsache wäre, wäre die Festschreibung eines Minimums aus prinzipiellen Gesichtspunkten unerlaubt. Es geht hier nicht bloß um die agrarische Frage, sondern um Freisinn oder Rückschritt ... Die reaktionäre Tendenz muss schon am Anfang gebrochen werden."[36] – Aber was ist das, was Beksics in seiner Besorgtheit um den schwungvollen Elitenwechsel und um ein verjüngtes liberales Ungarn so bedenkenlos brechen wollte?

---

32 Ebd.
33 Beksics, Gusztáv: A democratia Magyarországon [Demokratie in Ungarn], Budapest: Rudnyánszky A 1881.
34 Ebd., S. 58.
35 Ebd., S. 59.
36 Ebd., S. 71.

Die Széchényi-Láng-Debatte

Den theoretischen Hintergrund zur neuen Runde der ungarischen Diskussion über Besitzverlust, Verschuldung und Mobilisierung des Grundbesitzes fanden die Teilnehmer vor allem bei Rodbertus, Lorenz von Stein, Schäffle und Rudolf Meyer. Diese Autoren wurden zwar erst 1883 in ungarischen Publikationen ausführlich diskutiert und übersetzt, waren aber auch schon vorher bekannt.[37] Stein unterrichtete von 1855 bis 1888 in Wien und hatte zahlreiche ungarische Schüler.[38] Sogar Rodbertus war bekannt. Schäffle, der in ähnlichen Bahnen dachte, hatte auch in Wien unterrichtet und dann in der Hohenwart-Regierung als Minister fungiert, daher bestanden zu ihm auch persönliche Kontakte.[39]

Rodbertus hat ursprünglich auf zwei Ebenen die progressive Verschuldung der landwirtschaftlichen Betriebe analysiert. Einmal zeigte er, dass das Kapital Zinsen, der Boden aber lediglich Rente zu produzieren imstande sei. Da der gewährte Kredit Zinsen bringen muss, entsteht im Falle einer Beleihung von Boden ein Widerspruch zwischen dem sich nach der Zinshöhe orientierenden Geldkapital und dem Rente gewährenden Boden. In dieser widersprüchlichen Beziehung dominiert unter den gegebenen rechtlichen Rahmenbedingungen das Kapital. Daher wird die charakteristische, die allgemeine Tendenz die längerfristige Verschuldung des Bodenbesitzes sein.

Auf einer anderen Ebene hat Rodbertus den Versuch unternommen, konkrete Ursachen aufzuzeigen, welche die allgemeine Verschuldungstendenz beschleunigen. Als solche galten die nichtbezahlten Schulden, die im System der geschlossenen Vererbung durch die Auszahlung der weichenden Erben auf dem Gut lasteten, sowie die gestundeten Kaufpreisrückstände. Diese Posten spielten allerdings im Ungarn der 1870er und 1880er Jahre kaum eine Rolle.[40] Rodbertus zeigte die schädlichen gesellschaftlichen und moralischen Auswirkungen der Mobilisierung des Grundbesitzes. Diese Mobilisierung hielt er zwar – die Parallelen mit der ursprünglichen Kapitalakkumulation in der Industrie betonend – für unaufhaltbar, sie sei aber gefährlich für den Landbesitz. Ökonomisch berechtigter wäre es, den Grundbesitz als Rentengrundlage zu betrachten. Dementsprechend sollten das System der Vererbung von Immobilien und das Kreditsystem umgeformt werden, damit der Grundbesitz nicht durch kündbare Kredite mit veränderlichen Zinsen belastet werde.

Lorenz von Stein dachte über Möglichkeiten der Verwirklichung dieses Konzeptes nach. Die Bauern sollten ihre noch schuldenfreien Bauerngüter zu gebundenem Besitz umgestalten, aus eigenem Antrieb oder von Amts wegen aus. Die Einheit des gebundenen Besitzes kann nicht mehr zerstört, der Besitz nicht aufgeteilt werden; das Grundstück ist nur in einem Stück zu vererben, die noch nicht ausbezahlten Erben können ihre Anteile darauf nicht ins Grundbuch eintragen lassen. Es waren ja eben diese Erbschafts-Schulden und die gestundeten Kaufpreisrückstände, die als Beschleuniger der Verschuldung ange-

37 Bernát, István: Rodbertus-Jagetzow és a német agrarius mozgalmak [Rodbertus-Jagetzow und die deutschen agrarischen Bewegungen]. Nemzetgazdasági Szemle 7 (1883), Nr. 2, S. 1–20.

38 Bei Stein studierten die ungarischen Rechts- und Staatswissenschaftler Concha, Grosschmied, Földes und Wlassics, s. Földes, Béla: Stein, Lorenz, in: KE Bd. 4, S. 595–596.

39 Über die ungarischen Kontakte s. Schäffle, Albert E. F.: Aus meinem Leben, Bde. 1–2, Berlin: Ernst Hoffmann 1905.

40 Konek, Sándor: Magyarország fekvő birtoka, annak évi forgalma és megterheltetése szempontjából [Der liegende Besitz von Ungarn, aus dem Gesichtspunkt seines jährlichen Verkehrs und seiner Belastung], Nemzetgazdasági Szemle 6 (1882), Nr. 6, S. 57–79.

sehen wurden. Kredit bekommt so ein gebundener Besitz ausschließlich von einer örtlichen Kreditgenossenschaft mit universaler Haftung, denn nur die Genossenschaft kann zur Sicherheit ihres Kredites den Besitz sequestrieren bzw. zwangsverwalten, andere Gläubiger aber nicht. Letztere werden also ihr Geld kaum riskieren. Im Endeffekt kommen also zwei getrennte Kreditumläufe zustande: Ein Geldverkehrkreis für die freien Güter und ein kreditgenossenschaftlicher Kreis für die gebundenen Besitzungen. Wir erfahren nicht, woher das Geld für die Umlauf-Kanäle der Genossenschaften kommen sollte.

Die jungen Aristokraten, die die Elemente dieser Konzepte für die ungarische Öffentlichkeit vorstellten, standen der Modernität emotional wie weltanschaulich fern. Sie versuchten wissenschaftliche Gesellschaftskritik zu üben. Mit dieser Anstrengung war die Hoffnung verbunden, die öffentliche Meinung mit Argumenten beeinflussen zu können, was eine gewisse Flexibilität und Lernfähigkeit der herrschenden politischen Klasse voraussetzte. Fünf dieser jungen österreichisch-ungarischen Aristokraten – die Grafen Géza und Imre Széchényi, Géza Andrássy, Ernst Hoyos und Baron Gabriel Gudenus – unternahmen eine einjährige Studienreise nach Amerika.[41] Das Ziel war, die Stärken und Schwächen der amerikanischen Wirtschaft und Gesellschaft aus erster Hand zu erfahren und Lehren daraus zu ziehen.

Ihr Fremdenführer war Rudolf Meyer. Der Rodbertus-Schüler ist von 1870 bis 1874 Redakteur der Berliner Revue gewesen. 1877 hatte er in seinem Buch „Politische Gründer und die Korruption in Deutschland" Camphausen, Bismarck und eine Reihe weniger bekannter Personen beleidigt.[42] Er behauptete, Bismarck und andere Regierungsmitglieder hätten systematisch Darlehen und Geldzuwendungen von Großbankiers und Großunternehmern bekommen. Diese Geldzuwendungen für die Regierung und speziell für Bismarck hätten eine politische Einflussnahme jenseits der Kontrolle des Parlaments gesichert und dafür gesorgt, dass im Gegenzug die befreundeten Financiers und Großunternehmer mit Nachsicht der Regierung rechnen konnten, wenn sie ihren Pflichten nicht nachkamen. Meyer wurde zu einer Freiheitsstrafe verurteilt. Um ihr zu entgehen, zog er nach Wien, wo er von 1877 bis 1882 sowie 1893/94 als Redakteur beim Wiener „Vaterland" arbeitete. Meyer sprach Englisch und bewirtschaftete selbst eine Zeitlang eine Farm in Amerika. Obwohl ihn seine ungarischen Freunde zu einem dauerhaften Aufenthalt in Ungarn bewegen wollten, kam dies nicht zustande.

Die publizierten Berichte seiner Mitreisenden haben umso mehr Aufmerksamkeit erregt. Graf Géza Andrássy empfahl unter anderem die amerikanische Heimstättengesetzgebung, die „homestead-legislation" zur Übernahme.[43] Damit scheint er keine glückliche Wahl getroffen zu haben. Die ab 1862 in den USA verabschiedeten Bundesgesetze dienten der Ansiedlung, sowohl durch Gewährung von staatlichem Land wie auch durch den gesetzlichen Schutz für das Gewährte vor Bankrott und Pfändung. Das so geschützte Gut hieß „homestead". Das hatte nichts mit den ungarischen Problemen zu tun, denn hier gab es

---

41 Meyer, Rudolf: Ursachen der amerikanischen Concurrenz. Ergebnisse einer Studienreise der Herren Grafen Géza Andrássy, Géza und Imre Széchényi, Ernst Hoyos, Baron Gabriel Gudenus und Dr. Rudolf Meyer, Berlin: Hermann Bahr 1883.

42 Meyer, Rudolf: Politische Gründer und die Corruption in Deutschland, Leipzig: E. Bidder 1877.

43 Andrássy, Géza Gr.: Az otthont védő törvények (Homestead exemption laws) [Die Heimstätten-Gesetze], Budapest: Légrády 1883.

um diese Zeit nur noch wenige zur Siedlung geeignete Gebiete. Auf den noch unbesiedelten Böden von geringer Qualität hatten die einheimischen Wirte eventuellen Siedlern gegenüber einen uneinholbaren Heimvorteil.

In einer anderen Hinsicht hatten sich die jungen Grafen jedoch die richtige Problematik angesehen. Schließlich ging es beim *homestead act* nicht allein um Ansiedlung, sondern auch um ein frühes Werk von „social engineering": „These laws … owe their origin to the demand for a population of the right sort in a new country, to the conviction that the freeholder rather than the tenant is the natural supporter of popular government, to the effort to prevent insolvent debtors from becoming useless members of society and to the belief that such laws encourage the stability of the family."[44]

Neben der föderalen Gesetzgebung gab es zusätzlich eine Hilfe der einzelnen Bundesstaaten für das „homestead". Diese erließen *„homestead-exemption laws"*, die bezweckten, dass einem verschuldeten Besitzer bzw. seiner Familie nicht das gesamte Gut, sondern nur ein Teil davon gepfändet werden sollte. Auch diese Institution diente der Konsolidierung der selbstständigen Kleinbesitzer. Sie reflektierte die Absicht der Staaten, ihre Siedler zu schützen und zu erhalten. Es gibt allerdings bedeutende Unterschiede zwischen dem Problem der Verschuldung des europäischen Bauerntums und der Verschuldung der amerikanischen Siedler. Andrássy hat weder diese Unterschiede noch die durch die Heimstättengesetze ermöglichten Betrügereien beachtet.[45]

Tabelle 13: Graf Imre Széchényi über Vor- und Nachteile der Landwirtschaft in Europa und in Amerika

Zugunsten von Europa	Zugunsten von Amerika
Niedriger Zins	Güter meist in Eigenregie geführt
Billige Arbeitskräfte	Billiges und fruchtbares Land
Nähere Absatzmärkte, kürzere Verkehrswege	Billigere Gebäude
Geregelte soziale Verhältnisse	Vermittler werden durch Elevators überflüssig[46]
Mehr Wissenschaftlichkeit in der Bodennutzung	Billigere Frachttarife
	Geringere Steuerlast
	Verwendung von Maschinen

Quelle: Somogyvári [Gr. Széchényi Imre]: Amerikai levelek. Egy hosszabb zárszóval [Briefe aus Amerika. Mit einem längeren Nachtrag], Budapest: Wilckens és Waidl 1883, S. 91.

Graf Imre Széchényi hat 1882 in Zeitungsartikeln die Umgestaltung des bäuerlichen Vererbungssystems und das Besitzminimum vorgeschlagen sowie seine Eindrücke aus

---

44 Homestead and exemption laws, Encyclopaedia Brittannica, London – New York 1926, Bd. 13, S. 639.
45 Ebd., S. 640–641.
46 Vgl.: Miklós, Ödön: A gabona-elevátorok [Der Getreide-Elevator], in: Ders.: Negyedszázad a magyar közéletben, Bd.1, Budapest: Franklin 1906, S. 1–204.

Amerika geschildert. Széchényi fasste Vor- und Nachteile der beiden Wirtschaftsgebiete in einer Tabelle zusammen (siehe oben).

Die Liste der Vorteile Amerikas wurde im Text durch zwei weitere Faktoren ergänzt. So waren die Güter der für den Export produzierenden kleinen Landwirte mit Flächen zwischen 50 und 500 acre (20 bis 200 ha) relativ groß. Bei dieser Größe konnte die Arbeit von einer Familie bewältigt werden; es konnten aber auch schon Maschinen zum Einsatz kommen. Zweitens wies die Ackerbau treibende Klasse in Amerika mehr Intelligenz auf und hatte eine bessere Erziehung genossen. Dies stand im Zusammenhang mit der größeren Sicherheit des Gutes, die eben durch die *homestead-exemption-Gesetze* gewährleistet wurde.

Artikel und Broschüre von Széchényi haben unter anderem eine Artikelreihe und eine Broschüre des führenden liberalen Journalisten und Wirtschaftsexperten der Regierungspresse, des späteren Staatssekretärs und Ministers, Lajos Láng provoziert. Láng beanstandete, dass Széchényi „einen Vorteil des Systems der amerikanischen Elevatoren darin sieht, dass es die Vermittler überflüssig macht", worin Láng das erste Aufflackern einer „instinktiven Abneigung gegen das ganze Konzept der modernen Wirtschaft" zu sehen glaubt. Das sei absurd, so der Wirtschaftsexperte, denn der Elevator ist selbst ein Instrument der Vermittlung, noch dazu „in einem Land, wo der Produzent das Meiste dem Vermittler zu danken hat."[47]

Entgegen der Interpretation von Láng hat Széchényi nicht den Warenhandel als solchen kritisiert, sondern die von den ungarischen Großhändlern geübte Variante. In Amerika lagert der „Elevator", das Getreide nicht in Säcken, als gesonderte Posten von X und Y, sondern vermengt als Schüttgut, was dadurch ermöglicht wird, dass der Handel nicht in jährlich neu festgesetzten Börsen-Standardqualitäten abgewickelt wird, sondern in stabilen Qualitätsklassen, in die die Einzelposten durch beeidete Prüfer eingeteilt werden.[48] Die undurchsichtigere Struktur des Budapester Getreidehandels gibt im Spiel um qualitative Beanstandungen der Lieferungen den oligopolistischen Händlern den Vorteil über die atomisierte Masse der Produzenten.[49] Láng hätte dies als Wirtschaftsjournalist wissen müssen.

Außerdem griff Láng die Überlegungen Széchényis auf, ob der hohe Anteil der kleinen Betriebe und der Zwergbetriebe in der ungarischen Landwirtschaft einen Wettbewerbsnachteil gegenüber der amerikanischen Konkurrenz bedeute. Hier sorgte sich Láng, dass die Steigerung des Exports ein Selbstzweck für Széchényi sei. Eine solche Steigerung kann nach Láng mit „dem Wohlergehen der Klasse der Kleinbesitzer, und namentlich mit dem der Bauernklasse" in Widerspruch geraten. Er meint aber: „nicht bloß aus Humanität, sondern auch vom Gesichtspunkt des sprödesten politischen Konservatismus aus, sollte man froh sein, je mehr Menschen sich im Lande finden, die ein Stück Land ihr eigen nennen dürfen. Es trifft zu, dass ein solcher Mensch vielleicht mehr isst, als derjenige, der nichts anderes als seinen Lohn hat, wahr ist aber auch, dass jeder solche ganz kleine Besitzer eine Säule der Ordnung und des Respekts für das Eigentum ist …"[50] Láng meinte auch nicht,

---

47 Láng, Lajos: Minimum és homestead [Minimum und homestead], Budapest: MTA 1883, S. 9.
48 Vgl.: ‚Granaries', in: Encyclopaedia Britannica, London: 1926, Bd. 12, S. 336–341.
49 Vgl.: Apponyi, Albert Gr.: Magyar benyomások Amerikából [Ungarische Eindrücke aus Amerika], in: Nemzetgazdasági Szemle 7 (1883), Nr. 4, S. 1–14. Miklós, Elevator, Anm. 46.
50 Láng, Minimum, Anm. 47, S. 11.

dass die Zahl der Kleinbesitzer zu hoch wäre. Man kann, so Láng, „… zugeben, dass es besser wäre, wenn diese anderthalb Millionen Menschen doppelt soviel besitzen würden. … Dass es aber ein Übel wäre, dass es … sehr viele Menschen gibt, die überhaupt etwas haben … das könnte doch nicht behauptet werden. Wenn auch der arme Taglöhner nicht soviel hat, dass er davon leben kann, ist sein Stück Land eine große Wohltat für ihn. Das ist sein größter Schutz und Sicherung gegen die Schicksalsschläge …“[51]

Széchényi hat aber, anders als Láng meinte, den Agrarexport nicht als Selbstzweck betrachtet, sondern als Leistungsindikator der Nationalökonomie, und hat nirgendwo die Dezimierung der Kleinbesitzer angeraten, damit sie die exportfähigen Produktbestände nicht wegessen. Anderseits hängt die Erweiterung der Exportgrundlagen viel weniger vom recht unflexiblen Pro-Kopf-Getreidekonsum ab, jedoch viel mehr von der Bevölkerungsentwicklung einerseits und der Produktivität der Landwirtschaft andererseits. Széchényi hat gerade vom Gesichtspunkt der Produktivität die Vermehrung der Zwergbesitzer für bedenklich gehalten.[52]

Láng sprach dann das Hauptproblem an: „Unsererseits … sehen wir in der fortschreitenden Zerstückelung des Bodenbesitzes im Allgemeinen keine Gefahr." Nach ihm war dies eine notwendige und positive Begleiterscheinung der Abschaffung der feudalen Bindungen. Auch „… dass die Veränderungen sich in einer Zunahme der sehr kleinen Besitzungen zeigen werde, konnte kein Geheimnis sein. Denn es waren schon immer die ärmeren Klassen die zahlreichsten, und die früheren Bindungen hatten diese am meisten belastet."[53] Láng gab zu: „Wenn die Vermehrung solcher kleinen Besitzungen … nicht überwiegend vom Gedeihen der betroffenen zahlreichen Besitzer ausgeht, sondern von ihrer Verarmung herrührt, wenn der Großteil der heutigen sehr kleinen, auf weniger als fünf Joch wirtschaftenden Besitzer von der Zersplitterung der früheren 30 bis 40 Joch großen Bauerngüter entstanden sei" – dann muss man sich damit „ernsthaft auseinandersetzen".[54] Aber Láng bemerkte, und darin hatte er Recht, dass Széchényi die Zersplitterung des Bauernbesitzes nicht hinreichend beweisen konnte. Die zeitgenössische Statistik hat über die Besitzstruktur tatsächlich nur recht unzureichende Angaben gemacht.

Man war liberal, aber wählerisch war man nicht. Láng ließ nicht unerwähnt, dass Széchényis Ideen aus Deutschland stammten: „… da dieser Rückschritt gegen die freiheitliche Wirtschaftsauffassung in Deutschland ihren vollständigsten Ausdruck findet". „Ein deutscher Gedanke" war eines der Schimpfwörter der Unabhängigkeitspartei, die Láng als 1867er bekämpfte, deren Parolen er hier aber übernahm. Die deutschen „Socialpolitiker", so referierte Láng, sorgten sich darum, dass sich aus der zersplitterten Besitzmasse Latifundien hätten bilden können. In Ungarn laufe aber die Transformation in eine andere Richtung, denn hier nehmen die ganz großen Besitzkomplexe eher ab.

Nach der Feststellung, dass Besitzzersplitterung nicht die von Széchényi geschilderte Gefahr bildete, wandte sich Láng der Frage der Verschuldung zu. Nach ihm sei die gesamte

51 Ebd., S. 12.
52 Széchényi, Imre Gr.: Birtokminimum és homestead. Válasz Láng Lajosnak a Nemzet 83., 86. és 89.-ik számaiban megjelent cikkeire [Besitzminimum und homestead. Antwort auf die Artikel von Lajos Láng, erschienen in Nr. 83, 86 und 89 der Nemzet], Budapest: Wilckens & Waidl 1883, S. 33.
53 Láng, Minimum, Anm. 47, S. 13.
54 Ebd., S. 14.

hypothekarische Verschuldung im Vergleich zur geschätzten Kreditfähigkeit der Güter eher gering. Außerdem sei der Grundbesitz in Österreich höher belastet als in Ungarn.[55]

Es ist fraglich, ob wir es hier mit einer wissenschaftlichen Diskussion zu tun haben. Die Abqualifizierung des Gegners, die stete Wiederholung der Argumente, die Demagogie, die Fehlschlüsse in der Statistik, in der Wissenschaft also, in der Láng im Jahre dieser Diskussion eine Professur bekommen hatte, lassen Zweifel aufkommen. So verfuhr er in der Frage der Verschuldung. Die hypothekarische Gesamtbelastung von Ländern und Wirtschaften auf unterschiedlichen Entwicklungsstufen, wie Österreich und Ungarn, zu vergleichen, führt in die Irre.[56] Schließlich waren Entwicklung und Ausbau des Kreditsystems unterschiedlich, daher kaum vergleichbar.

Ein weiterer Einwand ist, dass die hypothekarische Belastbarkeit der ungarischen Güter die Sache aus der Warte der Bank betrachtet und sich auf den Verkehrswert der Güter bezieht, also auf die Sicherheit der Bank für ihre Kredite. Die Klagen von Széchényi in Bezug auf die Verschuldung bezogen sich auf die Fähigkeit der Güter, Einkommen zu produzieren. Diese Faktoren können beträchtlich voneinander abweichen. Der eine ist dadurch bestimmt, wie viel das Kredit nehmende Gut ohne Schäden für den Betrieb zurückzahlen kann, der andere dadurch, wie viel die Bank bei einer Versteigerung des Gutes mit Sicherheit erzielen könnte.

Es scheint, dass Láng, wo immer er konnte, seinen Diskussionspartner missverstand oder missdeutete. Hier wurde nicht um gemeinsame Erkenntnisse gerungen, man war auch nicht offen und neugierig, sondern wütend. Die Erklärung dafür lieferte Láng in der gleichen Broschüre: „Der Antisemitismus, recht viele Erklärungen des Landwirteklubs, die neuerlichen Abschottungsversuche im Casino, … die Forderung nach Körperstrafen in der Schule, all diese Erscheinungen können auf einen gemeinsamen Grund zurückgeführt werden … der Junker-Geist (Deutsch im Original – A. V.) ist stärker in unserer Gesellschaft als jemals seit Jahrzehnten. … Denn die Begrenzung des Bauerngutes ist nur der Anfang. Selbst diejenigen, die den Vorschlag machen, reden auch vom Mittelbesitz. Genauso wie vor ein paar Jahren lediglich für das Landvolk die Stockstrafe als Segen dargestellt wurde, nun aber auch das seelisch-körperliche Gedeihen der Schulkinder nicht ohne Körperstrafe vorgestellt werden kann … Und hier liegt die Gefahr. Das große, materiell und geistig entwickelte Deutschland kann sich den Luxus leisten, unterschiedliche Klassen der Nation aneinander geraten zu lassen. Bei uns kann die Zersplitterung der nationalen Kräfte die traurigsten Folgen haben. In Deutschland gibt es eine starke, selbstbewusste und reiche bürgerliche Klasse, deren größter Teil arbeitet unberührt weiter, ganz gleich welchen Kaprizen und Zerstreuungen sich ein Teil des landbesitzenden Adels hingibt. Wenn es aber bei uns gelingen sollte, die Klasse des mittleren Besitzes, oder wie wir es zu nennen pflegen, gentry, von den modernen Ideen abwenden zu lassen, gibt es niemanden, der an

---

56 Vgl. Keleti, Károly: Jelentés a magyarországi földbirtokok telekkönyvi megterheltetésének kitüntetése végett megkísérlett statisztikai adatgyűjtésről s annak eredményeiről [Bericht über die Ergebnisse der statistischen Datensammlung zur Beleuchtung der hypothekarischen Belastung des ungarischen Grundbesitzes], Budapest: Pesti Könyvnyomda 1884, S. 16. Demnach betrug die hypothekarische Pro-Kopf-Belastung in Österreich 189 Gulden, in Frankreich 218 Gulden, in ausgewählten Gebieten Ungarns 71 Gulden.

ihrer Stelle die ihr zufallende Arbeit auf materiellem und geistigem Gebiet verrichten könnte …"[57]

Es ging also auch hier um die Frage der „Klasse der mittleren Besitzer", der „Mittelklasse", des Elitenwechsels. Die Störung dieses Projekts war die Sünde, welche die Wut der Liberalen auslöste. Sie bangten um ihre Hoffnung, ein neues und tragfähiges Geflecht von sozialen Koalitionen und Amalgamen schaffen zu können, insbesondere um das oben vorgestellte liberale Modell der jüdisch-ungarischen Koexistenz, eventuell der Verschmelzung. Der vermeintliche Angriff auf dieses Projekt rief die Polemik hervor, die Láng gegen die agrarischen Konzepte in dem Zentralblatt der Regierung führte.

Széchényi hat in einer neueren Broschüre die Kritik von Láng zurückgewiesen und begann mit dem Vorwurf, dass sein eigentliches Anliegen der Schutz des Latifundiums wäre.[58] Dies wurde durch die wiederholten Fragen von Láng impliziert, warum es denn so ein Problem sein soll, dass einerseits die Zahl der zu großen Besitzungen abnimmt und die der kleinen Güter wächst. Die Fragen von Láng unterstellten, dass die Zwergbesitzungen durch den Zerfall der Latifundien entstehen würden, und dass Széchényi, während er den Untergang des Bauernbesitzes beklagte, in Wirklichkeit das Latifundium beweinen wollte.

Széchényi erneuerte aber auch diesmal seine zentrale Forderung nach Schutz des Bauernbesitzes. Er betonte die wesentlichen Unterschiede zwischen Bauernbesitz und Zwergbesitz und stellte fest, dass mit Rücksicht auf diese Unterschiede der Zwergbesitz aus wirtschaftlichen Gesichtspunkten unhaltbar sei. Der Einsatz von Arbeitskraft und Dung ist auf zu kleinen Einheiten unwirtschaftlich. Während die Zwergbesitzer auf den eigenen Parzellen arbeiten, verpassten sie die Spitzenzeiten der Arbeitsnachfrage der größeren Güter, und so kombinierte der Zwergbesitz in unterschiedlichen Aspekten die Nachteile von Klein- und Großgrundbesitz. Obendrein sei der bäuerliche Besitzer staatserhaltend, während der Zwergbesitzer lediglich ein „schollengebundener Proletarier" sei.[59] Es sei an dieser Stelle darauf hingewiesen, dass die Wirtschaftsgeschichte unterschiedlicher Perioden häufig die niedrigen Löhne auf den Doppelcharakter der industriellen Arbeitkräfte als Industriearbeiter und als Zwergbesitzer zurückgeführt hat.[60] Széchényi wies die Kritik zurück, dass das Besitzminimum den stückweisen Landzukauf und damit das Emporkommen von fleißigen armen Leuten begrenzen und andererseits dem Kleinbesitzer die Beschaffung des notwendigen Kapitals durch Verkauf von Parzellen erschweren würde. Er erinnerte daran, dass nur die bestehenden Kleinbesitzungen geschützt wären, die schon vorher zerbrochene, zum Zwergbesitz gewordene Besitzmasse wäre durch nichts gebunden. Somit könnte dieser Besitzbestand, dessen Umfang das Areal der kleinen Besitzungen bedeutend überstieg, die Flexibilität des Bodenmarktes und damit die soziale Mobilität gewährleisten.[61] Nach Széchényi sollte aber nur der Kleinbesitzer geschützt werden. Dem Zwergbesitzer sei nicht mehr zu helfen und es wäre müßig, seinen Niedergang aufhalten zu wollen.

---

57 Láng, Minimum, Anm. 47, S. 31.
58 Széchényi, Besitzminimum, Anm. 52.
59 Ebd., S. 24.
60 John H. Clapham: An Economic History of Modern Britain. The Early Railway Age 1820–1850, Cambridge: Cambridge U. P. 1926, S. 121 über das „potato patch".
61 Széchényi, Besitzminimum, Anm. 52, S. 10–12, S. 14–22.

Széchényi bemerkte nur beiläufig, dass die Konstruktion einer Verbindung der Agrarier mit den Antisemiten ein „taktischer Kunstgriff" von Láng sei. In der Tat findet man in seinem Text zwar den Topos des ungleichen Kampfes von Produzenten und Händlern, über die Begrenzung der Rechte oder Tätigkeiten der Juden wird jedoch nichts gesagt oder angedeutet. Der Antisemitismus-Vorwurf gegen Széchényi schlug hohe Wellen, zumal man unter dem Eindruck des Prozesses von Tiszaeszlár stand. Láng war nicht einmal der Autor, der am zügellosesten schrieb. Zoltán Bosnyák z. B. wollte den Text seines Gegners gar nicht ernsthaft anschauen. Ihm reichte schon, dass die Aristokraten gegen die Mischehen-Vorlage gestimmt hatten. Damit stand für ihn fest, dass die Problematisierung der Auswirkungen des Kapitalismus auf die Landwirtschaft in eine Störung des Zusammenlebens von Juden und Christen münden muss.[62]

Doch auch die Agrarier haben sich nicht immer auf agrarwirtschaftliche Detailbetrachtungen beschränkt. An einem Punkt hat Széchényi in seiner Erwiderung eine Gegenoffensive gestartet. Die potenziellen wirtschaftlichen Nachteile der Bindung des Landbesitzes nicht leugnend, nahm er die Idee einer solchen Bindung wegen ihrer günstigen sozialen Auswirkungen in Schutz. Széchényi gestand in seiner Antwort auf Láng, dass es ihm in der Tat nicht lediglich um die bäuerlichen Kleinbesitzer gehe, wenn auch nicht, wie es ihm Láng in den Mund gelegt hatte, um einen Schutz für das Latifundium. Der Mittelbesitz sollte auch einen gewissen Schutz genießen können, durch „optionelle Fideikommisse". Diese Institution wurde nicht weiter erklärt, es wurde lediglich Kritik an der irrationalen Abneigung gegen Fideikommisse geübt. Nach Széchényi kennzeichnete eine solche Abneigung die Parteigänger und Nachfahren der Französischen Revolution. Diese seien Gegner der Fideikommisse, „weil sie die großen Familien erhalten, weil sie die Erhaltung ihrer hervorragenden Stellung gegen die Schicksalsschläge der einzelnen Generationen, ja sogar gegen deren moralische Unzulänglichkeiten gewährleisten".[63] Er führte an, dass in England zwar volle Testierfreiheit herrschte, es aber trotzdem nicht nur bei den Großgrundbesitzern, sondern im Allgemeinen üblich sei, das Vermögen nur einem Erben zu hinterlassen.[64] Die Auswirkungen des Ausschlusses der jüngeren Kinder zeigten sich darin, dass „... es in England gerade diese jüngeren Söhne sind, die alle Klassen und Schichten der Gesellschaft im beständigen Verkehr halten, sie sind es, die – wenngleich unbewusst – die vorkommenden Unstimmigkeiten unter den gesellschaftlichen Klassen ausgleichen, besser gesagt, unmöglich machen; denn sie stehen zwischen Aristokratie und Demokratie, genießender und arbeitender Klasse, der Industrie und den Grundbesitzern; sie haben in der einen Klasse Verwandte und in der anderen Berufsgenossen und so lassen sie die ‚Trennwände der Vorurteile' nicht errichten."[65]

Daraus wird ersichtlich, dass die gute Ordnung einer Idealgesellschaft der Agrarier zwar nicht aus rechtlich unterschiedlichen Teilen, Ständen, aber doch aus qualitativ abweichenden Elementen gebaut werden sollte. Wie eine so strukturierte Gesellschaft ent-

---

62　Bosnyák Zoltán: A birtokminimum mint agrárreform Magyarországon [Besitzminimum als Agrarreform in Ungarn], Budapest: Zilahy Sámuel 1885, S. 81–82. Bosnyák meinte, „die Grafen Imre Széchényi d. J. und Kálmán Széchényi haben an der Gutheißung des Antisemitismus im Oberhaus teilgenommen", daher sollen die Besitzminimum-Vorschläge in diesem Licht gesehen werden.

63　Széchényi, Besitzminimum, Anm. 52, S. 65.

64　Gr. Széchényi, Besitzminimum, Anm. 52, S. 70.

65　Ebd.

stehen könnte, wird nicht ausgeführt. In der deutschen konservativen Gedankenwelt, die Széchényi kannte, gaben die unterschiedlichen korporativen Konzepte die Antwort auf diese Frage.

In seiner nochmaligen Erwiderung befasste sich Láng vor allem mit dem Széchényi-Konzept des „Bauernfideikommiss" und behauptete, dass diese Idee nur den Absichten entgegenlaufende Konsequenzen haben könnte.[66] Dann machte er aber auch prinzipiellere Feststellungen: „Wer auch noch heute denkt, dass die Zukunft der ungarischen Nation … mit der ängstlichen Bindung des Bodens gesichert werden kann, kennt den Geist der modernen Zeit nicht. Die Zukunft der heutigen Nation muss in der großen Gesamtheit derer gesucht werden, die wir Intelligenz nennen, die das livrée von keinem Stand trägt, sondern alle umfasst, die aufgrund ihrer Fähigkeiten und Tätigkeit dafür würdig sind. … Die Zukunft des ungarischen Staates, die Sicherung der Herrschaft unserer Rasse hängt in erster Linie davon ab, dass diese Intelligenz des Vaterlandes ungarisch und von der Notwendigkeit der Führungsrolle unserer Rasse durchdrungen sein soll."[67]

Láng hat also angenommen, dass die Freiheit und die in ihr entstehende Konkurrenz sowohl in der Wirtschaft wie auch anderswo das meritokratische Prinzip zur Geltung bringe; somit wird die freie Arbeit dem Land eine „intelligente", kulturtragende Elite gewähren. Die Elite, mit entsprechenden, ungarischen Ideen durchtränkt, schafft dann ein erfolgreiches Ungartum.

Das zeitgenössische antiliberale Schrifttum hätte jedes Element der im obigen Argument steckenden Annahmen hinterfragt. Es hätte bezweifelt, dass die freie Konkurrenz die Besseren, der Auszeichnung Würdigeren nach oben bringt, dass die Sieger im Konkurrenzkampf zufällig in der Gesellschaft verteilt wären, und nicht immer dieselben Gruppen Sieger würden und, dass Patriotismus eine Erziehungsmaßnahme wäre, die in einer Gesinnungs-Schule den Schülern, den werdenden Ungarn, eingepflanzt werden könne. Für die liberale Betrachtung sind aber diese Annahmen grundlegend. Láng meinte, dass „… es nur in einem Falle möglich wäre, um die Herrschaft der ungarischen Rasse wegen denjenigen verhältnismäßig Wenigen zu bangen, die als neue Grundherren zu Besitz gelangen. In dem Falle nämlich, wenn diese Intelligenz keine ungarische wäre, wenn die ungarische Rasse keine solche Anziehungskraft auf diese Intelligenz ausüben könnte, dass jedes ihrer Mitglieder, gleich welchen Ursprungs … sich stolz zum Ungartum bekenne."[68]

Hier wird die Elite im ersten Satz als „Grundherren" bezeichnet, aber im zweiten Satz schon als eine „ungarische Intelligenz" umschrieben – hier wahrscheinlich nicht im Sinne einer Berufsgruppe, eher als eine Elite mit einer bestimmten Identität, als die „Kulturträger", die dann sowohl Grundbesitzer wie auch Kulturschaffende umfasst. Das wird wohl kein Zufall sein, denn auf der Ebene der kulturellen Integration funktionierte das liberale Projekt sehr viel besser als bei der Verteilung und Umverteilung von wirtschaftlichen Positionen.

In der Diskussion zwischen Láng und Széchényi sind die Kontrahenten jenseits der Missverständnisse und Verdrehungen durch grundlegende Wertunterschiede getrennt. Láng vertrat das Programm der individuellen Entfaltung, gegründet auf individueller Freiheit als

---

66 Láng, Lajos: Minimum és majorátus [Minimum und Majorat], Budapest: MTA 1883.
67 Ebd., S. 26.
68 Ebd., S. 27.

oberstes gesellschaftliches Prinzip, das vormärzliche Programm der Liberalen. Es wurde nach 1867 im Wesentlichen verwirklicht. Láng ging in den 1880er Jahren in einigen Punkten darüber hinaus. Einerseits hat er die Gleichgültigkeit gegenüber den traditionellen Eliten der Gesellschaft zum Programm erhoben. Er betrachtete diese Gruppen als Bausteine einer noch zu konstruierenden neuen Gesellschaft. Andererseits hielt er es wie andere Liberale für angebracht, ohne Abwägung der möglichen Kollisionen, der Abweichungen der politischen Loyalität und der Unterschiede der Wertordnungen der Neudazugekommenen, die Zugehörigkeit zum Ungartum jedem, auch Ausländern frei zugänglich zu machen. Dies hat vorausgesetzt, dass die im liberalen Rechtsrahmen aufblühende ungarische politische Kommunität eine tiefe, wesentliche Identifikation bei den Neudazugekommenen hervorrufen, induzieren könne. Diese optimistische Annahme konnte um diese Zeit nicht mehr von allen geteilt werden.

Der Budapester internationale Landwirtschafts-Kongress von 1885 und die Schutzzoll-Debatten der achtziger Jahre

Ein internationaler Kongress mit wirtschaftspolitischen Grundsatzdiskussionen

Der internationale Agrarkongress von 1885 fand auf Initiative von Sándor Károlyi statt. Er ist einer der ersten internationalen Zusammenkünfte dieser Art gewesen.[69] Im Gegensatz zu seinen Vorläufern und zu den „Agrartagen" von 1879 und 1885 in Österreich ging dieser Kongress über eine allgemeine Fragestunde zur momentanen Befindlichkeit der Landwirtschaft hinaus. Die Diskussionen im Kongress waren also mehr als bloße Beiträge zum agrarisch-neokonservativen Diskurs, lagen allerdings auch außerhalb der praktischen Politik.

Weil die Veranstaltung eines internationalen Kongresses in dieser Zeit noch recht teuer war, waren solche Kongresse selten und konnten daher erhebliche Aufmerksamkeit auf sich ziehen. Beim Budapester Kongress gab es lediglich zwei Diskussionsfragen, die mit Referaten eingeführt wurden. Die Themen der Referate waren nach vorherigen eingehenden Besprechungen und Studien von Károlyi ausgewählt worden. Er war dazu nach Wien, Stuttgart, Straßburg und Paris gereist und hatte Lorenz von Stein, Schäffle, Lujo Brentano und andere Experten konsultiert. Durch diese Besuche wollte Károlyi einerseits selbst lernen, wo die Knackpunkte der internationalen Agrarkrise lagen, andererseits solche Themen finden, mit denen möglicherweise konzentrierte, über die Agrarkreise hinausgehende internationale Aktionen möglich gewesen wären.[70] So fragte das erste Referat des Kongresses nach den Möglichkeiten, in Mitteleuropa ein Schutzzollgebiet gegen die Konkurrenz des amerikanischen und des russischen Getreides zu errichten, während das zweite Referat die Möglichkeiten der Verbesserung des Personalkredits für die Kleinbauern behandelte.[71]

---

69 Aldenhoff-Hübinger, Rita: Agrarpolitik und Protektionismus. Deutschland und Frankreich im Vergleich 1879–1914, Göttingen: Vandenhoeck & Ruprecht 2002, über die internationalen Landwirtschaftskongresse 1889–1913: S. 42–70.

70 MOL P 389, n. Reisenotizen, ohne Titel, in der Handschrift von Graf Sándor Károlyi vom 6.6.1885 bis 5.7.1885.

71 Die Idee der mitteleuropäischen Zollunion lag in der Luft. Konkret war es Lujo Brentano, der eine

Diese Themen und Vorschläge waren nicht urplötzlich vom Himmel gefallen. Die Ereignisse seit der Wende Deutschlands und Österreich-Ungarns zur Schutzzollpolitik hatten drei Probleme auch breiteren Kreisen der politischen Öffentlichkeit vor Augen geführt.

Zuerst wurde klar, dass Zölle in den internationalen Beziehungen erstrangige Druckmittel darstellten. Zweitens hatte sich gezeigt, dass die Zollfragen innenpolitische Mobilisierungen hervorrufen können, die in Zeitungskampagnen, Klagewellen von Wirtschaftskammern mit ihren Auswirkungen auf Wahlergebnissen zum Ausdruck kamen. Drittens konnte man mit Zollfragen politische Allianzen bauen – oder zerstören. Daher wurden sie auch nicht immer direkt als Instrument gegen die Regierung eines anderen Staates eingesetzt, sondern auch so, dass man den inneren Streit im anderen Staat schürte. Ein Beispiel dafür stellte das Angebot Bismarcks von 1882 dar, die deutschen Einfuhrzölle auf Agrarprodukte aus Österreich-Ungarn festzuschreiben, während bei den anderen Lieferanten des deutschen Marktes die Zölle angehoben werden sollten. Im Gegenzug sollten die Einfuhrzölle der Österreich-Ungarischen Monarchie gesenkt werden.[72] Drittens wurde gegen Mitte der achtziger Jahre deutlich, dass nach einem Jahrzehnt des Kampfes mit diesen scharfen Waffen die Wirtschaft Mitteleuropas keineswegs besser dastand als zuvor. Es bestand die Gefahr, dass am Ende Amerika und Russland die Gewinner sein würden. Daher erklang der Ruf nach Rückkehr zu langfristig stabilen Handelsverträgen mit vereinbarten Zolltarifen an Stelle der Gewährung von bloßer Meistbegünstigung, und sogar nach der Schaffung von Zollunionen.

Zuerst war es eine intellektuelle Übung. Molinari, ein freihändlerischer französischer Ökonom, hatte schon 1879 eine Zollunion unter Einschluss von u. a. Deutschland und Frankreich vorgeschlagen. Darauf soll Bismarck geantwortet haben, er sehe zwar die Vorteile, würde sich aber mit dem Vorschlag erst dann ernsthaft befassen, wenn sich ein einziger Minister, selbst des kleinsten Staates dafür aussprechen würde.[73] Im Februar 1880 hat ein sächsischer Landtagsabgeordneter aus dem ungarischen Siebenbürgen einen Brief an Bismarck geschrieben, in dem er eine mitteleuropäische Zollunion mit deutscher, österreichisch-ungarischer, schweizerischer, dänischer, holländischer, belgischer sowie balkanischer Beteiligung vorschlug.[74] Danach war das Thema schon auf Regierungsebene angelangt, mit dem oben referierten Köder (relative Einfuhrzollsenkung) von Bismarck im Jahre 1882, der im März 1883 mit einem ähnlichen Vorschlag aus Wien gekontert wurde. Letzterer sah vor, dass die beiden Staaten Dritten gegenüber nur einvernehmlich ihre Zölle hätten senken können. Außenminister Kálnoky gegenüber hat Bismarck jedoch im Jahre 1885 klargemacht, welche Hindernisse er für ein Entgegenkommen in der Zollpolitik sah. So berichtete es jedenfalls der damalige Wirtschaftsjournalist und Professor der Finanzwissenschaft Lajos Láng. Die Hindernisse bestanden zum einen in den Bestimmungen des Frankfurter Friedens. Zum anderen meinte Bismarck auf die Unterstützung der deutschen

---

Zollunion zwischen Deutschland und Österreich-Ungarn vorschlug: Über eine zukünftige Handelspolitik des Deutschen Reiches: Schmollers Jahrbuch, Bd. 9, Leipzig: 1885. Der Artikel ist von Károlyi gelesen worden und das Referat von Gaál nahm darauf Bezug. Gaál, Agrarkrise, Anm. 59, S. 123–124.

72 Láng, Lajos: A vámpolitika az utolsó száz évben [Die Zollpolitik in den letzten hundert Jahren], Budapest: Politzer Zsigmond 1904, S. 329.

73 Ebd., S. 327.

74 Ebd. Der Landtagsabgeordnete war Guido Baußnern, Obergespan des Komitats Fogarasch, Landtagsabgeordneter seit 1872. Ders.: Deutschland und Oesterreich-Ungarn, Leipzig: 1889.

Agrarier aus Rücksichten auf die Staatseinkünfte und auf die Lage der deutschen Landwirtschaft nicht verzichten zu können. Der dritte Grund lag in der schutzzöllnerischen Mehrheit des Deutschen Reichstages.[75]

Mehrheiten und politische Gewichte sind allerdings veränderlich. Mit dem Wandel der Interessenlagen, wie sie in der Eröffnungsrede und den Referaten zum Ausdruck kamen, könnten sie sich in der Tat verändert haben. Dass der Versuch von Károlyi, die Zollunion-Thematik auf die Tagesordnung zu setzen, auch von offizieller Seite wohlwollend betrachtet wurde, spiegelt der Teilnehmerkreis des Kongresses wieder. Obwohl die Zusammenkunft eigentlich eine vom Landes-Wirtschaftsverein aufgegriffene Privatinitiative von Károlyi war, erschien das offizielle Ungarn auf dem Kongress. Die Regierung, die drei zuständigen Ministerien und die Hauptstadt, ließen sich vertreten und begrüßten den Kongress. Károlyi bemühte sich, möglichst hohe Gäste sowohl aus Deutschland als auch aus Frankreich zur Teilnahme zu bewegen und war dabei zum Teil erfolgreich.[76] Es kamen an die sechzig ausländische Gäste und drei bis vier Mal so viele inländische. Die Mehrheit der Diskussionsbeiträge stammte von den ausländischen Gästen.[77] Beide Referate, über einhundert Seiten starke Analysen, waren zuvor ins Deutsche und Französische übersetzt, gedruckt und den ausländischen Teilnehmern rechtzeitig zugeschickt worden.

In seiner Eröffnungsrede griff Károlyi das Problem der beständig wachsenden Konkurrenz auf. Ihre Ursache liege in der Entwicklung der Verkehrsmittel, die wiederum von der Suche des Kapitals nach Verwertung, nach Profitmaximierung vorangetrieben worden sei. Während sich der Großgrundbesitz in der technischen und wirtschaftlichen Entwicklung allein zurechtfinden und seinen Betrieb weiterbringen könne, müsste dem Kleinbesitz geholfen werden. Károlyi sprach dazu drei Punkte an: Die Eigenschaften des Betriebes, die des Landwirtes und die Frage der Kapitalausstattung.

Eine Quelle des Übels sah er in einer mangelnden Viehausstattung der Kleinbauernwirtschaften. Diese könnte auch durch Genossenschaften verbessert werden. Károlyi erwähnte zwar das Problem der Besitzzersplitterung, sagte aber nicht, ob er in diesem Zusammenhang ein Gesetz wünschte oder nicht.

Mit Bezug auf die Eigenschaften des Landwirtes hob Károlyi die mangelnde Fachbildung des kleinen Landwirts hervor. Landwirtschaftliche Schulen könnten hier Abhilfe schaffen. Bei diesem Problem müsste die Regierung handeln, aber auch Genossen-

---

75 Láng, Zollpolitik, Anm. 72, S. 329.

76 MOL P 389, n. Brief von Graf Alajos Károlyi an Herbert Graf von Bismarck, Bad Schwalbach, 28.6.1885. Alajos Károlyi war Botschafter in Berlin vor 1866 und zwischen 1871–1878. 1885 war er schon Botschafter in London, er schrieb aber an Herbert Graf von Bismarck, um in Abwesenheit von Botschafter Graf Imre Széchényi die Reise seines Neffen Károlyi Sándor vorzubereiten. Letzterer konnte sich schon in Budapest mit dem preußischen Landwirtschaftminister Lucius konsultieren, „und derselbe der ihn auf den Breslauer Professor Miaszkofszky (!) [Miaskowski] verwiesen hat, möchte sich doch persönlich in Berlin rücksichtlich der deutscherseits zu entsendenden Fachmänner, orientieren. Er legt natürlich den größten Wert darauf, daß Ihr Vater mit der zu treffenden Wahl ganz einverstanden sei."

77 A Budapesten 1885. október 3., 4., 5., 6., 7-ikén megtartott nemzetközi gazdacongressus … jegyzőkönyve [Protokoll des internationalen Landwirtekongresses, veranstaltet am 3., 4., 5., 6. und 7. Oktober 1885 in Budapest], Budapest: Brózsa Ottó 1886. Liste der Teilnehmer, S. XI–XX. Unklar ist, ob die Beiträge der ausländischen Gäste gedolmetscht wurden. Es scheint aber, dass über weite Strecken Deutsch, stellenweise Französisch gesprochen wurde.

schaften könnten helfen. Letztere hätten konkrete Aufgaben bei der Beschaffung, Vermarktung usw. Darüber hinaus gewährten sie dem kleinen Landwirt auch Fachbildung und vor allem Erziehung. Genossenschafts-Mitglieder würden „eine Elite in den … Dörfern bilden, die sich künftig zur Mittelklasse weiterentwickeln kann, die aber schon am Anfang den Übrigen Beispiel gebend, einzelne, unter dem Durchschnitt stehende Landwirte zu besserem Vorgehen animieren."[78] Bei der Verbreitung des genossenschaftlichen Geistes sollte auch der Staat helfen und zwar durch Propaganda, Prämien und administrative Hilfe. Darüber hinaus gehende staatliche Interventionen sollte es aber nicht geben. In Károlyis Referat gab es weder korporatistische Gedankengänge noch Vorstellungen von einer aktiven, gestaltenden Rolle des Staates. Das ist kein Zufall, denn die Magnatengruppe um Károlyi war kein Freund staatlicher Aktionen.

Das Kreditproblem der kleinen Landwirte bestand im Wucher. Károlyi analysierte nicht, worauf die extrem hohen Zinsen zurückgeführt werden können, stellte aber die besondere Anfälligkeit und Verwundbarkeit des Kleinbesitzes fest. Als Lösung des Problems forderte er Umschuldungen. Eine Erwähnung von Kreditgenossenschaften, die Károlyi dann ein Jahr später selbst gründen sollte, fehlt noch.

Beim Großgrundbesitz sah der Redner in Europa drei Zonen, die drei Anpassungsmöglichkeiten entsprachen. Die Großbetriebe der fortschrittlichsten Regionen hätten keine Produktivitätsreserven mehr und würden daher die volle Last der überseeischen Konkurrenz zu spüren bekommen. Neben einer Übergangszone gäbe es aber auch noch eine breite Zone der Rückständigkeit. Hier in dieser dritten Großregion, wo die Landwirtschaft noch nicht voll entwickelt und intensiviert worden sei, würden diese Entwicklungen vorangetrieben. Károlyi befürwortete eine Senkung der Staatsausgaben und damit der Steuerquote, hielt dies aber wegen der ablehnenden Haltung der Staatsführungen nicht für realistisch.

Die Umsetzung bzw. Wirkung der Maßnahmen brauchte jedoch Zeit, die aber von der Konkurrenz nicht gewährt werde. Die Lösung liege in den Schutzzöllen, die an den Außengrenzen einer mitteleuropäischen Zollunion aufgerichtet werden sollten. Die Zweischneidigkeit der Schutzzölle wurde ausdrücklich anerkannt, denn sie führte zu einem Krieg aller gegen alle. Aber die gegenwärtige Höhe der Zölle schließe die anderen europäischen landwirtschaftlichen Exporteure von den geschützten Märkten aus, nur die Russen und Amerikaner, also die größten und am billigsten produzierenden Konkurrenten, nicht. Gerade umgekehrt müsste es sein. Daraus ergab sich der Vorschlag, eine mitteleuropäische Zollunion zu schaffen, die mit gemeinsamen Außenzöllen eben die Überseekonkurrenz fernhalten sollte.

Anwesende Vertreter der österreichischen Industrie, so z. B. der sich früher schutzzöllnerisch engagierende Dr. Peez, haben sich erstaunlicherweise für das Projekt ausgesprochen. Die Rechnung war klar: Die ganz großen Märkte von Russland und Amerika blieben bis dahin der mitteleuropäischen Industrie vollständig versperrt. Auch der in Mitteleuropa eventuell aufgebaute Zollschutz gegen Agrarimporte hätte die Öffnung dieser fernen Märkte für die Industrie nicht erzwingen können. Der einzelstaatliche Zollschutz verdrängte hier aber drastisch sowohl die industriellen als auch die agrarischen Konkurrenten aus den mitteleuropäischen Nachbarländern von den geschützten einheimischen

---

78 Ebd., Eröffnungsrede von Sándor Károlyi, daselbst S. 8.

Märkten. Der europäische kontinentale Markt zerbräche in Scherben, während die Einkommenseinbuße der Landwirtschaft auch noch die Nachfrage der Industriewaren am einheimischen Markt verringerte. Die vorgeschlagene mitteleuropäische Agrarzollgemeinschaft schien aus dieser Perspektive auch der Industrie Linderung zu bringen. Allerdings müsste man auf dem Weg dorthin zahlreiche Kompromisse schließen.

Ob das machbar wäre, hinge unter anderem auch von der öffentlichen Meinung ab, wenn sie konzentriert in dieser Frage beeinflusst werden könnte. Daher lohnte es sich, auf die Wortmeldungen der Intellektuellen zu hören. Die Referenten waren zwar echte Intellektuelle, aber keineswegs „freischwebend", sondern in mehrfacher Hinsicht gebunden – an einzelne große Magnaten, an ihre Kirchen, an ihre Regionen. Sie bildeten einen Typ von Intellektuellen, der sich von einer anderen, ebenfalls auf dem Kongress vertreten Art von Intellektuellen unterschied. Dabei handelte es sich um Journalisten, Dozenten und leitende Bankangestellte.[79] Die Ausführungen dieser liberalen Intellektuellen waren zweifacher Art. Sie stellten technische Details, Daten und Berechnungsmodalitäten richtig und präsentierten dabei ihre eigene Professionalität. Ihre Gegenargumente in der Sache sollten in aller Regel das Eingreifen ins Marktgeschehen als überflüssig oder störend darstellen. Dabei polemisierte man selbstvergessen gegen den Zollschutz im Allgemeinen, obwohl die konkret zu entscheidende Frage die Verwirklichung einer Zollunion, also eines gemeinsamen Zollgebiets war. Bei den Hinweisen auf entgegenstehende Tendenzen hatte man nicht immer eine glückliche Hand. Dr. Dorn zitierte eine damalige Untersuchung über den englischen Außenhandel, die zeigen sollte, wie sehr der englische Export darunter litt, dass die Ernte in England besonders gut ausgefallen sei. Denn die Lieferanten von Getreide für den englischen Markt hätten dadurch Einkommenseinbußen und daher auch weniger Geld, um von England Industriewaren zu kaufen. Wie Brentano dazu höhnisch bemerkte, höre man am besten ganz auf zu ernten, dann würde man den Absatz der Industrie am wenigsten stören.[80]

Brentano, der eindeutige Star des Kongresses von 1885 traf damit den Nagel auf den Kopf. Er hatte übrigens am längsten geredet und stürmischen Beifall geerntet. Brentano stellte nirgendwo auch nur im Mindesten die Vorteile und Unentbehrlichkeit der arbeitsteiligen Weltwirtschaft und der allgemeinen Wirtschaftsfreiheit einschließlich der umfassenden und beständigen Konkurrenz in Abrede. Er versuchte zu zeigen, dass die herausgegriffenen einzelnen Zusammenhänge des internationalen Handels gar nichts beweisen, wie oben das Beispiel der exportstörenden Eigenproduktion zeigte. Denn das Wirtschaftsgefüge sei immens komplex und die Annahme, dass letztendlich das spontane Funktionieren die besten Resultate bringe, sei ein bloßes Postulat. Selbst wenn es so wäre, sagte Brentano, würde die Wirtschaftsfreiheit das gute Recht der Verlierer, sich ins Marktgeschehen gestaltend einzumischen, Koalitionen, Gewerkschaften, Gilden und Genossenschaften zu bilden und dadurch ihre Positionen als Arbeiter, Produzenten oder Konsumenten zu stärken, beinhalten. Diese Stellungnahme ist eine irdene, realistische; der Maßstab soll der Mensch sein, nicht die theoretische Symmetrie einer geistigen Konstruk-

---

79 Ebd., Dr. Alexander Dorn (Red. d. Volkswirtschaftliche Wochenschrift, Wien), S. 41–49, S. 143–150, Dr. Julius Wolf, Wien, Priv.-Doz. d. Univ. Zürich, S. 81–84, Dr. Gyula Kautz, Ökonomieprofessor, Rector der Pester Universität, ab 1883 Vizegouverneur d. Österreichisch-Ungarischen Bank, S. 116–122.
80 Ebd., Brentano, S. 58–78.

tion. Seine Argumente nehmen die 60 Jahre später von links kommende Kritik von Karl Polányi an der Weltwirtschaft ziemlich genau vorweg.[81]

In Budapest ging Brentano noch weiter. In Bereichen, die so breite Massen beschäftigen und ernähren, wie die Landwirtschaft, fand er es auch rechtens, wenn diese nicht der Verwüstung durch den Weltmarkt preisgegeben werden. Er ging aber noch darüber hinaus. Das staatlich-politische Leben fuße auch auf der Ökonomie: Es besteht aus konkreten Klassen und Schichten. Gehen sie über Nacht zugrunde oder werden sie wie in einem Experiment chirurgisch entfernt, so wird das Leben dieses Staates, dieser politischen Gemeinde, am nächsten Tage mitnichten dasselbe sein. Dabei sollen die Klassenpositionen ganz und gar nicht festgeschrieben werden, sondern speziell auch die unteren Schichten sollen ins politische Leben des Staates integriert werden. Aber Kataklysmen, also katastrophale Zerstörungen, sollen vermieden werden und zwar im Interesse des gesamten Staates. In der anhaltenden Verschiebung der Marktanteile von der Landwirtschaft zur Industrie gehe es nicht nur um Einkommensposten von einer Menge Privatpersonen, sondern auch um das Wohl und Wehe der Staaten. Der Kongress applaudierte.

Der Sinn des Zollschutzes und die Chancen einer mitteleuropäischen Zollunion

Über Zollschutz und Anpassung an die Weltwirtschaft hört man unterschiedliche Meinungen und zwar auch noch mehr als einhundert Jahre nach Ausbruch der Agrarkrise. Ist es also gut oder schlecht sich vom Weltmarkt abzukoppeln?

Das wichtigste Produkt der europäischen Landwirtschaft war der Weizen, gefolgt vom Roggen. In den 1860er Jahren deckte die Produktion die Bedürfnisse der meisten europäischen Staaten. Seit den 1870er Jahren gelangten immer größere Getreidefluten aus Amerika nach Westeuropa, wonach die Preise zu fallen begannen. England unternahm keine Schutzmaßnahmen, seine Getreideanbaufläche schrumpfte. Deutschland und Frankreich wollten sich mit Zöllen schützen. Die größten Exporteure waren die USA und Russland, die bei Weizen zusammen etwa die Hälfte der internationalen Produktion erbrachten, den Markt also bestimmten. Diese beiden Staaten verfolgten aber eine prohibitive Schutzzollpolitik, europäische Erzeugnisse konnten hier kaum abgesetzt werden. Damit ist es unbegründet irgendeine „natürliche" oder „ausgeglichene" internationale Arbeitsteilung anzunehmen und die Zollschutzpolitik als eine Störung dieser internationalen Arbeitsteilung zu verurteilen. Denn wie sollen die komparativen Vorteile die Arbeitsteilung von Staaten bestimmen, von denen der eine ins Gebiet des anderen nicht exportieren darf, der andere aber seine Waren bei dem ersten frei absetzen kann?

Auch nach dem Einsetzen der europäischen Schutzzollpolitik stieg die Produktion überall weiter an. Die Durchschnittsernte der letzten vier Jahre der Periode 1880–1895 lag gegenüber der der ersten vier Jahre in den USA und in Russland um etwa 25 Prozent, in Deutschland etwa um 20 Prozent und in Ungarn gar um 45 Prozent höher.[82] Der Preis war das Problem. Der Weltmarktpreis war durch die Kosten der billigsten Erzeugerländer, den USA und Russland, bestimmt worden. Bei den exportierenden Ländern, z. B. Ungarn, setzte der Weltmarktpreis eine Obergrenze – gleich, welche Zölle auf die einheimischen Produktionskosten aufgeschlagen wurden, der Preis auf den Binnenmärkten wurde vom

---

81 Karl Polányi: The Great Transformation, Boston: Beacon Press, 1944.
82 Matlekovits, Zustand 2, Anm. 10, S. 262.

Weltpreis nach oben begrenzt. Der Preis am Binnenmarkt bei den Importländern kann allerdings um den Betrag der Zölle erhöht werden, so dass auch der Erlös der einheimischen Produzenten entsprechend gesteigert wird. Zollschutz kann hier also Sinn machen.

Die Wende zum Zollschutz erfolgte auf Initiative von Bismarck in Deutschland, aber im Einklang mit einem immer lauter werdenden Ruf nach Zollschutz von den österreichischen Industriellen. Als Ergebnis stellten sowohl Deutschland als auch die Donaumonarchie 1878/79 autonome Tarife auf, die nach deren Ablauf die bis dahin geltenden Handelsverträge ersetzten.[83] Die ersten Tarife sind mehrmals erhöht und differenziert worden. Die deutschen Sätze gewährten sowohl der Industrie wie auch der Landwirtschaft Schutz. Die Sätze des autonomen Zolltarifs der Habsburgermonarchie vom Jahr 1882 sahen immer noch nur mäßige Zölle auf die Einfuhr von Industriewaren vor, Agrarerzeugnisse blieben praktisch zollfrei.[84]

Es soll daran erinnert werden, dass die Umkehr von Deutschland in Richtung Schutzzoll, den zeitgenössischen Begründungen zum Trotz, größtenteils aus politischen und finanzpolitischen Rücksichten geschah. Denn das Reich sollte gegen die Abhängigkeit von den Matrikularbeiträgen der Länder gestärkt werden.[85] Auch die konkreten Forderungen nach Zollschutz wurden keineswegs mehrheitlich von den Reichstagsabgeordneten aus dem großagrarisch geprägten Osten, sondern eher aus den bäuerlichen Gegenden Mitteldeutschlands unterstützt. Soweit der neue Tarif schützte, wurde nicht die Landwirtschaft, sondern die Industrie, besonders die Eisenindustrie, am stärksten geschützt.[86] Auch wenn der Protektionismus in Deutschland vorrangig politisch motiviert war, ergibt sich die Frage, wem er materiell genützt hat? Die Auswirkungen der Zölle kamen nicht allein den Großagrariern zugute. Zwar wurden die Agrarpreise wahrscheinlich um den Zollbetrag erhöht, jedoch gab es auch andere, kompensierende Wirkungen. So bewirkte ein höheres Einkommen eines getreideproduzierenden Betriebes Arbeit für Lohnarbeiter sowie zunehmende Kaufkraft auf dem Lande und damit auch einen wachsenden Markt für Industriewaren. Schließlich war der Binnenmarkt um diese Zeit auch in Deutschland noch weit wichtiger als die Erlöse aus dem Export. Damit fand das Plus an landwirtschaftlichem Einkommen seinen Weg zu den industriellen Produzenten. Wenn aber die Zollsätze für Vieh und die verschärften veterinärmedizinischen Schutzmaßnahmen und Einfuhrsperren in Betracht gezogen werden, so genossen die Produzenten von tierischen Erzeugnissen einen ähnlichen Schutz wie die von Getreide.[87]

83 Österreich-Ungarn verabschiedete zuerst das Gesetz mit dem autonomen Tarif nach dem Scheitern der Zollverhandlungen mit Deutschland im Sommer 1878, der Tarif galt ab 1. Januar 1879. Vgl. dazu Láng, Zollpolitik, Anm. 72, S. 270–294.

84 Es gab zwar in dem Tarif von 1882 einen Zollsatz von 0,5 Gulden pro Doppelzentner für Weizen, er kam aber wegen der Bestimmungen des Handelsvertrags mit Rumänien in dieser, einzig relevanten Richtung nicht zur Anwendung und diente nur als potenzielle Gegenleistung für Zollermäßigungen bei der Ausfuhr von Industriewaren – d. h. zugunsten Österreichs. Vgl. Láng, Zollpolitik, Anm. 72, S. 296.

85 Henning, Friedrich-Wilhelm: Vom Agrarliberalismus zum Agrarprotektionismus; Karl Hardach: Die Wende von 1879; beide in: Pohl, Hans: Die Auswirkungen von Zöllen und Handelshemmnissen auf Wirtschaft und Gesellschaft vom Mittelalter bis zur Gegenwart, Stuttgart: Franz Steiner 1987, S. 252–274 und S. 275–292.

86 Ebd., Hardach, S. 281–289.

87 Ebd., Henning, S. 270–275. Schon wenn man die Zölle auf Getreide und Fleisch nicht auf Gewichtseinheiten bezieht, sondern Fleisch in Getreidewerte umrechnet, wie es Henning tat, ergibt sich ein erheblich reduzierter Zollschutz für Getreide. Die Wirkung der Vieheinfuhrsperren kommt dann noch hinzu.

Es ist wahrscheinlich, dass die Preise der Agrarerzeugnisse am deutschen Binnenmarkt in der Tat durch die Zölle beeinflusst wurden, besonders bei dem unelastisch nachgefragten Getreide. Da konnte es auch Verlierer geben, obwohl es nicht leicht ist anzugeben, wer sie waren und wie groß die Verluste ausfielen. Die Gewinner waren aber ebenso breit gestreut wie die Verlierer. Die konkrete politische Geschichte der Einführung der Zölle sowie die entsprechenden wirtschaftshistorischen Analysen lassen also vermuten, dass die Brandmarkung der deutschen „Großagrarier" als die Verantwortlichen für eine Wende in Richtung des Zollschutzes in der nachkriegsdeutschen Geschichtsschreibung aus ideologischen Gründen überzeichnet worden ist.[88]

In Österreich-Ungarn war der Zollschutz in den 1870er und 1880er Jahren eine Forderung der österreichischen Industrie, gegen die sich die Vertreter der ungarischen Landwirtschaft und daher auch die Regierungen sich vehement zu wehren versuchten. Auch die liberalen ungarischen Wirtschaftspolitiker lasteten den Österreichern eine egoistische Politik, eine bedenkenlose Missachtung der längerfristigen Interessengemeinschaft an.[89] Die Schuld für die schutzzöllnerische Wende kann also nicht dem Großgrundbesitz gegeben werden. Wenn allerdings die geplante mitteleuropäische Zollunion hätte verwirklicht werden können, dann hätte die ungarische, wie auch die rumänische Landwirtschaft wegen ihrer relativ niedrigen Kosten mehr Vorteile daraus gezogen als die böhmisch-österreichische, und letztere wiederum hätte mehr profitiert als die deutsche. Daher kann man den Kongressinitiatoren Weitsicht bescheinigen.

Es ging allerdings um mehr. Die agrarisch-neokonservativ orientierten Magnaten suchten nach Möglichkeiten, die Gesellschaft zu gestalten und in eine Richtung zu lenken, die weg vom liberalen Modell führte. Eine wissenschaftliche Analyse hatten sie zwar nicht, aber das freie Spiel der Weltwirtschaft stellte zweifellos etwas dar, was zu diesem abgelehnten neuen Modell gehörte. Die Schaffung einer gegen die Weltwirtschaft gerichteten Institution, durch Mobilisierung der politischen Öffentlichkeit, wäre also ein passender Auftakt gewesen.

Die zweite Hauptfrage des Kongresses war die der Kreditversorgung der kleinen Landwirte. Dies bedurfte, im Gegensatz zu den Zollfragen, keiner internationalen Kooperation. Es wurde eher ein klärendes Gespräch, ein Austausch der Erfahrungen gesucht. Im Eröffnungsreferat von Endre György und in der Diskussion wurde man dann schnell einig, dass weder staatliche Zwangsmittel noch die Ausweitung des Realkredits oder gar des „Grünkredits", also einem auf die kommende Ernte aufzunehmenden Darlehen, viel helfen könnten.[90] Was blieb, war die Erweiterung des Personalkredits der kleinen Land-

---

88 Für die Ursprünge dieser Betrachtung vgl. Gerschenkron, Alexander: Bread and Democracy in Germany, Berkeley: University of California Press 1943; Rosenberg, Anm. 75 und weitere Arbeiten vom selben Autor in der Periode 1940–1958; Barrington, Moore Jr.: Social Origins of Dictatorship and Democracy, Boston: Beacon Press 1966; Nipperdey, Thomas: Interessenverbände und Parteien in Deutschland vor dem ersten Weltkrieg, in: Wehler, Hans-Ulrich (Hg.): Moderne deutsche Sozialgeschichte. Köln: Kiepenheuer&Witsch, S. 379–388.

89 Láng, Zollpolitik, Anm. 72, S. 246–250. Wie unterschiedlich einerseits wirtschaftliche Vorteile, andererseits das Potential, mit wirtschaftlichen Argumenten Massen zu mobilisieren ausfallen kann, zeigt: Aldenhoff-Hübinger, Rita: „Les nations anciennes, écrasées..." Agrarprotektionismus in Deutschland und Frankreich 1880–1914, in Geschichte und Gesellschaft, 26 (2000), S. 439–470; sowie Aldenhoff-Hübinger, Anm. 69.

90 Landwirtekongress, Anm. 77; György, Endre: A kisbirtoki hitelszervezet hiányai [Mängel der Organisation des Kreditwesens für den Kleinbesitz], Budapest: Gazdasági egyesület 1885.

wirte durch die Kreditgenossenschaften, vor allem in der Form der Raiffeisen-Genossenschaften. Man diskutierte allerdings nicht, wie weit diese Lösung trägt und wie sie sich zu anderen agrarischen Ideen verhielt. Einige Wortmeldungen wandten sich fernen Perspektiven zu, andere beschränkten sich auf die unmittelbare Kreditfrage. Mindestens einen Teilnehmer gab es, der die Detailfragen in einen breiteren Rahmen stellte: Sándor Károlyi. Sein Brief an Schäffle vor dem Kongress ist ein frühes Dokument seines Denkens:

„Man kämpft in Österreich gegen den ökonomischen Liberalismus und die so manchen durch ihn emporkommenden Ungerechtigkeiten. In Ungarn ist man noch nicht allseits zur Einsicht dieser Nothwendigkeit gekommen, und eben um die Leute in dieser Richtung zu bekräftigen, haben wir die bekannten zwei Fragen zur Diskussion vorgeschlagen. Beide sollen uns zur Mäßigung der Ausschweifungen des absoluten Ökonomischen Liberalismus bringen.

Es gibt Ungarn und darunter besonders Juden, die Manchesterianer sind, theils weil sie darin noch nichts Böses entdeckt haben, theils auch weil sie darin ihr Vorwärtskommen finden. Die Depossedierung des Kleingrundbesitzes ist in Ungarn heutzutage die übliche Art der Plusmacherei. Wir streben gegen diese Richtung und suchen die Frage durch Einführung Raiffeisenscher Creditverbände zu lösen. An deren Spitze sollte in jedem (!) Komitat eine Komitats-Kassa, die öffentliche Gelder verwaltet, oder auch irgendeine Bank, die sich gewissen billigen Konditionen unterwirft, gestellt werden. In der Hauptstadt gedenken wir an ein durch den Staat zu errichtendes Geld-Institut, welches die Komitats-Banken alimentieren soll. Real-Kredit ist momentan für den Kleingrundbesitz als heilbringendes Mittel wegen der Unordentlichkeit der Grundbücher nicht anzurathen. …

Minister Tisza wollte bis jetzt von Kreditverbänden und deren Organisation nichts hören, noch weniger von solchen Gesetzen, die ihnen gewisse Vortheile geben würden. Er wollte sich evident mit den Aktionären der hunderteweise bestehenden Provincialbanken nicht verfeinden und stellte sich hinter die liberale Auffassung; er wird die Sache dennoch machen, wenn ihn die öffentliche Meinung dazu drängt, und ich zweifle nicht, dass die Diskussion am Congress diese allgemeine Meinung zur vollkommenen Reife bringen wird.

Die erste Congressfrage, nähmlich die der russischen und überseeischen Getreide-Concurrenz hat besonders dadurch, dass sie politisch actuell geworden ist, dem Congress schon jetzt viele Theilnehmer verschafft. Einige Franzosen, mehrere tüchtige Deutsche und viele Österreicher haben schon jetzt ihre Theilnahme angezeigt.

Ein Deutsch-Österreich-Ungarischer Zollvertrag … würde so wie man das jetzt bespricht, deutsche Agrarier und österreichische Industrielle schädigen, hingegen deutsche Industrielle und österreich-ungarische Agrarier bevortheilen. Es bleibt fraglich, wie Graf Kálnoky die österreichische Industrie compensieren und wie Fürst Bismarck seine Agrarier beschwichtigen wird."[91]

Die Politiker ignorierten alle Anregungen des Kongresses. Sie mussten es tun, denn die kniffligen Fragen eines Zollbündnisses hätten mehr Vertrauen und gegenseitiges Entgegenkommen erfordert als es zu dieser Zeit vorhanden war. Daher nahmen die Laien die Lösung der zweiten Frage, also der Gründung von Kreditgenossenschaften, nur ein Jahr später selbst in Angriff.

---

91 MOL P 389. n. gr. Undatiertes Konzept eines Briefes von Károlyi an Schäffle unter den Materialien der Vorbereitungen des Kongresses von 1885.

Agrarier und Regierung zu den Fragen
der Kreditgenossenschaften und des „farm-systems"(1886–1894)

Die politischen und wirtschaftlichen Rahmenbedingungen (1886–1894)

Es waren bewegte Jahre. Sie brachten das Ende des Tisza-Regimes, ein neues Auflodern des ungarischen Nationalgefühls und ein geschicktes Teilungsmanöver der Regierung – den ungarischen Kulturkampf, der hier „kirchenpolitischer Kampf" hieß.

Die Skandale in der gemeinsamen Armee steigerten schon in den achtziger Jahren die Kampfeslust der unabhängigkeitstreuen Öffentlichkeit immer weiter. 1880 brachte ein junger Journalist namens Bartha in Kolozsvár die Nachricht, dass die dortigen schwarz-gelben Offiziere die Rekruten mit „Ungarhunde" bzw. „Kossuthhunde" betitelten. Er wurde von Offizieren zum Duell gefordert, lehnte aber ab, denn er meinte, die Pressefreiheit verteidigen zu müssen, die ja nicht von Duellen abhängen darf. Daraufhin wurde der Journalist durch zwei Offiziere mit Säbeln schwer verwundet. Die Offiziere wurden befördert – ein unmissverständliches Zeichen. Die Beamtenstadt Kolozsvár allerdings wählte 1881 die Unabhängigen.[1]

Am 21. Mai 1886 wurde auf dem Grabmal von General Hentzi, des 1849 gefallenen Verteidigers der Burg von Buda gegen die ungarische Honvéd-Armee, von der k. k. Armeeführung ein Kranz niedergelegt. Die Bürger gönnten dies dem Gefallenen nicht, denn als kaiserlicher Kommandant der Burg Buda hatte er, als Vergeltung für die Belagerung, die wehrlose Zivilbevölkerung von Pest jenseits der Donau systematisch beschießen lassen. Die Straßen schäumten über von Protestdemonstrationen. Kaiser Franz Joseph unterstützte zuerst die Geste der Kranzniederlegung. Erst nach den andauernden Protesten ließ er am 11. August in einer Erklärung doch etwas Bedauern aufscheinen.

Das unruhige Innenleben des Reiches erschien vor dem Hintergrund der außenpolitischen Schwäche noch bedrohlicher. Im Jahre 1885 trieb der Aufstand in Bulgarien Russland und Österreich auf Konfliktkurs. 1887 gab es russische Truppenkonzentrationen an der galizischen Grenze, so dass sich Österreich-Ungarn nach Unterstützung umsehen musste. Diese blieb allerdings aus. England konzentrierte sich auf die Kolonialpolitik. Ihr gegenüber verlor das alte englische Ziel, der Sperrung der Meerengen gegen die Russen, an Bedeutung. Es gab also keinen Grund mehr für England, der Donaumonarchie am Balkan den Rücken zu stärken. In Berlin ließen sich weder Bismarck noch sein Nachfolger Caprivi auf eine Bündnispolitik gegen Russland festnageln. Die Außenpolitik der Donaumonarchie lief ins Leere. Die Ungarn aller politischen Couleurs bekamen es wieder mit der Angst vor dem „Koloss des Nordens" zu tun.

---

1   Sebesi, Samu: Bartha Miklós élete és működése [Leben und Werk von Miklós Bartha], in: Samassa, János/Szmertnik, István/Sztankovits, Ferenc (Hg.): Bartha Miklós összegyűjtött munkái [Gesammelte Werke von Miklós Bartha], Budapest: Benkő Gyula 1908, S. 49–56.

Vor diesem Hintergrund war die Frage der Stärke und Entwicklung des gemeinsamen Heeres eine besonders diffizile. Am 10. Januar 1889 nahm die Debatte über das Militärbudget im ungarischen Parlament ihren Anfang. Der eigentliche Streitpunkt war nicht übermäßig bedeutend. Es ging darum, ob das Recht des Parlaments erhalten bleiben sollte, alle zehn Jahre über den Zuwachs der Rekruten für die gemeinsame Armee (nicht aber für die Honvéd-Truppen, das ungarische Armeekorps) zu entscheiden. Neben den Unabhängigen war auch Apponyi gegen die Vorlage. Es folgten wieder große Demonstrationen, denn auch die noch so geringfügige Beschneidung der Rechte des Landtages schürte die Ängste vor dem Verlust der Rest-Souveränität. Tisza bewog den Hof – wahrscheinlich durch die infolge des Todes von Erzherzog Rudolf entstandene Erschütterung unterstützt – einen Kompromiss zu akzeptieren. Die Fixzahl der Rekruten wurde zwar erhöht, die zehnjährige Festlegung und damit die alle zehn Jahre vom Landtag zu fällende Entscheidung ist aber beibehalten worden, so dass zugleich der Anschein eines Souveränitätsverlustes vermieden wurde. Im April hat der König das Gesetz sanktioniert und die Operation war gelungen. Die Patienten jedoch – das Vertrauen des Hofes und die Manipulierbarkeit (bzw. Unterwürfigkeit) des Landtages – starben. Nach dieser Parlamentsdebatte war es irgendwie überall klar geworden, dass Tisza gehen musste. Er bildete noch im April und Juni seine Regierung um. Dabei schuf er unter anderem am 16. Juni jeweils eigenständige Ministerien für Landwirtschaft unter Leitung von Graf Szapáry und für Handel und Industrie mit Minister Baross an der Spitze. Damit erfüllte Tisza eine alte Forderung der Agrarier.

Es nutzte ihm nicht viel. Tisza konnte nur noch über die Form seines Abganges entscheiden. Am 8. März 1890 schlug er dem Ministerrat vor, das Gesetz über die Staatsbürgerschaft so zu modifizieren, dass der seit Jahrzehnten in italienischer Emigration lebende Kossuth nicht automatisch seine ungarische Staatsbürgerschaft hätte verlieren müssen.[2] Der Vorschlag war eine populäre Geste, da er aber von seinen Ministerkollegen niedergestimmt wurde, reichte er am 9. März 1890 sein Rücktrittsgesuch ein.

Daraufhin wurde am 13. März eine neue liberale Regierung mit Graf Gyula Szapáry als Regierungschef und Innenminister an der Spitze gebildet. Die neue Regierung erbte von Tisza ein heikles Problem. Die Religion von Kindern aus Mischehen wurde vom GA LIII. 1868 so geregelt, dass die Jungen der Religion des Vaters, die Mädchen der der Mutter folgten. Die Regelung ließ keinen Raum für die Entscheidung der Eltern. Die katholische Kirche hat die Regelung nie akzeptiert. Daher weigerten sich die katholischen Priester, in solchen Fällen dem Gesetz Folge zu leisten, was als „Wegtaufen" bekannt wurde. Schon 1884 wurde die Durchführung des Gesetzes per Verordnung bekräftigt; am 25. Februar 1890 erließ Kultusminister Csáky erneut eine Verordnung gegen das „Wegtaufen" (Vergehen gegen GA LIII. 1868.), die aber wiederum ignoriert wurde.

Die neue liberale Regierung hatte in dieser Situation drei Möglichkeiten. Sie konnte weiterhin wegsehen, denn das Problem war immerhin schon mehr als 20 Jahre alt und hatte keine sichtlichen Schäden verursacht. Außerdem hätte sie sich in langwierigen Verhandlungen mit den Kirchen um eine einvernehmliche Lösung bemühen können. Es bestand drittens die Möglichkeit, zum Angriff gegen die katholische Kirche überzugehen.

---

2   Das Gesetz von 1879 über die Staatsbürgerschaft sah vor, dass nach einem mehr als zehnjährigen Auslandsaufenthalt der im Ausland Lebende die Aufrechterhaltung der ungarischen Staatsbürgerschaft wieder beantragen musste. Kossuth erkannte aber Franz Joseph nicht an, beantragte also auch nichts.

Tatsächlich gelangte sie schrittweise auf Konfrontationskurs zur katholischen Kirche.[3] Dazu trug auch bei, dass ein Brief vom 3. Juli 1890 von Papst Leo XIII. an Franz Joseph erklärte, dass die Wegtaufungs-Verordnung von 1884 kirchlich inakzeptabel sei. Daraufhin versuchten die kirchenfernen Regierungsmitglieder die Einführung der staatlichen Eheschließung und eines Zivilstandregisters auf die Tagesordnung zu setzen. Zwar bremste Premierminister Szapáry zunächst ab, aber schon im Herbst unterstützte das Parlament mit großer Mehrheit eine Regierungserklärung, die ein staatliches Zivilstandsregister für „Notfälle", also für Mischehen, in Aussicht stellte. Zunächst versuchte die Regierung im Dezember 1890, Rom zu einem Kompromiss zu bewegen. Der Versuch musste aber scheitern, weil inzwischen der ursprüngliche, ablehnende päpstliche Brief der Presse zugespielt worden war.

Am 23. Januar 1891 starb Fürstprimas Simor, Oberhaupt der ungarischen katholischen Kirche. Da erst nach zehn Monaten, Ende Oktober, sein Nachfolger bestimmt war, war in der Zwischenzeit nicht klar, wer die Kirche eigentlich leitete. Die Liberalen wie auch die Katholiken ahnten Böses. Am 15. Mai 1891 wurde die Enzyklika Rerum Novarum publiziert. Wie weit diese Verkündung und ähnliche Verlautbarungen des hohen Klerus (z. B. von Kardinal Rampolla) eine politische Offensive darstellten, und inwieweit sie moralische Orientierungshilfen waren, kann hier nicht untersucht werden. Das Verhältnis zwischen Staat und katholischer Kirche blieb angespannt, das Misstrauen wuchs.

Das offizielle Programm der Szapáry-Regierung setzte andere Akzente. Einer der Hauptpunkte war die Reform und „Verstaatlichung" der Verwaltung. Die Autonomie der Munizipalitäten hatte schon Tisza 1876 unterhöhlt. Seitdem hatten die Vertreter der Regierung in den Komitaten recht breite Befugnisse, ohne allerdings für die Folgen ihrer Entscheidungen geradestehen zu müssen. Die Verantwortung konnte auf nominell unabhängige Selbstverwaltungen abgewälzt werden, während die reelle Macht in den Händen der Regierungsvertreter blieb. Um diese unaufrichtige Mischung zu korrigieren, reichte die Regierung am 29. Mai 1891 eine Gesetzesvorlage über die „Verstaatlichung" der Landesverwaltung ein. Sie hatte sich jedoch grob verkalkuliert. Die Opposition startete sofort die Obstruktion des Parlaments, die ohne Rechtsverletzung nicht aufgehoben werden konnte. So blieb der Regierung nichts anderes übrig, als die Vorlage am 4. August zurückzuziehen.

Die sich immer stärker manifestierenden Gefühle der Massen, die Politik des Hofes, die Zustände in der liberalen Partei einerseits und bei den konservativen Gruppierungen andererseits bestärkten Apponyi in seiner Lagebeurteilung, dass in Ungarn das nationale Argument wirkungsvoller als alle anderen politischen Schlagworte war. Am 5. Januar 1892 benannte er seine Partei in Nemzeti Párt, Nationale Partei, um. Die Linie blieb die von „einer besseren 67er Politik".

Vom 29. Januar bis 3. Februar 1892 fanden Landtagswahlen statt, welche die Mehrheitsverhältnisse nicht veränderten. Was Szapáry Sorgen machte, war nicht die Volksmeinung, sondern die eigenen Minister-Kollegen. Das meiste Ansehen genoss der Finanzminister Sándor Wekerle, ein fähiger Fachmann bürgerlicher Abstammung, Absolvent eines Zisterzienser-Gymnasiums und Freimaurer, einer der ganz wenigen Abgeordneten und Minister mit glattem Kinn. Diesem Kennzeichen für eine gewisse Modernität ent-

---

3 Die liberale Sicht s. in: Csáky, Moritz: Der Kulturkampf in Ungarn. Die kirchenpolitische Gesetzgebung der Jahre 1894–95, Graz – Wien – Köln: Hermann Böhlaus Nachf. 1967; Vgl. die katholische Sicht: Hermann, Katholische Kirche, Anm. 5.

sprach, dass Wekerle am 14. Mai 1892 dem Parlament eine Vorlage für eine Währungs-reform, d. h. die Konsolidierung des Staatshaushaltes und die Einführung einer Gold-währung, überreichte. Diese Schritte wurden in engster Abstimmung mit Wien unternommen, denn die Währungspolitik gehörte ja in der Doppelmonarchie zu den gemeinsamen Angelegenheiten. Der Ruhm der Leistung haftete aber Wekerle persönlich an.

In der sich zuspitzenden kirchenpolitischen Frage überstimmte am 10. Oktober der Ministerrat seinen Vorsitzenden Szapáry und empfahl die baldige Inangriffnahme der Erarbeitung von Vorlagen zur Einführung von Zivilstandsregistern und staatlicher Eheschließung. Der König stand aber hinter dem Ministerpräsidenten, der also im Amt, aber eben auch isoliert blieb.

Während in der Frage der Kirchenpolitik die Spannung größer wurde, beging die Szapáry-Regierung eine neue Torheit. Wieder war es ein missglückter Versuch, Versöh-nung zu manifestieren, indem man einen Kranz an der Hentzi-Statue gemeinsam durch den Budapester Korpskommandanten und durch den Vorsitzenden des Honvéd-Vereins der Aufständischen von 1848 niederlegen ließ.[4] Es hagelte Proteste und die Regierung trat am 6. November 1892 zurück. Am 17. November wurde Finanzminister Wekerle mit der Regierungsbildung beauftragt.

Der König hatte Wekerle gewählt, um Konflikten mit Parlamentsmehrheiten aus dem Weg zu gehen. Die Kirchenpolitik war ihm von Herzen zuwider, eine Alternative hatte er aber nicht, denn die andere 1867er Partei, die von Apponyi, forderte jetzt auch Zu-geständnisse beim Armee-Problem. Darin sah der König jedoch den Anfang vom Ende.

Wekerle ging dann weiter als das Programm, das 1892 im Ministerrat zur Debatte stand. Bei jedem der fünf „kirchenpolitischen Gesetze" musste seine Regierung förmlich mit dem König und dem Oberhaus ringen. Am 31. Mai 1894 reichte die Regierung ihre Demission ein, denn die königliche Sanktion zu den verabschiedeten Gesetzen wollte und wollte nicht zustande kommen. Die Stärke der kirchenpolitischen Gesetze der Wekerle-Regierung lag darin, dass sie neue Mehrheiten ermöglichten. Zum Protest gegen die antikatholische Poli-tik ist zwar Graf Szapáry mit 35 Abgeordneten aus der liberalen Partei ausgetreten, da-gegen unterstützte der größere Teil der linken Unabhängigkeitspartei diese Politik, während die Apponyi-Partei in dieser Frage gespalten war. Das ergab nicht nur eine sichere Mehr-heit im Parlament, die Tisza seinerzeit auch mit seinen eigenartigen Methoden zuwege gebracht hatte, sondern strukturierte die politische Öffentlichkeit des Landes neu. Es ge-währte der liberalen Herrschaft eine breitere Grundlage.

Zwar nahmen die meisten Nationalitäten, repräsentiert durch kirchliche Führungs-schichten, gegen die liberalen Kirchengesetze Stellung, doch der Schlüssel zur politischen Lage lag nicht bei ihnen, sondern bei der Unabhängigkeitspartei. Die Unabhängigkeits-partei war stark kalvinistisch und kleinbürgerlich geprägt, also von Haus aus der liberalen Kirchenpolitik zugeneigt. Ihre Mobilisierung wurde durch die Budapester Presse vorange-trieben, die Feuer und Flamme für den Kulturkampf war. Schließlich spielte die Stellung-

---

4   Die Kämpfer der ehemaligen Revolutionsarmee fanden sich 1867/68 in Vereinen zusammen. Diese waren einerseits Selbsthilfevereine der meist verkrüppelten und erwerbslosen Armen. Sie administ-rierten und verteilten aber auch die verabreichten königlichen und staatlichen Hilfeleistungen. Dazu hatten sie Verzeichnisse angelegt, um Berechtigte, d. h. ehemalige Kämpfer, von Nichtberechtigten zu unterscheiden. Damit wurden sie auch zur Beglaubigungsstelle des 1848/49er Kampfeinsatzes.

nahme von Kossuth eine große Rolle, die in seiner letzten politischen Erklärung die ungarische Öffentlichkeit für die liberale Kirchenpolitik mobilisierte, auch wenn sie nun von einer 1867er Regierung vorgebracht worden war. Bald darauf, am 20. März 1894, verstarb der greise Revolutionsführer in Turin. Sein Begräbnis bot erneut einen Anlass, nationale Gefühle zu zeigen. Hunderttausende erwiesen Kossuth am 2. April 1895 in Budapest die letzte Ehre, während Franz Joseph jedwede staatliche oder Regierungsteilnahme verbot. Der Kaiser, der König sein sollte, verpasste auch diese Gelegenheit nicht, von seinem großen Gegner eine letzte emotionale Niederlage einzustecken, während er sich im Bereich des Reellen mit einem bloßen Pyrrhus-Sieg begnügen musste. Statt der ungarischen Regierung veranstaltete die Hauptstadt Budapest die Trauerfeiern.

Harte Opposition ist der Regierung von einer Gruppe katholischer Aristokraten um den Grafen Nándor Zichy im Bunde mit dem niederen Klerus entgegengebracht worden. Sie organisierte im Januar 1894 Massenkundgebungen und gründete am 28./29. Januar 1895 eine „Volkspartei", die mit einigen Vorbehalten als moderne christlich-soziale Partei angesehen werden kann.

Die Kreditfrage in der Landwirtschaft, die Agrarier und die Anfänge der genossenschaftlichen Bewegung

Während im Bereich der symbolischen Politik der Rücktritt von Tisza eine deutliche Zäsur bedeutete, war dies in der Wirtschaftspolitik nicht der Fall. Die Polarisierungen waren hier geringer, die Kontinuitäten größer.

Die Periode bis in die 1890er Jahre war eine Zeit der landwirtschaftlichen Strukturveränderungen in Richtung Getreidemonokultur. Die Erweiterung des Ackerlandes zu Lasten der Weiden und der im Zuge der Flussregulierungen trockengelegten früheren Feuchtgebiete, Siedlungsausbau und Bevölkerungsvermehrung, Separationen des Flurareals und Umzug der Bauern in Einzelgehöfte – all das waren Aspekte der Ausdehnung der Getreideproduktion. Auch ohne Intensivierung der Produktion hat diese extensive Erweiterung einen zusätzlichen Kapitalbedarf erzeugt. Denn entgegen landläufiger Meinung nimmt die mitteleuropäische Landwirtschaft in der Phase ihrer Modernisierung und Kommerzialisierung Kapital auf, anstatt Kapital und Arbeitskraft an die Industrie abzugeben. Dieser Irrtum ist u. a. von Karl Marx im III. Band des „Kapitals" popularisiert worden.[5] Darin interpretierte er jedoch seine empirische Grundlage, die englische Agrargeschichte, falsch, wie die Geschichte der englischen *enclosures* zeigt.[6]

Wo nahm also die neue Industrie ihre Ressourcen her? Die kurze Antwort ist: Wenn unterschiedliche Wirtschaftsbereiche exponentiell wachsen, lässt das schnelle Wachstum in der einen Branche die anderen Wirtschaftszweige nicht vertrocknen und setzt auch keinen Ressourcentransfer voraus. Denn gerade die Exponentialität der Wachstumskurve, die ein

---

5   Marx, Karl: Das Kapital, in: Marx, Karl/Engels, Friedrich: Werke, Hg. vom Institut für Marxismus-Leninismus beim ZK der SED, Berlin: Dietz-Verlag 1956ff., Bd. 23, S. 741–772.
6   Jones, E. L. (Hg.): Agriculture and economic growth in England 1650–1815, London: Methuen 1967; ders.: Agriculture and the Industrial Revolution, Oxford: Blackwell 1974; Mingay, G. E.: Enclosure and the small farmer in the age of the industrial revolution, London – Basingstoke: Macmillan 1968.

allgemeines Merkmal der Industrialisierung ist, mit anderen Worten die stetige Beschleunigung des Wachstums braucht keine zusätzlichen Außenimpulse.

Andererseits meint „Kapital" – gerade bei Marx – nicht einfach „Reichtum", sondern soll die Teile des Vermögens bezeichnen, die sich nach bestimmten Regeln verhalten. Lässt man die unfruchtbare marxistische Vorstellung von einer gewaltsamen Trennung der Kleinproduzenten von ihren Produktionsmitteln, von der sogenannten „ursprünglichen Akkumulation", außer Acht, so stellt sich die Frage, wie denn aus naturalwirtschaftlichen Produzenten Warenproduzenten wurden. Die offensichtliche Antwort ist: Allmählich, durch die Abschwächung der traditionellen Erwartungen und Regeln der sozialen Umgebung in Bezug auf das Wirtschaftsverhalten des Einzelnen, kurz, durch die Herausdifferenzierung der Wirtschaft aus ihrer sozialen Einbettung. Der Prozess ist langandauernd und „flächendeckend" und umso erfolgreicher, je breitere Massen von ihm erfasst werden.

Eine solche Ausbreitung des Geltungsbereiches der kapitalistischen Wirtschaftsweise ist nicht an die Industrie oder an einzelne Branchen gebunden. Besonders vielfältig, langsam und widersprüchlich fortschreitend und zugleich in Bezug auf die betroffenen Menschen, Regionen und Produkte äußerst umfangreich war der Prozess im Bereich der europäischen Landwirtschaft des 19. Jahrhunderts. Denn eine solche Umwandlung hängt zum Teil von Absatzmöglichkeiten, zum anderen von den Strukturen der bäuerlichen Gesellschaft, von den Ansprüchen der Herrschaften und des Staates, aber eben auch von den neuen rechtlich-institutionellen Formen des Kapitaltransfers und der Kapitalbeschaffung ab.

Vor 1848 existierte in Ungarn eine Reihe solcher Institutionen des Kapitaltransfers. Waisenkassen, die Kassen der Herrschaften, der milden Stiftungen und der kirchlichen Organe gewährten Kredit, während nicht nur ländliche Handwerker, sondern auch die Bauern der marktnahen Gebiete sich langsam daran gewöhnten, mit Zinsen zu rechnen und Marktpreise zu beobachten.[7] In der neoabsolutistischen Reformära wurde die 1848er Bauernbefreiung beibehalten und andere wichtige Reformen der traditionellen Wirtschaft durchgeführt. Herr und Bauer, Dorfschmied und Müller waren gleichermaßen davon betroffen, dass die alten Kreditquellen und Kreditgewährungs-Mechanismen im liberalen polizeistaatlichen System von Bach abgeschafft wurden, während neue Quellen nicht vorhanden waren. Durch die neuen, den Bauern und Grundbesitzern meist unbekannten Regeln und Institutionen der Kreditgewährung wurden auch zusätzliche Unsicherheiten geschaffen. Der Prozess wurde schon im Vormärz eingeleitet, eines seiner Produkte war das Wechselgesetz (GA XVI. 1840).[8] Die Institution des Wechsels erleichterte die Ausdehnung des Handels dadurch, dass die in dieser Form festgehaltene Forderung einerseits übertragbar, andererseits durch keinen Einwand anfechtbar bzw. in irgendeiner Weise zu schmälern war. Durch ebendiesen Umstand, gepaart mit einer Reihe von Formalitäten, wurde das neue Instrument nicht nur für Bauern, sondern auch für unerfahrene Kleinbürger und Adelige verhängnisvoll. Im Falle einer im Wechsel festgehaltenen Schuld nutzte es z. B. nichts, wenn der Schuldner noch so viele Zeugen stellen konnte, dass der Betrag, der im Wechsel stand, ihm

---

7 Vgl. Kaposi, Zoltán: A falusi hitelélet néhány sajátossága [Einige Besonderheiten des dörflichen Kredits], in: Aetas 1992, Nr. 4, S. 34–43.

8 Über die Reaktion gegen das Wechselgesetz s. Mennyey, Géza: A földbirtok hitele a reformkorszak eszmevilágában [Der Kredit des Grundbesitzes in der Ideenwelt des Vormärz], in: Magyar Gazdák Szemléje, 32 (1938), Nr. 3, S. 97–116, hier S. 108–109.

gar nicht voll ausbezahlt worden war. Gleichzeitig gerieten die Bauern unter Druck, denn früher bezahlten sie vieles in Natura, was nun in Bargeld abgegolten werden musste. Die staatlichen Steuern vervielfachten sich, und sie lasteten, wie gesehen, unverhältnismäßig stark auf den kleinen Landwirten.

Auch die Grundbesitzer schöpften früher aus alten Kreditquellen, in den fünfziger Jahren stand ihnen jedoch kaum noch eine Bank zur Verfügung. Als die Zahl der Banken und Bodenkreditanstalten nach 1867 anstieg, waren die Grundbesitzer bereits erheblich verschuldet.[9] Die Verschuldung resultierte in der Regel aus der Aufnahme von Privatkrediten, oft zu wucherischen Konditionen. Bis Ende der 1870er Jahre herrschte also allgemein und besonders bei den Bauern Kreditnotstand. Er war in der „objektiven" Ressourcenknappheit begründet. Doch man wundert sich, wie weit objektive wirtschaftliche Tendenzen durch rechtliche Rahmenbedingungen geschwächt oder verstärkt werden können. Die ungarische Bodenkreditanstalt, eine Gründung der Grundherren von 1863, übernahm erfolgreich das Grundprinzip der preußischen Landschaften. Die Anstalt florierte nach dem Erlass des Gesetzes (GA XXXVI.) über Pfandbriefe 1876 noch stärker. In den neunziger Jahren erreichte der in Pfandbriefen gewährte Kredit zwei Drittel der Gesamtsumme der Hypotheken.[10]

Tabelle 14: Größe der Hypothekarschulden je nach Rechtstitel bzw. Art (1883)

	unter 100	100– 500	500– 1000	1000– 2000	2000– 5000	5000– 10000	Über 10000	Insges.
	(Gulden ö. W.)							
Amortisationskredit	2,60	3,83	0,39	0,31	0,66	0,41	22,96	31,16
Andere Kredite	1,11	10,30	5,88	4,61	5,90	3,57	10,99	42,36
Gestundeter Kaufpreis v. Immob.	0,01	0,22	0,23	0,29	0,57	0,51	1,42	3,25
Im Erbgang	0,04	0,40	0,20	0,13	0,09	0,09	6,69	7,64
Zwangsvollstreckung	0,47	2,02	1,09	1,02	1,06	0,93	2,45	9,04
Steuern	1,27	0,76	0,25	0,30	0,38	0,20	0,34	3,44
Wechselschuld	0,05	0,43	0,23	0,37	0,19	0,21	0,40	1,88
Krediteröffnung	0,00	0,08	0,06	0,06	0,14	0,40	0,41	1,15
Sonstiges	0,01	0,02	0,02	0,03	-	-	-	0,08
Zusammen	5,50	18,06	8,35	7,12	8,99	6,32	45,66	100,00

Quelle: Keleti, Károly: Jelentés a magyarországi földbirtokok telekkönyvi megterheltetésének kitüntetése végett megkísérlett statisztikai adatgyűjtésről s annak eredményeiről [Bericht über die Ergebnisse der statistischen Datensammlung zur Beleuchtung der hypothekarischen Belastung des ungarischen Grundbesitzes], Budapest: Pesti Könyvnyomda 1884, S. 9.

---

9 Vargha, Gyula: A magyar hitelügy és hitelintézetek története [Geschichte des ungarischen Kreditwesens und der Kreditinstitute], Budapest: Kilián Frigyes 1896, S. 576–577.
10 Makai, Oszkár: Jelzáloghitelbankok [Hypothekenbanken], in: KE, Bd. 3, S. 69–70.

Der Hypothekarkredit war in den 1870er und 1880er Jahren recht begrenzt. Die Kredite, die nicht in Form von Pfandbriefen gewährt wurden, waren in der Regel jederzeit kündbare Kredite. Ein Teil sah die Tilgung in Raten vor, bei anderen musste das Kapital nach Ablauf der Frist auf einmal zurückerstattet werden. Das Ergebnis war einerseits eine sich steigernde Verschuldung, andererseits die Überhandnahme von Wucher.

Die Gesamtbelastung der Hypothekarschulden je nach Besitzgröße zeigt die besonders gefährdeten Größenkategorien:

Tabelle 15: Größe der Hypothekarschulden je nach Betriebsgröße (1883)

Besitzkategorie (Katastraljoch)	Fläche (Katastraljoch)	Anteil an der Gesamtfläche (%)	Gesamtschulden (Gulden ö. W.)	Schulden per K. Joch	Anteil an den Gesamtschulden (%)
0–10	60.446	16,6	3.636.841	60,18	38,0
11–20	37.070	10,1	988.476	26,66	10,3
21–80	44.819	12,3	626.458	13,98	6,5
81–200	16.878	4,6	248.515	14,72	2,6
201–1.000	47.890	13,1	1.095.783	22,90	11,4
Über 1.000	157.998	43,3	2.993.486	18,94	31,2
Insgesamt bzw. Durchschnitt	365.101	100,0	9.590.559	26,27	100,0

Quelle: Keleti, Károly: Jelentés a magyarországi földbirtokok telekkönyvi megterheltetésének kitüntetése végett megkísérlett statistikai adatgyűjtésről s annak eredményeiről [Bericht über die Ergebnisse der statistischen Datensammlung zur Beleuchtung der hypothekarischen Belastung des ungarischen Grundbesitzes], Budapest: Pesti Könyvnyomda 1884, S. 6f.

Wenn man auch die unterste Kategorie nicht problemlos mit den anderen vergleichen kann, war es immer noch der Kleinbesitz, der am tiefsten verschuldet war. Aus den in den Grundbüchern verzeichneten Hypothekarschulden geht auch hervor, dass die Zinsen der Kredite meistens sechs bis acht Prozent betragen haben, wozu auch noch die Kosten (besonders groß bei der Zwangsvollstreckung) geschlagen wurden. In einigen Fällen erreichten die Zinssätze Werte zwischen 100 und 700% pro Jahr!

Zinsen über 100 Prozent nannte man vor Erfindung der politischen Korrektheit Wucher. GA. XXXI. von 1868 hat jedoch den Begriff des Wuchers aus den Gesetzestexten gestrichen, was der Justizminister Horváth so begründete:[11] „Es ist meine Überzeugung, … dass den Wucher im eigentlichen Sinne, d. h. die Ausnutzung der ungünstigen Lage der Anderen … wir eigentlich den Wuchergesetzen zu verdanken haben." Die tiefe Einsicht, dass mit der Abschaffung der Gesetze zugleich die Sünden verschwinden, kam nicht nur den ungarischen Liberalen, ähnliche Argumente wurden auch woanders, so z. B. in Öster-

---

11 KN 1865–68, Bd. 10, Sitzung 294, 9.10.1868, S. 131.

reich, angeführt.[12] Die öffentliche Meinung betrachtete dies durchaus schon vor dem Auftreten der Agrarier als Skandal und verlangte nach Revision.

Das Wuchergesetz von 1877 führte den Begriff wieder ein und begrenzte den Zins auf acht Prozent. Ob das half oder nicht, kann nicht festgestellt werden. Eines steht fest, seitdem lohnte es sich wieder, die tatsächlichen Zinssätze zu verschleiern.

Wucher trieben nicht nur Privatpersonen. Einschlägig engagiert waren auch einige ländliche Sparkassen. Zwar waren sie ursprünglich gemeinnützige Einrichtungen mit entsprechenden Beschränkungen, sie durften jedoch kaum etwas anderes, als das Geschäft mit Sparbüchern zu betreiben. Es galten besondere Vorschriften in Bezug auf Reserven und Aktivposten. In der liberalen Ära wurde aber die Erweiterung des Geschäftsbereichs zugelassen und die Vorschriften gelockert. Die Sparkassen konnten nun alles tun, was den übrigen Banken auch erlaubt war. Sie waren aber klein und sammelten normalerweise das Geld ihrer Umgebung, das sie anschließend in der Form von kündbaren Hypothekenkrediten gegen hohe Zinsen verliehen. Daher war ihr Geschäftsgang besonders gefährdet, ihr Gewinn jedoch hoch. Im Jahre 1876 belief er sich im Verhältnis zum Aktienkapital auf 23 Prozent. Dass ihre teuren Hypotheken Abnahme fanden, verweist auf eine Monopolstellung.

Tabelle 16: Ungarische Sparkassen im Jahre 1876

Angaben zu den Sparkassen				Angaben zu den durch die Sparkassen gewährten Krediten			
Zahl	Ein-bezahltes Aktien-kapital in Gulden (ö. W.)	Gewinn in Prozent des Aktien-kapitals	Einlagen auf Sparbücher insgesamt in Gulden (ö. W.)	Als Wechsel und auf Kontokorrent in Gulden (ö. W.)	Als Immobilien-Kredite in Gulden (ö. W.)	Kurz-fristige Kredite in Prozent des Gesamt-vo-lumens	Hypo-theken-Kredite in Prozent des Gesamt-vo-lumens
341	20.029.341	22,87	214.407.479	99.699.890	93.419.371	51,63	48,37

Quelle: Galgóczy, János: Hitelügyeink szabályozásának kérdéséhez [Zur Frage der Regulierung unseres Kreditwesens], Nemzetgazdasági Szemle 2 (1878), Nr. 2, S. 10–11.

Dieses Übel wurde in der Öffentlichkeit und im Parlament diskutiert. Das zweite ungarische Wuchergesetz hat 1883 nicht einfach ein Zinsmaximum vorgeschrieben, sondern die Ausnutzung von Notlagen sowie Geschäfte mit unverhältnismäßig hohen Vor- und Nachteilen zu unterbinden versucht.[13]

Früh entstand die Idee, gegen Kreditnot mit vereinten Kräften vorzugehen. Der Gedanke der Genossenschaften, der genossenschaftlichen Sicherung von Leistungen, war sehr ver-

---

12 Grünberg, Karl: Geschichte der Agrarverfassung 1848–1898, in: Geschichte der österreichischen Land- und Forstwirtschaft und ihrer Industrien, Bd.1/1, Wien: Moritz Perles 1899, S. 345–355.
13 GA XXV, 1883.

breitet. Von Bruderladen (Knappschaftskassen) bis zu Beerdigungs- und Aussteuervereinen in allen konfessionellen, örtlichen und fachlichen Variationen reichte die Palette.[14]

Gróf Károlyi Sándor és vezérkara.
(György Endre, Hajós József, gróf Károlyi Sándor és Bernát István.)

Abbildung 9: Graf Sándor Károlyi und seine Mitarbeiter, die Führung der Kredit-Genossenschaften im Komitat Pest.
Quelle: Schandl, Károly (Hg..): A magyar szövetkezés negyven éve. Budapest 1938. S. 15.

Vor allem die Kredit-Genossenschaften wurden oft als Vorschussvereine gegründet. Man nahm sich vor, jede Woche für eine verabredete Zeitspanne eine kleine Summe in die Vereinskasse einzuzahlen. Die Kassenbestände wurden gegen Zins angelegt, nach Ablauf der im Voraus bestimmten Zahl von Jahren sind die Ersparnisse mit Zinsen ausgezahlt worden. Die Anlage wurde meist in Form von Krediten an die Mitglieder ausgegeben. Nach Einzahlung eines bestimmten Anteils bekam das Mitglied dann einen „Vorschuss" auf seine gesamte Stammeinlage, also die volle einzuzahlende Summe. Wenn man beispielsweise ein Drittel bezahlt hatte, konnte man maximal zwei Drittel der Endsumme als „Vorschuss" bekommen. Ein Anrecht gab es darauf nicht, jedes Gesuch wurde von der

---

14 Csepregi Horváth János: A magyar szövetkezeti intézmény története [Geschichte der ungarischen Genossenschaften], Budapest: Magyarországi Szövetkezetek Szövetsége 1926, S. 7–49.

Vereinsleitung entschieden. Die Genossenschaft gewährte zumeist zu anderen Konditionen und gegen zusätzliche Sicherheiten auch über diesen Vorschuss hinausgehende Kredite, allerdings auch dies nur an die eigenen Mitglieder. Da sich die Leute im kleinen Kreis gut kannten, die Struktur des Vereins einfach war und klare Verantwortlichkeiten herrschten, funktionierten diese Sparvereine oder Vorschusskassen meist ohne Probleme.

Das eigentliche ökonomische Problem konnten sie aber nicht bewältigen. Sie verteilten und umverteilten nur die lokalen Nöte und Überschüsse. Von außen her zusätzliches Kapital anzuwerben und vom Weltmarkt aufs Land oder in die Kleinstadt zu leiten ging bei dieser Struktur nicht. Vorschusskassen sicherten zwar die relative Autonomie der Mitgliederkollektive – allerdings bei Abwesenheit von Kapitalströmen, die sie hätten gefährden können.

Gründung und Erfolg der Kredit-Genossenschaften im Komitat Pest (1886–1894)

Von Genossenschaften war also in den siebziger und achtziger Jahren überall die Rede. Die Idee war so populär, dass damit auch Schindluder getrieben wurde. Der verbreitete Genossenschafts-Schwindel ist ebenso ein Indikator der Kreditnot wie der Wucher. Die allgemeine Empörung über den Wucher gewährte den Agrariern eine Bühne, die Scheinheiligkeit des Systems der sogenannten Wirtschaftsfreiheit aufzuzeigen. Es blieb aber nicht beim Moralisieren.

Schon 1883, in der Parlamentsdebatte des zweiten Wuchergesetzes zeigten die Agrarier Verständnis dafür, dass man Wirtschaftssünden mit Gesetzen nur begrenzt bekämpfen kann, obwohl dieses Gesetz der Verfolgung weit bessere Chancen gewährte als sein Vorgänger. Sie räumten institutionellen Lösungen wie der Gründung von Kreditgenossenschaften, Postsparkassen oder der Sanierung der oben als gefährdet beschriebenen ländlichen Sparkassen breiten Raum ein.[15]

Doch sie nutzen nicht nur das Parlament. Auch im oben vorgestellten Landwirteklub diskutierten – dem gemischten Charakter des Klubs entsprechend – Magnaten und Fachleute, Liberale und Agrarier im Januar 1884 vier Tage lang diese Thematik. Die Ergebnisse sind in einem publizierten Memorandum zusammengefasst worden, deren Verfasser Graf Aurél Dessewffy, der oben vorgestellte engste Mitarbeiter von Sándor Károlyi, sowie József Schmidt, ein junger Jurist und Freund des späteren Premierministers Sándor Wekerle, damals noch Ministerialrat im Finanzministerium, waren. Das Memorandum ist auch der Regierung vorgelegt worden, die aber nichts Sichtbares unternahm. Umso aktiver wurde Sándor Károlyi. Schon vom Frühling 1883 kennen wir einen Brief von ihm mit einem Konzept zu Kreditgenossenschaften. Károlyi korrespondierte mit dem damaligen Agrarminister Graf Pál Széchényi über die Notwendigkeit der Gründung von Kreditgenossenschaften; er legte detaillierte Pläne vor. Der Ausgang des Briefwechsels ist unbekannt.

---

15 KN 1881–84, Bd. 8, Sitzung 173, 24.1.1883, S. 205–210, Redebeiträge von Kálmán Tisza, Gr. Sándor Károlyi, Sándor Almássy, Benedek Göndöcs.

Im April 1886 trat der Vorsitzende des Vereins zur Förderung der Tierzucht im Komitat Pest, Baron Géza Podmaniczky, zurück. Podmaniczky war einer der größten Grundbesitzer des Komitats, ständiger Teilnehmer der königlichen Jagd in Gödöllö, ein gebildeter und allgemein geachteter Lutheraner – nebenbei ein Schwager des Ministerpräsidenten Tisza. Als der Rücktritt der alten Führung der Generalversammlung angezeigt wurde, ging diese dazu über, den Tierzuchtverein zu einem Landwirtschaftlichen Verein umzuwandeln, und wählte Károlyi einstimmig zum Präsidenten. Die Umstände der Versammlung erwecken den Eindruck, dass der Wechsel vorher zwischen Podmaniczky und Károlyi abgesprochen worden war. Károlyi wurde prompt nach der Wahl in den Saal geholt, wo er die Würde unter der Bedingung dankend annahm, dass er mit Hilfe des Vereins und des Komitats eine große Aktion zur Gründung von ländlichen Kreditgenossenschaften starten dürfe.

Schon zwei Wochen danach hat Károlyi die ersten Schritte unternommen. Er wurde unterstützt von dem Vizepräsidenten des Komitatsvereins József Hajós, einem 30-jährigen kalvinistischen Großgrundbesitzer, der in Budapest, Paris und Berlin Jura studiert hatte und dann in die Fußstapfen seines Vaters trat, zuerst Stuhlrichter im Komitat Pest und dann Bankdirektor wurde. Der ältere Hajós war zu dieser Zeit Vorstandsvorsitzender der Ersten Ungarischen Allgemeinen Versicherungsgesellschaft. Zuerst wurde eine zentrale Genossenschaft des Komitates gegründet, um dann auf ihre Initiative und unter ihrer Kontrolle die einzelnen Genossenschaften in den Dörfern ins Leben zu rufen. Hajós jun. wurde der ehrenamtlich arbeitende Direktor.

Von den 100.000 Gulden Kapital der Komitatsgenossenschaft hat Károlyi 5.000 Gulden beigesteuert, 40.000 zeichnete das Komitat. Am 12. April 1886 hat die Generalversammlung des Komitates die Statuten der Zentralgenossenschaft und die Teilnahme des Komitats gebilligt. Am 19. Dezember 1886 hielt die Zentralgenossenschaft ihre Gründungsversammlung, die ersten Genossenschaften in 14 Dörfern des Komitates wurden 1887 gebildet. Die Struktur der einzelnen Genossenschaften folgte dem Raiffeisen-Modell mit Modifikationen. Aufgrund des Handelsgesetzes von 1875 gab es hier Geschäftsanteile, und die Haftung der Einzelmitglieder war begrenzt. Dies widersprach zwar dem ursprünglichen Modell, erleichterte aber die Verbreitung der Dorfgenossenschaften, denn im Bauerntum herrschte aufgrund des Schwindels mit Genossenschaften ein ausgeprägtes und begründetes Misstrauen gegen neue Institutionen. Dementsprechend erfolgte auch die Gründung der Genossenschaften meist auf Initiative der Komitatsgesellschaft. Die Zentrale hatte Musterstatuten erarbeitet, die zwar einiges noch, wie die Höhe der Einzahlungen der Mitglieder u. Ä., offen ließen, aber alles Wesentliche regelten.

Bei dieser Vorgehensweise war die Rolle der Vermittler vor Ort entscheidend. Sie kamen meist aus der lokalen Elite, waren reformierte oder katholische Priester, Lehrer oder Notare. Károlyi hat von Anfang an Wert auf den interkonfessionellen Charakter seiner Gründung gelegt, nicht nur in der offiziellen Erscheinung, wie sie sich z. B. in der betont gemischten (katholischen, kalvinistischen, jüdischen) Zusammensetzung der Leitungsgremien der Zentralgenossenschaft zeigte, sondern auch in seinen privaten Ratschlägen an die Lokaleliten. Er versuchte auch konsequent nur solche Gründungen zu unterstützen, bei denen er von einer autonomen Lebensfähigkeit ausgehen konnte. In einigen Fällen ist eine recht aktive Rolle der größeren Grundbesitzer in der Dorfgemarkung zu vermuten, so in den Dörfern, wo Hajós der größte Grundbesitzer war und fast alle Bewohner der Genossenschaft beigetreten sind. Die positive Einstellung des Komitatsadels kann auch dann vorausgesetzt werden, wenn die Grundbesitzer keine direkte Rolle in der örtlichen Genossenschaft übernommen haben. Doch selbst wenn der Herr den Bauern eine Gründung mit einigem Druck nahe legen konnte, funktionierte die kontinuierliche Operation einer Genossenschaft nur dann, wenn die neue Institution von den Bauern angenommen wurde. Sie ist in großem Ausmaß angenommen worden. Die Gründer waren selbst einigermaßen überrascht von dem sich in den darauf folgenden drei bis vier Jahren abzeichnenden Erfolg.

Die neue Institution benötigte allerdings einen glücklichen Start. Schließlich war eine Reihe von Hürden zu nehmen, von denen bereits die erste der neuen Genossenschaft das Genick hätte brechen können. Man war auf die Verwendung der Gelder des Komitats angewiesen, die dem Aufsichtsrecht des Innenministers unterlagen. Dieser hat aber gegen die ungewöhnliche Festlegung einer großen Summe keine Einwände erhoben. Danach ist das Eintragungsgesuch ins Firmenregister vom Gericht mit durchaus relevanten Argumenten abgewiesen worden. Die Appellation gegen den Gerichtsbescheid hatte aber Erfolg. Die nächste Hürde bestand in der Frage, ob die Genossenschaft derselben Regelung in Bezug auf Steuern und Gefälle unterworfen wird wie die kommerziellen Gesellschaften, oder ob die Gemeinnützigkeit für die einzelnen und für die Zentralgenossenschaft anerkannt wird. Die Tatsache, dass fast alle diese Fragen in den ersten zwei Jahren positiv entschieden worden sind, ebenso wie die Teilnahme des Bruders des Ministerpräsidenten Kálmán Tisza, Lajos Tisza, am Ausschuss der Zentralgenossenschaft, lässt auch ohne weitere Belege zumindest eine gewisse wohlwollende Neutralität der liberalen Regierung der Genossenschaft gegenüber vermuten – was freilich keiner der Partner an die große Glocke gehängt hat.

Am leichtesten und unauffälligsten hätte man die neue Institution durch Drosseln der Kapitalzufuhr erledigen können. Der Beitrag zum Eigenkapital war zwar eine mutige Geste von Károlyi und dem Pester Komitat, es hätte aber nicht einmal für den Anfang ausgereicht, betrachtet man, wie es schon Károlyi nachweislich tat, die Kreditvermittlung als die grundlegende Aufgabe der Genossenschaft. Es ging um die Kanalisierung des Kredits von außen in Richtung der kleinen Landwirte. Ein Kanal braucht allerdings eine Wasserzufuhr. Potenzielle Kreditquellen stellten die bestehenden kapitalistischen Finanzinstitute dar. In den Jahren 1887/88 eröffnete das Institut des älteren Hajós, die Erste Ungarische Allgemeine Versicherungsgesellschaft, der Genossenschaft einen Kreditrahmen von 300.000 Forint; 1889/90 nahm die Ungarische Landeszentralsparkasse (MOKTÁR) diese Sicherungsfunktion wahr.

Da es fast schon in der Geburtsstunde der Kreditgenossenschaften zu einer Kooperation mit den Banken, also mit Symbolen des Hochkapitalismus kam, während die bisherige ideologische Entwicklung der Agrarier durch Antikapitalismus gekennzeichnet war, stellt sich die Frage, ob die Beteiligten den Widerspruch auch wahrgenommen haben und wie sie sich dazu stellten. Eine Erklärung liegt in zwei feststellbaren Fehlstellen. Es gibt bei den ungarischen Agrariern dieser Zeit – allen voran bei Károlyi – keine Hinweise oder Vorschläge, die die zeitgenössischen Konzepte und Vorstellungen des deutschen Korporativismus repräsentieren würden. Es fehlen ebenso weitgehend die antisemitischen Sprüche. Obwohl die Leitlinie in allen Teilfragen eine antikapitalistische war, hat man sich einer bemerkenswert disziplinierten Sprache bedient. Dies war nicht nur eine Frage des Stils. Es gab auch spezielle Gründe. Die deutschen korporatistischen Vorstellungen sind oft von kirchlichen sozialkonservativen Denkern lanciert worden. Die Protestanten und Katholiken

Ungarns haben sich aber in den Wirren des 19. Jahrhunderts zu einer gewissen gegenseitigen Akzeptanz bereitgefunden, die die agrarisch-konservativen Aristokraten nicht gefährden wollten. Vor allem Károlyi wollte interkonfessionell arbeiten. Zweitens konnten die deutschen korporatistischen Konzepte nicht umhin, den Staat mit größeren Aufgaben und Kompetenzen zu beauftragen, als er bis dahin hatte. Das war in Ungarn schwierig. Dem Staat haben die konservativen Eliten, und speziell Károlyi, vieles zugetraut, vertraut haben sie ihm nicht. Da ihnen weder kirchlicher noch staatlicher Schutz gegen den Kapitalismus zur Verfügung stand, war es auch nicht möglich, frontal gegen das Großkapital vorzugehen. Statt sich Träumereien – von denen z. B. Raiffeisen nicht frei war – über einen mit genossenschaftlich vereinten Kräften erreichten Sieg über den Kapitalismus hinzugeben, dachte Károlyi an eine Verlangsamung der Konzentration und der Spezialisierung der Produktion, an eine Milderung der Ausbeutung der industriellen Arbeiter, an eine Verringerung der Abhängigkeit der kleinen Leute, an Zeitaufschub.

Tabelle 17: Die Entwicklung der Pester Komitats-Kreditgenossenschaft in zwei Etappen (1887–1889–1894)

	In Genoss. gegründet in 1887–1888	In sämtlichen Genoss. 1889	1887–1888 = 100 %	In sämtlichen Genoss. 1894	1889 = 100 %
	Gulden bzw. Stück	Gulden bzw. Stück	Prozent	Gulden bzw. Stück	Prozent
Zahl d. Genoss.	42	54	128	80	148
Zahl d. Mitglieder d. Genoss.	1.136	9.507	837	23.859	251
Gezeichnete Geschäftsanteile	631.180	(631.180)	(100)	1.418.695	495
Wert d. Wechselkredite Gulden (ö. W.)	554.361	(554.361)	(100)	2.250.769	406
Wert d. Kredite auf Obligationen Gulden (ö. W.)	192.570	(192.570)	(100)	1.546.576	803

Quelle: Für 1887–1889: A Pestmegyei községi hitelszövetkezetek eredményei 1889. évről [Die Ergebnisse der Kreditgenossenschaften der Gemeinden vom Komitat Pest 1889], in: Szövetkezés 1. (1890), Nr. 5, S. 86–86. Bei den in Klammern gesetzten Zahlen verfügte der Berichterstatter noch über keine Angaben in Bezug auf die Zunahme in der ersten Hälfte von 1889, daher wurde angenommen, dass sie den vorigen Daten gleich sind. Die weiteren Angaben in: Pólya, Jakab: Szövetkezeteink [Unsere Genossenschaften], in: 6. Szövetkezés (1895), Nr. 7, S. 375.

Die Agrarier waren also Realisten. In Bezug auf die Großbanken als Kreditquellen der genossenschaftlichen Bewegung behielten sie zwar eine grundsätzliche Abneigung, die aber von dem Wissen um die Unentbehrlichkeit des Großkapitals in Zaum gehalten wurde. Sie versuchten statt einer ungezügelten Paranoia zwischen den Banken zu unterscheiden. Einige Banken schienen den Agrariern mehr oder weniger ausbeuterisch, freundlich oder regierungsnah zu sein. In der Tat sieht die moderne Wirtschaftsgeschichte die Großbanken der Zeit als kulturell nicht ungefärbte, bei weitem nicht als politikferne und auch nicht als lediglich abstrakt-rationellen Wirtschaftszielen folgende Institute. So versuchten die Agrarier, „ihre" Partnerinstitute zu finden. Eine ähnliche Vorstellung findet sich schon in dem oben zitierten Brief von Károlyi an Schäffle 1885. Das Spiel gab es freilich auch in umgekehrter Richtung. Das Ergebnis war eine rasche Ausweitung der Genossenschaften im Komitat Pest. Innerhalb von nur acht Jahren erreichte der Mitgliederstand fast die Hälfte des Vorkriegsmaximums – ein spektakulärer Erfolg.

Die landesweite Verbreitung der Kredit-Genossenschaften und die Vorstellungen von Károlyi

Die Erfolge ließen sowohl Hoffnungen als auch Befürchtungen wachsen. Die stürmische Verbreitung der Kreditgenossenschaft im Komitat Pest war geeignet, bei den Regierungspolitikern Vorbehalte zu wecken. Ein derart breites Netzwerk konnte vielleicht auch bei Wahlen relevant sein.

Die Pester Komitatsgenossenschaft konnte zwar ungehindert weiterarbeiten, sie fand aber anderenorts geringe Nachahmung. Genau das wäre aber das Anliegen von Károlyi und seinen Mitarbeitern gewesen. Sie wussten, dass unerfahrene Kleinbauern in kleinen Dörfern nicht auf Anhieb Sprache, Begrifflichkeit und Formalitäten der Finanztransaktionen beherrschen könnten, wollten aber auch nicht zu stark auf die Lokaleliten setzen, da dann die Bauern oft draußen vor der Tür bleiben würden. Károlyi hat jahrelang mit Vertretern dieser Lokaleliten korrespondiert, sie beraten, oft aber auch vor zuviel Engagement gewarnt. Die Genossenschaft sollte die Sache der Bauern werden. Komitatsvereine sollten nicht nur die Refinanzierung der von den einzelnen Dorfgenossenschaften gegebenen Kredite ermöglichen, sondern zugleich Zentren der Bildung und Erziehung in finanziellen Angelegenheiten für die kleinen Landwirte darstellen.

Dieser Einschätzung ist in der Folgezeit konsequent entsprochen worden. Von Musterstatuten und genossenschaftlichen Geschäftshandlungen (z. B. Versammlungsprotokollen) über vereinfachte Buchführungsvorschriften bis zur Grundausbildung im Wechselrecht durch reisende Revisoren reichte die Palette der Schulungen.[16] Die große praktische Bedeutung dieser „Finanzerziehung" wurde auch bei der Revisionstätigkeit von deutschen Genossenschaften beobachtet.[17] Aber die Sorge für das Wohlergehen der Bauern war auch

---

16 Die Bedeutung dieser Schulung ist von einem Praktiker mit dem Stellenwert der Kapitalausstattung gleichgesetzt worden. Csepregi Horváth, János: Gr. Károlyi Sándor és vezérkara [Graf Sándor Károlyi und sein Stab], Budapest: Stephaneum 1916, S. 52–55. Csepregi Horváth leitete ab 1898 die industrielle Abteilung der Landeszentrale der Kreditgenossenschaften.

17 W. Wygodzinski, Das Genossenschaftswesen in Deutschland, Leipzig – Berlin: B. G. Teubner 1911,

etwas, was einen Teil der traditionellen Ideologie der munizipalen Autonomie der Komitate bildete. Konsequenterweise versuchten die Agrarier auch in anderen Komitaten Genossenschaften zu gründen.[18] Zahlreiche Komitate zeigten offiziell Interesse an einer Genossenschaftsgründung.[19] Dass dann doch nur eine weitere Komitatsgenossenschaft gegründet wurde (Arad), dürfte mit der gewachsenen Distanz der Regierung zu tun gehabt haben.[20]

Die Hilfe der Regierung wurde im Herbst 1888 auch im Parlament erbeten. Károlyi stellte hier das Modell des Komitats Pest als eine genau den ungarischen Verhältnissen entsprechende Mischung von Anleitung und Selbsttätigkeit vor. „Meinerseits erbitte ich von der Regierung nichts anderes, als moralische Unterstützung, die darin bestünde, dass sie eine jener im Komitat Pest verfolgten ähnliche Verfahrensweise … den Komitaten empfiehlt."[21] Auch notfalls durch die Erhebung von Aufsteuern finanzierte Stiftungen der Komitate wären für die Gründung von Genossenschaften vonnöten. Wenn man aber schon vor der Öffentlichkeit um etwas bitten muss, was vorher in aller Stille gewährt wurde, sieht es gar nicht gut aus. Tisza wies dann auch die Bitte ab, denn „moralische Unterstützung" hieße hier letztendlich, dass die Komitate ihr Geld für Zwecke binden würden, für die es nicht vorgesehen war.[22] Die genauen Gründe für die Wende sind, abgesehen von der Spekulation in Bezug auf die Möglichkeit der politischen Mobilisierung durch die Genossenschaften, unbekannt.

Natürlich fürchteten die Sparkassen der ländlichen Kleinstädte die neuen Kreditinstitute und behinderten sie, wo sie konnten. Sogar im Komitat Pest gab es 1889 einen örtlichen Verwaltungsbeamten, der sich gegen die Gründung einer Kreditgenossenschaft vor Ort aussprach und die Ortsbewohner an eine zwar fernere, jedoch „befreundete" Sparkasse verwies.[23] Da auch die Regierungspartei damals keine moderne Massenpartei, sondern eine schlichte Agglomeration einer großen Anzahl von lokalen Honoratiorengruppen war, ist es gar nicht unmöglich, dass lokale Klagen höher drangen. Die Provinzsparkassen waren mit den regionalen politischen Eliten verwoben, ihren Klagen über die unliebsame Konkurrenz der Genossenschaften hätten sie vielleicht auch bei der Regierung Gehör verschaffen können. Dies dachte auch Károlyi.[24] Die Befürchtungen der Sparkassen waren übrigens unbegründet. Nach einem sechs bis sieben Jahre währenden Rückgang, als die neuen Genossenschaften in der Tat Geschäfte von den früher bestehenden Anstalten an sich zogen,

---

S. 92–98.

18 Jantsits, Endre: A Somogymegyei hitelszövetkezetek szövetsége működésének első tizenkét éve [Die ersten zwölf Jahre der Kreditgenossenschaften im Komitat Somogy], Budapest: Stephaneum 1910, S. 6–11.

19 Csepregi Horváth, Stab, Anm. 16, S. 76–77.

20 G[aál] J[enő]: Az aradmegyei hitelszövetkezetekről [Über die Kreditgenossenschaften des Komitats Arad], in: Szövetkezés 1 (1890), Nr. 5, S. 79–81; Vgl. Csepregi Horváth, Stab, Anm. 16, S. 81–82.

21 KN 1887–92, Bd. 3. Sitzung 53, 31.1.1888.

22 Daselbst und KN 1887–92, Bd. 3, Sitzung 55, 3.2.1888.

23 Csepregi Horváth, Stab, Anm. 16, S. 67–68.

24 MOL P 389. n. Undatiertes Konzept eines Briefes von Sándor Károlyi an Albert Schäffle unter den 1885er Kongress-Materialien. „Minister Tisza wollte bis jetzt von Kreditverbänden … nichts hören … Er wollte sich evident mit den (!) Aktionären der hunderteweise bestehenden Provincialbanken nicht verfeinden."

wuchs der Umfang der Geschäftstätigkeit bei allen, alten wie neuen Kreditanstalten, denn auch Genossenschaften fördern den Prozess der Monetarisierung und Kommerzialisierung.[25]

Einen Konflikt mit der Regierung gab es noch nicht. Im Jahre 1888 gab die Regierung sogar ein neues Versprechen ab, die Kreditgenossenschaften zu unterstützen. Die Anlage der 1888 an die Gemeinden ausgegebenen Regalien-Ablösungsobligationen sollte durch ein neues Gesetz so geregelt werden, dass die Gemeinden ihre Obligationen für die Gründung neuer Genossenschaften festlegen durften.[26] Das wären ungeheure Kapitalsummen gewesen – wenn diese zusätzlichen Kapitalien aus den Ablösungsobligationen denn tatsächlich zur Verfügung gestanden hätten.

Als im März 1890, wie oben geschildert, Tisza stürzte, dachten zumindest die Károlyi-Leute, dass eine Zeit des Aufbruchs für die Genossenschaftsbewegung gekommen sei. Unmittelbar nach dem Regierungswechsel begann Károlyi, mit Finanzminister Wekerle über die Verwirklichung des Versprechens von 1888 zu verhandeln, hatte aber vorerst keinen Erfolg.[27] Die Kreditgenossenschaft im Komitat Pest kündigte ungeachtet dessen bei ihrer Generalversammlung am 21. April 1891, die Umorganisierung der Komitatsgenossenschaft zu einer landesweiten Genossenschaftszentrale an.[28]

Damit potenzierte sie die schon seit ihrer Geburt bestehenden Probleme der Abhängigkeit vom Großkapital einerseits, sowie der Auffindung und Koordinierung von Vermittlern und Organisatoren andererseits. Beiden wollte sie zuerst mit einer kleinen Hilfe der Regierung aus dem Weg gehen. Dazu diente der Entwurf einer landesweiten Erweiterungskampagne, den Hajós mit einer Eingabe dem Finanzminister vorlegte. Wekerle verzögerte die Verabschiedung des Gesetzes über die Regalien-Ablösungsobligationen der Gemeinden, das die Gründung von Genossenschaften ermöglichen sollte, weiter, arrangierte jedoch als „Trostpflaster" die Vergabe eines kleineren Kredites, dessen Umfang mit 300.000 Forint jedoch weit unter den von den Gemeinden erhofften Gründungskapitalien lag.[29]

Eine andere Einstellung zeigte der jüngste Minister der neuen Regierung, der Landwirtschaftsminister Graf András Bethlen.[30] Bethlen war Kalvinist, galt als intelligent und fleißig und stammte aus einer der ältesten und am weitesten verzweigten siebenbürgischen Familien. Er hatte in Brüssel und Leipzig studiert, an der letzteren Universität Volkswirtschaft bei Wilhelm Roscher. Bethlen machte die Kampagne von Károlyi nicht in ihrer Gesamtheit zu seiner eigenen. Dazu wäre er wohl ohnehin nicht in der Lage gewesen, denn er scheint dauerhaft im Schatten von Wekerle gestanden zu haben. Der mächtige Wekerle steuerte aber bereits eine Währungsreform an, maß daher der Konsolidierung des Staatshaushaltes höchste Priorität zu und bremste alle anderen Vorhaben.[31] Bethlen half

---

25 Vargha, Kreditwesen, Anm. 9, S. 445–446.

26 Vgl. GA XXXVI: 1888.

27 Csepregi Horváth, Stab, Anm. 16, S. 97.

28 Ebd., S. 96–97.

29 Ebd., S. 96–97.

30 Die Lebensdaten von Bethlen in Lukinich, Imre: A bethleni gr. Bethlen család története [Geschichte der Familie der Grafen von Bethlen de Bethlen], Budapest: Athenaeum 1928.

31 Die Gesetzesvorlage zur Währungsreform ist zwar erst im Mai 1892 dem Parlament vorgelegt worden, die prinzipiellen Grundlagen sind jedoch schon bei der Sitzung des ungarischen Ministerrates am 15. Januar 1891 festgelegt worden. S. Lakos, János (zusammengestellt von): A Szapáry- és a Wekerle-

jedoch den Genossenschaften, wo er konnte. Er bezahlte z. B. die Revisoren der Genossenschaft in Siebenbürgen. Die ersten siebenbürgischen Genossenschaften wurden auf den Besitzungen eines Verwandten des Ministers, des damals in Wien studierenden minderjährigen István Bethlen, begründet. Es ist jedoch unklar, wieweit die Gründungen überhaupt mit den beiden Grafen Bethlen zu tun hatten, denn unmittelbar beteiligt waren nur die „dienstbaren Geister", worunter der Stab von Károlyi zu verstehen ist: Der reformierte Pastor und Dichter Szabolcska, der kgl. Notar Gidófalvy sowie die beiden reformierten Intellektuellen Endre György und István Bernát.

Auch in anderen Komitaten wurde der Erfolg der Jahre von 1891 bis 1895 davon bestimmt, ob vor Ort Komitatsbeamte und Lokaleliten die Kampagnen hinreichend unterstützten. In den Komitaten Borsod und Komárom war dies der Fall. Im Ergebnis sind bis 1895 die Genossenschaften im ganzen Lande auf mehr als das Dreifache dessen gewachsen, was die Pester Genossenschaft 1892 war.

In der neuen landesweiten Kampagne entstanden zwar keine autonomen Komitatszentralen, wie ursprünglich geplant, sondern nur Unterzentralen der Pester Genossenschaftszentrale. Es scheint aber, dass die mit erheblichem persönlichem Einsatz von Károlyi und seines Stabes sowie unter Mithilfe der Lokaleliten geführte Erweiterungskampagne der Organisations-Schwierigkeiten viel eher Herr wurde, als sie in der Lage war, neue Kreditquellen zu erschließen. Diese waren immer noch sehr knapp bemessen. So häufte sich der Frust gegen die Regierung wegen der Nichtunterstützung der Kampagne zur landesweiten Gründung von Genossenschaften, insbesondere wegen der Verschleppung der Sache der Regalienobligationen, von der Kapital für die Gründung neuer Genossenschaften erhofft wurde. Schließlich hatten die Kreditgenossenschaften ihren Wert bewiesen, und zwar bei einem Problem, das auch die Regierung als drängend anerkannt hatte.

Echter Zorn stieg aber erst Ende 1892 auf. Ein Genossenschafts-Gesetz war seit längerem gefordert worden. Es sollte die Frage des Schwindels mit den Kreditgenossenschaften, das Procedere des Bankrottverfahrens gegen Genossenschaften und die eben erwähnte Anlagemöglichkeit von Regalienobligationen regeln. Die schwierigste Aufgabe bestand darin, hunderte von Dorfgenossenschaften in einer Landes-Dachorganisation zusammenzufassen, ohne, dass deren Autonomie leidet, aber zugleich die Finanzkontrolle mit genügend zentraler Macht für die oben erwähnte Finanz-Erziehung und Kontrolle auszustatten. Außerdem sollten die Genossenschaften durch die Gründung einer Zentrale eine gemeinsame starke Verhandlungsposition gegenüber den äußeren Kreditquellen, also den Großbanken, erlangen. Nachdem Wekerle die Fragen als Finanzminister von 1890 bis 1892 auf die lange Bank geschoben hatte, erschien Ende 1892, als er schon Ministerpräsident war, doch eine Gesetzesvorlage. Die Regalienobligationen waren darin wieder einmal vergessen worden. Dagegen waren in der Vorlage die einzelnen Dorfgenossenschaften jedes Krähwinkels ohne Koordinierungsorgane auf der mittleren Ebene in einem Dachverband gemeinsam mit allen Banken zusammengefasst, die ihre Geschäftspartner waren. Praktisch hätte dies eine alles bestimmende Bankmacht bedeutet. Den Banken gegenüber wären die Genossenschaften als Schuldnergemeinden zusammengefasst worden. Ganz nebenbei hätte

---

kormány minisztertanácsi jegyzőkönyvei 1890. március 16.- 1895. jan. 13. [Die Ministerrats-Protokolle der Szapáry- und Wekerle-Regierungen 16.3.1890–13.1.1895], Budapest: MOL 1999, Bd. 1–2, hier Bd. 1, S. 422–430.

man die schon bestehende Genossenschaftszentrale auflösen müssen. Die Agrarier waren damit absolut nicht zufrieden. Man führte eine Enquete durch, in der die Experten eine ganze Reihe von Einwänden vorbrachten. Danach schien die Frage eine Zeit lang einzuschlafen. Mit dem anfänglichen gegenseitigen Wohlwollen war es aber um diese Zeit endgültig vorbei.

Da Károlyi viel Geld und Energie in die Gründung von Genossenschaften steckte, stellt sich die Frage, in welche weitere gesellschaftliche Perspektive sich diese fügten. Die Ansichten von Károlyi wurden in einer Rede bei einer Konferenz im Frühling 1890 ersichtlich.[32] Károlyi begann seine europaweite Übersicht nicht mit den Bauern, sondern mit den Arbeitern und sprach sich für eine Sozialversicherung der Arbeiterklasse mit Staatshilfen aus. Erst dann betrachtete er die „Sache der kleinen Landwirte, der Kleinhandwerker, der Kleinunternehmer und der Tagelöhner, um die sich besonders gesorgt werden muss, denn sie sind von dem immer schärfer werdenden ökonomischen Wettbewerb gefährdet, und weil die Zukunft des ungarischen Staatswesens von der glücklichen Entwicklung dieser Klassen abhängt."[33] Er erkannte ausdrücklich die Vielfalt der Lösungsansätze des sozialen Problems an. Die Kreditgenossenschaften bekämen nur deswegen eine zentrale Rolle, „weil den ländlichen Bewohnern die Höhe des Zinses am meisten weh tut."

Eine längerfristige Perspektive hat er 1895 in einer Rede auf der Versammlung der siebenbürgischen Genossenschaften gewählt. Hier stellte er fest, dass „die große Umwälzung der produktiven und Transportverhältnisse" den Lohn überall steigen lässt, „andererseits den Ertrag des Bodens und den Zins des Kapitals auch dort verringert, wo früher beide hoch waren".[34] „Dagegen gibt es keine radikale Hilfe, und alles, was wir tun können, besteht in einer Verlangsamung dieser Entwicklung, dieser Depossedierung auf dem Wege der Gesetze, der internationalen Verträge und Koalitionen. … Die Zeit muss zur Hilfe gerufen werden durch diejenigen, die etwas zu verlieren haben und deswegen einen schweren Kampf führen müssen gegen die, die sich aus einer solchen Entwicklung der Sache Gewinn erhoffen und die – um ihren Interessen je früher zum Sieg zu verhelfen – den Gang der Weltentwicklung beschleunigen wollen."[35]

Ökonomische Entwicklung und moralischer Verfall sind miteinander verbunden: „Das andere Problem ist der Wettkampf der durch die Schnelle der politischen Wechsellagen und unter dem Eindruck der wirtschaftlichen Situation ihrer Form entkleideten Menschen um das Auskommen, just dann, wenn wir den allgemeinen Charakter der Zeit, die Lockerung der öffentlichen Moral sehen können." Nun, dagegen hätte man einiges unternehmen können. Konkret sagte er aber nur soviel: „Die Verwilderung des Wettbewerbes wird durch den Zusammenschluss der Schwächeren gemildert. …".[36]

Andererseits gab es nach Károlyis Auffassung nicht nur einen Kampf innerhalb der Gesellschaft, sondern auch zwischen den Völkern. Die Genossenschaften sollten etwas vom inneren Frieden der Gesellschaft bewahren und gleichzeitig das eigene Volk auf die

---

32 Szövetkezeti értekezlet [Genossenschaftskonferenz], in: Szövetkezés 1 (1890), Nr. 5, S. 71–74.
33 Ebd., S. 72.
34 [Bernát István]: Marosvásárhelyi gyűlésünk [Unsere Versammlung in Marosvásárhely], in: Szövetkezés 6 (1895), Nr. 10, Rede des Vorsitzenden Gr. Sándor Károlyi, S. 417–425, hier S. 418.
35 Ebd.
36 Ebd.

Kämpfe der Zukunft vorbereiten. In einem Brief an Apponyi sah Károlyi die Gründung der Genossenschaften und die Umwandlung der öffentlichen Meinung als zwei Stationen auf einem langen Weg beider:

„Es ist das Ergebnis deiner Tätigkeit, dass die Regierungspartei nicht die ganze Zeit soviel vor dem goldenen Kalb und vor dem deutschen Kopf des zweiköpfigen Vogels kniet. – Ma pure sempre troppo! Selbst wenn dein Leben nichts anderes wird als eine solche Umformung der öffentlichen Meinung inmitten der Lethargie, in der dieses Land lebt, du wirst würdig sein. …

Ich denke, dass das Land in dem großen materiellen Fortschritt zwei Sachen vergessen hat. Die eine ist die Verstärkung des ungarischen Staates, die andere ist die ethische Entwicklung. Beide Übel sind gefährlich, du musst sie bekämpfen. Du musst gegen das österreichische Vordringen und den Manchesterismus bekämpfen. Die österreichischen Eroberungsgelüste könnten noch größer werden, aber unser Widerstand dämpft sie. … Mit dem Manchesterismus hat niemand den Kampf aufgenommen, sie unterstützen die Freiheit des Wettbewerbs, dies nutzt der Jude aus, der im Wettbewerb siegen wird, denn er ist geschickter als wir.

Der Jude kämpft gegen die gentry, weil diese seine Überhandnahme schief anschaut. Daher hält der Jude mit der bürgerlichen Klasse, weil diese gleich ihm Demokrat und Parvenü ist. Diese Tatsache wäre an sich nichts Schlimmes. Das Problem besteht darin, dass diese neue bürgerliche Klasse die Schule des Wettbewerbes durchgemacht hat – sie macht ihr Vermögen, beschäftigt sich damit … [zwei Wörter unleserlich] … – und alles in allem, von den Ausnahmen abgesehen, ihre patriotische Gesinnung ist keine flammende. So verbreitet sich der Manchesterismus auch in den bürgerlichen Kreisen und mit ihm eine Art des Polyglottism, welcher der Idee des ungarischen Staates größte Gefahr bedeutet und unterminiert sie solange, bis diese dann hinschwindet.

Ist das die schicksalhafte Rolle der ungarischen Demokratie? Werden wir eben dies durchmachen müssen, um dann später einmal Mitglieder eines großen mitteleuropäischen germanischen Staates zu werden? Ich glaube nicht. Denn dieses wird kein Einzelstaat sein, sondern ein Staatenbund, wie die Schweiz einmal war. Den größten Nutzen von all dem hat der Jude. Der verbreitet sich in Budapest, der verbreitet sich im Oberlande, einmal hört er auf mit der bescheideneren Rolle, wird die Hauptrolle spielen wollen und dies auch erreichen. Mit den Juden werden wir einmal den Kampf aufnehmen. Es fragt sich bloß, ob es nicht zu spät wird. Heute müssen die Vorbedingungen dieses Kampfes vorbereitet werden. Das Problem stammt von der Übertreibung des Individualismus. Daher muss dagegen der Kollektivismus eingesetzt werden. Das ist die Reaktion, die heute auch bei uns in der Luft liegt, der aber eine ähnliche Tendenz in Österreich vorangeht. Die Bewegung soll keinen antisemitischen, sondern sozialen Charakter haben. Der Stil soll nicht so sehr deutscher, staatlich-sozialer Prägung sein, sondern eher nach französischer Art, d. h. auf Freiheit gegründet. Der Staat soll die collectif [sic] Institutionen bloß ermöglichen – aber der Eintritt darf nicht auf Zwang, sondern auf dem freien Willen des Einzelnen begründet sein. Die Tatsache des Eintrittes stelle an sich eine Selektion dar, die der demokratischen Idee entspricht. Letztere kann nicht durch Zwang erreicht werden, welcher nicht erhebt, sondern viele erniedrigt. Bei der Arbeiterklasse ist dieser Zwang vielleicht nicht fehl am Platze, aber diese Klasse ist bei uns nicht so ausschlaggebend. Daher soll dies weniger auf die Arbeiter und eher auf die kleinen Landwirte und kleinen Handwerker Anwendung

finden. So können diese Klassen ökonomisch vom Auskauf und daher von der Auswanderung gerettet werden und ihr Patriotismus gerade durch den Kollektivismus gestählt
werden. – Machen wir es anders, so fällt das Vermögen dem Juden und daher die Macht
dem Deutschen zu."[37]

1891, als der Brief geschrieben wurde, war Károlyi 61 Jahre alt. Pessimistisch, wie er in
Bezug auf die Zukunft war, bestand er – im Gegensatz zu seinen intellektuellen Mitarbeitern – nicht darauf, umfassende Deutungen der Welt zu geben. Nur die Tendenzen
beobachtete er.

Im gleichen Jahr kam das erste russisch-französische Bündnis zustande, die II. Internationale tagte in Brüssel, die Enzyklika „Rerum Novarum" war erschienen, die Gendarmen feuerten auf sozialistische Landarbeiter in Ungarn, Böhmen brodelte, der österreichische Ministerpräsident Taaffe tat so, als ob er noch alles beherrschte. In Budapest saß
die schwache Regierung von Szapáry. Die Welt des 19. Jahrhunderts war deutlich außer
Rand und Band geraten – das sah auch Károlyi so. Doch er verzagte nicht, sondern versuchte die Gesellschaft durch Organisationsarbeit zu gestalten, damit sie zur Nation ge-
schmiedet werde. Er war also ein alter Grandseigneur französischer Zunge mit ungarischem
Patriotismus in der sich der Auflösung nähernden Monarchie.

Die heftige Abneigung gegen den Kapitalismus hatte seinen Realitätssinn nicht getrübt.
Als die Kapitalknappheit die Expansion der Genossenschaften zu drosseln drohte, brachte
Károlyi 1894 seine Pester Kreditgenossenschaft in eine förmliche Verbindung mit der
Ersten Pester Landessparkasse. Von der Tradition und dem Leitungspersonal her war die
Landessparkasse eine geeignete Wahl, denn sie war im Vormärz durch den begüterten Adel
auf Genossenschaftsbasis mit ursprünglich humanitärem Vorsatz und mit Unterstützung
des Komitats Pest gebildet worden. Doch im Wesentlichen war die Landessparkasse trotz
dieser honorablen Ursprünge und Traditionen eine kapitalistische Großbank. Einer ihrer
Direktoren war Hajós. Dieses moderne Institut nahm sich nun der Aufgabe der Kreditvermittlung für die Genossenschaften an. Aus der Pester Genossenschaft wurde ein
„Zentralkreditinstitut der heimatlichen Genossenschaften" für das ganze Land, dessen
Grundkapital auf das Fünffache, auf eine Million Kronen aufgestockt wurde, zusätzlich
wurde ein Kreditrahmen von sechs Millionen Kronen bei der Sparkasse eröffnet.[38] Die
Struktur des neuen Instituts entsprach Károlyis Vorstellungen. Das Raiffeisen-Modell
wurde beibehalten, die einzelnen Genossenschaften sind wiederum in einer Zentrale zusammengefasst worden. Damit stand eine konzentrierte, zwar nicht autonome, aber doch
starke Vertretung der Einzelgenossenschaften der Sparkasse als Kreditquelle gegenüber.
Allerdings verfügte die Sparkasse über die Hälfte der Plätze im Direktorat des neuen
Instituts.[39] Damit war das Problem der Kreditquelle vorerst gelöst. Die Sparkasse sicherte
sich einen neuen Markt, welcher mit ausschließlich kommerziellen Mitteln zu erschließen
unmöglich war, der aber auf dem Wege der genossenschaftlichen Finanzerziehung in
bedeutender Größe Finanzdienstleitungen abzunehmen fähig wurde. Letztendlich sollte
sich die Kooperation als fruchtbar erweisen.

---

37 MOL P 389. s. Konzept eines Briefes von Károlyi an Albert Apponyi, Appenzell, 19.8.1891.
38 Csepregi Horváth, Stab, Anm. 16, S. 115–117.
39 Ebd., S. 119. Die neue Zentralgenossenschaft nahm die Pflicht auf sich, bei der Generalversammlung
    für die Hälfte der Direktoratsplätze die Kandidaten der Sparkasse stramm und demokratisch zu wählen.

Für den Grafen Károlyi musste der Kompromiss beim Start erheblich bedrohlicher ausgeschaut haben. Dass er sich weder mit einer Genossenschaftsbewegung in aristokratischer Obhut und staatlich-liberaler Eingrenzung abfand noch in einen unfruchtbaren Judenhass und antikapitalistisches Schmollen abrutschte, zeugt von Größe.

Ähnliche Personen mit einem Blick für Realitäten gab es auch auf der liberalen Seite – so den schon erwähnten jungen Grafen Bethlen.

Der Versuch einer Überbrückung? – Pläne und Initiativen von Graf Bethlen

Der oben schon vorgestellte Andreas Graf Bethlen trat seine Parlamentslaufbahn schon 1873 mit 24 Jahren an, mit 33 ist er 1882 zum Obergespan des Komitats Brassó in Süd-Siebenbürgen ernannt worden. Als solcher soll er ein erfolgreicher Vermittler zwischen der Zentralregierung und der politischen Bewegung der Siebenbürger Sachsen gewesen sein.[40] An Helfern hatte Bethlen neben der weitverzweigten Bethlen-Familie, der kalvinistischen Kirche und seinen sächsischen Partnern wohl auch schon seit jungen Jahren einen ihm gleichaltrigen Freund, Karl Graf Khuen-Héderváry. Der Sprössling einer slawonischen Gutsbesitzer-Familie war juristisch gebildet, ein fähiger Verwalter, ab 1875 im Parlament, dann ab 1883 Banus von Kroatien und schließlich ein Mann des Vertrauens von Kaiser Franz Josef. Ob es Khuen-Héderváry war, der Bethlens Weg in die Szapáry-Regierung ebnete, ist unbekannt. Der junge Bethlen übernahm seinen Posten im März 1890 mit klaren Zielen:

1. Die Projekte zur Verbesserung der physischen Rahmenbedingungen der Produktion, allen voran die Wasserregulierungen, waren voranzutreiben. Das war keine exklusive Idee Bethlens. Alle wussten um die Bedeutung der Flussregulierung, sie tangierte eine Unzahl von Gemeinden und Grundbesitzern und war eine der Erbschaften von Graf István Széchenyi.

2. Es sollte ein Feldpolizei-Gesetz verabschiedet werden, um damit die rechtlichen Rahmenbedingungen der Agrarproduktion umfassend zu regeln. „Polizei" stand hier, also in der älteren Bedeutung des Wortes, als Synonym für Verwaltung, wie dies noch in der älteren „Polizeywissenschaft" üblich gewesen war. Damit verbunden waren zum Teil weitere Aufgaben: So wollte Bethlen z. B. die Veterinärmedizin ausbauen und damit die Seuchen unter Kontrolle bringen sowie die Viehausfuhr sichern, besonders nach Österreich und Deutschland. Die deutschen Vieh-Einfuhrsperren schmerzten, Bethlen konnte zwar keine staatliche Veterinärmedizin einführen, schaffte es aber, ein Gesetz über die Entschädigung für zwangsgeschlachtetes Vieh durch das Parlament zu bringen und sogar die bis dahin unerhörten Summen zur Entschädigung zu bekommen. Damit war die Kooperation der Besitzer der von Seuchen befallenen Herden einigermaßen gesichert, und das Auftreten von Seuchen verringerte sich zusehends.

Die Betonung der Viehzucht stellte mehr dar als eine Reaktion auf Notlagen. Bethlen suchte den Ausweg aus der Agrarkrise in der Intensivierung der Landwirtschaft, speziell in der Entwicklung der Viehproduktion.

---

40 Vgl. Jekel, Friedrich: Graf Andreas Bethlen. Gedenkrede, gehalten von Friedrich Jekel in der Komitats-versammlung vom 15. Oktober 1895. Kronstadt 1895.

3. Da auch unter den günstigsten Budget-Bedingungen nicht damit zu rechnen war, dass eine landwirtschaftliche Verwaltung vor Ort hätte entstehen können, brauchte man Mitarbeiter. Die Einschaltung der landwirtschaftlichen Vereine in die Verwaltungsarbeit lag nahe. Diese Notwendigkeit setzte aber die Frage der Interessenvertretung auf die Tagesordnung. Die Vereine bestanden auf ihrer Autonomie, setzen aber nicht sehr viel in Bewegung. Es fielen aber mit der Intensivierung immer mehr Aufgaben an, die eine fachlich kompetente Verwaltung der Rahmenbedingungen der Produktion erforderten. Nach wiederholten und meist an den Eifersüchteleien der Vereine gescheiterten Versuchen, startete Bethlen Ende 1890 einen neuen Versuch. Er plante die Einrichtung von Wirtschaftsausschüssen in jedem Komitat, die aus gewählten Komitatsvertretern sowie in dem Komitat tätigen, mit wirtschaftlichen Fragen befassten Staatsbeamten bestehen sollten.[41] Unter den Letzteren wäre auch ein Ökonomieinspektor gewesen, ein neu geschaffener Posten für die fachliche Leitung der landwirtschaftlichen Agenden in jedem Komitat, besoldet durch das Landwirtschaftsministerium. Der Plan war durchdacht, erreichte die Kooperationsbereitschaft der Agrarintelligenz, erregte aber zugleich die Animosität der Vereine, die traditionell Abstand zum Staat bewahren wollten. Auch die Gruppe von Károlyi und Dessewffy und die durch sie bestimmten Vereine opponierten. Die Versammlung der Wirtschaftsvereine am 4. April 1892 billigte – gegen erheblichen Widerstand – den Plan von Bethlen.[42] Nach dessen Sturz wurde jedoch dieses Organ aufgelöst und nie wieder aufgestellt.

4. Zuletzt soll der interessanteste Plan von Bethlen erwähnt werden: Die Anlage von kleineren und mittleren Pachtbetrieben, oder, wie er das nannte, eines „Farm-Systems". Das Konzept scheint er schon 1890/91 ausgearbeitet zu haben. Im November 1890 ernannte er Graf Imre Széchenyi zum Regierungskommissar für die Wiederbesiedlung der durch die Reblaus verwüsteten Weinbaugebiete.[43] Széchenyi hatte nach der amerikanischen auch die deutsche Agrarpolitik studiert und sich speziell mit der Siedlungspolitik in den preußischen Ostgebieten befasst. Ende 1891 verhandelte Bethlen mit dem Kultusminister über die für seine Pläne geeigneten kirchlichen, im August 1892 mit dem Finanzminister über die in Frage kommenden staatlichen Ländereien. Im Februar 1893 beriet der Ministerrat über den Plan von Bethlen „zur vorteilhafteren Nutzbarmachung des gebundenen Besitzes".[44] Der Plan fand zunächst die Zustimmung des Ministerrates, wurde aber nach einem Monat wieder zu den Akten gelegt.[45]

Das Konzept zielte auf die Besitzungen, die nicht im freien Güterverkehr standen, also „gebunden" waren. Dazu gehörten die Fideikommisse, aber auch die Ländereien der

---

41 A földmivelésügyi magyar k. ministernek 1890. évi működéséről a törvényhozás elé terjesztett jelentése [Bericht des kgl. ungarischen Landwirtschaftsministers über seine Tätigkeit im Jahre 1890, für den Landtag], Budapest: 1892, S. XIII-XIV; Presseerklärung von Bethlen, in PL 16.3.1893.

42 Vgl. PL Abendblatt 4.4.1892. und 5.4.1892.04.05, sowie A szövetségbe lépett gazdasági egyesületek IX. nagygyűlése [9. Generalversammlung des Verbandes der Wirtschaftsvereine], in: Köztelek, 13.4.1892, S. 552–561.

43 Lakos, Ministerrats-Protokolle 1, Anm. 31, S. 348, Sitzung am 3.11.1890. Hier wurde „Graf Imre Széchényi zum Regierungskommissar für die Rebpflanzungen in den Plattenseer Sandgebieten ernannt".

44 Lakos, Ministerrats-Protokolle 2, Anm. 31, S. 830, Sitzung am 13.2.1893; Vgl. zu früheren Schritten von Bethlen Anm. 8, S. 833.

45 Ebd.

Kirchen, der Gemeinden, der öffentlichen Stiftungen und des Staates. Schon die Tatsache der Gebundenheit war den Liberalen ein Dorn im Auge. Außerdem wurden diese Güter oft extensiv bewirtschaftet und waren unterfinanziert. Um sie intensiver zu nutzen, dachte Bethlen daran, auf diesen Besitzungen durch langfristige Pachtungen mittelgroße Betriebe zu errichten. Das war das Ei des Columbus, denn es steigerte den Ertrag, tangierte nicht die Besitzrechte, gestaltete jedoch die polarisierte Betriebsstruktur um und stärkte den Anteil der Mittelbetriebe.

Bethlen selbst lobte den Mittelbesitz, nicht nur aus ökonomischen Gründen[46]: „Die mittleren Grundbesitzer bilden auf dem Lande das intelligente Element, sie nehmen Einfluss auf das öffentliche Leben, sie müssten an der Verwaltung partizipieren, die Ausführung der Gesetze kontrollieren, aber auch daraufhin arbeiten, dass die ungarische Staatsidee, immer tiefer Wurzel schlagend, sich kräftig entwickelt. Die mittleren Besitzer können dieser Aufgabe nur gerecht werden, wenn sie entsprechend *gebildet* sind, wenn sie geistig höher als ihre Umgebung stehen, wenn sie unter geordneten Verhältnissen leben und, wenn die Besitzungen in ihrem Eigentum nicht nur ihre Bedürfnisse zu decken imstande sind, sondern … auch Beispiel geben."[47]

Die gegenwärtige Situation der mittelgroßen Besitzungen sei aber eine andere: „Der Schwund, sowohl was ihre Anzahl, als auch was ihr Vermögen betrifft, von den Eigentümern der mittelgroßen Besitzungen ist also nicht nur in politischer, sondern auch in wirtschaftlicher Hinsicht äußerst schädlich; daher betrachte ich die Stärkung bzw. Ergänzung der Elemente dieser ländlichen Mittelklasse umso mehr für eine wichtige Aufgabe, da ich die theoretische Annahme, dass die in der Stadt zu Vermögen gelangten Industriellen und Händler, die Landbesitz gekauft haben, das in Abnahme begriffene Mittelbesitzer-Element sofort in jeder Hinsicht ersetzen werden, für irrig halte; ich halte aber auch das für einen Irrtum, dass die nach oben gelangten Kleinlandwirte oder Bauern dazu imstande wären."[48]

Bethlen hat also mit seinem Vorschlag einen Beitrag zur Diskussion über den Untergang des alten Mittelbesitzes leisten wollen. Er meinte, dass die Elemente der neuen Mittelklasse nicht dieselbe Leistung in Bezug auf öffentliches Leben und Verwaltung erbringen könnten wie die alten. Darüber hinaus weist Bethlen auf ökonomische Überlegungen hin: „Abgesehen von der politischen, gesellschaftlichen und bei uns auch noch nationalen Bedeutung der Klasse der mittleren Besitzer weise ich nur darauf hin, dass ein Landwirt, der ohne Anstellung von Wirtschaftsbeamten selbst seine Wirtschaft führt, … seinen Fleiß und seine Fachbildung in einem intensiven, auf höherem Grad der Kultur stehenden Betrieb fruchtbarer einsetzen kann."[49]

Bethlen sah, dass der Großgrundbesitz zwar eine Reihe von neuen Produktionstätigkeiten entwickelt hatte, die die Experten begeistert kommentierten, wie die Zuckerrübe und die Zuckerfabrikation, insgesamt produzierte aber der Mittelbetrieb mit größerer Effizienz als der Großgrundbesitz. Der Mittelbesitz wirtschaftete wiederum intensiver und

---

46 Bethlen, András Gr. von: Magyar farmrendszer. Szerződéstervezettel, tervvázlatokkal és költségvetésekkel [Ungarisches Farm-System. Mit Vertragsentwurf, Planskizzen und Kostenvoranschlag], Budapest: Földmivelésügyi m.k. Ministerium: 1893, S. 5.
47 Ebd.
48 Ebd., S. 6.
49 Ebd.

fachkundiger als der bäuerliche Kleinbetrieb. Expandiert nun der Mittelbetrieb, so wächst auch die Effizienz der gesamten Landwirtschaft. Wie kann sich aber der Mittelbesitz ausdehnen? Bethlen befürwortete weder die Teilung der großen Besitzungen, noch den Aufkauf der Kleinbetriebe. Die Lösung bestand für ihn in der „Schaffung einer Pächter-Klasse, gleichsam als Imitation des englischen Farm-Systems."[50]

Die Ländereien dazu sollte der gebundene Besitz gewähren, allen voran die Güter der Religions- und Stiftungsfonds.[51] *„Der nicht in Eigenregie bewirtschaftete Teil des gebundenen Besitzes wäre am besten geeignet für die Schaffung, mittels eines langfristigen Pachtsystems von Farmen, einer kraftvollen, auf Agrarbasis stehenden Mittelklasse. Letztere würde auf ihrem Besitz lebend diesen Besitz professionell und intensiv bewirtschaften. Dieses System würde es auch ermöglichen, dass ein Teil der Jugend der heutigen Mittelklasse statt der überfüllten juristischen Laufbahnen zu den kürzeren Studien benötigenden, besser verdienenden, schnellere Familiengründung ermöglichenden Wirtschaftsberufen hinüberwechseln würde"*.[52] (Hervorhebung im Orig.)

Neben seinem „Farm-System" auf dem gebundenen Besitz wollte Bethlen auf die klassische Methode der Ansiedlung zur Korrektur der Besitzstruktur nicht verzichten. Schon am 27. Dezember 1892 reichte er eine Gesetzesvorlage ein. Darin sollten auch Mittel zum Landkauf für Siedlungen bestimmt werden.[53]

Bethlen führte von Anfang an recht wissenschaftliche Methoden in die Verwaltung ein, so ließ er eine Agrar- und Besitzstatistik in seinem Ministerium anlegen. Er hat ein klares Bild davon gehabt, wo und welche Ausgangspunkte sich seinem „Farm-System" einerseits, Ansiedlungsaktionen andererseits anboten. Er bereiste 1892 zuerst die Staatsgüter, dann nahm er die ersten Siedlungsaktionen in Angriff.[54]

Dass mit den Staatsgütern allein die Ziele der Siedlungspolitik nicht zu erreichen waren, war jedoch allen klar. Bethlen nannte aber keine anderen potenziellen Siedlungsgebiete, außer dem Gemeindebesitz der Ackerbürgerstädte der Tiefebene mit extrem großer Gemarkung. Bethlen ließ in seinem Gesetzvorschlag die Siedlung und die Verpachtungen nebeneinander stehen.[55] Auf Staatsgütern, bei den Stiftungsgütern und in den großen Gemarkungen der Ackerbürgerstädte plante man sowohl Siedlungsaktionen wie auch Verpachtungen. Auf Kirchengut, das häufiger sowieso verpachtet wurde, sah Bethlens Plan vor, das Aufsichtsrecht des Kultusministers dazu zu benutzen, um die Pachtbedingungen mit dem „Farm-System" in Einklang zu bringen, wobei es vor allem um den Abschluss längerfristiger Pachtverträge ging. Dazu führte Bethlen im August 1892 Verhandlungen mit Kultusminister Csáky.[56] Er dachte, den Kultusminister und den hohen Klerus überzeugen und schnelle Fortschritt machen zu können.[57] Die Hoffnung trog jedoch.

---

50 Ebd.
51 Ebd.
52 Zitiert aus der Vorlage für den Ministerrat durch Lakos, in: Ministerrats-Protokolle, Bd. 2, Anm. 8, S. 833 zur Sitzung am 13.2.1893.
53 Lakos, Ministerrats-Protokolle, Anm. 31, Bd. 2, S. 814, Sitzung am 27.12.1892 und Anm. 6, S. 816. Die Summe belief sich auf 5 Millionen Gulden.
54 Anon.: Öt új község az alvidéken [Fünf neue Dörfer im Unterland], in: Köztelek, 3.08.1892, S. 1249.
55 Lakos, Ministerrats-Protokolle, Anm. 31, Bd. 2, S. 830, Sitzung am 13.2.1893.
56 Ebd.
57 Bethlen, Farm-System, Anm. 46, S. 7.

Der am 13. Februar 1893 eingereichte große Plan von Bethlen ist, obwohl ihn der Ministerrat offiziell gebilligt hatte, schon am 25. März ad acta gelegt worden. Dies lag nicht in erster Linie an der Opposition der katholischen Kirche, da selbst die katholische Öffentlichkeit mit der Art und Weise, wie die riesigen Besitzungen bewirtschaftet wurden, unzufrieden war. Bethlens Niederlage hatte andere Gründe. Der erste Grund war der Kapitalmangel. Die Pläne für die Farmgründungen waren detailliert ausgearbeitet worden. Schon aufgrund der Erfahrungen von Széchényi in Ostdeutschland hatte man konsequent auf Kosteneffizienz geachtet. Ein Startkapital brauchte der Pächter aber trotzdem. Im Projektvorschlag von Bethlen findet sich jedoch kein Wort dazu. Natürlich hätte man für eine vollständige staatliche Finanzierung des Plans riesige Summen benötigt. Die Kapitalbeschaffung hätte aber über eine Rentenbank und mit von dieser Bank ausgegebenen Rentenbriefen organisiert werden können. Diese Finanzierungsform stellte zwar in Ungarn immer noch eine Innovation dar, ganz unbekannt war sie jedoch auch nicht. Immerhin verhandelte Finanzminister Wekerle um diese Zeit mit einer ausländischen Investorengruppe über eine identische Rentenbrief-Konstruktion.[58] Gerade darin lag aber vielleicht der andere Grund für das Scheitern der Pläne von Bethlen. Denn wenn gleichzeitig zwei große Emissionen von solchen, neuen und ungewohnten Rentenbriefen auf den Markt gekommen wären, die eine Ausgabe infolge des Bethlen-Projekts, die andere Ausgabe durch die neue, durch das Konsortium zu gründende Rentenbank, so hätte der Absatz solcher Briefe schwierig werden können. Es war klar, dass hier nur für ein Projekt Platz war, eben für das der Gruppe der internationalen Großbanken. Die Möglichkeit, dass ihre Ideen vom Kapital angeeignet und eben in einem anderen, strikt marktrationalen Sinn verwirklicht werden könnten, war wohl für die Agrarier ein Schock. Dies galt erst recht, wenn diese Verwirklichung in Wahrheit einem Tauschhandel gleichkam, in dem die Regierung der Bank Monopolrechte einräumte und die Regierungspolitiker im Gegenzug von der Bank bevorzugt behandelt wurden, wie es konkret in diesem Fall geschah. Die Agrar- und Rentenbank (Agrár- és Járadékbank) wurde 1895 gemeinschaftlich von der Union Bank von Wien und ihrer Tochterbank, der Magyar Leszámítoló és Pénzváltó Bank (Ungarische Eskompt- und Wechselbank) gegründet. Die Agrarbank wurde mit der Vermittlung von staatlich garantierten Krediten an die von der Phylloxera geschädigten Weinbauern beauftragt. Die mit solchen Krediten beliehenen Weingüter hatten oberflächliche Ähnlichkeit mit dem Modell der Rentengüter. Im Prinzip ging es hier aber um schlichte Amortisationskredite in großem Umfang, von denen zuallererst eine Gesellschaft, nämlich der „Kreditverein" der führenden Politiker profitierte.[59]

Es ist bezeichnend für die symbolbeladene, auf Massenwirksamkeit bedachte Politik der neunziger Jahre, dass es das „Farm-System", also die billigere und die Besitzrechte nur gering tangierende Variante der Reformansätze von Bethlen war, die im Archiv verschwand, während die teurere und konfliktreiche Siedlungsidee weiter bestand und schließlich zum Gesetz wurde. Liberale wie Agrarier kannten die deutsche Siedlungs-

---

58 Es handelt sich um Magyar Agrár- és Járadékbank Rt. Lakos, Ministerrats-Protokolle, Anm. 31, Bd. 2, S. 1066–1071, Sitzung am 20.11.1894; Vargha, Kreditwesen, Anm. 9, S. 177.

59 Szabad, György: A hitelviszonyok [Die Kreditverhältnisse], in: Szabó, István (Hg.): A parasztság Magyarországon a kapitalizmus korában 1848–1914 [Das Bauerntum in Ungarn in der Epoche des Kapitalismus 1848–1914], Tanulmányok, Budapest:1972, S. 234–235.

politik. Sie hatten registriert, dass diese die Rechtsgleichheit verletzte und mit staatlichen Mitteln tief in die privaten Eigentumsverhältnisse eingriff. Diese Kritikpunkte sind auch im deutschen Reichstag registriert worden.[60] Man kommt nicht umhin, gerade die Nachteile der Siedlungsidee als deren Anziehungskraft für die ungarischen Zeitgenossen zu deuten. Sie schien vor allem eine Chance zu bieten, Hand an das katholische Kirchenvermögen zu legen.

Abbildung 10: Donauschwäbische Weinbauern
Quelle: Museum f. Volkskunde, Budapest, Fotosammlung

Im Gegensatz dazu scheute Bethlen generell unnötige Konflikte, besaß ein beachtliches politisches Geschick und versuchte, perspektivistische Politik im realen Kräftefeld zu betreiben. Obwohl die Institution des Fideikommisses und das Wirtschaftssystem der Besitzungen der katholischen Kirche ganz ohne politischen Liberalismus reichlich kritikwürdig waren, schien Bethlen sich Mühe zu geben, kein Wort in diese Richtung zu sagen. An seiner Seite und mit ähnlichen, rein ökonomischen Argumenten kämpften auch diejenigen

---

60 Windhorst, Ludwig: Ausgewählte Reden gehalten in der Zeit von 1851–1891, Bd. 3, S. 245–251, Preußisches Abgeordnetenhaus, 24. Sitzung vom 11. März 1890. 1. Beratung des Etats der Ansiedlungskommission, Osnabrück: 1902, Reprint Hildesheim: 2003.

Intellektuellen, die die agrarischen Magnaten beraten hatten, so Károlyi bei seiner Genossenschaftsgründung.[61]

Während aber das „Farm-System" von Bethlen verschwand, verabschiedete das Parlament im Januar 1894 kampflos ein Gesetz über die Ansiedlung (GA V. 1894).[62] Dieses Gesetz beinhaltete nur eine Minimalversion des ursprünglichen Konzepts. Es begründete einen drei Millionen Forint umfassenden Siedlungsfond, von dem nur die Zinsen, etwa 150.000 Forint jährlich, den Ansiedlungsaktionen zugute kamen. Das war etwa ein Viertel von dem, was für die Entschädigung der Eigentümer, des wegen Seuchen geschlachteten Viehs, im Budget war.

Das Gesetz bezog sich auch auf die private Siedlungstätigkeit. Es demonstrierte, dass der Staat berufen ist, die Besitzstruktur zu gestalten. Bethlen wies in der Parlamentsdebatte noch darauf hin, dass die Fideikommiss-Besitzungen ungeeignete Zielgebiete von Siedlungsaktionen wären, denn sie seien schon ausgerüstete Betriebe, deren Umgestaltung nachteilig wäre.[63] Er konnte die Diskussion aber nicht steuern, denn die kirchenpolitischen Auseinandersetzungen waren zu dieser zeit bereits ausgebrochen. Die Abgeordneten der Unabhängigkeitspartei reklamierten die ungenügenden Geldmittel für eine erfolgreiche Siedlungspolitik – und die Beschränktheit der für Siedlung zur Verfügung stehenden Flächen. In dem Zusammenhang wiesen sie auf die Zunahme der Fideikommisse und auf die Zustände in manchen Ortschaften, die vollständig von Latifundien umgeben waren und fast abgewürgt würden, hin. Aus diesem Grund plädierten sie nicht nur für eine Begrenzung der Fideikommisse, sondern auch für ein staatliches Enteignungsrecht.[64] Aristokraten und Bischöfe mussten aufhorchen. Die Unabhängigen wollten nicht einfach mehr Geld und Land für die Ansiedlung, sondern sie verfolgten damit auch politische Ziele. Mit der Kritik an den Latifundien zielten sie speziell auf die katholische Kirche. Ferner war es nicht der Mittelbesitz, sondern der Kleinbesitz, den sie gern vermehren wollten. Darunter verstanden sie eine Grundstücksgröße zwischen 20 und 35 Katastraljoch.[65] Beide Stoßrichtungen entsprachen dem Interesse ihrer Klientel. Interessanterweise dachten die Unabhängigen – trotz des deutschen Beispiels – noch nicht daran, die Siedlung als Waffe gegen die Nationalitäten einzusetzen.[66] Eine Korrektur der Besitzverteilung schien 1894 zwar wichtig für die Genesung des nationalen Organismuses, aber keine nationale Kampfmaßnahme an sich zu sein. Die Möglichkeit einer Siedlungspolitik unter nationalen Gesichtspunkten ist erst 1896 aufgeworfen worden, allerdings weder von den Agrariern noch von den 1848ern, sondern von den Liberalen. Die Agrarier liebäugelten nach 1896 eine Weile mit dieser Idee, denn in diesen Jahren dachten auch sie schon in Kategorien eines Verdrängungskampfes

---

61 Vgl. die Meinung von einem Mitbegründer der Pester Kreditgenossenschaften: György, Endre: Kötött forgalmú földbirtok és agrárpolitikánk [Gebundener Landbesitz und unsere Agrarpolitik], Budapesti Szemle, 1893, Bd. 74, Nr. 197, S. 181–214.

62 KN 1892–97, Bd. 15, Sitzung 277, 16.1.1894, S. 336–360.

63 Ebd., Redebeitrag von Graf András Bethlen, S. 343.

64 Ebd., Redebeitrag von Lajos Mülek, S. 340–342.

65 Ebd., S. 345.

66 Redebeitrag v. Gábor Ugron, ebd., S. 345. Das durch die Fraktion Ugron erarbeitete volkswirtschaftliche Programm der Unabhängigen enthielt zwar auch die Forderung nach „einer Siedlungsaktion auf Grundlage eines Rentengutssystems mit Einbeziehung der Staatsgüter", verband dies aber nicht mit dem Nationalitätenkampf. A Függetlenségi és 48-as párt közgazdasági programja (1894. november 26) [Das volkswirtschaftliche Program der Unabhängigkeits- und 48er Partei], in: Mérei, Gyula (Hg.): A magyar polgári pártok programjai (1867–1918), Budapest: Akadémiai 1971, S. 237–240.

der Völker. Später wurde diese Idee jedoch mit immer weniger Begeisterung referiert, was zum großen Teil an den Schwierigkeiten der praktischen Durchführung lag.[67]

Zusammenfassend kann man feststellen, dass die Idee der Rentengüter, die des Besitzminimums und überhaupt einer Steuerung der privatrechtlichen Verhältnisse beim Grundbesitz ihren ursprünglichen Zielsetzungen nach eine antikapitalistische war. Demnach bedarf die Agrargesellschaft des Schutzes gegen das Großkapital. Diese Ideen wurden auch von ihren ungarischen Importeuren mit ähnlichen Absichten aus dem neokonservativen Gedankengut herausgesucht. Doch die Politik von Bethlen zielte auch auf eine Stabilisierung der in Aufruhr geratenen Agrargesellschaft – z. B. gegen den Sozialismus. Sie arbeitete für eine „soft landing" der alten Elite in der Moderne und für eine Effizienzsteigerung der Landwirtschaft. Dazu sind – von Bethlen wohl unbeabsichtigt – dann während der Kämpfe innerhalb der Regierung, in den Parlamentsdebatten und in der Presse weitere Ziele assoziiert worden, wie die Stoßrichtung gegen die Aristokratie und gegen die katholische Kirche. Diese Vielfalt unterschiedlicher Zielsetzungen musste die Verfechter der Siedlungsidee spalten.

Die Spaltung der Politik verlief aber auch entlang einer anderen Linie. Während bei anderen, früher aufgeworfenen Themen des sich formierenden antiliberalen Diskurses die Standpunkte nicht an soziale Gruppen zu binden sind, war es hier anders. Bethlens Politik fand Zuspruch bei verschiedenen Liberalen und Unabhängigen, aber auch bei Agrariern, wenn es sich um „Agrarfachleute" oder Angehörige der „Fachintelligenz" handelte, die nicht den Kreisen der Großgrundbesitzer und Aristokraten angehörten. Der Fachmann Endre György erklärte sogar sein prinzipielles Einverständnis mit dem Zwang, der dem gebundenen Besitz gegenüber ausgeübt werden muss, bejahte die Regenerierung der alten Mittelklasse und zitierte das ebenfalls auf die Gestaltung der Besitzstruktur abzielende englische Gesetz.[68] György war ein Kalvinist mit geringem Respekt vor den Ländereien der katholischen Kirche, von seiner ursprünglichen politischen Heimat her ein theoretisch gebildeter Liberaler, zugleich einer, der sich äußerst gern als unabhängiger „Fachmann" profilierte. Auf die Kavalkade von unterschiedlichen sozialen Rollen kommen wir noch zurück, hier gilt es, festzuhalten, dass eben diese Rollenvielfalt es möglich machte, Politik stellenweise über die Grenzen der Parteien und Lager zu betreiben. Ein weiteres Beispiel dafür, dass die soziale Rolle die agrarpolitische Linie bestimmen konnte, war das Blatt des Landes-Wirtschaftsvereins „Köztelek", eigentlich ein Sprachrohr des Großgrundbesitzes, das aber von Agrarfachleuten geschrieben und herausgegeben wurde. Es besprach die Pläne von Bethlen 1892/93 mehrmals mit Zustimmung.[69]

Die Großgrundbesitzer jedoch waren, unabhängig von ihrer Parteizugehörigkeit, entweder Gegner der Siedlungspolitik, wie István Tisza und Graf Róbert Żeleński, ganz zu schweigen von dem klerikal eingestellten Zichy, oder sie versuchten diese auf eine ganz spezifische, nur unter bestimmten Umständen anzuwendende Methode zu reduzieren, wie Graf Sándor Károlyi.

---

67 Vgl. Iván, János: Földbirtokreform és társadalmunk 1890–1914 (Hírlapok és röpiratok alapján) [Landreform und unsere Gesellschaft. Aufgrund von Zeitungen und Flugschriften], Budapest: Élet 1935, S. 29–47.

68 György, Agrarpolitik, Anm. 61. Eine vergleichbare Landreformbewegung s. Sadie B. Ward: Landreform in England 1800–1940: A Summary, in: Agrártörténeti Szemle, 18 (1976) Supplementum S. 37–44.

69 B[aross] K[ároly]: Hétről-hétre [Von Woche zu Woche], in: Köztelek, 1.10.1892, S. 1512.

Bethlens Politik erntete also sowohl Kritik als auch Beifall, die sich anfangs die Waage hielten. Nach dem Siedlungsgesetz wurde im Frühjahr 1894 im Parlament jedoch der Handelsvertrag mit Rumänien verhandelt. Es fiel nicht in die Kompetenz von Bethlen, sondern in die des Handelsministers. Die in den letzten Jahren bereits im gemeinsamen Zollgebiet der Konkurrenz von Importgetreide ausgesetzten Grundbesitzer waren jedoch erbost über die Ermöglichung von Getreide- und Vieheinfuhr aus Rumänien. Sie hielten die gesamte Regierung für das Problem verantwortlich und machten bei Bethlen keine Ausnahme. Der Ton in der agrarischen Presse verschärfte sich wesentlich.[70] Das war der Anfang vom Ende einer reellen Reformpolitik diesseits der ideologischen Überfrachtung.

---

70 Vgl. die Diskussion der Vorlage in KN 1892–97, Bd. 18, Sitzung 333, 26.4.1894.

Weichenstellungen (1894–1910)

Die politischen und wirtschaftlichen Rahmenbedingungen

Es fiel der Regierung schwer, ihre Kirchenpolitik durchzusetzen. Im Mai 1894 lehnte das Oberhaus die „kirchenpolitischen Gesetze" ab.[1]. Die liberale Presse argumentierte, dass hinter der Opposition der Magnaten die eigentliche Verantwortung bei der Krone liege, denn durch beharrliches Schweigen zur Kirchenpolitik und durch Audienzen für Politiker, die diese Politik bekämpften, ermutige der Kaiser den Widerstand. Wekerle machte sich diese Auffassung zu Eigen und verlangte, dass auf das Oberhaus durch die Ernennung von neuen, der liberalen Kirchenpolitik wohl gesonnenen Mitgliedern Druck ausgeübt werde. Als diese Forderung abgelehnt wurde, trat die Regierung am 31. Mai zurück. Der designierte Nachfolger war Graf Károly Khuen-Héderváry, ein Mann des Kaisers und ein Freund von Bethlen. Als eine Regierungsbildung durch Khuen-Héderváry schon als gescheitert angesehen werden musste, weil sich die Liberale Partei demonstrativ hinter Wekerle stellte, brachte die Presse die Nachricht, Bethlen hätte hinter dem Rücken seines Chefs Wekerle für Khuen-Héderváry gearbeitet.[2] Inzwischen wurde Wekerle nochmals damit beauftragt, eine Regierung zu bilden. Diese neue Regierung war praktisch identisch mit der vorherigen. Nur Bethlen fehlte.[3] Trotz mehrfacher Dementierung der Gerüchte und trotz angeblicher Bemühungen von Wekerle, Bethlen zum Wiedereintritt in seine Regierung zu bewegen, nahm dieser kein Amt mehr an. Er verabschiedete sich öffentlich und reiste ab. Eine Reihe von fertigen Gesetzesvorlagen, teils vom Landtag schon angenommen, blieb liegen.[4]

Den angedrohten Pair-Schub brauchte der König gar nicht anzuwenden. Bei der Debatte des Gesetzes über die staatliche Eheschließung blieben genügend Magnaten der Sitzung fern, um die Verabschiedung des Gesetzes zu ermöglichen. Nun fand jedoch Franz Josef keine Gelegenheit, den von beiden Häusern angenommenen Gesetzen die Sanktion zu erteilen. Sein Kalkül war, durch das Offenbaren der allerhöchsten Missgunst die Spannungen und Rivalitäten innerhalb der Regierungspartei zu schüren und aus ihren Gruppen eine neue, dem König weniger unangenehme Führung hervorzubringen. Die Rechnung ging auf: Wekerle reichte gegen das Versprechen des Königs, die schon verabschiedeten Gesetze zu sanktionieren, die Rücktrittserklärung seiner Regierung am 21. Dezember 1894 nochmals ein.

---

1 Es handelt sich um GA XXXI. 1894 „über das Eherecht", d. h. Zivilehe; GA XXXII. 1894 über die Führung von staatlichen Zivilstandregistern, GA XXXIII. 1894 über die Religion von Kindern aus Mischehen, alle sanktioniert am 9. Dez. 1894. GA XLII. 1895 erlaubte den Übertritt zur jüdischen Religion, und GA XLIII. „über die Religionsfreiheit" machte die Konfessionslosigkeit möglich.

2 PL 1894.06.06. – Abendblatt, S. 9.

3 Kultusminister Albin Csáky und Minister a latere Lajos Tisza schieden auch aus. Dies geschah aber aus persönlichen Gründen und wurde lange vorher angekündigt. PL, 10.6.1894, S. 3.

4 Abschied vom Ackerbauminister, PL 9.6.1894, Abendblatt, S. 3.

Die neue Regierung wurde von Graf Dezső Bánffy gebildet. Die Bánffys waren die andere große Familie von Siebenbürgen, neben den Bethlen. Die einzelnen Zweige und Mitglieder der ausgedehnten Sippe waren aber meist nur gering bis mäßig begütert. Dezső Bánffy sprach man keine besonderen Fähigkeiten zu, obwohl er wie András Bethlen Staatswissenschaft in Berlin und Leipzig studiert hatte. Selbst der König dachte, mit ihm lediglich eine Übergangslösung gefunden zu haben.

Wirtschaftlich war das Jahr 1895 kein leichtes. Nachdem schon in den vorangegangenen Jahren die Getreidepreise niedrig waren, die Erlöse aus Wein sich auf einem Drittel dessen bewegten, was sie vor der Phylloxera Anfang der achtziger Jahre gebracht hatten, ist Ungarn 1895 von einer Schweinepest heimgesucht worden, was die entsprechenden Exporte auf die Hälfte zusammenschrumpfen ließ.[5] Die Landbesitzer waren ausgesprochen gereizter Stimmung. Bánffy gelang es, durch einige Zufälle seine Macht 1895 vorerst zu konsolidieren. Eine Atempause gewährte ihm erst das Jubiläumsjahr 1896, das als 1.000-Jahrfeier der Landnahme durch die ungarischen Stämme am Ende des 9. Jahrhunderts begangen wurde. Für die Dauer der Feierlichkeiten wurde eine Art „treuga dei" unter den Parlamentsparteien verabredet.

Bánffy war kämpferisch nationalistisch. Das konnte mit seiner Herkunft aus Siebenbürgen zu tun haben, wo die Wunden von 1848/49, als dort die Zivilbevölkerung der ungarischen Kleinstädte und Dörfer durch die mit den Kaiserlichen verbündeten rumänischen Freischärler niedergemetzelt wurde, nur oberflächlich heilten.[6] Doch es war sicherlich auch innenpolitisch verursacht worden. Die scheinbar verlockende Erfindung von Wekerle, die Opposition zu spalten und neue Mehrheiten im Land und im Parlament zu erzielen, erwies sich als kontraproduktiv. Nicht nur die Opposition spaltete sich, sondern auch das Lager des 1867er Ausgleichs. Provoziert durch die Kirchenpolitik, haben die Teilnehmer und Organisatoren der Protestversammlungen im Januar 1895 eine neue „Katholische Volkspartei" gegründet.[7] Das Programm zielte auf die Rücknahme der Kirchengesetze, übernahm einige antikapitalistische Forderungen der Agrarier, hatte aber kein Wort übrig für die bis dahin alles dominierende Frage: 1867 oder 1848?[8] Akzeptierte man also den 1867 erzielten Ausgleich oder strebte man wie 1848 nach völliger Unabhängigkeit von Österreich? Die „Katholische Volkspartei" vermied zwar im Parteiprogramm antisemitische Parolen, war aber in der Alltagspropaganda genauso offen antisemitisch wie ihr Wiener Pendant, die Christlich-Soziale Partei Karl Luegers. Dem Pro-1867er-Lager drohte also der Verlust der Mehrheit. Bánffy setzte in dieser Situation darauf, eine vereinigende, alles überbrückende ideologische Strömung zur Grundlage seiner wackeligen Position zu machen: Den Nationalismus.

Der Ministerpräsident baute seine Macht nicht nur auf Worte. Die Wahlen von 1896 waren ein alles bis dahin in dieser Richtung Geleistete überbietender Skandal. Sie waren nicht nur unfair, sondern wurden mit einer Brutalität geführt, die gerade für die alten Eliten

---

5   Matlekovits, Zustand 1, Anm. 10, S. 418, Zustand 2, S. 1100.

6   Hermann, Róbert: Az abrudbányai tragédia, 1849. Hatvani Imre szabadcsapatvezér és a magyar-román megbékélés meghiúsulása 1849 [Die Tragödie von Abrudbánya. Freikorpskommandant Imre Hatvani und das Scheitern der rumänisch-ungarischen Versöhnung], Budapest: Heraldika 1999.

7   Szabó, Dániel: A Néppárt megalakulása [Die Gründung der Volkspartei], in: Történelmi Szemle 2 (1977), S. 169–208.

8   Mérei, Programme, Anm. 11, S. 148–149.

ein Schock war. Daher hatten die Gruppen der 1867er Opposition, die katholische Volkspartei und die Apponyi-Partei anteilsmäßig gravierendere Einbußen durch den Wahlterror,
als die hartgesottenen 1848er. Wenn aber ein reicher und „gutgesinnter" Aristokrat wie der
Graf Robert Żeleński Soldatengewehre im eigenen Schloss sieht, seine Wähler beim Auf-
marsch zum Wahlort angeschossen, andere wiederum zum eigenem Schutz durch das
Militär tagelang umzingelt und nicht zur Wahl zugelassen hat, dann erhebt sich die Frage,
was für einen Einfluss die Aristokratie im Staat noch hatte.[9] Hier setzte sich derselbe Lernprozess fort, den zuvor schon die politische Mobilisierung der achtziger Jahre, der kirchenpolitische Kampf und die Entfaltung der Macht der Presse in Bewegung gebracht hatten.

Obwohl Bánffy gar nicht ungeschickt regierte und die Landarbeiter-Bewegungen im
Sommer 1897 sowie der härtere Ton der nationalen Bewegungen auch ein Zusammen-
rücken der politischen Klasse hätte bewirken können, schlug die Regierung beim Wahlgang
dermaßen tiefe Wunden, dass sie sich von allen Seiten einer unerbittlichen Opposition
gegenüber sah.

Bánffy wurde durch die Härte des Widerstandes in die Defensive gedrängt. Die Form
der Opposition war die Obstruktion, das Totreden und das technische Stilllegen der
Parlamentsarbeit. Dieses eher kindische Mittel des Widerstandes erhielt eine gewisse moralische Weihe dadurch, dass es gegen eine Regierung des gewalttätigen Wahlbetrugs eingesetzt wurde. Als diese im August 1898 im Rahmen der Verhandlungen zur Erneuerung des
„Wirtschaftsausgleichs" mit Österreich die rationale Vereinbarung traf, dass die bestehenden Regelungen unabhängig vom Erfolg der Verhandlungen bis zum Ablauf der internationalen Handels- und Zollverträge der Monarchie, die man mit Deutschland, Russland
und anderen Staaten abgeschlossen hatte, in Kraft bleiben sollten, brach im Parlament ein
Sturm los. Man warf der Regierung vor, sie vergäbe die Rechte des autonomen ungarischen
Staates. Die Obstruktion der Opposition unterstützten indirekt auch führende Liberale
durch demonstrative Austritte aus der Partei, um damit gegen Pläne zu protestieren, die
Obstruktion gewaltsam zu beenden. Nach zähem Ringen und vorübergehender Spaltung der
liberalen Regierungspartei stürzte Bánffy im Februar 1899.

Seine Nachfolge trat Kálmán Széll an. Széll war ein Großgrundbesitzer, passionierter
Viehzüchter und ebenso engagierter Bankvorstand, der bereits vor der 1878er Bosnien-
Krise Finanzminister gewesen war.[10] Er schaffte es, die Liberale Partei wieder zu vereinen,
ja sogar auszudehnen, denn die ehemalige Nationalpartei von Apponyi vereinigte sich nun
am 2. März 1899 mit den Liberalen. Die Parteiführung begründete dies mit dem Sturz der
Regierung des Wahlfälschers Bánffy, der eine fortdauernde Opposition sinnlos gemacht
habe. Das ist nur wenig überzeichnet. Es wurde schon darauf hingewiesen, dass die Forderungen von Apponyi und die der anderen Politiker, die 1867 „weiterentwickeln" wollten,
doppelbödig waren. Einmal erschienen sie recht bescheiden und betonten, sie wollten die
Einheit der Monarchie, die durch den Kompromiss von 1867 erreicht worden sei, nicht
gefährden. Andererseits hofften sie aber zugleich darauf, Einfluss zu gewinnen und an die

---

9   Żeleński, Robert Graf: Emlékeim [Meine Erinnerungen], Budapest: Pallas (o. J.), S. 55–57. Jenseits der
    Politik und der Person von Bánffy, wurden auch strukturelle Gründe für die systematische Wahl-
    beeinflussung geltend gemacht: Gerő, András: Az elsöprő kisebbség [Die überwältigende Minderheit],
    Budapest: Gondolat 1988.
10 Sárkány, Széll, Anm. 2.

Macht zu kommen. So spielten sie mit dem Feuer der Volksmobilisierung und verliehen ihren minimalen Forderungen dadurch die Würde einer nationalen Willensäußerung. Die wiederholte kaiserliche Ablehnung verschaffte diesem Theaterstück die historische Bühne, die Vertiefung der nationalen Identitätsbildung in der ungarischen Gesellschaft stellte das Publikum bereit.

Die Gründung der Katholischen Volkspartei 1895 und der Abschluss der sich schon länger ankündigenden Wende Apponyis zum Nationalliberalismus1899 entzogen den konservativen Elementen der Aristokratie jede politische Vertretung. Die agrarischen Magnaten, die bis dahin in der Apponyi-Partei wenigstens halbwegs über eine politische Heimat verfügt hatten, fanden sich nun in der wenigstens nominell immer noch liberalen Regierungspartei wieder. Zwar waren die Parteien vereinigt, jedoch waren sie sich nicht einig. Zumindest die Gruppen um Tisza, um Apponyi und um Gyula Andrássy d. J. waren auch weiterhin deutlich sichtbar.

Széll erwarb bedeutende Verdienste. Die Bedingungen, der von ihm mit dem österreichischen Premierminister Körber am 31. Dezember 1902 vereinbarten Erneuerung des Zoll- und Handelsvertrages, der sog. Széll-Koerber-Pakt, waren für die ungarische Landwirtschaft günstig.[11] Széll machte aber die Vereinbarung nicht sofort zur Gesetzesvorlage, sondern nutzte den Erfolg dazu, um in dessen Schatten die viel weniger geliebte Heeresvorlage, die u. a. eine Erhöhung der Rekrutenzahl um 20 Prozent vorsah, durch das Parlament zu bringen. Das war jedoch eine Fehlkalkulation, denn die Opposition nahm im April 1903 ihre Obstruktion wieder auf. Széll versuchte zwar, den Sturm auszusitzen, aber in Wien dachte man, dass es im ungarischen Parlament nunmehr zu bunt zu ginge. So reichte der Ministerpräsident am 16. Juni 1903 den Rücktritt seiner Regierung ein.

Der König beauftragte zuerst Graf Khuen-Héderváry, dann, als dieser nicht Fuß fassen konnte, am 3. November den jungen István Tisza mit der Regierungsbildung. Tisza war einer der bedeutendsten Politiker des Dualismuses, liberal in seinen politischen, konservativ in seinen gesellschaftlichen Ansichten.[12] Tisza war kaum länger als ein Jahr an der Macht. Dieses eine Jahr wurde durch den Kampf gegen die Obstruktion bestimmt. Am 18. November 1904 hat Tisza versucht, durch Überrumpelung des Parlaments die Hausordnung zu revidieren. Dieses Manöver erboste nicht nur die Opposition, sondern spaltete auch die regierende Liberale Partei. Tisza hat also etwas geschafft, das keinem Regierungschef bis dahin gelungen war – eine breite Front der Unabhängigen, der „besseren" 1867er, unter denen auch die wieder selbstständig gewordene Apponyi-Partei war, und der Dissidenten der eigenen Partei gegen den Ministerpräsidenten zusammenzubringen. Bei den darauf folgenden Landtagswahlen im Januar 1905 wurde die Regierung abgewählt.

Trotz des Missgriffes von Tisza war es doch eine große Überraschung, dass die Wahlen vom 26. Januar bis 4. Februar 1905 von der Unabhängigkeitspartei gewonnen wurden.

---

11 Zu den längerfristigen Auswirkungen der Zollschutzpolitik auf die Lage der Gesamtwirtschaft vgl. Eddie, M. Scott: Cui bono? Magyarország és a dualista Monarchia védővámpolitikája [Cui bono? Ungarn und die Zollschutzpolitik der dualistischen Monarchie], in: Történelmi Szemle 1976, Nr. 1–2, S. 156–166.

12 Vermes, Gábor: István Tisza: the liberal vision and conservative statecraft of a Magyar nationalist, New York: East European Monographs 1985; Erényi, Gustav: Graf Stefan Tisza. Ein Staatsmann und Märtyrer, Wien: E. P. Tal 1935. Hegedűs, Lóránt: Két Andrássy és két Tisza [Zwei Andrássy und zwei Tisza], Budapest: Athenaeum ²1941.

Immerhin war es das erste Mal, dass eine Partei an die Macht gekommen ist, die den Ausgleich lösen und Ungarn mit Österreich lediglich in einer Personalunion durch den Monarchen verbinden wollte.

Freilich war es nicht mehr dieselbe Partei wie vorher. Die Leitung hatte nun der aus Italien zurückgekehrte, äußerst konziliante Sohn des großen Kossuth, Ferenc Kossuth. Die Unabhängigen formierten am 19. November 1904, nach dem Versuch Tiszas, im Parlament die Obstruktion gewaltsam zu brechen, ein Bündnis mit der Volkspartei, der Neuen Partei von Bánffy und mit der Nationalpartei, die sog. „Koalition". Der Unabhängigkeitspartei ist am 3. Januar 1905 auch die Nationalpartei von Apponyi beigetreten, die zugleich von der Linie einer 1867er Politik auf eine Politik der Personalunion mit Österreich umschwenkte. Durch diese Fusionen und Koalitionen wurde die linke Unabhängigkeitspartei wesentlich gemäßigter. Tisza trat nach der Niederlage zurück, der König akzeptierte es zwar, behielt aber die Regierung bis Juni als Verwalter in der Hand.

Am 18. Juni beauftragte der König General Baron Fejérváry mit der Regierungsbildung. Dies wäre eine die Mehrheit im Parlament missachtende Regierung gewesen, so lehnten alle bedeutenden Politiker eine Teilnahme ab. Fejérváry reichte am 22. Juni seinen Rücktritt ein. Der König ließ ihn nicht abtreten – er musste so lange in seiner Rolle aus-harren, bis die Wahlsieger genügend weich geklopft waren, dass sie statt der eigenen die 1867er Politik der Vorgängerregierung weiterzuführen bereit waren. Das hat aber gedauert, zuerst griff die Koalition an: Am 21. Juni rief sie zum nationalen Widerstand auf – es sollten keine Steuern gezahlt, keine Rekruten gestellt werden. Bald kam der Gegenschlag: Am 27. Juli erörterte Innenminister Kristóffy vor einer Delegation der Sozialdemokraten einen Plan zur Einführung des allgemeinen Wahlrechts. Neben der Bedrohung eines Staats-streiches und einer Militärregierung waren das allgemeine Wahlrecht und die Kooperation mit der Sozialdemokratie die Mittel, mit denen Wien die Koalition unter Druck setzte. Diese forderte ihrerseits Zugeständnisse in der Armeefrage und ein autonomes Zollgebiet, also die Auflösung der Handels- und Zollunion mit Österreich.

Am 14. September 1905 gestattete der König dann der Fejérváry-Regierung zurückzu-treten. Das Land brodelte, nach einer Streikwelle im Sommer brachten die Sozial-demokraten am 15. September 100.000 Menschen bei einer Wahlrechts-Großkundgebung in Budapest auf die Straße. Am 23. September gewährte der König den Führern der Koali-tion eine Fünf-Minuten-Audienz, bei der er die Ablehnung sämtlicher Forderungen der Koalition mitteilte. In einer neuen Runde wurde am 18. Oktober nochmals Fejérváry mit der Regierungsbildung beauftragt. Die Lage eskalierte, die Regierung versuchte eine neue „Fortschrittspartei" zu gründen, im Programm standen das allgemeine Wahlrecht, die Ge-setzgebung über *homestead*, Arbeiterschutz und die Umgestaltung des Zollbündnisses zum Zollvertrag. Von Oktober an widersetzten sich die Komitate der Regierung. Ihre Zu-weisungen aus der Staatskasse wurden daraufhin eingestellt und neue Obergespane mit kommissarischer Macht ernannt, die sich überall Boykotts, Demonstrationen und auch schwere Ausschreitungen gegenüber sahen.

Doch auch innerhalb der Koalition brodelte es. Am 18. November wurde von Andrássy eine neue „Verfassungspartei" gegründet. Sie hat innerhalb der Koalition diejenigen zusam-mengebracht, die „eigentlich" 1867er waren (außer der Volkspartei, die ihr nicht beitrat). Denn auch wenn Ferenc Kossuth, in scharfem Kontrast zu seinem Vater, ein kompromiss-bereiter Politiker war, war doch das Erbe der Unabhängigkeitspartei den Traditionen von

Andrássy, Apponyi und Bánffy so diametral entgegengesetzt, dass die Aufgabe der letzteren deutlich in einer Zähmung der widerspenstigen Unabhängigkeitspartei bestand. Das erfolgte unter dem Druck der ohne Parlament agierenden Regierung. Am 19. Dezember wurde die Gesetzesvorlage zur Einführung des allgemeinen Wahlrechts publiziert und der Kampf ging weiter bis zur Parlamentsauflösung am 19. Februar. In der Vakanz konnten am 1. März per Verordnungen die am 31. Dezember 1902 von Széll und Körber ausgehandelten Handelsverträge mit Österreich in Kraft gesetzt werden.

Die Periode der Kämpfe ging am 4. April 1906 mit einer Vereinbarung zwischen der Koalition und dem Hof zu Ende. Diese Vereinbarung beinhaltete einen Verzicht auf die Forderungen in Bezug auf das Militär, die Bewilligung des Budgets und der Rekruten sowie die Verabschiedung der österreich-ungarischen Handelsverträge als Gesetz. Die zu formierende Regierung musste die Wahlrechtsreform in Angriff nehmen. Auf dieser Plattform gewährte der König Kossuth und Andrássy, den Führern der Koalition, am 6. April eine Audienz. Die Rückkehr aus Wien gestaltete sich wie ein Siegeszug, was angesichts der getroffenen Vereinbarung völlig unangebracht war.

Für die neue, am 8. April ins Amt tretende Regierung galt der Name von Wekerle als ein geeignetes Aushängeschild, so dass Wekerle Regierungschef wurde.[13]

Ende April wurden Parlamentswahlen durchgeführt, sie brachten einen großen Sieg der Unabhängigen, die nunmehr zusammen mit den Apponyi-Leuten kandidierten. Sie bekamen 254 Mandate, die Verfassungspartei 85 und die Volkspartei 33. Die Politik und die Zusammensetzung der Regierung spiegelten diese Ergebnisse nur begrenzt wieder. Der besiegte Tisza bewahrte die Ruhe. Als rigider 1867er vermied er es, sich durch Unterstützung der unparlamentarischen Fejérváry-Regierung zu kompromittieren. Er löste die Reste der Freisinnigen Partei auf und gründete am 11. Oktober einen Nationalen Geselligkeitsverein – eine werdende Tisza-Partei. Dass die Koalition selbst und daher auch die von ihr gestellte Regierung von Uneinigkeit geprägt waren, geht schon aus ihrer Genese hervor. Von den zwei noch möglichen Feldern der Umgestaltung, Wahlrecht und Wirtschaftsautonomie, konnte Andrássy im November 1908 die Wahlrechtsfrage einigermaßen durch einen Reformvorschlag auf der Grundlage des Pluralwahlrechts entschärfen. Er ist allerdings nie Gesetz geworden.

Da gemäß der Vereinbarungen mit dem König von den zwei zentralen Forderungen der Koalition nur die eine, die Zolltrennung übrig blieb, musste die Wirtschaftspolitik die politische Bedeutung der Wekerle-Regierung begründen.

Innerhalb der Unabhängigkeitspartei war es immer möglich, im Namen der ursprünglichen Zielsetzungen gegen die aktuelle Leitung aufzutreten. Praktisch kamen also aus der Partei immer neue Forderungen an die eigene Regierung. Schließlich war es die Bankfrage, welche die Regierung zu Fall brachte. Der linke Flügel der Unabhängigen forderte eine ungarische nationale Bank, die die 1867er und der König ablehnten, während der rechte Flügel der Unabhängigen die Bankfrage nicht des politischen Freitodes für würdig hielt. Der linke Flügel wurde von Gyula Justh, der rechte von Ferenz Kossuth geführt. Da aber die in der Sache durchaus realistischen Kompromissvorschläge keine Dämpfung der Profilierungswünsche herbeiführten, musste die Koalitionsregierung am 25. April 1909

13 Dolmányos, István: A koalíció kormányzatának első szakasza [Die erste Periode der Regierung der Koalition], in: MT 7/2, S. 609–667.

zurücktreten. Im November desselben Jahres hat sich dann die Unabhängigkeitspartei über die Bankfrage gespalten. Die Bankfrage war kein Ausrutscher, die Koalitionsregierung betrieb auch in anderen Bereichen eine symbolisch aufgeladene Politik. Demgegenüber baute Tisza die Verbindungen zu den Interessenvertretungen auf und redete einer fachkundigen und reellen Politik das Wort. Bis 1909 ist sein Prestige wieder enorm angewachsen, der König beauftragte ihn im November 1909 mit der Regierungsbildung, was aber vorerst noch misslang.

Eine stabile Regierung konnte nur Khuen-Héderváry im Januar 1910 zusammenstellen. Hinter ihm standen Tisza und die alten 1867er. Um die Umgruppierung zu erleichtern, löste Gyula Andrássy am 14. Februar 1910 seine Verfassungspartei auf. Fünf Tage danach wurde eine neue 1867er Sammelpartei, „Arbeitspartei" genannt, aus Parteigängern von Andrássy und aus Tisza-Leuten gegründet.

Der Putsch im Wirtschaftsverein von 1894 und seine Folgen. Der Versuch zur Gründung einer Agrarpartei

Der Putsch –
Kontrollversuch des Großkapitals oder eines ungeschickten Ministers?

Die Agrarintelligenz hat Bethlen nachgetrauert. Der Jahresbericht des Landes-Wirtschaftsvereins machte nach seinem Rücktritt Wekerle dafür verantwortlich, dass Bethlens Werk ein Torso geblieben war.[14] Sein Ministersitz blieb sechs Wochen lang vakant. Dann fand man einen Herrn, der in der Politik bis dahin gar keine Rolle gespielt hatte. Die Notlösung hieß: Graf Andor Festetics. Er hatte ein bedeutendes Vermögen geerbt und war ein Schwager des früheren Ministerpräsidenten Graf Gyula Szapáry. Der neue Minister war dermaßen fehl am Platz, dass es sogar in den offiziellen Begrüßungsadressen durchschimmert. Er hat ein Vierteljahr lang keinen Ton von sich gegeben. Dann musste er Farbe bekennen.

Bei der schlecht besuchten winterlichen Generalversammlung des Landes-Wirtschaftsvereins am 28. Oktober 1894 wählte man Dessewffy ab, und wählte den abwesenden Bethlen zum neuen Präsidenten.[15] Das schlug ein wie eine Bombe. Es wurde hier häufig darauf hingewiesen, dass die Aristokratie auch im politischen Leben Anstandsregeln folgte. Wenn etwa ein Vorsitzender eines Komitatsvereins völlig passiv war, wählte man ihn zum Ehrenvorsitzenden, und an seiner Seite leitete ein geschäftsführender Vorsitzender den Verein. Eine Abwahl stellte daher einen außerordentlich ungewöhnlichen Akt dar. Dass sie durch eine bestimmte Gruppe initiiert wurde und bei einer spärlich besuchten Winterversammlung erfolgte, erinnerte an die Ereignisse im Verein 37 Jahren zuvor, im Jahr 1847. Sie wurden nie erwähnt, denn Kossuth war inzwischen heilig gesprochen worden. Aber man bezeichnete die Sache sofort als Putsch.

---

14 Az OMGE igazgató választmányának az Egyesület 1894. évi őszi közgyűlése elé terjesztett jelentése [Bericht des Ausschusses des Landes-Wirtschaftsvereins für die Generalversammlung von 1894], (o. O.): 1894, S. 8.

15 Anon.: Dessewffy Aurél, Gr.: Köztelek 31.10.1894, S. 1517–1519; Az Országos Magyar Gazdasági Egyesület közgyűlése [Generalversammlung des Ungarischen Landes-Wirtschaftsvereins], S. 1519–1522.

Es kam eine Gegenaktion ins Rollen. Dabei wurden zuerst informelle Listen gefertigt, wer von den Vorstandsmitgliedern dazu aufgefordert werden könnte, aus Protest gegen den Wahlgang zurückzutreten. Die Aktion führte Károlyi mit den Sekretären des Wirtschaftsvereins durch. Die Listen wurden unter den befreundeten Aristokraten und Großgrundbesitzern herumgereicht, wobei um die Meinung der Angesprochenen gebeten wurde, wer noch aufgefordert bzw. wer von der Liste gestrichen werden sollte.[16] Es zeugt von der Ausstrahlung der aristokratischen Solidaritätsnormen oder vielleicht von der Empörung über die Gefährdung der Vereinsautonomie, dass sowohl die Herren, die die Listen begutachteten wie auch die Vorstandsmitglieder auf den Listen eine ziemlich bunte Schar waren: Liberale, Konservative, Aristokraten, Adelige, Bürger – sogar ein jüdischer Großgrundbesitzer.

Wer hatte den Putsch organisiert? Ein paar Wochen zuvor war erstmals das Fachblatt „Magyar Gazdák Lapja" erschienen, das von Sándor Gothárd einem westungarischen Großgrundbesitzer mit technisch-wissenschaftlichen Neigungen, herausgegeben und wohl auch bezahlt wurde.[17] Gothárd propagierte darin etwa die gleichen Ideen, die Bethlen vertreten hatte, insbesondere auch die hart umkämpfte Umorganisierung der landwirtschaftlichen Interessenvertretung.[18] Gothárd kritisierte auch offen die Leitung bzw. das Sekretariat des Landeswirtschafts-Vereins wegen politischer Demagogie, oppositionellem Gehabe und Passivität in den eigenen Belangen.[19] Er war aber nicht der einzige mögliche Initiator des „Putsches". Nach der Versammlung vom 28. Oktober musste eine weitere abgehalten werden, weil sich bei der Wahl des zweiten Vorsitzenden eine Stimmengleichheit ergeben hatte und für sechs weitere Vorstandsposten wegen zu geringer Stimmenzahl niemand gewählt werden konnte. In der Zeit zwischen den Versammlungen hörte man plötzlich von einer „Reformpartei" innerhalb des Vereins. In deren Reihen saßen neben Gothárd und einigen Agrarfachleuten auch Vertreter und Eigentümer der sogenannten „Kartellmühlen".[20] Das waren die Budapester Großmühlen, die aus den im Wege des Veredelungsverkehrs eingeführten Getreideimporten Nutzen zogen.[21] Der Kurs des Landes-

16 MOL P 389. O. „Az Országos Magyar Gazdasági Egyesület 1894. évi október 28-án tartott közgyűlésén igazgató választmányi rendes tagokul megválasztattak" – die gedruckte Liste der neuen Ausschussmitglieder, daneben Briefe von Károlyi an Endre György, Budapest 29.10.1894; sowie Brief von Baron Géza Podmaniczky an Graf Sándor Károlyi, Kis-Kartal, 1.11.1894.

17 Anon.: Lapunk tisztelt barátaihoz! [Den verehrten Freunden unseres Blattes!], in: Magyar Gazdák Lapja, 7.10.1894, S. 3.

18 Gothárd, Sándor herényi: A vármegyei mezőgazdasági bizottságok mint a mezőgazdasági érdekképviselet első tényezői [Die Landwirtschaftsausschüsse der Komitate als erstrangige Faktoren der landwirtschaftlichen Interessenvertretung], in: Magyar Gazdák Lapja, 7.10.1894, S. 4–9; Gothárd, Sándor herényi: A mezőgazdasági érdekképviseletről [Über die landwirtschaftliche Interessenvertretung], in: Magyar Gazdák Lapja, 28.10.1894, S. 84–86.

19 Gothárd, Sándor herényi: Reformtörekvések a Köztelken [Reformbestrebungen], in: Magyar Gazdák Lapja, 4.11.1894, S. 109–112.

20 Anon.: Támadás az agráriusok ellen [Angriff auf die Agrarier], Hazánk 2.12.1895, 3.12.1895.

21 Zum Veredelungsverkehr: Matlekovits, Sándor: A kikészítési eljárás és a védvám [Der Veredelungsverkehr und der Schutzzoll], in: Nemzetgazdasági Szemle 1 (1877), S. 1–18; Miklós, Ödön: Az őrlési forgalomra vonatkozó előterjesztés [1895. október 16.] [Vortrag über den Veredelungsverkehr], in: Negyedszázad a magyar közéletben. Miklós Ödön összegyűjtött munkái [Ein Vierteljahrhundert in der ungarischen Öffentlichkeit. Gesammelte Werke von Ö. M.], Budapest: Franklin, Bd. 2, 1906, S. 221–230.

Wirtschaftsvereins, der dieses Geschäft verbannen wollte, passte ihnen nicht. Sie hatten also ebenfalls einen Grund zum Eingreifen.

Aber ist es so einfach, unter Großgrundbesitzern, leitenden Ministerialbeamten und jahrzehntelang in den Diensten von großen Familien stehenden Agrarfachleuten mit einem prallen Geldbeutel auf Stimmenfang zu gehen? Mein Eindruck ist, dass die Mühlenunternehmer in einen Zug gestiegen waren, der sich bereits in Bewegung gesetzt hatte. Auf den, der ihn ins Rollen gebracht hat, ergibt sich ein Hinweis aus der Teilnehmerliste der ersten Versammlung, die Dessewffy abgewählt hatte. Hier haben offensichtlich die Budapester Mitglieder ohne Grundbesitz und aristokratische Titel den Ausschlag gegeben. Dabei handelte es sich meist um Beamte und Angestellte, die den Wünschen des Ministers oder seines Staatssekretärs zugänglich waren. Das bleibt insofern weiterhin rätselhaft, weil die Regierung ohnehin, wenn sie wollte, einen erheblichen Einfluss auf den Landes-Wirtschaftsverein ausüben konnte. Außerdem tobte gerade der Kirchenkampf, so dass die Regierung eigentlich kein Interesse an der Eröffnung von Nebenfronten gehabt haben dürfte. Allerdings war der Minister ein in der Politik unerfahrener Neuling, der direkt aus der Provinz nach Budapest gekommen war.

Es ist daher wahrscheinlich, dass der Putsch eher eine Unbeholfenheit war, zu der sich dann auch andere Mittäter gesellten. Die Art und Weise, wie dies geschah, entfaltete zweierlei Wirkungen. Zum einen schärfte es noch einmal allen agrarischen Magnaten das Bewusstsein der staatlichen Machtfülle ein. Es bestärkte aber auch die vorhandenen Abneigungen gegen das Großkapital und gegen das jüdische Unternehmertum. Denn nicht die Mühlenbesitzer wurden für Werkzeuge des Ministers gehalten, sondern andersherum hielt man den Minister für einen Handlanger der Mühlenindustrie.

Bethlen, der zu dieser Zeit in Siebenbürgen weilte, nahm die Wahl nicht an. Er teilte dies Károlyi sofort auf einer Visitenkarte mit und fügte hinzu: „Du wirst mit meinem Brief zufrieden sein".[22] In der Tat betonte er später in seinem offiziellen Antwortschreiben die „Wichtigkeit der Einheit" der agrarischen Bestrebungen und solidarisierte sich explizit mit dem abgewählten Dessewffy.[23]

Es kostete einige Mühe, die alte Führung durch wiederholte Neuwahlen wieder einzusetzen und die Leute um Gothárd vernichtend zu schlagen.[24] Nach einem Jahr sprach man aber nicht mehr von der Angelegenheit. Das Vereinsschrifttum vermied es gar bis 1945, mehr als vage Andeutungen über gewisse Turbulenzen im Jahr 1894 zu machen.

Der Schreck saß dennoch tief. So hat Dessewffy auch dann noch gezögert, als klar war, dass er mit Hilfe der Grafen András Bethlen, Aladár Andrássy und Sándor Károlyi wieder gewählt wird, zumal er wusste, dass eine bloße Rückkehr zu den alten Verhältnissen nach dem offenen Konflikt nicht möglich sein würde. Die Diskrepanz zwischen der Schwäche des Vereinslebens und den weitreichenden Wünschen nach Änderungen in der Wirtschaftspolitik war offensichtlich. Dessewffy schrieb: „Das Ergebnis ist da, das Interesse ist ge-

---

22 MOL P 389. o. Visitenkarte (undatiert) von Graf András Bethlen, daselbst Brief von Bethlen András, Kolozsvár, 7.11.1894.

23 Az OMGE igazgató választmány november 15-i ülése [Die Sitzung des Ausschusses des Landes-Wirtschaftsvereins vom 15. November], in: Köztelek, 17.11.1894, S. 1641–1642.

24 Az Országos Magyar Gazdasági Egyesület közgyűlése [Generalversammlung des Landes-Wirtschaftsvereins], in: Köztelek, 12.12.1894, S. 1785–1787; Präsidentenwahl im Agrikulturverein, Pester Lloyd, 10.12.1894, S. 2.

weckt, mir ist glänzende Wiedergutmachung zuteil geworden, ich bin auch zufrieden damit. – Ob ich dem Verein und dem Publikum der Landwirte noch einen Dienst erweisen und Nutzen bringen kann, ist m. E. eine große Frage, denn ich kann nicht meine Leute opfern, die Animosität ist groß geworden, ein oppositioneller Verein ohne die Unterstützung der Regierung kann absolut nichts bewegen oder erringen, die Zwietracht, die ab jetzt dort [im Verein – A. V.] herrschen wird, wird die dort noch vorhandenen geringen Kräfte verzehren. Ich werde mich schwer tun, den Vereinsposten anzunehmen, auch schon deswegen, weil Bethlen und Andrássy mir mit gewissen berechtigten Forderungen gegenübertreten werden. – Die Presse hat die Sache sehr aufgeblasen, es ist Zeit sie abzublasen."[25] Doch die lange schwelende Unzufriedenheit entlud sich nun in der massenhaften Empörung der Landwirte, die sich beim Sieg über den Coup zeigte. Diese Empörung sollte noch längere Zeit andauern.

Der Embryo einer Agrarpartei

Einen Tag vor der Versammlung des Landes-Wirtschaftsvereins am 9. Dezember 1894 fand eine andere Zusammenkunft statt. Es waren eintausend (!) „unabhängige Landwirte", die sich im Hotel Hungaria in Budapest versammelt hatten. Zum einen wollten sie die Abstimmung am nächsten Tag bei der Generalversammlung des Landes-Wirtschaftsvereins im Voraus absprechen. Die darüber hinausgehenden Ziele des Treffens lassen sich nur erahnen. Klar ist, dass die Veranstaltung entschied, zur Lösung der Probleme der Landwirtschaft, demnächst einen dritten landesweiten Kongress der Landwirte abzuhalten. Die Organisation eines solchen Kongresses ist einem von dieser „Konferenz der Unabhängigen Landwirte" gewählten Ausschuss anvertraut worden. Dieser Ausschuss sollte ein beständig arbeitendes Organ sein. Die Ähnlichkeit mit dem Vorgehen der jungen Agrarier 1879, die damals den Landes-Wirtschaftsverein reformieren wollten, ist unverkennbar.

Was folgte, war jedoch lediglich eine Reihe von Sitzungen des „Exekutiv-Ausschusses der unabhängigen Landwirte" und der Vorstände der anderen Agrarvereine. Doch von einer Parteigründung, wovon bei der ersten Versammlung sporadisch die Rede war und auf die auch das ganze Vorgehen deutete, hörte man später nichts mehr. Logisch wäre ein solches Vorhaben gewesen, denn die Regierung, die auch sonst eine unbefriedigende Agrarpolitik trieb, mischte sich aggressiv in die Vereinsangelegenheiten. Der Verein konnte vom Parlament aus kontrolliert werden, also brauchten die Landwirte eine Partei im Parlament. Doch dies war nicht so einfach.

Die inzwischen gegründete Volkspartei nahm einer solchen Partei einen großen Teil ihres potenziellen Klientels weg, sie grub den Landwirten gleichsam das Wasser ab. Jene gesellschaftlichen Schichten, die wohl eine solche Parteibildung hätten unterstützen können, waren inzwischen von der ab Januar 1894, also von der ein Jahr zuvor gestarteten Kampagne der Volkspartei eingespannt worden.

Außerdem haperte es auch beim Programm. Wenn es nicht um die Wirtschaft oder die Religion ging, hätte die Mehrheit der Landwirte in der Politik etwas Ähnliches gesagt, was früher Apponyi vertrat. Man wollte im Grunde eine bessere Version des Ausgleichs von 1867 erreichen. Diese politische Position hielt aber Apponyi trotz seiner „nationalen" Wende immer noch besetzt.

---

25 MOL P 389. h. Brief von Gr. Aurél Dessewffy an Gr. Sándor Károlyi, Balmazújváros, 15.11.1894. (Wahscheinlich ein Fehler, korrekt wäre 15.12.1894).

Die Verhandlungen des Ausschusses der unabhängigen Landwirte zogen sich bis zur Eröffnung des Landwirtekongresses hin. Wahrscheinlich erschien es den Ausschussmitgliedern angesichts des schmollenden Landwirtschaftsministers und der unsicheren Regierung zu Beginn des Jahres 1895 günstiger zu sein, mit der Parteigründung vorerst abzuwarten. Danach änderten sich die Konstellationen aber so, dass man auf eine Parteibildung verzichten konnte.

Der Diskurs änderte sich jedoch durch die Dramatik der vorangegangenen Ereignisse. Bis hier betonte ich immer wieder die Unterschiede zu den Parallelentwicklungen in Deutschland, die aus dem erheblichen Misstrauen und der daraus folgenden Distanziertheit der ungarischen Agrarier gegenüber dem Staat, der Multikonfessionalität der agrarischen Initiativen sowie den beständigen Versuchen, mit liberalen Politikern und Intellektuellen sowie mit jüdischen Kapitalisten und Intellektuellen gemeinsame Foren zu bilden und Aktionen zu starten, resultierten. 1894 änderte sich das Bild. Sowohl die kluge und geschickte Politik von Bethlen wie auch die tollpatschige Einmischung von Festetics führte den Agrariern die Unmöglichkeit vor Augen, sich dem Staat gegenüber reserviert zu verhalten.[26]

Der Landwirtekongress 1895: Rhetorik und Interessenausgleich

Der III. Landwirtekongress ist am 22. Mai 1895 in Budapest zusammengetreten. Die Organisation des Kongresses oblag eindeutig der Dessewffy-Károlyi Gruppe, wobei es unklar ist, welcher Anteil der Kosten vom Landes-Wirtschaftsverein und von Graf Károlyi getragen wurde. Die Organisation oblag unterschiedlichen Ausschüssen, federführend war dieselbe Gruppe um Károlyi, die am Jahresbeginn die „Konferenz der Unabhängigen Landwirte", also die totgeborene Agrarpartei initiiert hatte. Der Ministerrat entschied, dass die Regierung sich in keinerlei Form vertreten lassen sollte.[27] Die meisten hohen Ministerialbeamten waren allerdings als Privatpersonen zugegen. Unter den mehr als 2.000 Teilnehmern waren auch Gothárd und die anderen Gegner von Dessewffy. In den Tischreden und Begrüßungen auf dem Eröffnungsbankett wurde der Frieden zwischen beiden Gruppen wiederhergestellt. Die Kosten des Kongresses trug der Landes-Wirtschaftsverein.

Die Diskussionen waren gut vorbereitet, mit Referaten von Experten zu den Themen der einzelnen Sektionen. Für eine Veranstaltung, die offene Diskussionen innerhalb weiter

---

26 Dieses Umdenken und der spätere zaghafte Versuch der Bildung einer Agrarpartei stellt eine gewisse Radikalisierung dar, wenn man lediglich die ungarische agrarische Bewegung betrachtet. Wird allerdings die deutsche Entwicklung zum Vergleich herangezogen, so muß festgestellt werden, dass es in Ungarn keine ähnliche Popularisierung wie bei dem Tivoli-Kongreß der Konservativen Partei 1892 und bei der darauffolgenden Gründung des Bundes der Landwirte gab. Retallack, James N.: Notables of the Right. The Conservative Party and Political Mobilization in Germany, 1876–1918, Boston – London: Unwin Hyman 1988, S. 91–99; Vgl. auch die Überlegungen in Bezug auf „Demagosierung" der Politik und speziell des Rechtes: Retallack, James: Demagogentum, Populismus, Volkstümlichkeit. Überlegungen zur „Popularitätshascherei" auf dem politischen Massenmarkt des Kaiserreichs, in: Zeitschrift für Geschichtswissenschaft 48 (2000), S. 309–325.

27 Minisztertanácsi ülések napirendi pontjai 1867–1944 [Tagesordnungspunkte der Ministerratssitzungen 1867–1944], CD-ROM, Budapest: MOL –Arcanum [2001], Sitzung 07.03.1895, Punkt 4.

Grenzen zuließ, lief alles erstaunlich glatt ab. Die Ergebnisse des Kongresses wurden in 50 Beschlüssen zusammengefasst, die einer detaillierten Anleitung für Agrarpolitik gleichkamen. Dass sich der Minister fern hielt, während die gesamte Agrarelite dort erschien und mitdiskutierte, zeugte eher von einer Schwäche der Regierung.

Die Streitthemen des Kongresses: Veredelungsverkehr und Zölle, Agrarsozialismus, Siedlungpolitik und Interessenvertretung der Landwirtschaft

Beim Kongress gab es an die 50 Sektionen, von denen viele rein agrartechnische Probleme oder relativ schlichte Forderungen behandelten. Vier Themenkomplexe betrafen politische Fragen:

Die wirtschaftliche Essenz der Frage des Veredelungsverkehrs und der Zölle wurde bereits behandelt. Was man bei den Protokollen des Kongresses mit Verwunderung bemerkt, ist eine Hinwendung István Tiszas zum Standpunkt der Agrarier. Auch er hielt nun Schutzzölle in der aktuellen Lage für notwendig und den Veredelungsverkehr im gegenwärtigen Umfang für unbegründet. Damit geriet Tisza in Widerspruch zu den liberalen Vertretern des Großkapitals.[28] Allerdings polemisierte er weiterhin entschieden gegen eine geradezu mythische Betrachtung des Veredelungsverkehrs als Ursache des Niedergangs der ungarischen Landwirtschaft. Ein Agrarier ist er also nicht geworden.

In der Sektion über die landwirtschaftliche Interessenvertretung hat der Sekretär des Landes-Wirtschaftsvereins Rubinek den Standpunkt des ehemaligen Ministers Bethlen von 1892 rehabilitiert, indem auch er für eine ineinander greifende, sowohl von den Landwirtschaftsvereinen als auch von den behördlichen Wirtschaftsausschüssen getragene Doppelstruktur plädierte.[29] Ohne offene Kritik an den Vertretern der Wirtschaftvereine zu üben, die doch größtenteils das Publikum stellten, war er unzufrieden mit den fachlich-organisatorischen Leistungen der Vereine. Als Sekretär des Landesvereins war er darüber bestens informiert. Das Publikum stellte sich jedoch taub, verwarf den Beschlussentwurf von Rubinek und blieb beim alten System.

Die Diskussion um die Siedlungspolitik war von dem gleichen Zwiespalt gekennzeichnet wie schon zu Zeiten Bethlens. Imre Széchényi referierte – auf die persönliche Bitte von Károlyi – die Thematik und empfahl ein paralleles Vorgehen. Neben Siedlungen auf staatlichem Boden würde man auch ein genossenschaftlich organisiertes Kreditinstitut benötigen, um bei den privaten Siedlungsaktionen durch die Ausgabe von Rentenbriefen die für den Kauf des Siedlerhofes nötige Summe vorzuschießen. Széchényi plädierte zudem für eine staatliche Oberaufsicht über private Siedlungsaktionen.[30]

---

28 Siehe die Beiträge von Tisza und Matlekovits in: Az 1895. évi országos gazdakongresszus tárgyalásai [Verhandlungen des Landwirtekongresses von 1895], Bd. 1–6, Budapest: Pátria, hier Bd. 4, S. 96–99. Tisza hat dem Publikum mehrfach unangenehme Wahrheiten ins Gesicht gesagt. Auch er unterließ es aber, die Tatsache der Schwächung der Position Ungarns Österreich gegenüber im Zuge der Agrarkrise und als Ergebnis des Zollschutzbedüfrnisses klar zu benennen. Vgl. Eddie, M. Scott: Cui bono? Magyarország és a dualista Monarchia védővámpolitikája [Cui bono? Ungarn und die Zollschutzpolitik der dualen Monarchie], in: Történelmi Szemle 1976, Nr. 1–2, S. 156–166.

29 Ebd., Rubinek, Gyula előadói javaslata a gazdasági érdekképviseletről [Referat von Gyula Rubinek über die landwirtschaftliche Interessenvertretung], Bd. 6, S. 8–58.

30 Ebd., Széchényi, Imre gr. Előadói javaslata a telepítésről [Referat von Imre Széchényi über die Ansiedlung], Bd. 5, S. 114–143.

Die Siedlungsfrage haben einige Diskussionsteilnehmer für hochwichtig befunden und dem befürwortenden Referat begeistert zugestimmt. Andere haben die Sache zwar nicht abgelehnt, aber endlose Schwierigkeiten bei der Verwirklichung gesehen. Bethlen war auch zugegen und brachte seine alte Idee wieder vor, dass die extrem großen Gemarkungen der Ackerbürgerstädte auf der Tiefebene zu Siedlungszwecken in Anspruch genommen werden könnten.[31] Dem trat aber Károlyi, obwohl er die Idee der Siedlungen nicht grundsätzlich ablehnte, entgegen und erklärte, dass er sich jedes Mal peinlich berührt fühlte, wenn darüber beraten würde, wessen Besitz auf welche Weise enteignet werden solle.[32]

In der Parallelsektion über die Landarbeiterfrage referierte Vizegespan Fábry über das von Landarbeiterunruhen heimgesuchte Komitat Békés. Er lieferte einen korrekten Bericht der Ereignisse. Dies tat auch der Sekretär Rubinek, der im Auftrag des Landes-Wirtschaftsvereins die revoltierenden Gegenden kurz vor dem Kongress bereist hatte.[33] Neben Missbräuchen einzelner Gutsverwaltungen und neben dem bedeutenden Rückgang der Verdienstmöglichkeiten für Tagelöhner haben beide Berichterstatter den Landhunger als wichtigste Ursache der Unruhen bezeichnet.

Das war aber wiederum peinlich für Károlyi, denn mehrere der Ackerbürgerstädte des Komitats Békés, in denen Jahr um Jahr Unruhen aufflammten, waren von Károlyi-Besitzungen eingeschlossen. Diese bildeten gewissermaßen einen Gegenpol zu den von Bethlen anvisierten riesigen Gemarkungen zwischen Theiß und Donau. Sie hatten fast gar keine eigene Gemarkung. Wenn jemand ein Stück Land kaufen wollte, stieß er überall auf herrschaftlichen Besitz. Außerdem waren die Steuern extrem hoch, denn die Herrschaftsgüter bildeten steuerlich gesehen abgesonderte Außenbezirke und waren daher gegenüber der Ackerbürgerstadt, die sie umgaben, nicht steuerpflichtig. Károlyi meinte, ohne auf die Lage der Besitzungen seiner Familie näher einzugehen, dass statt Siedlungsaktionen auf privatem Boden die beste Möglichkeit des Emporkommens wäre, mit Erspartem und Kredit von der Genossenschaft ein Stück Land zu kaufen. Aber eben das ging nicht.[34] In dieser Sektion über die Landarbeiterbewegung fanden der liberale Tisza und der Agrarier Żeliński zueinander. Beide meinten, dass das gesamte Problem im Wesentlichen ein polizeiliches wäre.[35] Der Referent, Vizegespan Fábry und einige Repräsentanten der Grundbesitzerklasse suchten dagegen nach tiefer liegenden Ursachen, als es geheime Machenschaften sozialistischer Aufwiegler waren. Die von ihnen genannten Ursachen kamen der Realität viel näher. Sie sahen diese im Ende der besonders harten, aber eben auch besonders gut bezahlten Erdarbeiten, in der Landnot und den offensichtlich und extrem ungerecht verteilten Gemeindelasten.

Die gescheiterte Parteigründung und die Radikalisierung der agrarischen Ideologie

Auf dem Kongress verlor sich der Versuch einer Parteigründung in endlosen Diskussionen. Dem ersten Eindruck ist aber nicht ganz zu trauen, denn genau dieser Verlust ist das Er-

---

31 Ebd., Beitrag von Gr. András Bethlen, Bd. 5, S. 129–130.
32 Ebd., Beitrag von Gr. Sándor Károlyi, Bd. 5, S. 141–142.
33 Ebd., Fábry, Sándor referátuma az alföldi munkásmozgalomról [Referat von Sándor Fábry über die Landarbeiterbewegung der Tiefebene], Bd. 5, S. 62–102; Rubinek, Gyula: Parasztszocializmus [Bauernsozialismus], Budapest: Pátria 1895.
34 Ebd., Beitrag von Gr. Sándor Károlyi, Bd. 5, S. 106–108.
35 Ebd., Beitrag von Gr. István Tisza, Bd. 5, S. 102–104, Beitrag von Robert Żeleński, S. 109.

gebnis. Mit der Rückeroberung des Landes-Wirtschaftsvereins und der enormen Aufmerksamkeit, die dies erregte, hatten die agrarischen Magnaten, die Dessewffy-Károlyi Gruppe
erfolgreich die Anziehungskraft des agrarischen Standpunktes innerhalb des gesamten
Konglomerats der herrschenden Klassen zeigen können. Die Krallen waren also sichtbar
geworden. Eine eigene Partei hätte aber, wie oben bereits angedeutet wurde, einen
schweren Weg vor sich gehabt. Außerdem brauchte man sie in der gegenwärtigen Situation
nicht mehr so dringend. Dies lag an dem mit der Tisza-Fraktion erreichten Kompromiss,
dessen Inhalte auch für die anderen Gruppen vertretbar waren. Die Notwendigkeit der
Schutzzölle und der polizeilichen Abwehr der Landarbeiter-Bewegung waren wohl die
Probleme, die den Großgrundbesitzern am wichtigsten erschienen.

Es ist merkwürdig, wie stark sich die Themen und Diskussionen beim Kongress
voneinander unterschieden. Es gab einige, punktuelle Fragen, wie die der Schutzzölle, die
so wichtig waren, dass das dabei erzielte Einvernehmen sogar eine gouvernementale
Zusammenarbeit hätte begründen können. Es gab außerdem zahlreiche partikulare Fragen,
die aber mit ebensoviel Elan besprochen wurden, wie die „Großen Fragen". Lag es nur an
dem Streben der versammelten Agrarintelligenz, ihren Professionalismus zu demonstrieren? Oder hatten diese Diskussionen der scheinbar zweitrangigen Fragen ihren Stellenwert
aus der Perspektive einer Zusammenarbeit erhalten? Jedenfalls enthielten die Beschlüsse
allesamt Maßgaben und konkrete und detaillierte Forderungen, die direkt an die Regierung
adressiert wurden. Schließlich führte man in einigen Sektionen eine dritte Art von Diskussion, die hochideologisch und deren Resultate beim besten Willen schwer umsetzbar waren.

So gab es beim Kongress ein Referat über das Problem des Terminhandels an der
Börse.[36] Der Referent argumentierte, wie es in den zeitgenössischen Diskussionen üblich
war, dass die Möglichkeit, mit nicht konkret vorhandener Ware, „Papierweizen", in der Zukunft abzuschließende Geschäfte, sog. Termingeschäfte zu tätigen, riesigen Spekulationen
den Boden bereitet hatte und dieser Geschäftszweig an der Börse einen permanenten Druck
auf die Getreidepreise ausübe – und zwar nach unten. Die liberale Entgegnung darauf
pflegte zweierlei hervorzuheben. Erstens wurde betont, dass das Termingeschäft an ein
Realgeschäft gebunden sei und jeder Versuch, das eine einzugrenzen oder zu verbieten,
auch die andere Geschäftsart schädigen würde. Nun ist der Zusammenhang zwischen den
„reellen" und den „fiktiven" Geschäften zwar nicht zu leugnen, aber es ist wohl eine
konkrete Frage, welche Rechtsregeln durchführbar sind und um welchen Preis. Eine grundsätzliche Unregulierbarkeit der Börsengeschäfte ist genauso wenig verträglich mit dem
Wohl der Gesellschaft wie die allgemeine Zügellosigkeit des Kapitals. Das zweite Argument verwies darauf, dass immer mehr Akteure immer mehr Ware an der Börse umgeschlagen haben und dass es nicht möglich sei, so ein riesiges „Warenmeer" zu manipulieren. Dem ist entgegenzuhalten, dass ganz und gar nicht die Mengen, sondern die
Strukturen des Warengeschäfts über die Möglichkeit, Monopolpositionen auszubauen und
den Markt zu manipulieren, bestimmen. Dies hängt wiederum von technischen Aspekten,
wie der Nachrichtenübermittlung, aber eben auch von Rechtsregeln ab. Es ist allerdings
eine andere Frage, ob eine Börsenregulierung erfolgreich sein kann, wenn sie nur an einem
Börsenort durchgeführt wird, und ob unter den damaligen Verhältnissen dies die dring-

---

36 Ebd., Polónyi, Géza referátuma a tőzsde reformjáról [Referat von Géza Polónyi über die Börsenreform],
   Bd. 4, S. 53–74.

lichste Aufgabe war. Bemerkenswert ist, dass Károlyi ziemlich genau wusste, dass der Kampf gegen die Börse aussichtslos war. Er ließ aber zu, dass auf von ihm mitgetragenen Foren, Kongressen und in Zeitungen die Thematik breiten Raum gewann. Er tat dies wahrscheinlich, weil seine Kampfgenossen die Börsenfrage bereits aufgeworfen hatten und er auf eine Zusammenfassung aller Initiativen seiner Standes- und Gesinnungsgenossen hinarbeitete.

Interessanterweise war der Referent über den Terminhandel, Polónyi, ein rabiater Anwalt der 1848er, während der Vorkämpfer der Börsenregulierung unter den Magnaten, Graf Robert Zelinski, ein Parteigänger von Apponyi bzw. ab 1901 von Tisza, war.[37] Die agrarischen Themen kreuzten die Parteizugehörigkeiten. Während aber die Agrarier beim Kongress eine Art Bündnispolitik zu betreiben schienen, die quer über die Parteien ging, war das agrarische Lager in anderer Hinsicht doch stark differenziert. Denn ist es wirklich dieselbe Art des Agrarismus, die durch die Interessenvertreter der Getreideproduzenten und die Ideologen wie Polónyi repräsentiert wird?

Die Gründung des Landwirtebundes – eine Parallele zum deutschen Bund der Landwirte?

Eine der Spätfolgen des Landwirte-Kongresses war die Gründung eines neuen Landwirtebundes am 19. Januar 1896.[38] Wie bereits beim Agrarkongress war auch hier Graf Károlyi der Initiator. Er wurde auch der erste Präsident des Bundes. Die Absichten bei der Gründung des Landwirtebundes sind unklar. Wahrscheinlich handelte es sich um eine Reaktion auf den Putsch im Landes-Wirtschaftsverein, durch die verhindert werden sollte, dass die Regierung die Interessenvertretung der Landwirtschaft erobert. Man könnte dies als zweite Verteidigungslinie bezeichnen. Allerdings war die neue Organisation zunächst klein und unbedeutend. Im Kontrast zu den 2.000 Teilnehmern bei der Konferenz der „Unabhängigen Landwirte" hatte der Bund bei der Gründung nur 200 Mitglieder. Sowohl die Aristokratie als auch die gemeinadeligen Großgrundbesitzer fehlten. Erst 1900, vier Jahre nach der Gründung, gab es mehr als 500 Mitglieder. Erst nachdem Darányi, der seit 1895 Landwirtschaftsminister war, 1904 Vorsitzender des Bundes wurde und auch die Konsum- und Kreditgenossenschaften dem Bund beigetreten waren, gewann der Bund eine große Masse beitragszahlender Mitglieder, denn 1908 stellten die Kredit- und Konsumgenossenschaften bereits mehr als die Hälfte der Vereinsmitglieder.[39] Da die Kreditgenossenschaften unter der Kontrolle des Ministeriums standen, bedeutete dies, dass der Agrarminister Darányi dem Vorsitzenden des Landwirtebundes Darányi eine Gefälligkeit erwies.

Zwischen der Gründung 1896 und der Übergabe an Darányi 1904 war das einzige Produkt des Bundes eine seriöse Monatsschrift mit Niveau. Man muss also folgern, dass

---

37 Ebd.; s. auch Zselénski [Żeleński], Róbert: Tizenkét évi küzdelem a tőzsdéken űzött fedezetlen határidőüzleti szerencsejáték ellen [Zwölf Jahre Kampf gegen das Glücksspiel des Terminhandels an der Börse], Budapest: Pátria 1908.

38 Anon.: A Magyar gazdaszövetség megalakulása [Die Gründung des Ungarischen Landwirtebundes], in: Magyar Gazdák Szemléje 1 (1896), Nr. 1, S. 88–89. Eine Vorkonferenz über die Gründung während des Landwirtekongresses s. Anon.: Országos gazdaszövetség [Landesweiter Landwirtebund], in: Köztelek 25.5.1895, S. 892; ferner Bernát, István: Az alakulás [Die Gründung], in: Zwölfe Jahre, Anm. 50, S. 20–22.

39 Schandl, Károly: Külső fejlődésünk [Unsere äußere Entwicklung], in: Zwölf Jahre, Anm. 50, S. 281–282.

Károlyi nach dem Scheitern der Parteigründung dem Bund die Rolle eines Propaganda-organs für die Mittelklasse zugedacht hatte. Die Zeitschrift „Magyar Gazdák Szemléje" hatte, wohl unter dem Einfluss ihres Redakteurs Bernát, einen eher lebensfremd-moralisie-renden Charakter. Ein Kampfverein oder gar eine Massenbewegung, wie das manchmal behauptet wird, war der Landwirtebund – im Gegensatz zum Bund der Landwirte in Deutschland – sicherlich nicht.[40] Seine vergleichsweise bescheidene Rolle wird an der ge-ringeren Mitgliederzahl und dem kleineren Jahreshaushalt deutlich.[41] Sogar der Landes-Wirtschaftsverein konnte nicht annähernd die Mitgliederzahl erreichen, die der Bund der Landwirte (BdL) in Deutschland aufwies – auch dann nicht, wenn man den Größenunter-schied der beiden Länder in Betracht zieht. Der BdL hatte – auf dieselbe Bevölkerungs-größe bezogen – zehn bis zwanzig Mal mehr Mitglieder als der Ungarische Landes-Wirt-schaftsverein.[42] Zwar sind auch die Angaben über den BdL mit Vorsicht zu behandeln, da wahrscheinlich hier die Mitglieder der fast 400 Genossenschaften, die sich im Rahmen des BdL formierten, mitgezählt wurden.[43] Nach allen möglichen Korrekturen bleibt dennoch die Tatsache unverändert, dass die deutsche Organisation deutlich mehr Mitglieder anzog und über erheblich größere Mittel verfügte als ihr ungarisches Pendant.

Der Schlüssel zum Erfolg des BdL könnte außerhalb des politisch-ideologischen Be-reichs liegen. Schließlich war der BdL zugleich ein großartiger Dienstleistungsbetrieb, der die Buchführung für die Landwirte erledigte, Versicherungen, Stellen und Informationen vermittelte, Kunstdünger und Materialien einkaufte, Rechtsberatung gewährte sowie die unterschiedlichsten Genossenschaften betrieb.[44] Schwache Regungen dieser Art kann man auch beim ungarischen Landes-Wirtschaftsverein feststellen. Deren Umfang und Intensität

---

40 Szabó, Neue Züge, Anm. 4, S. 113–115.

41 Vgl. Schandl, Anm. 39, S. 282–285. Demnach gab es 1908 eine Mitgliederzahl von 2209, wobei die Mitgliedschaft von denjenigen Organisationen, Genossenschaften, Lesezirkeln und Dorfgemeinden, die dem Landwirtebund beigetreten sind, nicht mitgerechnet wurde. Das Jahresbudget wies 1908 Ein-nahmen in Höhe von 84.700 Kronen bzw. 42.350 Gulden sowie Ausgaben von 69.424 Kronen aus. Die Ausgaben dienten jeweils zur Hälfte der Zahlung der Gehälter der acht Angestellten und zur Heraus-gabe der Monatsschrift.

42 Ungarn ohne Kroatien (wo die ungarischen Organisationen ohnehin keine Rolle spielten) hatte 1890 15,2 Millionen, 1910 18,3 Millionen, Deutschland 1890 49,4 Millionen, 1910 64,9 Millionen Ein-wohner. Der Landes-Wirtschaftsverein hatte März 1892 insgesamt 1602 Mitglieder, vgl. Az Országos Magyar Gazdasági Egyesület Igazgató-Választmányának az egyesület 1892. évi junius hó 4-én tartott közgyűlése elé terjesztett jelentése [Bericht des Ausschusses des Ungarischen Landeswirtschaftsvereins für die Generalversammlung des Vereins am 4. Juni 1892], Budapest: 1892, S. 16. Bis 1911 stieg diese Zahl auf 5237 an. Vgl.: Az Országos Magyar Gazdasági Egyesület 1910–1911 évi évkönyve [Jahrbuch des Ungarischen Landes-Wirtschaftsvereins für das Jahr 1910–1911], Budapest: Pátria 1911, S. 148–149. Der Haushalt des Jahres 1910 betrug 331.886 Kronen, ebd., S. 172–177. Für Ende 1893, das Gründungsjahr der BdL teilt Puhle eine Mitgliederzahl von 178.939, für 1911, wo schon fast der Höchststand erreicht wurde, 328.000, mit. Puhle, Anm. 4, S. 309. Über die Finanzen des BdL erfährt man dort nur, daß der Haushalt sich 1896–1902 um 500.000 Mark bewegte (S. 46).

43 Vgl. über die Genossenschaften: Agrarisches Handbuch, hg. vom Bund der Landwirte, 3. Auflage, Berlin: Verlag d. Bundes der Landwirte 1911, S. 284–286.

44 Ebd., S. 264–288. Puhle stellt in seiner Monographie auch die Dienstleistungsangebote des BdL vor und erkennt dessen Bedeutung als „rentabler wirtschaftlicher Hintergrund der Bundesverwaltung sowie auch als indirekte Agitationsmittel". Puhle, Anm. 4, S. 50–55, Zitat S. 50. Aufs Ganze gesehen hielt er aber „nicht seine finanzielle Potenz entscheidend, sondern vielmehr die Organisation und der ihr inne-wohnende ideologische und propagandistische Impetus." Ebd., S. 47.

betrug allerdings nur ein Bruchteil dessen, was beim BdL zu finden war. Die Dienstleistungen waren allem Anschein nach auch finanziell ertragreich und lockten außerdem Mitglieder an. Sie konnten also den organisatorischen Erfolg vorbereiten. Dieser und die resultierende finanzielle Stärke haben wohl wesentlich zu der großen politischen Kraft des BdL beigetragen.

Die größten Unterschiede manifestieren sich aber nicht einmal in den beiden Organisationen zur Verfügung stehenden Mitteln, sondern in ihren Zielen. Den ungarischen Agrarorganisationen fiel es nicht einmal ein, Kandidaten für das Parlament mit Beträgen zu unterstützen, geschweige denn ihnen agrarpolitische Treueerklärungen abzuringen, wie dies der BdL tat. Dies war in Ungarn nicht notwendig, denn nach dem 1895 erzielten Einvernehmen über Schutzzoll und Abwehr des Sozialismus scheint die Grundbesitzerklasse ihre Reihen geschlossen zu haben. In einer solchen Situation musste auch die Regierungspolitik dieser geschlossenen Einheit Rechnung tragen, was sie auch tat.

Darányi, die Landarbeiterbewegung und die Genossenschaften

Der liberale Ackerbauminister Darányi und der Brückenschlag zu den Agrariern

Die größte veterinärmedizinische Katastrophe der Periode, die Schweinepest-Epidemie von 1895, berührte mächtige Interessen. Denn es war die 180 Katastraljoch große Mastanlage vor den Toren von Budapest, Kőbánya, die infiziert wurde. Kőbánya war zugleich der Hauptlieferant der Millionenstadt Budapest und Umschlagplatz der aus Serbien eingeführten und für den Export nach Deutschland bestimmten Lieferungen. Die Betreibergesellschaft hat die Krankheit zu spät gemeldet, das Ministerium hat zwar eine Sperre für Transport und Handel von Schweinen verhängt, aber sie zu früh wieder aufgehoben.[45] Inzwischen brachte die Presse Gräuelgeschichten von der Anlage in Kőbánya: Die Krankheiten wären verheimlicht worden, Kanalisation und fließendes Wasser gäbe es dort nicht. Es hatte den Anschein, als ob die Kőbánya AG die eigenen Profitinteressen über alles gesetzt hätte. Nach einem Bericht der Zeitung des Landes-Wirtschaftsvereins wollte der Landwirtschaftsminister der Kőbánya Schweinemast AG auf den Leib zu rücken, woraufhin er gehen musste.[46]

Der neue Minister war ein gestandener Jurist, Verwalter und Politiker – Ignác Darányi.[47] Der Vater von Darányi war ein Güterdirektor der Familie Teleki und gehörte daher selbst zu dem inneren Kreis der Klienten der reformierten Großgrundbesitzer-Familien

---

45 A kőbányai sertéspiacz zár alá vétele [Die Sperrung des Schweinemarktes von Kőbánya], in: Köztelek 25.5.1895, S. 893. Mit Kőbánya musste sich auch der Ministerrat befassen: Ministerratssitzungen, Anm. 27, 30.5.1895, Punkt 1. Über „die Angelegenheit der Kanalisation und Wasserversorgung des Schweinemarktes" wurde nochmals verhandelt: 26.9.1895, Punkt 9.

46 N. N. A földmivelésügyi minisztérium válsága [Die Krise des Landwirtschaftsministeriums], in: Köztelek 2.11.1895, S. 1746–1747. Der letzte Redebeitrag von Festetics im Parlament: KN 1892–97, Bd. 26, Sitzung 496, S. 167–168. Ministerratssitzungen, Anm. 27, 31.10.1895, Punkt 19.

47 Galgóczy, Károly: Darányi Ignác id., in: Gedenkbuch 5, S. 111–120. Über die Patronage des Tisza s. Bernát, István: Darányi Ignác r. tag emlékezete [Erinnerung an Ignác Darányi, Ordentliches Mitglied der Akademie], Budapest: MTA 1931, S. 33. Die Ernennung von Darányi erfolgte am Tag des Rücktrittes seines Vorgängers, am 2. November 1895, sie war also wahrscheinlich schon vorher geplant.

der Teleki, Tisza, Bethlen und Zeyk. Er war ab 1878 Anwalt der Theißthal-Gesellschaft und ab 1881 Abgeordneter der Hauptstadt mit entschieden liberalem Programm. 1893, unter der Wekerle-Regierung, wurde er stellvertretender Vorsitzender der freisinnigen Partei, ab April 1895 bekleidete er den Posten des stellvertretenden Vorsitzenden des Abgeordnetenhauses.[48] Er war es, der 1894, nach dem „Putsch" im Landes-Wirtschaftsverein, im Parlament die Anschuldigungen, dass die Regierung die Politik in die Vereine trüge, zurückwies. Seiner Meinung nach war es der Landes-Wirtschaftsverein, der Politik trieb – obschon auch er die eigenartige Wachablösung bedauerte.[49]

Darányi konnte seine Position durch drei Faktoren konsolidieren. Er besaß großes Organisationsgeschick, profitierte vom Umschwung der Gruppe um Tisza auf eine Linie des Zollschutzes und trat entschlossen gegen die agrarsozialistischen Bewegungen ein.

Was den ersten Faktor betrifft, so hat er die meisten „fachlichen" Initiativen von Bethlen weiter geführt. Er verzichtete aber auf einen erneuten Versuch, eine landwirtschaftliche Verwaltung vor Ort in der Form von Wirtschaftsausschüssen der Komitate aufzubauen, diesen Organen Aufgaben der Vereine zu übertragen sowie das Vereinswesen umzubauen, da dies schon zu Bethlens Zeit zu viel Widerstand erregt hatte. Nachdem Festetics diese Wirtschaftskommissionen per Verordnung organisieren wollte, war diese Idee bei den Beteiligten endgültig diskreditiert. Darányi hat auch die von Bethlen begründete „Volks-Zeitung" für Landwirte weitergeführt und die Presse überhaupt mit solchem Erfolg kultiviert, dass er damals wie auch heute als Begründer von diesem und jenem Institut oder Organ gefeiert wird, obwohl die tatsächlichen Gründungen nachweislich auf Bethlen zurückgehen.

Die solideste Grundlage seiner Herrschaft lieferte aber die sich zuerst beim Landwirte-Kongress von 1895 manifestierende, in den kommenden zwei Jahren in einer Reihe von publizistischen Auseinandersetzungen weiter Gestalt annehmende Übereinstimmung der Tisza-Gruppe mit den Agrariern um Károlyi und Dessewffy hinsichtlich der Notwendigkeit von Agrarzöllen in der Monarchie. Die Tiszas waren seit eh und je seine Gönner, zu den reformierten Intellektuellen um Károlyi (Hajós, György, Bernát) hatte er gute, teils verwandtschaftliche Kontakte. Nun konnte er die ganze Breite seiner Kontakte fruchtbar machen.

Zu Beginn seiner Amtszeit veranstaltete Darányi vom 17. bis 21. September 1896 einen aufwändig organisierten internationalen Landwirte-Kongress. Dabei wurden sämtliche agrarischen Persönlichkeiten in den Vorstand integriert.[50] Es fällt auf, dass auch die wildesten agrarischen Ideen, wie die Regulierung der Börse und der Bimetallismus, ganz offiziell als Kongressfragen erörtert worden sind. Es fragt sich nur, ob Darányi damit eine Anbiederung bei den Agrariern oder deren Diskreditierung bezweckte.

Bald gab es aber auch Anlässe, bei denen der Minister seine Nützlichkeit nach allen Seiten demonstrieren konnte.

48 Sturm, Albert (Hg.): Országgyűlési almanach 1896–1901 [Almanach des Landtages], Budapest: Pesti Lloyd 1897, S. 219–220.
49 Redebeitrag von Ignác Darányi KN 1892–1897, Bd. 20, Sitzung 377, 13.11.1894, hier S. 159–160.
50 Rodiczky, Jenő: A nemzetközi gazdakongresszus főjelentése [Hauptbericht des internationalen Landwirtekongresses], Budapest: Nagel Ottó, ifj. 1897.

Die Landarbeiter-Unruhen, die Neuordnung des Arbeitsrechts der Landarbeiter und die Polizeimaßnahmen von Darányi

Seit Anfang der 1890er Jahre gab es schwelende Konflikte in der Tiefebene zwischen Landarbeitern, Staatsverwaltung und Grundbesitzern. Die Landarbeiter, empfindlich getroffen durch den Mangel an Arbeitsgelegenheit, haben während der Ernte gestreikt, um der Forderung nach höheren Löhnen Nachdruck zu verleihen. Daneben wurde auch gegen die hohen Gemeindesteuern protestiert. Landarbeiter-Vereine wurden gegründet und sozialistische Agitation betrieben, rote Symbolik in dramatischem Ernst zur Schau gestellt. Es ist schwierig zu sagen, was die Herrschenden mehr provozierte: Die Fahnen, die Vereinssatzungen oder die Forderungen nach mehr Lohn. Die Behörden reagierten mit Terror. Die Leiter des Landarbeitervereins der großen Ackerbürgerstadt Hódmezővásárhely wurden 1894 festgenommen und anschließend zu langjährigen Haftstrafen verurteilt. Im Juni 1897 kam es wieder zu Streiks der Schnitter; die Gendarmen feuerten an mehreren Orten in die Menge; ein Massenstreik brach in verschiedenen Gegenden aus, was die Ernte vollends zu ruinieren drohte.

Das war die Bewährungsprobe für Darányi. Der unermüdliche Verwalter der Interessen seiner Herren organisierte Streikbrecher-Truppen auf ärarischen Gütern, verhandelte über verbilligten Eisenbahn-Transport der Streikbrecher, ließ Telefonleitungen verlegen, forderte Berichte der Obergespane ein und erstellte Einsatzpläne. Er unterließ es nicht, sowohl vor seinen Kollegen als auch in der Presse und der Öffentlichkeit sich selbst in der Rolle des harten und energischen Ordnungshüters zu zeigen. Damit traf er die Stimmung bei den Grundbesitzern voll und ganz und legte die eigentlichen Grundlagen seiner späteren Popularität in diesen Kreisen.

Darányi wollte die Landarbeiter-Bewegung dauerhaft aus der Welt schaffen. Ende 1897 brachte er das sog. „Sklavengesetz" (GA II 1898.) durch das Parlament. Dadurch wurden alle Landarbeiter, mit Ausnahme des Gesindes, mit Arbeiter-Ausweisen ausgestattet. Die Arbeitsverträge der Schnitterkolonnen wurden schriftlich fixiert und bei der lokalen Verwaltung deponiert. Die Details des Vertrages wurden im Büchlein jedes einzelnen Arbeiters vermerkt, was das Abwerben natürlich unmöglich machte. Im Falle von Vertragsbrüchen war das Exekutivorgan des Komitats, der Stuhlrichter, zum Eingreifen befugt und verpflichtet. Die Modalitäten der Vertragsinhalte waren detailliert, aber praktisch geregelt, so hinsichtlich der Entlohnung in Naturalien oder Bargeld. Streik, Streikandrohung und jegliche Art von Vertragsbruch wurden unter Strafe von 60 Tagen Arrest oder 400 Kronen gestellt. Ein Arbeitgeber durfte einen Vertrag sogar dann sofort kündigen, wenn er erfuhr, dass ein Arbeiter früher wegen eines diesbezüglichen Verstoßes verurteilt worden war. Zwar waren im Gesetz etliche Missbräuche der Arbeitgeber, vor allem in Bezug auf minderwertige Verpflegung und auf Bezahlung in Warendeputat *(truck system)* ausdrücklich und eindeutig verboten und mit Strafen belegt, jedoch wurden damit den Arbeitern und nicht den Herren Fesseln angelegt. Es gab einige Bestimmungen, die die Wahrnehmung der Rechte der Arbeiter in der Praxis erschwerten. Wichtiger war jedoch, dass der zum Eingreifen befugte Stuhlrichter des Komitats dem Herkommen aber auch der modernen Praxis nach, eine herrschaftsnahe Gestalt war. Durch autonome Gemeindeverwaltungen hätten wohl auch solche Gesetzesvorschriften eine billigere Durchführung finden können – solche fehlten aber.

Nach zwei Jahren setzte Darányi seine Landarbeiterpolitik fort und ließ 1900 im GA XVI. die Landeskasse für Landarbeiter und Gesinde einrichten. Diese gewährte eine Unfall-, Invaliden- und Hinterbliebenenversorgung, wobei die Beiträge in etwa paritätisch durch Arbeitnehmer und Arbeitgeber aufgebracht werden mussten. Bei einem Verstoß gegen das Streikverbot des GA II 1898 verloren die Kassenmitglieder ihre Versorgungs-berechtigung und auch die bis dahin eingezahlten Beiträge. Es wurde 1902 auch versucht, dieses Versicherungswerk im GA XIV. auszubauen. Insgesamt blieb jedoch der Wirkungs-kreis dieser Einrichtung recht begrenzt.

Darányi selbst begründete die Reihe von Gesetzen und Verordnungen eindringlich mit dem Unmut der Landarbeiter.[51] Die Grundbesitzer waren über die sie betreffenden Ein-schränkungen empört. Da es aber um die Eindämmung der Landarbeiterbewegung ging, nahmen die Landwirte nach anfänglicher Empörung das Gesetz schmollend hin. Selbstver-ständlich liefen die damaligen radikalen und sozialistischen Blätter gegen Darányi Sturm.[52]

Der Staat hilft dem Landvolk: Die ruthenische Hilfsaktion

Darányi hatte das Glück, im Jahre 1897 auch noch eine zweite Gelegenheit zu bekommen, um zwischen Agrariern und Liberalen Brücken zu schlagen. Die etwas verzwickte Ge-schichte begann als Entwicklungshilfe des Ministeriums. Erst durch das tragische Scheitern wurde sie zur starken Klammer zwischen Darányi und den Agrariern.

Die an Galizien grenzende Region der nordöstlichen Karpaten war eine von griechisch-katholischen Ruthenen bewohnte, arme Landschaft, die vor allem von einer starken jüdi-schen Einwanderung betroffen war.[53] Sie bekam 1896 plötzlich ein wenig politisches Ge-wicht. Wie es der Zufall wollte, hatte die Regierung kurz vor den Wahlen inmitten der Region, im Komitat Bereg, kein Gegengewicht von regierungsabhängigen Wählern zu dem griechisch-katholischen Klerus, dessen Führer, Bischof Firczák, ungewiss ließ, ob er nicht die oppositionelle Volkspartei unterstützen wird. In bester Balkan-Manier kam es zu einem rationalen Kuhhandel zwischen Bischof Firczák und Regierungschef Bánffy.[54] So bekamen die Verwandten des Bischofs Posten und die ruthenischen Bauern ein staatliches Hilfspro-gramm.[55] Man wählte dann die „geeigneten" Kandidaten.

51 A földmivelésügyi magyar kir. ministernek 1898. évi működéséről [Bericht des kgl. ungarischen Landwirtschaftsministers über seine Tätigkeit im Jahre 1898], Budapest: 1898, S. 38–41.

52 Verwunderlicher ist es, dass einige Agrarhistoriker der sozialistischen und postsozialistischen Ära auch auf Darányi als großartigen Vertreter der Sozialpolitik rekurrieren und seinen Einsatz als Ordnungs-hüter schweigend übergehen, s. Fehér, György: Darányi Ignác, a Bánffy-kormány földművelésügyi minisztere [Der Landwirtschaftsminister der Bánffy-Regierung, Ignác Darányi], in: Agrártörtémelmi Szemle 27 (1997), S. 103–141.

53 Magocsi, Paul R.: An Historiographical Guide to Subcarpathian Rus, in: Austrian History Yearbook, 9–10 (1973–74), S. 201–265.

54 Mayer, Mária: Kárpát-ukrán (ruszin) politikai és társadalmi törekvések 1860–1910 [Karpatho-ukrainische (ruthenische) politische und gesellschaftliche Bestrebungen], Budapest: Akadémiai K. 1977, hier S. 99–100.

55 Ebd., S. 220–236; Vgl.: Denkschrift von Ministerpräsident Bánffy an Kultusminister Wlassics 24.3.1897; weiter: Denkschift von Landwirtschaftsminister Ignác Darányi 23.6.1897, ebd., Nr. 86. Iratok a kormányzat századfordulói ruszin akciójának kezdeteihez. [Dokumente über die Anfänge der ruthenischen Aktion der Regierung zur Jahrhundertwende], in: Kemény, Gábor G.: Iratok a nemzetiségi kérdés történetéhez a dualizmus korában [Akten zur Geschichte der Nationalitätenfrage in der Epoche

Recski fogy. szöv. vezetősége.

Abbildung 11: Recsk-er Konsumgenossenschaftsleitung.
Quelle: Ödön, Csernay (szerk.): A „Hangya", a Magyar Gazdaszövetség fogyasztási és értékesítő szövetkezete évkönyve az 1912-ik évre. Bp 1912, S. 126

Das Hilfsprogramm startete zuerst in einem Bezirk des Komitats, quasi als Pilotprojekt. Es umfasste vier Teile: 1. Das Landwirtschaftsministerium pachtete Wiesen und Ackergründe aus dem Bestand des Latifundiums des Grafen Schönborn. Diese wurden in kleinen günstigen Pachtparzellen an die Bauern ausgetan, mit Auflagen, welche die Weiterverpachtung oder Verpfändung verboten und eine gute Wirtschaftsführung vorschrieben. 2. Geeignetes Rassevieh wurde in das Gebiet importiert und an die Bauern ebenfalls mit Auflagen abgegeben. 3. Überall wurden mit erheblicher Hilfe der Zentrale und des Ministeriums Kredit- und Konsumgenossenschaften gegründet, um erleichterten Kredit- und Warenbezug unabhängig von den lokalen Krämern, Krügern und Wucherern zu ermöglichen. 4. Um das alles zu beaufsichtigen, hat das Ministerium ab 1897 eine Außenstelle, inoffiziell fast immer als „Mission" bezeichnet, im Komitat Bereg eingerichtet. Der kgl. Kommissar Egan war ein versierter Mann auf dem Gebiet der Wirtschaftsverwaltung und der Viehzucht. Er wollte durch eine Reihe von Umstellungen – in Bezug auf die genossenschaftliche Beschaffung von Kapital und Waren, auf Rassevieh und Wiesenpflege usw. – den archimedischen fixen Punkt finden, um die Gebirgsgegenden aus der Armut herauszuheben und zur ungarischen Schweiz zu machen.[56]

---

des Dualismus], Budapest: Akadémiai K., Bd. 2, 1956.

56 Das Konzept hatte Egan lange vor der ruthenischen Hilfsaktion erarbeitet: Egán, Ede: Kárpátaink közgazdasági hivatása [Die volkswirtschaftliche Berufung unseres Karpatenlandes], Nagel Ottó ifj.: Budapest 1890.

Die Probleme der Region lagen jedoch tiefer und konnten auf diese Art nicht gelöst werden. Die ruthenischen Bauern litten darunter, dass sie zu wenig Land hatten und dass ihnen ihre Parzellen im Interesse des Schönborn-Latifundiums weit entfernt von den Dörfern zugewiesen worden sind. Sie litten unter unzähligen Wildschäden und unter den Eigenmächtigkeiten des Forstpersonals. Nicht weniger litten sie unter ihrer eigenen Trunksucht und unter den eingewanderten jüdischen Krügern und Wucherern, die ihnen Schnaps und Bargeld gegeben haben, und denen inzwischen nicht nur einige Bauernwirtschaften, sondern schon halbe Dörfer gehörten.

Kisnána és vidéke fogyasztási és értékesítő szövetkezeti igazgatósága és felügyelő-bizottsága.

Abbildung 12: Konsumgenossenschaftsleitung und –aufsichtsrat von Kisnána und Umgebung.
Quelle: Ödön, Csernay (Hg.): A „Hangya", a Magyar Gazdaszövetség fogyasztási és értékesítő szövetkezete évkönyve az 1912-ik évre. Bp 1912, S. 128.

Als guter Organisator, der er war, hat Kommissar Egan sich an diesem Problembündel des Leidens die Zähne ausgebissen. Obwohl das Projekt technisch ein Erfolg war, wurden er und seine Leute mehrmals mit dem Tode bedroht. Im Februar 1900 hat Egan vor der Jahresversammlung in einer Rede über seine „Mission" provokativ die Juden des Komitats des Widerstandes gegen das Hilfsprogramm, der Drohungen und gewalttätigen Attentate gegen seine Mission angeklagt.[57] In einer öffentlichen Rede eines kgl. Beamten war das ab-

---

57 Egán, Ede: A hegyvidéki földmivelő nép közgazdasági helyzetének javítását célzó állami akció ügyében Munkácson 1900. febr. 12-én tartott értekezletről szóló jelentés [Bericht über die am 12. Februar 1900 in Munkács gehaltene Konferenz über die staatliche Aktion zur Verbesserung der wirtschaftlichen Lage des ackerbauenden Volkes der Gebirgsregion], Budapest: Werbőczy 1900.

solut unüblich. Egan wollte wahrscheinlich die Aufmerksamkeit auf sich ziehen, um Unterstützung zu mobilisieren. Das gelang ihm. Im Parlament wurde eine Interpellation eingereicht, die liberale Presse tobte. Egan wurde gemaßregelt. Er konnte die Aktion zwar weiter leiten, ihm wurde aber ein Kontrolleur in seinem Rücken zugeordnet, der ihn, den Kommissar, kontrollierte. Es folgte eine Periode des Tauziehens zwischen Egan und diesem „Kontrolleur-Stellvertreter". Während einer ländlichen Dienstfahrt am 20. September 1901 war, nachdem sich vorher Egan noch Mittagessen und Unterkunft bestellt hatte, ein Schuss zu hören und Egan war tot. Die offizielle Untersuchung erwog die Möglichkeit eines Unfalls und eines Selbstmordes. Die Möglichkeit des Mordes ist offiziell nicht berücksichtigt worden.

Dass hier manches faul war, konnte jeder sehen, der es wollte. Von denen gab es nicht viele, der Tod ist sofort in einer bis dahin beispiellosen Art mediatisiert worden. Angesehene Organe, wie das halboffizielle Sprachrohr des Großkapitals, das Pester Lloyd, wollten schon am Tag darauf wissen, dass Egan verrückt geworden sei, hatten dafür aber nicht die geringsten Beweise oder Anhaltspunkte.[58] Wie es der Zufall wollte, erschien nur ein paar Wochen nach dem Tod eine Reportage-Serie über „die Egan-Mission", die noch zu Lebzeiten Egans von einem Journalisten und Abgeordneten der Unabhängigkeitspartei geschrieben worden war. Darin wurden die eingewanderten Juden, das Latifundium der absenten deutschen Grafen Schönborn und die ungarische Komitatsverwaltung als kriminelle Bauernschinder dargestellt.[59] Nach dem Tod Egans schlussfolgerten die Antisemiten, die Unabhängigen und die Volkspartei, dass Egan ermordet wurde und dass die Juden hinter dem Mord steckten. Dass die Mord-Variante überhaupt nicht untersucht wurde, heizte den Verdacht zusätzlich an.

Die mediale Aufbereitung des Todes von Egan hat die Öffentlichkeit mehrfach gespalten. Aus der Sicht der Agrarier konnten daraus zwei unterschiedliche Lehren gezogen werden. Es konnte nun möglich und heilbringend erscheinen, die ländliche Gesellschaft mit staatlichen Mitteln umzubauen. Man musste dabei allerdings hart durchgreifen – auch und vor allem gegen die Juden. Diejenigen, die diese Sicht teilten, mussten Darányi Respekt zollen, da er das, wie es schien, versucht hatte. In der Tat hatte Darányi in engem, vertraulichem Kontakt mit Egan gestanden. Wenn Egan nicht mit der örtlichen Judenschaft in Konflikt geraten wäre, oder dies zumindest nicht in der Art publik gemacht hätte, wie er es in seiner Rede von Februar 1900 tat, dann hätte die Symbolik der Aktion hervorragend zu dem bis dahin von Darányi über sich selbst herausgearbeiteten Bild gepasst. Das Fazit hätte gelautet: Eine von abwesenden fremden Großgrundbesitzern und fremden Wucherern verursachte komplexe Entwicklungsblockade kann und muss durch eine entschiedene Aktion der fachlich zuständigen Verwaltung, also des Ministeriums, beseitigt werden um dadurch die lokale Wirtschaft und Bevölkerung zur Weiterentwicklung aus eigener Kraft zu

---

58 PL, Abendblatt, 21. Sept. 1901.

59 Miklós Bartha: Kazár földön [Im Lande der Khasaren], Kolozsvár: Ellenzék 1901. Aus dem facettenreichen Werk hat der radikale Zeitgenosse Oszkár Jászi, u.a. Vorbereiter der Oktoberrevolution, 1926 lange Passagen in Bezug auf das Verhalten des Grundbesitzes zitiert. Jászi, Oszkár: A Habsburg Monarchia fölbomlása [Die Auflösung der Habsburgermonarchie], Budapest: Gondolat 1982. Das Buch von Jászi wurde in der amerikanischen Emigration geschrieben und erschien zuerst als: The Dissolution of the Habsburg Monarchy, U. of Chicago: Chicago Ill. 1929, S. 320–322. Andere Autoren haben die Schilderungen der jüdischen Schankwirte hervorgehoben.

befähigen. Dieses Ergebnis hätte allen Seiten etwas gebracht. Liberale Politiker hätte die Begrenztheit der Aktion beruhigt, die Ministerialbeamten hätten hier eine Herausforderung, die Fachleute eine Bestätigung für die Unentbehrlichkeit ihres professionellen Wissens gefunden, die Lokalpolitiker bekämen Fördermittel und Aufmerksamkeit. Der versteckte antikapitalistische Teil der Botschaft wäre aber auch, nicht zuletzt von den Agrariern, verstanden worden. Unter den Teilnehmern der Konferenz im Februar 1900 waren alle diese Gruppen vertreten.

Zweitens hätte man auch denken können, dass der Staat und seine ortsunkundigen Emissäre vollends ungeeignet sind, vor Ort etwas zu erreichen. Schon bei der Egan-Rede meldeten im Februar 1900 einige führende Vertreter der Agrarintelligenz, wie Endre György Kritik am Antisemitismus und an Egans missionarischem Eifer an. Die Distanz der höheren Beamten und Agrarfachleute gegenüber dem Landwirtebund konnte auch mit der Egan-Mission zusammenhängen. Károlyi dachte aber anders.

A Tiszanána felsővárosi „Hangya"-szöv. igazgatósága és felügyelő-bizottsága.

Abbildung 13: Die „Hangya"-Genossenschaftsleitung der Oberstadt von Tiszanána.
Quelle: A „Hangya" termelő-értékesítő és fogyasztási szövetkezet, a Magyar Gazdaszövetség szövetkezeti központja első 25 éve. Budapest 1923, Bildanhang S. 79.

Regierung, Genossenschaften und Landwirtebund (1898–1905)

Wir haben keine direkten Informationen darüber, wie die Károlyi-Gruppe von 1895 bis 1901 auf die Politik von Darányi reagierte, da kein diesbezügliches Schriftgut erhalten geblieben ist. Meinem Gefühl nach hat Károlyi, auch wenn er einige Absichten und Maßnahmen Darányis gutheißen konnte, nicht vergessen, dass dieser ein engagiertes Mitglied der Gegenpartei und einer der ganz Wenigen war, der – sich mit dem Minister Festetics solidarisierend – dem Landwirte-Kongress 1895 fern geblieben war.

Die Übernahme der Kreditgenossenschaften durch den Staat (GA 1898 XXIII.) ging aber sicher nicht auf das Konto von Darányi. Entgegen Wekerles Versuch von 1892/93, die Genossenschaften den Banken auszuliefern, brachte dieser Schritt zwar eine Kontrolle der Regierung auf der Ebene der Leitung der Zentralgenossenschaft, die im Gesetz beschriebene Struktur und das Verhältnis der Zentralgenossenschaft zu den einzelnen Genossenschaften konnten jedoch auch von den Agrariern akzeptiert werden. Die ungarische Zentralgenossenschaft vereinigte die Funktionen der unterschiedlichen deutschen Zentralgremien, also die des Anwaltsverbandes, des Revisionsverbandes und der Genossenschaftsbank in eine Institution. Obendrein gewährte die Regierung der Zentralgenossenschaft das Recht der Ausgabe von Schuld- und Pfandbriefen und stellte bedeutendes Kapital zur Verfügung. Die Kontrolle über die Personen in den Leitungsgremien könnte ein Signum von Regierungschef Bánffy sein. In diesem Fall wäre der Auslöser der „Verstaatlichung" das Potential der Genossenschaften zur politischen Mobilisierung gewesen. Jedenfalls haben die Agrarier ohne Schlacht das Feld geräumt. Der kranke Károlyi war an der Riviera, so dass Apponyi und Hajós mit der Regierung verhandelten. In der langen Parlamentsdebatte wurde zwar eine ganze Reihe von unangenehmen Fragen gestellt, aber mehr Hindernisse gab es nicht.[60]

Die Chefs der Zentralgenossenschaft sind bald ernannt worden. Es handelte sich ausnahmslos um Bürokraten. Die Parlamentsdebatte fand zwar im April statt, doch der Aufbau der Organisation dauerte lange. Die Gründungs-Versammlung konnte erst am 4. Dezember 1898 tagen, also zu einer Zeit, als Bánffy schon wegen der parlamentarischen Obstruktion nicht mehr handlungsfähig war. In dieser Phase sowie später unter der Széll-Regierung wurde der Vorstand mit Mitarbeitern von Károlyi aufgefüllt, und auch die Károlyi-Genossenschaften sind dem Verband beigetreten.[61] Károlyi selbst übernahm keine Funktion. Die Umgestaltung der Kreditgenossenschaften war wohl Gegenstand von längeren Verhandlungen, deren archivalische Spuren aber bis heute verborgen geblieben sind.

Es ist nicht klar, ob und inwieweit die neue Struktur der Kreditgesellschaften die von Károlyi für absolut notwendig gehaltene Aufgabe einer „Finanzerziehung" begünstigte. Doch es ist, schon wegen der Kontinuität des Verwaltungsstabes, wahrscheinlich, dass auch dies geleistet wurde. Aber Erziehung schloss für Károlyi auch die Befähigung zur Selbstverwaltung ein. Das Genossenschaftswesen sollte, ähnlich wie die zeitgenössischen deutschen Bewegungen (außer dem liberalen Schultze-Delitzsch-Modell), letztendlich ein Alternativmodell von Staat und Gesellschaft bieten. Dass dies von einer staatlich kontrollierten Genossenschaftsbewegung nicht zu erwarten war, leuchtete ein.

---

60 KN 1896–1901, Bd. 16, Sitzungen 294–304, 9.5.1898 bis 23.5.1898, S. 13–247.
61 Schandl, Károly: A magyar szövetkezés negyven éve [Vierzig Jahre der ungarischen Genossenschaften], Budapest: 1938, S. 113–123.

Dies dürfte der Hintergrund für die 1898 erfolgte Gründung von Hangya („Ameise"),
dem Netzwerk von Konsumgenossenschaften, durch Károlyi gewesen sein. Formell wurden die Konsumgenossenschaften durch den Landwirtebund gegründet. Auch diesmal lang-
te Károlyi tief in seine Tasche, denn eine öffentliche Körperschaft stand ihm nicht bei. Das
Umfeld war jedoch nicht ungünstig, der Erfolg mit den Kreditgenossenschaften zeigte
Wirkung. Die Banken waren entgegenkommend, die Mitarbeiter zielstrebig, die „Hangya"
ist stellenweise sogar zu schnell gewachsen.[62] Allerdings hatten von den unterschiedlichen
Genossenschaften die Kreditgenossenschaften für den spezifischen Zweck eines Hortes der
gesellschaftlichen Autonomie, die Károlyi vorschwebte, ungleich größere Bedeutung. Die
kollektiv zu treffende Entscheidung über das Gewähren oder Vorenthalten von Krediten an
die Dorfgenossen ist etwas, das individuelle Verantwortung und Gemeinschaft stärkt. Bei
den Konsumgenossenschaften fehlte etwas Vergleichbares, Rabatte und Rückvergütungen
wurden allen gewährt.[63]

Tabelle 18: Mitglieder des Landwirtebundes 1908

Art der Mitgliedschaft	Zahl	Prozent
Individuen	573	26
Konsumgenossenschaften	728	33
Kreditgenossenschaften	311	14
Dörfliche Lesezirkel und Bauernvereine	446	20
Wirtschaftsvereine	37	2
Schulen	101	5
Milchgenossenschaften	9	0
Gemeinden	4	0
Summe	2.209	100

Quelle: Tizenkét év a Magyar Gazdaszövetség történetéből 1896–1908 [Zwölf Jahre aus der
Geschichte des Landwirtebundes 1896–1908], Budapest: Pátria Rt. 1908, S. 282.

Der Erfolg der Konsumgenossenschaften gewährte aber immerhin Einkommen und die
Möglichkeit, den schlummernden Landwirtebund ab 1900 zu aktivieren. Einen Großteil der
Mitglieder des Landwirtebundes stellten nämlich die Genossenschaften. Das zeigt ihre Bedeutung, aber auch die Grenzen der agrarischen Mobilisierung. Denn sicherlich ist es un-
sinnig anzunehmen, dass die Mitglieder einer Konsumgenossenschaft, wenn sie einen
Pfund Zucker oder einen Liter Petroleum kaufen, eigentlich damit ihre Solidarität für die
großen Ziele erklären. Daher ist es nicht statthaft, die einzelnen Mitglieder dieser Organisationen schlicht als Mitglieder des Landwirtebundes – oder einer vergleichbaren Organisation – zu zählen und von Hunderttausenden von Mitgliedern zu reden.

---

62 Ieda, Osamu: Központ és községi szövetkezetek a Hangya szövetkezeti mozgalomban az elsõ
   világháborúig [Zentrale und Dorfgenossenschaften], in: Agrártörténelmi Szemle 32 (1990), Nr. 1,
   S. 158–175.
63 Charles Gide: Szövetkezetek [Genossenschaften], in: KE, Bd. 4, S. 839.

Da von 1899 bis 1903 unter Széll und dann wieder ab 1905 die Agrarier stille Teilhaber der Macht waren, bekam der Landwirtebund auch andere Zuwendungen, nicht zuletzt vom Landwirtschaftsministerium Darányis.

Tabelle 19: Die Jahreseinnahmen des Landwirtebundes (1901–1908)

Einkünfte in Kronen (1 Krone = 0,5 Gulden ö. W.)	1901	1908
Mitgliedsbeiträge	2.543	25.000
Donationen	7.700	27.200
Erlöse aus der Zeitschrift „Magyar Gazdák Szemléje"	12	400
Unterstützung des Landwirtschaftsministeriums	0	10.000
Unterstützung des Landes-Wirtschaftsvereins	0	3.000
Sonstiges	89	19.100
Summe der Einkünfte	10.344	84.700

Quelle: Tizenkét év a Magyar Gazdaszövetség történetéből 1896–1908 [Zwölfe Jahre aus der Geschichte des Landwirtebundes 1896–1908], Budapest: Pátria Rt. 1908, S. 285.

Das Wahlprogramm des aktivierten Landwirtebundes wurde 1901 verfasst.[64] Es enthielt neben dem gesamten agrarischen Katalog von Ideen auch einige Forderungen der Unabhängigkeitspartei. In seinem Brief an die Wähler des Wahlkreises Gönc hat dies auch Károlyi zusammengefasst.[65] Auch in dieser reaktivierten Phase diente der Landwirtebund vor allem als Propagandaorgan. Nichts ist davon bekannt, dass er Wahlkampagnen einzelner Abgeordneter nach Art des deutschen Bundes der Landwirte unterstützt hätte, oder dass er seinen Mitgliedern Dienstleistungen nach deutschem Vorbild geboten hätte. Seine Publikationstätigkeit ist jedoch beachtlich. Neben dem Schrifttum hat der Landwirtebund auf jährlichen Wanderkongressen seine Anhängerschaft mobilisiert. Vielleicht wegen der Breite der Mobilisierung, aber wohl auch aus taktischen Gründen haben die agrarischen Forderungen eine beachtliche Bandbreite angenommen. Es gab kaum eine Idee, die nicht den Weg in den Forderungskatalog gefunden hätte. Nach den Parlamentsreden und dem Schrifttum zu urteilen, wandelte sich nach 1895 der von der Károlyi-Dessewffy-Gruppe bestimmte Ideenfluss in zwei Bereiche. Er nahm Elemente der Unabhängigen und der Antisemiten auf. Was hat diese Transfers bewirkt?

Die Wandlungen von Károlyis Auffassungen nach 1895 – Reich, Nation, Kapitalismus

Anstatt der Schriftstücke für die Öffentlichkeit kann man auch den langen Brief von Károlyi an den Chefredakteur István Bernát vom 28. Juni 1898 anschauen. Bernát stand

---

64 A Magyar Gazdákhoz! Választási program! [An die Ungarischen Landwirte! Wahlprogramm!], Budapest: Stephaneum 1901.

65 In: Kovalovszky / Solt, Leben, Anm. 39, S. 102–107. Das Datum war Gönc, 3.8.1901.

den von Károlyi in großem Stil unterstützten Zeitungen und Zeitschriften vor. In diesem Brief bettete Károlyi jedoch die agrarischen Forderungen in einen gesamteuropäischen Kontext ein. Deshalb werden daraus längere Passagen zitiert.

Károlyi meinte, die Zeitung solle auch die Forderungen von Robert Żeleński, eines offen antisemitischen Parteigängers von Apponyi, nach Besitzminimum und Börsenreform unterstützen:

„Wir müssen uns aber zur Verteidigung des kleinen Landwirtes in allen Richtungen vorbereiten und uns auch mit dem Lloyd verbünden, wenn er – getrieben durch die missliche Lage – gegen die Einwanderung zu Felde zieht! Diese Richtung gegen die Einwanderung soll von uns unterstützt werden. Darin müssen die großen Juden mit uns gehen, was für den zarten Agrarismus notwendig ist – d. h., keinen Streit mit den großen Juden haben, während wir uns gegen die kleinen Juden wenden, die Einwanderung bremsend, das Besitzminimum fordernd, die Sache von Kredit, Konsum und Vertrieb[sgenossenschaften] fördernd … Die Reform der Börse, bzw. das Differentialgeschäft, wenn wir es schon mal aufgeworfen haben, kann nicht fallen gelassen werden, aber auf die Verwirklichung soll kein großer Wert gelegt werden, weil wir das nie erreichen können, es wird ausgespielt."

Károlyi meint hier mit „Einwanderung" das Hereinströmen der Juden aus Galizien. Die zeitgenössische Öffentlichkeit hat dies eindeutig negativ beurteilt. Beklagt wurde, dass die bettelarmen, aber im Handel geübten Juden das Bauerntum in den östlichen Komitaten ausbeuten, in Verschuldung stürzen und dann den Besitz der Bauern in großem Ausmaß aufkaufen würden.

Im Zusammenhang mit der „Egan-Mission" wurde allerdings darauf hingewiesen, dass die Bauern mit mehr zu kämpfen hatten als mit ihren Wucherern, nämlich auch mit Großgrundbesitzern, Förstern, Komitatsbeamten. Die konkreten Probleme sind daher in einen breiteren Rahmen einzubetten: „Wir werden auch andere zur Befolgung einer solchen Linie ermuntern. Aber die Propaganda in dieser Richtung, die durch das Erscheinen des Sozialismus gefördert wäre, wird durch die Verwandlung der politischen Lage in den Hintergrund gedrängt. Wir betrachten derzeit die Symptome der Auflösung der Parteien. Deren Ursache ist nicht lediglich das Erscheinen des Sozialismus, sondern vor allem die Auflösung Österreichs, die Symptome des Auseinanderfallens der Monarchie! … Die nahe Zukunft kann die große Frage stellen, ob Ungarn für den Osten oder den Westen optieren soll. 1849 dachten manche, dass wir ganz unabhängig werden könnten – heute, wenn wir im ganzen Europa in der Epoche der Staaten-Agglomerationen leben, scheint die absolute Unabhängigkeit ausgeschlossen. – Das kann nur eine relative Sache sein, auch dann, wenn wir zum selbstständigen Land oder Königreich werden können. Wir müssen uns entweder der östlichen oder der westlichen Staatengruppe anschließen oder, wie wir es bis jetzt aus freien Stücken hätten wählen müssen, uns an Österreich anlehnen, wenn wir in dieser Hinsicht nicht sowieso in einer Zwangslage gewesen wären. Unsere Kultur hat uns immer nach Westen orientiert …

Es könnte jetzt auch so sein, [wenn wir – A. V.] die noch unsichere Formierung der südslawischen Staatengruppe betrachten. Wir konnten bis jetzt nicht mit dieser sympathisieren, und das russische Protektorat, das dieser den Hintergrund bietet, wirkt umso erschreckender auf uns.

Wenn es eine Tatsache ist, dass sich die Idee der Staatenbünde nach dem Typus des Österreich-Ungarischen oder des Deutschen Reiches entwickeln wird, mit der Beibehaltung der nationalen Individualität und der Aufopferung eines Teils der nationalen Ideen, dann liege eher die deutsche, als die südslawische Hegemonie in unserem Interesse.

Ich befürchte trotzdem, dass dies nicht so kommen wird.

Wenn es einmal doch zu einem großen Zweikampf zwischen den Monarchien von Habsburg und Hohenzollern kommen soll, dann wird es natürlich von einer Vielzahl von Eventualitäten abhängen. Es ist jedoch anzunehmen, dass der Fall, wo das [deutsche – A. V.] Reich die [österreichische – A. V.] Monarchie einfach annektiert, sich nicht so leicht ergeben wird. Es ist wahrscheinlicher, dass nach Abfall der deutschen Provinzen der Thron der Habsburger nach Budapest gelangt, mit der europäischen Mission, dass es von hier ausgehend dasselbe schaffen soll, was Lajos Kossuth mit Napoleon III. geplant hat, nämlich eine *Confederation* der Unteren Donau. Das wollte Ungarn damals nicht haben, ja das war die einzige Idee von Kossuth, die bei uns unpopulär geblieben ist. Damals hat uns der russische Panslawismus abgeschreckt, der Kulturmangel des Orients, aber auch das, dass es Grund von neuen Revolutionen und Kämpfen gewesen wäre.

In den jetzigen Konstellationen wird dies aber anders erscheinen – es wird unter der Ägide von Habsburg konstruiert, unsere nationalen Eitelkeiten werden befriedigt. Mächtig unterstützen wird diese Richtung das Judentum, das seit dem erwähnten Plan von Kossuth bei uns groß geworden ist und das in dieser Richtung die Entwicklung seiner materiellen Interessen zusammen mit der materiellen Entwicklung des Landes gefördert sähe, und so unsere industrielle Entwicklung zweifelsfrei wäre, währenddessen das agrarische Interesse in den Hintergrund gedrängt wäre.

Auf diesem Gebiet werden wir die Interessen der Habsburger, des ungarischen Chauvinismus und des Judentums in Einklang finden, und die drei Interessen – die Herrschaft, unsere nationalen Ideale und der materielle Gewinn werden zusammenfallen. Es wird dann auf die Gravitation nach Westen verzichtet, obwohl ewig im Westen diejenige Kraft suchend, die uns zur Beherrschung der Lage in östlicher Richtung fehlt. …

Es versteht sich, dass solche Endziele keinen Gegenstand der heutigen Parteiprogramme abgeben können. Die Programme werden aber unter dem Einfluss der gekennzeichneten Ideen verfertigt. Die Anforderungen der relativen Selbstständigkeit, Personalunion [mit Österreich – A. V.] etc. einerseits, andererseits der Abscheu vor der Gravitation nach Osten, der Gedanke der Aufrechterhaltung Österreichs um jeden Preis. Politik wird von diesen Fragen bestimmt und nur in sehr geringem Maße von sozialen und konfessionellen Themen. Sozialismus, Agrarismus, Volkspartei werden verstummen. …

In Anbetracht der Entwicklung der Dinge müssen doch auch wir Agrarier früher oder später Stellung nehmen. Wenn ich mich nun frage, was unser natürliches Interesse wäre, komme ich zu dem Schluss, dass bei uns die anständigeren Auffassungen sich nicht dann vermehren werden, wenn wir mit dem Osten zusammengeführt werden, sondern dann, wenn wir weiterhin nach Westen gravitieren. Das wird eines Tages gerade von dem Judentum gefordert aus dem nämlichen Grund, aus dem ich davor doch Angst habe.

Meine Konklusion ist daher, dass die Verselbstständigung ins Agrarprogramm aufgenommen werden muss. Uns von der Abhängigkeit Österreichs sucessif (!) mit Übergängen immer mehr befreien – aber gleichzeitig alles Mögliche für die Erhaltung der Monarchie zu unternehmen."[66]

66 MOL P 389. s. Brief von Károlyi and István Bernát, vom 28.6.1898.

Drei Schlussfolgerungen lassen sich aus der Lektüre dieses Textes ziehen. Erstens wird klar, dass Károlyis zentrales Ziel die bestmöglichste Entfaltung einer eigenständigen ungarischen Nationalität war. Dass er dabei durchaus bereit war, wesentliche Abstriche zu machen und zur Kenntnis zu nehmen, dass es relative Abhängigkeiten innerhalb von Staatengruppen geben kann, unterstreicht eher die Zentralität dieses Wertes. Zweitens wird deutlich, dass die seit 1895 bemerkbare und weiterführende Hinwendung zu den Argumenten der Unabhängigen nicht aus der Unkenntnis der Bedeutung der Monarchie oder einem zu geringen Verantwortungsgefühl ihr gegenüber geboren war. Károlyi wusste die Vorteile der Doppelmonarchie zu schätzen. Er hat aber im Juli 1898 Österreich in Auflösung begriffen und von außen bedroht gesehen. Diese Einschätzung war, angesichts des Zustands Zisleithaniens 1897, eine nicht unrealistische.[67] Schließlich zeigt der Text, dass Károlyi ganz und gar nicht auf sektiererische Weise auf seinem Agrarismus bestand. Für ihn hat Agrarismus die Rolle eines Korrektivs gespielt. Korrigiert werden sollten alle Dysfunktionen, die der nationalen Entfaltung im Wege standen.

Diese Überlegungen erklären die Politik von Károlyi, der schon nach dem Putsch von 1894 begonnen hatte, Töne und Argumente der Unabhängigen zu übernehmen, der aber auch zugleich immerfort auf die Bedeutung des gemeinsamen Wirtschaftsraumes hingewiesen hat. Andererseits achtete Károlyi zwar István Tisza, mochte aber die Galionsfigur der dem Dualismus loyalen Politik ganz und gar nicht. Er hat aber nachweislich sehr lange gebraucht, um schließlich Ende 1904 mit Tisza zu brechen. Wenn Tisza nicht am 18. November 1904 auf so spektakulär-radikale Art die Obstruktion zu beenden versucht hätte, sondern behutsamer vorgegangen wäre, hätte Károlyi den Bruch vielleicht nicht vollzogen.

Das Hin- und Herschwenken der Károlyi-Linie resultiert nicht aus fehlender Entschlossenheit, sondern aus dem Abwägen der Gefahren. Er sah seine Aufgabe nicht darin, das unabhängige Ungarn aus der Doppelmonarchie herauszumeißeln. Es ging aber auch nicht darum, es aus Angst vor den reellen Gefahren um jeden Preis in dem dualen Staatsgefüge einzumauern. Unter wechselnden Gezeiten wollte Károlyi das schon mehrmals leck geschlagene Schifflein Ungarns weiterbringen.

In dieser langfristig angelegten, auf die Nation konzentrierenden Perspektive muss man den Antisemitismus von Károlyi betrachten. Károlyi war dem Geschäftemachen, gewählter ausgedrückt dem „materiellen Fortschritt", von Anfang an nicht hold. Er sah aber voll und ganz ein, dass Industrialisierung nicht nur Wohlstand, sondern auch nationale Wirtschaftsstärke und daher zumindest eine relative Unabhängigkeit sichern kann. Umgekehrt hängt die Möglichkeit der Industrialisierung mit der Existenz eines geeigneten politischen Rahmens zusammen, wie er das in Bezug auf eine Donau-Konföderation erörterte. In solch

---

67 Vgl. in Bezug auf die Nationalitätenkämpfe: Hoensch, Jörg K.: Geschichte Böhmens von der slavischen Landnahme bis ins 20. Jahrhundert, München: C. H. Beck 1987, S. 392–396. Die Briefe von Károlyi lassen keinen Zweifel an seinem Pessimismus in Bezug auf die Lage in Österreich. Merkwürdigerweise gelangten die ungarischen Liberalen, den Chaos in Österreich betrachtend zu entgegengesetzten, recht optimistischen Erwartungen, die sich auf eine Stärkung Ungarns im Gesamtstaat richteten. Vgl Madaras, Éva: Lueger és az osztrák keresztényszociálisok megítélése a magyar polgári sajtóban (1895–1897) [Die Beurteilung von Lueger und der österreichischen Christlich-Sozialen in der ungarischen bourgeoisen Presse], in: Acta Universitatis Debreceniensis De Ludovico Kossuth Nominatae Series Historica XXIX, XXXI, Debrecen 1980, S. 152–188.

einem vornehmlich agrarischen Staatenbund hätte das relativ am weitesten industrialisierte Mitglied einen Aufschwung genommen.

Allerdings gedeihen „die anständigeren Auffassungen" auf westlichem Boden, der Osten behagt ihm nicht. Obwohl die Gegenüberstellung von „Anständigkeit" und „Panamismus" (im zeitgenössischen österreich-ungarischen Sinn Synonym für großangelegte Korruption, wie beim Panama-Kanal) seine ständigen Redewendungen sind, wird daraus nur klar, dass ihm eine moralische Gemeinschaft als Grundeinheit der historischen Existenz vorschwebt, eben die Nation. Die Genese und Struktur dieser moralischen Gemeinschaft wird weder hier noch anderswo in seinen Schriften ersichtlich, nur ihre Funktion als Stütze des Widerstandes gegen die Verwilderung und Demoralisierung in der kapitalistischen Wirtschaft.

In dieser Betrachtung sind aber die Juden nicht nur die Betreiber der kapitalistischen Wirtschaft, sondern aufgrund ihres – in den Augen von Károlyi – Draußenbleibens aus den moralischen Gemeinschaften, ihrer Nichtintegration, eine fremde Macht. Man kann mit ihr Frieden schließen, sie bekämpfen, sich befreunden – eins wird man mit ihr nicht.

Natürlich wusste Károlyi zu differenzieren. Die Kritik seines Denkens soll nicht darauf abheben, dass Kapitalismus, Juden und Nationen keine homogenen, sondern äußerst vielschichtige Erscheinungen sind. Das wusste Károlyi durchaus und trotz einiger Ausrutscher hat er dies meistens auch berücksichtigt. Dass er selbst als Agrarproduzent kapitalistisch agierte, hätte er auch zugegeben. Dass aber seine eigene Grundlage, die moralische Gemeinschaft, deren Werte und Anstandsbegriffe, deren soziale Rolle in voller Breite und Tiefe dem historischen Wandel unterworfen war und damit eben keine feste Stütze bietet, hätte er nicht akzeptieren können. Mit diesem nie klar ausgesprochenen, doch in seinen Briefen deutlich spürbaren Anspruch auf moralische Überlegenheit konserviert er ein Stück von der eigenen Stellung in der ständischen Gesellschaft. Doch gerade diese Einstellung hat ihm einen historisch-politischen Blick gewährt, der weiter reichte, als der von den meisten Mitgliedern seiner Klasse. Auch das ständische Erbe hilft beim kritischen Blick auf die Nation, auf die kapitalistische Gesellschaft, auf die Moderne.

Das Schwanken der Károlyi-Gruppe gegenüber Tisza und die Agrarpolitik der nationalen Koalition

Die oben zitierten Betrachtungen von Károlyi aus dem Jahre 1898 waren ganz und gar nicht öffentlich. Doch es gab einen Kreis von hochadeligen, politisch und wirtschaftlich interessierten Persönlichkeiten (außer Károlyi z. B. Graf Aurel Dessewffy, Graf Imre Széchényi, Graf József Mailáth, Graf Ede Pallavicini), der auch während der Egan-Krise von Februar 1900 bis September 1901 miteinander in Verbindung stand. Da diese Korrespondenz in Bezug auf Egan und auf die ruthenische Hilfsaktion streng vertraulich war, ist mit Sicherheit anzunehmen, dass auch die nicht ganz so heiklen Themen vom Kreis der politischen Grafen besprochen wurden. Die Entwicklung der Ansichten kann allerdings aus der nur bruchstückhaft überlieferten Korrespondenz nicht rekonstruiert werden.

Ein Meilenstein der Entwicklung der Gruppe der agrarischen Magnaten war das von Károlyi in Form eines Briefes an seine Wähler vom 3. August 1901 herausgegebene Programm von Gönc.[68] Inhaltlich finden wir hier nichts Neues im Vergleich zu seinen schon zitierten privaten Überlegungen aus dem Jahre 1898. Doch hier lag ein Wahlprogramm vor und Károlyi und seine Mitstreiter gehörten zu diesem Zeitpunkt der Regierungspartei an. Daher sind die darin enthaltenen Aussagen doch bedeutend. Das Programm betonte, dass die agrarischen Belange alle angehen und dass die Agrarier die Regierung oder Opposition unterstützen werden, je nachdem, wo sie sich Unterstützung für ihre Belange verschaffen können. Am besten könnten die agrarischen Anliegen jedoch durch mehrparteiliche Zusammenschlüsse vertreten werden.

Wie wurden diese Belange definiert? Sie erschienen in wahlkämpferischer Schärfe: 1. Kampf gegen Wucher in allen seinen Formen. 2. Die Ausweitung der ruthenischen Hilfsaktion auf alle Landschaften, wo ähnliche Verhältnisse herrschen wie im Komitat Bereg. Ein Verbot der Ansiedlung von aus Polen hereinströmenden Juden und ähnlichen vermögenslosen Elementen. 3. Ausreichendes Preisniveau sowohl für die Landwirtschaft als auch für die Industrie, daher Zollschutz für Getreide, Vieh und Wein, Verbot des Getreide-Terminhandels an der Börse und Neuregulierung der Getreidebörse. Wenn der neue Wirtschaftsausgleich mit Österreich nicht zustande kommen sollte, dann wird eine Einleitung einer absatz- bzw. exportfördernden Handelspolitik auf der Grundlage eines getrennten Zollgebietes erfolgen. 4. Unterstützung der Genossenschaftsbewegung in allen ihren Formen.

Diese Forderungen waren an so prominenter Stelle zuvor noch nicht formuliert worden. Dies zeigt, dass sich Károlyi entschlossen hatte, populäre Politik mit Unabhängigkeitsparolen und antisemitischen Tönen zu machen. Zugleich gedachte er dies innerhalb der Regierungspartei zu verwirklichen. Wieder erfolgten also Schritte in Richtung des parlamentarischen Politikbetriebes, der populären Mobilisierung und zugleich eines breiten Zusammenschlusses von mehreren politischen Richtungen. Bis zum Széll-Koerber Pakt von Silvester 1902, solange wie also der gesamtwirtschaftliche Rahmen – das Vertragswerk des neuen Wirtschaftsausgleichs mit Österreich – noch nicht fertig war, blieb alles in der Schwebe. Dann brach im April 1903 die Obstruktion aus und Széll wurde im Juni 1903 gestürzt. Ein durch Versuche von Regierungsbildungen gekennzeichneter Schwebezustand dauerte bis Anfang November 1903. In diesem ausgedehnten provisorischen Zustand konnte noch nicht geprüft werden, welche Ergebnisse die erneuerte agrarische Politik im Zuge des Programms von Gönc bringen würde.

Im November 1903 kam Tisza an die Macht. Er vergab sämtliche Ministerialposten und andere wichtige Positionen an seine persönlichen Klienten, so dass die Agrarier von der Machtausübung ausgeschlossen wurden, obwohl sie immer noch größtenteils in der liberalen Partei zu finden waren. Da Tisza von Anfang an mit der Parole antrat, die Obstruktion der Opposition zu brechen und den Parlamentarismus wieder funktionsfähig zu machen, polarisierte er sofort: Schon nach einer Woche wurde die Parlamentsarbeit durch die Opposition obstruiert. Während Apponyi schon sehr bald, Ende November 1903, die Freisinnige Partei verließ, um dann im Juni 1904 die alte Nationale Partei wiederauferstehen zu lassen, blieben Károlyi und seine Gruppe. Warum?

Zum einen wegen des Landwirtebundes. Ab 1902 beschloss man das Konzept, den Landwirtebund mit Hilfe der nominell vom Bund gegründeten Konsumgenossenschaften zu stärken, sowohl in Bezug auf Finanzen wie auch in Bezug auf den Einfluss auf die

---

68 S. Anm. 65.

öffentliche Meinung. Das erforderte erhebliche, kontinuierlich zu leistende Organisationsarbeit. Károlyi war seit längerem dauernd krank, er verbrachte jeden Winter an der Riviera
und der wusste um die Grenzen seiner Kräfte. Außer ihm gab es aber offensichtlich keinen
geeigneten Kandidaten für die Führung des Landwirtebundes. So hat sich Károlyi Anfang
1904 entschieden, die Vorstandsposition Darányi anzubieten. Dieser hatte sich inzwischen
einen Ruf als hervorragender Verwalter erworben. Auch sein Habitus und die Rolle, die
Károlyi dem Landwirtebund zugedacht hat, passten zusammen. Seit dem Sturz der Széll-
Regierung war Darányi ohne Amt und Würde, doch seine Verwandten und Proteges waren
im Ministerium und in den Behörden überall zu finden. Er war dem Rang nach unter allen
möglichen Kandidaten für die Leitung des Landwirtebundes der Geringste, da er mitsamt
seinem Vater erst 1877 geadelt wurde. In der Korrespondenz sieht man wiederholt, wie
Károlyi versuchte, Darányi aus der Ferne zu lenken. Eine Marionettenfigur war Darányi
jedoch ganz und gar nicht. Gleich am Anfang, im März 1904 z. B. antwortete er auf das
Angebot von Károlyi mit dem Vorschlag, dass er im Interesse des Gedeihens des Landwirtebundes eine Distanz zur Parlamentspolitik wünscht und daher Károlyi bittet, seinen
Entschluss, aus der Freisinnigen Partei auszutreten, zu revidieren.[69] Károlyi blieb also in
der Regierungspartei bis zum bitteren Ende der Tisza-Regierung.

Auch unabhängig von den Wünschen Darányis traute Károlyi Tisza mehr ökonomischen Sachverstand zu und erhoffte von ihm mehr Unterstützung für seine Genossenschaften als von den anderen politischen Alternativen. Dies wird in der Korrespondenz von
Károlyi während der langen Krise nach der Abwahl der Tisza-Regierung im Januar 1905
deutlich. Man verband sich nun zwar mit Andrássy d. J., denn der wäre der Mann der
Stunde, bedauerte allerdings, dass letzterer, im Gegensatz zu seinem Vorgänger völlig des-
interessiert an Wirtschaftsfragen wäre. Károlyi unterließ es sogar, Tisza wegen des Coups
vom 18. November 1904 zu verurteilen. In der kurzen Zeit seines Regierens versucht Tisza
in der Tat, bei den Agrariern einen guten Eindruck zu machen. Da sich die Konsumgenossenschaften von Károlyi um diese Zeit schon rapide verbreiteten, ließ er den
ungarischen Verband „Hangya" 1902 dem Internationalen Genossenschaftsverband beitreten und dessen nächsten Kongress 1904 in Budapest veranstalten, wo er dann den
Kongress persönlich begrüßte.[70]

Es ist fraglich, ob dies mehr als taktisches Kalkül zu bedeuten hatte. Tisza war staats-
und wirtschaftstheoretisch liberal gebildet und prinzipientreu – in seiner Gedankenwelt gab
es weder Platz für Genossenschaften als Alternativen zum Kapitalismus noch für Antisemitismus. Allerdings hielt er es schon für notwendig, dem Marktgeschehen punktuell
durch institutionelle oder gesetzgeberische Maßnahmen entgegenzuwirken, wie bei der
Schutzzollfrage. Die prinzipiellen Unterschiede waren jedoch gravierend. Károlyis immer
wieder aufscheinender Respekt vor Tisza, vermischt mit Groll auf denselben, ist nicht
durch Gemeinsamkeiten der Prinzipien zu erklären.

---

69 MOL P 389. s. Msch. Kopie eines Briefes von Ignác Darányi an Grafen Sándor Károlyi, datiert Budapest, 18. März 1904.
70 Möller, Hans: Der internationale Genossenschafts-Kongreß in Budapest und seine Resultate, Basel:
   Basler Buch- und Antiquariatshandlung 1905; sowie Kovalovszky/Solt, Anm. 39, S. 82–86.

Tisza István ifjú korában.

(Giehsz rajza.)

Abbildung 14: Der junge Graf István Tisza
Quelle: Hegedűs, Lóránt: Két Andrássy és két Tisza. Budapest 1941. S. 240.

In ihrem Briefwechsel während der Tisza-Regierung betonten sowohl Károlyi als auch Darányi, dass der Landwirtebund nicht von einer Alimentierung durch die Regierung abhängig werden darf, sondern mit dem allmählichen Erstarken der Konsumgenossenschaften langsam zu Einkommen und Propagandamitteln kommen soll. Die langen diesbezüglichen Passagen der Briefe zeugen von der Attraktivität dieser Möglichkeit. Meines Wissens hat sich diese Situation jedoch nicht ergeben.

Nach dem Sturz von Tisza bei den Wahlen im Januar 1905 konzentrierte sich die Propaganda in dem von Károlyi finanzierten Blatt „Hazánk" auf die militärpolitischen Ziele der Koalition der Wahlsieger, während die ökonomische Hauptforderung, also das eigene Zollgebiet, bewusst und dem ausdrücklichen Wunsch von Károlyi, Dessewffy und Darányi entsprechend nur behutsam angefasst wurde. Alle haben immer wieder betont, dass die Trennung von Österreich nur längerfristig, nach etwa zehn Jahren zu erreichen sei und gut vorbereitet werden musste. In der anhaltenden Krise wurde der Koalition der Wahlsieger jedoch bewusst, dass in den militärischen Fragen gar keine Kompromisse mit dem Hofe zu erreichen waren, sondern lediglich über die Wirtschaftsfragen verhandelt werden konnte. Während fast alle aristokratischen Magnaten (Dessewffy, Mailáth, Pallavicini) große Bedenken in Bezug auf die Zolltrennung hatten, akzeptierte Károlyi diese Forderung. Er hielt es schlicht für nicht mehr abwendbar, umso weniger, da er sah, wie stark diese Forderung in der öffentlichen Meinung war und wie wenig Spielraum sich bei den anderen militärischen Forderungen bot. Er versuchte auch seine Kameraden und Freunde in diesem Sinne zu beeinflussen, hielt aber ebenfalls eine längere Anpassungsperiode und ein konzeptuell begründetes staatliches Hilfsprogramm zur Erleichterung der Anpassung der ungarischen Wirtschaft an den neuen Rahmen für unabdingbar.

Als die Koalitionsregierung, nachdem alle militärischen Forderungen fallen gelassen worden waren, an die Macht kam, bestand die Aufgabe darin, die Verwirklichung der Forderungen in Bezug auf das autonome Zollgebiet zu verzögern und zu verwässern. Das erlebte Alexander Graf Károlyi nicht mehr: Er verstarb am 24. April 1906, wenige Tage nach der Vereinbarung der Oppositionskoalition mit dem König (4. April) und wenige Tage vor den neuen Wahlen.

Seine Erben, allen voran Darányi, der in der Koalitionsregierung ab April 1906 ein weiteres Mal Landwirtschaftsminister wurde, führten die bisherige agrarische Linie fort. Das hieß eine theoretisch auf einen Ausbau des autonomen Zollgebietes gerichtete, in Wirklichkeit aber sich dieser Zielvorgabe kaum nähernde Wirtschaftspolitik, Förderung der Genossenschaften und Ausbau der Verwaltungsorgane der Landwirtschaft. Der Széll-Koerber-Pakt von 1902 wurde zwar neu verhandelt, wobei die Ungarn in einigen Punkten symbolische Neuigkeiten einfügen konnten, die sehr kleine Zeichen unabhängiger Staatlichkeit waren. Im Gegenzug mussten sie aber harte wirtschaftliche Zugeständnisse machen.[71] Der „autonome" Zolltarif, der GA III. 1906 beruhte im Wesentlichen auf dem Pakt von 1902; er beinhaltete einen verstärkten Schutz des gemeinsamen Zollgebietes vor Agrarimporten. Dessen Notwendigkeit hatte die liberalen und agrarischen Gruppen der Großgrundbesitzer schon 1895 zusammengeführt. Das Kokettieren mit der Zolltrennung hat nichts Konkreteres zuwege gebracht als die Bezeichnung des neuen Tarifs als „autonom". Der durch die Koalitionsregierung geführte Zollkrieg mit Serbien war viel eher auf die österreichischen Wünsche einer Industrieförderung durch Bindung der Serben an die Waffenlieferungen der Škoda-Werke zurückzuführen, als auf tatsächliche Schutzbedürfnisse der ungarischen Schweinezüchter. Ebenfalls nicht ganz ernst zu nehmen sind auch die im Programm der Koalitionsregierung enthaltenen alten agrarischen Forderungen, wie die Einführung des Besitzminimums sowie die Aufstellung einer Landwirtschaftskammer. Nichts davon wurde auch nur in Angriff genommen, geschweige denn verwirklicht.

Dabei war Darányi – von Anfang bis Ende Landwirtschaftsminister der Koalitionsregierung – fleißig bei der Arbeit. Er veranstaltete schon während seiner Zeit in der Széll-Regierung eine Enquete zur Frage der Ansiedlungspolitik.[72] Hier wurde erneut wieder,

---

71 Tisza, István: Kivitelünk az osztrák vasutakon és a koalíció [Unsere Ausfuhr auf österreichischen Bahnen und die Koalition], in: Gróf Tisza István Összes Munkái [Gesammelte Werke von Graf István Tisza], Budapest: MTA-Franklin 1923, Bd. 1, S. 662–665.

72 A telepítés s az azzal kapcsolat kérdések ügyében a m. kir. földmivelésügyi ministeriumban Darányi

nach dem Kongress von 1895, anhand von Texten und Redebeiträgen deutlich, welch große Abneigung die Großgrundbesitzer gegen die Siedlungsaktionen hatten. Dennoch versuchte Darányi während seiner zweiten Dienstzeit von 1906 bis 1909 wiederholt, diesbezügliche Gesetzvorlagen einzubringen. Wem oder was wollte er damit dienen? Wohl nicht den agrarischen Magnaten, denn in diesem einen Punkt, wie in Allem was Eigentum betraf, war schon Károlyi ganz zurückhaltend, wie auch seine aristokratischen Freunde. Der Blick fällt auf die „Agrarintelligenz", aus deren Reihen auch der Minister kam und die durch den Ausbau der Agrarverwaltung, Genossenschaften und dergleichen mehr an Boden gewann.

Ignác m.kir földmivelésügyi minister elnöklete alatt 1900. január 18–23. napjain tartott szakértekezlet jegyzőkönyve [Protokoll der vom 18. bis 23. Januar 1900 zur Angelegenheit der Ansiedlung und relevanter Fragen im k. ung. Landwirtschaftsministerium unter dem Vorsitz des k. ung. Landwirtschaftsministers Ignác Darányi tagenden Fachkonferenz], Budapest: 1900.

Herren und Landwirte – die Aristokraten, die Wirtschaftsbeamten und die „Agrarintelligenz"

Aristokraten als „private" Grundbesitzer und als Spitzen des Herrenstandes

Abschließend kehren wir noch einmal zu unseren Hauptdarstellern zurück, denn die Geschichten, die wir nachzuzeichnen versuchten, sind ja so unterschiedlich, dass sie eben vornehmlich durch die Akteure verbunden sind. In diesem Abschnitt versuchen wir diese Akteure in Bezug auf die Wandlungen in ihren sozialen Rollen zu beleuchten.[1] Welche soziale Rolle hatten die Aristokraten inne? Waren sie eher von der aristokratischen Tradition oder von ihrer Position als Großgrundbesitzer bestimmt?

Die Mehrheit der „nichtbäuerlichen Grundbesitzer" war nicht aristokratischer Abstammung. 1895 machten die Besitzungen der Aristokratie, die größer als 100 Katastraljoch waren, 14 Prozent der Fläche des gesamten Landesgebietes und 13 Prozent des Gesamtwertes des Bodens aus. Innerhalb der „nichtbäuerlichen Besitzungen", also alle über 100 Katastraljoch großen Besitzungen, gehörten 27 Prozent des Areals und 31 Prozent des Wertes aristokratischen Besitzern.[2] Es ist durchaus möglich, dass die Besitzungen in den obersten Größenklassen etwas anders verteilt waren – aber nicht viel.[3] Demnach gehörten über zwei Drittel der nichtbäuerlichen Besitzungen „Plebejern" oder Gemeinadeligen und nicht Aristokraten.

Manche meinten feststellen zu können, dass die aristokratischen Traditionen, Rollen und Identitäten auf andere Grundeigentümer, ob gemeinadeliger oder bürgerlicher Herkunft, „abfärbten". Das ist plausibel. So wie in England „the aristocratic embrace" manche Arrivierte in ihren politischen und ästhetischen Ansichten, im Lebensstil und in Hinsicht auf ihre soziale Rolle auch noch in der zweiten Hälfte des 19. Jahrhunderts umformen konnte, so gab es zahlreiche Parallelen in der ungarischen Gesellschaft der Zeit.[4] Einige von den reichsten Grundbesitzern sind so exklusiv geworden, dass sie sich um die Verwaltung ihres Vermögens nicht mehr kümmern mussten. Den uns hier beschäftigenden Aristokraten blieben jedoch die Sorgen des Alltags und des Wirtschaftens erhalten.

Aber welchen Stellenwert hatten die Wirtschaft, der Betrieb und das Einkommen überhaupt für dieses Amalgam von Aristokraten und ,aristokratisierten' Großgrundbesitzern? Die Bedeutung von hinreichenden Erträgen der Besitzungen war den

---

1   Zu dem Begriff „soziale Rolle" vgl.: Goffman, Erving: The Presentation of Self in Everyday Life, Garden City, N.Y.: Doubleday&Co. Inc. 1959. In den letzten Jahren kommt der Begriff fast ausschließlich als „weibliche" und „männliche" soziale Rolle vor. Goffman fasste ihn jedoch erheblich breiter.

2   Scott, M. Eddie: Ami „köztudott", az igaz is? Bevezetés a kliometrikus történetírás gondolkodásmódjába [Was „allgemein bekannt" ist, ist auch wahr?], Disputa, Debrecen 1996, S. 26–27.

3   Der Mittelbesitz war in Ungarn relativ wenig umfangreich. Eine weitere Differenzierung zwischen Mittel- und Großgrundbesitz würde also keine anderen Ergebnisse bringen.

4   Spring, David: Landed Elites Compared, England: Thompson, F. M. L., in: Spring, David (Hg.): European Landed Elites in the Nineteenth Century, Baltimore – London: The John Hopkins University Press 1977, S. 1–21, S. 22–44.

Aristokraten durchaus bewusst. Davon zeugt das kontinuierliche Interesse an besserer Wirtschaftsverwaltung und an Verpachtungsmodalitäten. Das ist aber eine verengte, wirtschaftshistorische Sicht des Wirtschaftens, die nur auf Einkommen gerichtet ist. Allein von der Tradition des „adeligen Landlebens" her kann man schon annehmen, dass ein Großgrundbesitz wohl kaum lediglich als eine bloße Profitquelle betrachtet wurde, sondern parallel dazu auch als ein Träger, ein Vehikel von sozial-kulturellen Rollen. Genauso wie im Vormärz galt auch nach 1849 eine rationell geführte Wirtschaft als Dienst an der Allgemeinheit, der Nation, des Staates. Darüber hinaus und etwas konkreter war ein Großbetrieb auch eine Berührungsfläche, denn die auf der Ebene der Landespolitik sich engagierenden Aristokraten erfuhren durch die eigenen Sorgen zugleich auch die der anderen Grundbesitzer. Damit bekamen sie einen Bezug zu den alltäglichen Realitäten, auch dann, wenn sie selbst diesen nicht ausgeliefert waren. Schließlich waren die herrschaftlichen Besitzungen auf einer ganz konkreten Ebene Basen von Macht und Einfluss – im Leben des Komitats oder in Bezug auf einen Wahlbezirk.

Die zentrale Dimension des aristokratischen Daseins ist meines Erachtens auch noch in der Zeit nach 1849 der Anspruch auf Macht und Führung. In der sich entwickelnden kapitalistischen Wirtschaft kannten sich die Magnaten aus und nahmen an Unternehmungen teil. Doch dieses Feld gehörte ihnen nicht. Es war ihr Führungsanspruch, der sie von den kapitalistischen Eliten trennte, diese und ihre neue Welt kritisch ansehen und Abneigungen gegen sie bereits in den 1870er Jahren aufkommen ließ und der sie schließlich aus diffusen Abneigungen Organisationen und Bewegungen entwickeln ließ.

Doch während sich diese als „agrarische Bewegung" Gestalt angenommene Abneigung entfaltete, mussten ihre Führer, die Aristokraten, immer tiefer, immer besser die Regeln und Wirkungsmechanismen des Marktes und des Staates erlernen. Lernen mussten sie auch schon früher – unsere Geschichte fing damit an, dass István Széchenyi und seine Freunde, wie andere Aristokraten in Mitteleuropa auch, ihre nicht mehr selbstverständliche Rolle neu legitimieren wollten.

Die Lage war aber nach einem halben Jahrhundert eine andere. Die aristokratische Generation, die um die Mitte des Jahrhunderts geboren wurde, und noch mehr die darauf folgende, musste ab den 1890er Jahren immer stärker erfahren, dass nicht nur die Überlegenheit, auch die wichtigste Grundlage der aristokratischen Existenz, die Freiheit, individuelle Ansichten und Präferenzen ohne Kompromisse ausleben und verwirklichen zu können, im Schwinden begriffen war.

Die hohen Herren Ungarns – insoweit sie „Ego-Dokumente", Tagebücher, Erinnerungen, Korrespondenz oder Romane hinterlassen haben – scheinen alle diese Erfahrung der gefährdeten Autonomie gemacht zu haben.[5] Konkret manifestierte sich das am augenfälligsten in dem Verlust des Führungsanspruchs in der Politik, in den lokalen Gesell-

---

5   Neben den schon zitierten Erinnerungen und Korrespondenzen (Apponyi, Bánffy, Károlyi, Széchenyi) vgl. noch: Károlyi, Catherine: A Life Together, London: George Allen & Unwin 1966; Miklós Bánffy: The Phoenix land: the memoirs of Count Miklós Bánffy, London: Arcadia Books 2003; ders.: The writing on the wall: the Transylvanian trilogy, London: Arcadia 1999–2001. Vergleichbare Schilderungen eines österreichischen Aristokraten: Clary-Aldringen/Alfons, Fürst von: Geschichten eines alten Österreichers, Frankfurt am Main – Berlin – Wien: Ullstein Verlag 1978. Keine Autobiographie an sich, jedoch eine Vielzahl von solchen Materialien und feinfühlige und plausible Analysen von aristokratischen Rollen enthaltend: Stekl/Wakounig, Anm. 32.

schaften und in anderen Bereichen.[6] Für den Außenstehenden ist der Verlust oder die Schmälerung einer gesellschaftlichen Führungsposition nicht mit einem Autonomieverlust gleichzusetzen. Die spezifisch historische Mentalität dieser sozialen Gruppe betrachtete aber eben diese Führungseigenschaft als ihr Wesensmerkmal, als die Grundlage ihres gesellschaftlichen Geltungsanspruches. Der Führungsanspruch der Aristokratie ist ihrerseits bloß eine weitere Steigerung der adelig-herrschaftlichen Identität. Der zeitgenössische Soziologe Farkas definierte die Herren nicht als „ökonomische Klasse", sondern als Gruppe von Menschen, die an der Aufrechterhaltung der bestehenden gesellschaftlichen Ordnung ein größeres Interesse haben als andere, und die „für ihre Verteidigung auch größere Opfer … eventuell auch den Einsatz ihres Lebens nicht scheuen." „Herren sind charakterisiert durch eine gewisse hervorragende gesellschaftliche Stellung und ein gewisses herrschaftliches Denken. Dieses herrschaftliche Denken ist nicht einfach mit dem Konservatismus gleichzusetzen … Andererseits ist auch die durch die Herren verteidigte ‚gesellschaftliche Ordnung' nicht zu eng zu verstehen, denn es bedeutet nicht bloß eine eng umschriebene Art der Einkommensverteilung, der Organisation der politischen Macht oder eine bestimmte Regelung der familiären Rechtsverhältnisse, sondern den allgemeinen Charakter aller in einer bestimmten Richtung zusammenwirkenden gesellschaftlichen Verhältnisse. Ein Herr ist kein Polizist …". Diese allgemeine Beschreibung des Phänomens wird dann hinsichtlich des alltäglichen Verhaltens konkretisiert: „Einen Hauptfaktor … der gesellschaftlichen Ordnung bilden die Verhältnisse des gesellschaftlichen Ansehens, nicht zuletzt das Ansehen, Prestige des Herrenstandes und des Herren als solchen. Deswegen müssen Herren, wenn auch sie in der Tiefe ihrer Seelen noch so bescheiden wären, unter bestimmten Umständen ein gesteigertes Selbstwertgefühl an den Tag legen und dessen Beachtung notfalls unter Einsatz von äußersten Mitteln erzwingen."[7]

Das Problem war, dass dieses Gefühl und diese Identität fortbestanden, während ihre alten Grundlagen in Bezug auf Macht, Vermögen und Prestige sich erheblich verändert haben. Aus der Politik sind die Aristokraten fast verschwunden. Zwar gab es in der Regierung und im Abgeordnetenhaus während der gesamten Zeit des Dualismus zahlreiche betitelte Herren, doch Titel trugen nicht nur „echte" Aristokraten. [8] Schon im Vormärz gab es eine Gruppe von betitelten Familien, die immerfort Offiziere, Beamte oder Priester hervorbrachten, aber weder von ihrem Vermögen noch aufgrund ihrer Vergangenheit zur richtigen Aristokratie zu zählen. Da es im Dualismus in erheblichem Ausmaß Nobili-

---

6   Vgl. Press, Volker: Adel im 19. Jahrhundert. Die Führungsschichten Alteuropas im bürgerlich-büro-kratischen Zeitalter, in: Reden-Dohna, Armgard von/Melville, Ralph (Hg.): Der Adel an der Schwelle des bürgerlichen Zeitalters 1780–1860, Stuttgart: Franz Steiner 1988, S. 1–20. Der Autor meint in seiner knappen Zusammenfassung gesamteuropäischer Entwicklung, dass „der Adel" im 19. Jahrhundert eine bedeutende Teilhabe an der bürokratischen Macht aufwies. Das ist nicht von der Hand zu weisen. Die ungarische Aristokratie mit ihrer bis 1867 anhaltenden Staatsferne mag da einen Sonderfall darstellen. Aber die Prinzipien bürokratischer Herrschaft kollidieren mit der aristokratischen Rollen-palette, was sich sogar in einem ureigenen aristokratischen Bereich, in dem des Militärdienstes zeigt, vgl. Stekl/Wakounig, Anm. 32, S. 152–195.

7   Farkas, Geiza: Az úri rend [Der Herrschaftsstand], Budapest: Pátria 1912, S. 7–8.

8   Lakatos, Ernő: A magyar politikai vezetőréteg 1848–1918 [Die ungarische politische Führungsschicht 1848–1918], Budapest: 1942, S. 18–42.

tierungen und Rangerhöhungen für bürgerliche, ja für wirtschaftliche Verdienste gab, ist es nicht zweckdienlich, jeden, der einen Titel trägt, als Aristokraten einzustufen.

Die traditionellen Rivalen um politische und gesellschaftliche Macht waren die nicht-aristokratischen, dem früheren „Gemeinadel" angehörigen Grundbesitzer. In der dualistischen Periode stellten sie sowohl bei der Liberalen Partei wie auch bei der Unabhängigkeitspartei die größte Gruppe unter den Abgeordneten (bis 1905 um 40 %).[9] Von einer Präponderanz der Aristokratie im Parlament zu reden, ist also ganz und gar nicht zutreffend. Im Falle der Regierungspartei ist es sogar fraglich, ob die soziale Herkunft der Abgeordneten sehr viel zu bedeuten hat. Nach 1875 gestaltete Tisza die nunmehr „freisinnige" Partei um. Die Partei vertrat die Regierung und hing von der Regierung bzw. von Tisza ab. Sie war eher eine Gruppe von Klienten und Politik-Unternehmern als eine autonome Vertretung einer Gesellschaftsschicht.[10] Die eigentliche parlamentarische Vertretung der Aristokratie wäre zweifelsohne die Apponyi-Partei gewesen. Es wurde aber mehrfach in den politikgeschichtlichen Einführungen der einzelnen Abschnitte darauf hingewiesen, dass Apponyi persönlich seine Partei von 1886 bis 1905 Schritt für Schritt immer mehr in eine Richtung lenkte, die eine populäre Mobilisierung ermöglichte, also in die Richtung einer nationalen Revision von 1867. Diese Richtung war der Aristokratie wesensfremd. Je nationaler die „Nationale Partei" nach 1892 wurde, desto mehr blieb die Aristokratie ohne parlamentarische Vertretung.

Was eine andere Grundlage des Einflusses, den Reichtum, betrifft, so ist zu konstatieren, dass die gesamte Schicht von dem relativen Positionsverlust betroffen war. An den Listen derjenigen, die die meisten Steuern in den einzelnen Komitaten und in den Städten zahlten, ist Jahrzehnt für Jahrzehnt nachvollziehbar, wie die Großgrundbesitzer und darunter die Aristokraten immer mehr von den Industriellen übertroffen wurden, von den unterbesteuerten Bankiers ganz zu schweigen.[11] Es erübrigt sich auszuführen, dass dies die Aristokraten unter Druck setzte. Dieser Druck war keine abstrakte Erscheinung. Da die aufstrebenden, schwerreichen Unternehmer oft nobilitiert wurden und sich in Lebensweise und Konsum eben an den aristokratischen Modellen orientierten, war die Konkurrenz im Alltag hautnah zu spüren.

Aristokraten, Klienten und „Partner"

Eine bedeutende Gruppe der Aristokraten versuchte sich anzupassen, aber zugleich auch an ihrem Führungsanspruch festzuhalten. Die Herren, die wir in unserer Erzählung kennengelernt haben, gehörten dieser Gruppe an. Am Führungsanspruch festzuhalten hieß aber, sich Geltung zu verschaffen in einer Welt, die wesentlich integrierter und zugleich weniger überschaubar war als die Schauplätze der früheren Lebenswelten der Aristokraten, seien es

---

9 Lakatos, Führungsschicht, Anm. 8, Anhang.
10 Lakatos, Führungsschicht, Anm. 8, S. 53–54. Lakatos hielt nur den begüterten Adel für abhängig von der Regierung, nicht aber die Aristokratie.
11 Feiszt, György – Kosján, László: A gazdasági elit kutatásának néhány kérdése a virilisjegyzékek alapján [Einige Fragen der Erforschung der Wirtschaftselite aufgrund der Virilistenverzeichnisse], in: Varga, László Á. (Hg.): Vera (nemcsak) a városban, Budapest: 1995, S. 483–487.

die höfische Gesellschaft, ihre Machtbasen, die regionalen ständischen Gesellschaftssegmente oder die gesellschaftlichen Teilsegmente der Armee und der Kirche. Führungsanspruch, Wirtschaft und Einfluss behutsam zu modernisieren erforderte in den allermeisten Fällen, in dieser modernen Welt Partner und Handlanger zu finden. Das war nicht ganz unbekannt, denn Klientelnetzwerke hatten die früheren Generationen von Aristokraten nicht nur am Hofe unterhalten, um ihr Streben nach Ehre und Prestige zu unterstützen.[12] Auch und gerade die von ihren Machtbasen entfernten Aristokraten waren im 18. Jahrhundert darauf angewiesen, vor Ort ein Klientennetzwerk zu unterhalten.[13] In der Vormärzära und noch mehr am Ende des Jahrhunderts konnten aber die Netzwerke durch andere soziale Beziehungen in den Schatten gestellt werden. Den ehemaligen Klienten öffnete sich in der neuen Welt des Marktes und der Rechtsgleichheit eine Reihe von alternativen Möglichkeiten.

Es gab im vormärzlichen Ungarn weitere undeutlicher konturierte Schichten: Die „Honoratioren", die Nichtadeligen in intellektuellen Berufen.[14] Sie genossen eine soziale Aufwertung, eine „ständische Emanzipation", denn die Honoratioren wurden per Beschluss der Komitatsversammlungen Schritt für Schritt den Adeligen gleichgestellt. Die Honoratioren der ständischen Gesellschaft hatten nach 1848 keine direkten Nachfolger, denn der Sinn ihres Definitionsmerkmals, die Gleichsetzung mit dem Adel, verschwand.

Es gab jedoch schon in den fünfziger Jahren fast automatische Übertritte der Anwälte und Ärzte, die ihre soziale Position aufgrund ihres Wissens- und Bildungsmonopols definieren konnten, aus der Gruppe der „Honoratioren" in die Gruppe der freien Berufe. Nicht allen fiel der Übergang so leicht. Dies gilt etwa für die früheren Honoratioren, die sich zumeist in der Nähe der Aristokratie befunden hatten, wie die Wirtschaftsbeamten. Ihre Professionalisierung betrachten wir später.

Im Allgemeinen ist aber zu vermerken, dass die Kooperationspartner der Aristokraten, sowohl in der Wirtschaft wie auch in der Politik, ja vielleicht sogar im gesellschaftlichen Leben, am Ende des 19. Jahrhunderts aus den Reihen der „Gebildeten" gekommen sind. Die Gestalt des Gebildeten war die soziale Rolle, die die Aristokraten am ehesten akzeptierten. Aber für eine seriöse, langfristige Kooperation der neueren, nicht mehr von der Logik der Klientelverhältnisse bestimmten Art mussten die Aristokraten diese Partner ernst nehmen.

Diese Akzeptanz der Gebildeten konnte zumindest bei einigen gut sichtbaren Gruppen der Aristokratie zu einer partiellen, immerhin reellen Anpassung der Aristokraten an die soziale Rolle eines Intellektuellen gedeihen. Wir reden hier nicht von Einzelfällen. Für größere Gruppen der Aristokratie klingt aber diese Feststellung überraschend, denn die liberale Publizistik der Zeit, die sich später häufig als Geschichtsschreibung gebärdete, hat sich der Aristokratie und der katholischen Kirche im Besonderen angenommen.[15] Die diese

---

12 Marczali, Henrik. Hungary in the Eighteenth Century, Cambridge: Cambridge U. P. 1910.

13 Vári, András: Ergebene Diener ihrer Herren. Wandel der Machtausübung im Komitatsleben und in der privaten Güterverwaltung im Ungarn des 18. Jahrhunderts, in: Brakensiek, Stefan/Wunder, Heide (Hg.): Ergebene Diener ihrer Herren? Herrschaftsvermittlung im alten Europa, Köln-Weimar: Böhlau Verlag 2005, S. 203–231.

14 Honoratiorok, in: A Pallas Nagy Lexikona, Bd. 9, Budapest: Pallas 1895.

15 Katzburg, Anm. 9, S. 146–147. Der Autor stellt fest, dass die jüdische Reaktion auf die Volkspartei schärfer ausgefallen ist als in den 1880er Jahren gegen die Antisemitische Partei. Er begründet dies

liberalen Argumente weiterführenden Radikalen zeichneten ein maßlos verzerrtes Bild der Aristokraten als „feudale" Schmarotzer, die bar jeder nützlichen Funktion ihre politische Macht durch ihre Klüngel verteidigten und alles Zeitgemäße unmöglich machten, sogar ihr Zentrum, das Hofleben den gesellschaftlichen Realitäten gegenüber abschirmten und daher die politische Isolierung der Dynastie und damit ihr eigenes Ende mitverursachten.[16]

Da dieses Urteil für eine ganze Schicht gefällt worden ist, wäre eine Widerlegung durch Einzelbeispiele nicht effektiv genug gewesen. Daher suchte ich nach Indikatoren, die die Bedeutung moderner identitätsstiftender Faktoren, allen voran der Bildung, bei den 1887–1901 in der politischen Elite vertretenen Aristokraten zeigen können.[17] Der Besuch einer Universität scheint geeignet zu sein. In einer Zeit, wo für den Eintritt in die Intelligenz (und für den Dienst als Reserveoffizier) schon das Abitur ausreichte, besuchten 60 % der aristokratischen Abgeordneten nachweislich eine Universität. Von 26% gibt es keine Angaben, während 8 % – ohne Besuch einer Militärakademie – Offiziere wurden oder 1848 in der Nationalgarde kämpften und anschließend flüchteten, so dass ein Studium zumeist nicht mehr möglich war. Unter den Studienfächern dominierte Jura, was allerdings nicht viel aussagt. Die Immatrikulation gab zwar Jura an, um Erwartungen zu erfüllen, doch an der damaligen Universität besuchte der Student, was er wollte. So hörte der Jurastudent Graf Żeleński z. B. Mathematik-, Chemie-, Physik- und sogar Pathologievorlesungen.[18] Ein Viertel aller Studenten studierte Technik, Kommerz oder Nationalökonomie oder besuchte vor oder nach der Universität eine landwirtschaftliche Fachhochschule. Soviel Realitätsbezug musste sich dann auch auf die Rollenauffassung auswirken.

Intelligenz, Fachleute, Gebildete – so könnte man also den Kreis umschreiben, aus dem die Partner und Helfer der Aristokraten am Ende des 19. Jahrhunderts gekommen sind. Aber die gebildeten Menschen um die Aristokraten waren 1900 mitnichten Klienten im selben Sinne, wie sie es noch in Vormärz waren. Sie waren keine bloßen Handlanger mehr. Alle ihre Gruppen sind der Dienerrolle, die sie in der Ständegesellschaft hatten, entschlüpft. In Anrede, Ehre, Lebensführung und Geltungsansprüchen holten sie je nach Familie unterschiedlich, insgesamt aber doch mächtig auf. Da sie nicht mehr als ausschließlich abhängige Handlanger der aristokratischen Großgrundbesitzer gelten konnten, wirkten ihre Rollenauffassungen, Bestrebungen und Identitäten auf ihre höher gestellten Partner, die Magnaten zurück.[19] Diese Partner muss man näher ansehen. Zuerst wird ein Blick auf die Wirtschaftsbeamten geworfen.

---

damit, dass die Volkspartei wegen der Massenwirksamkeit der Katholichen Kirche gefährlicher schien als die sowieso eher gemäßigten Antisemiten. Dies mag so sein. Allerdings griffen die führenden liberalen Autoren die Aristokratie und die Katholische Kirche auch schon am Anfang der 1880er Jahre in wütendem Ton an, vgl. die Werke von Beksics, Anm. 97 und Anm. 33.

16 Jászi, Anm. 59, S. 228–234.

17 Untersucht wurden alle Abgeordneten der drei Wahlperioden mit einem aristokratischen Titel, ob begütert oder nicht, alle aristokratische Minister und Staatssekretäre von 1887–1905 und alle Miglieder des Oberhauses, die auch in dieser Periode eine besonders aktive öffentliche Rolle spielten, insg. 123 Personen. Die Quellen: Toth, Adalbert: Parteien und Reichstagswahlen in Ungarn 1848 –1892, München: R. Oldenbourg Verlag 1973; weiter Sturm, Anm. 48; Szinnyei, Anm. 58.

18 Żeleński, Erinnerungen, Anm. 9, S. 15–16.

19 Vári, András: Der Verein, die Magnaten und die Experten. Der Ungarische Landes-Wirtschaftsverein als Arena von ungleichen Aspirationen 1821–1890, in: Müller, Michael G. (Hg.): Arenen der Elitenvergesellschaftung. Ostmitteleuropa im 19. Jahrhundert, Berlin (im Druck).

Die Professionalisierung der Wirtschaftsbeamten

Wie im Abschnitt über die Vereinsaktivisten die Wirtschaftsbeamten dargestellt wurden, konnte deren Professionalisierungsprozess aufgrund der allgemeinen Zugänglichkeit ihres Wissens, des Mangels an qualitativ hochwertigen Bildungsinstituten und öffentlich anerkannten fachlichen Bildungsabschlüssen vor 1848 nicht so recht vorankommen, obwohl die Wirtschaftsbeamten innerhalb der gebildeten Schichten zu den größten Gruppen gehörten.[20] Im Abschnitt über die verschiedenen sozialen Gruppen innerhalb des wieder gegründeten Vereins wurde gezeigt, dass die Extensivierung und Kapitalisierung der Landwirtschaft einerseits sowie ein gewisser Egoismus der großen Grundbesitzer andererseits der Gruppe der Wirtschaftsbeamten sehr geschadet haben. Es gab zwar eine kleine obere Gruppe, deren Mitglieder sich als Experten etablieren konnten; das Gros der Wirtschaftsbeamten befand sich jedoch im freien Fall.

Weder den Fall noch die Landung können wir mangels umfassender statistischer Angaben rekonstruieren. Doch der Fortschritt der Landbau unterstützenden Wissenschaften, die zwischen 1865 und 1874 eröffneten fachbildenden Institute und die im Zuge der Agrarkrise in den achtziger und neunziger Jahren vorgenommene Intensivierung der landwirtschaftlichen Produktion gewährten der Professionalisierung am Ende des Jahrhunderts Chancen auf Erfolg. Vor allem die Oberschicht der Agrarintelligenz wirkte im Wirtschaftverein und in seinen Komitats-Filialen überall aktiv mit. Vor allem ihr war es zu verdanken, dass im Jahre 1891 die Einkünfte aus Mitgliedsbeiträgen die Einnahmen aus den aristokratischen Stiftungskapitalien um das Dreifache überstiegen.[21]

Einen Hilfsverein der Wirtschaftsbeamten gab es unter der informellen Schirmherrschaft der Lónyay Familie ab 1880.[22] Das Ziel des Vereins war ursprünglich die Gründung eines Pensionsinstituts, die aber wegen zu geringer Teilnahme nicht zustande kam. Erst ab 1888 ging es dem Verein vor allem um die Anerkennung von „Qualifikation". Er forderte ein Gesetz, nach dem auf bestimmten Besitzungen ab einer bestimmten Größe nur geprüfte Wirtschaftsbeamte und Absolventen von Fachschulen angestellt werden könnten.[23] Neben der Förderung und Beachtung von „Qualifikation" wurde in der Fachliteratur eine Regelung der Arbeits- und Dienstverhältnisse gefordert, denn unter den ungeordneten Verhältnissen ließ sich die altertümliche Dienerstellung der Beamten nicht vollständig beseitigen.[24] Der Wirtschaftbeamten-Verein initiierte 1891 eine Reihe von gut besuchten Konferenzen auf dem Lande sowie eine Abschlusskonferenz in Budapest, um für das

---

20 Vörös, Károly: A modern értelmiség kezdetei Magyarországon, [Die Anfänge der modernen Intelligenz in Ungarn], in: Valóság 18. (1975), S. 1–20.

21 Az Országos Magyar Gazdasági Egyesület igazgató választmányának az egyesület 1892. évi június hó 4-én tartott közgyűlése elé terjesztett jelentése [Bericht des Ausschusses des Landes-Wirtschaftsvereins für die Generalversammlung am 4.7.1892], in: Az Országos Magyar Gazdasági Egyesület évkönyve az 1892/92 egyleti évre, Budapest: 1892, S. 24–27.

22 A magyar korona területén foglalkozó gazdatisztek és erdészek segély- és nyugdíj-egyesületének alapszabályai [Statuten des Hilfs- und Pensionsinstitutes der auf dem Gebiet der ungarischen Krone angestellten Wirtschafts- und Forstbeamten], Budapest: Schlesinger és Wohlauer 1880.

23 Fabricius, Endre: A magyar gazdatiszt [Der ung. Wirtschaftsbeamte], Budapest: 1931, hier S. 55–57.

24 Wenninger Mátyás. A gazdatiszt [Der Wirtschaftsbeamte], Budapest: 1890, S. 12–13.

Qualifikations-Gesetz zu werben.[25] Interessanterweise erschien bei der Budapester Schluss-
konferenz auch Landwirtschaftsminister Bethlen. Er schloss sich den Forderungen aber
nicht explizit an. Seine Anwesenheit ist dennoch bemerkenswert, denn die Wirtschaftsbeamten an sich stellten keine Machtfaktoren dar, und ihre Qualifikationsforderungen
wurden von den Großgrundbesitzern abgelehnt. Bethlen brachte 1894 sein Feldpolizei-
Gesetz durch das Parlament. Der Entwurf war zuvor von Bujanovics, dem Vorsitzenden
des Vereins der Wirtschaftsbeamten, durch das Hinzufügen der Qualifikationspflicht modi-
fiziert worden.[26] Das Oberhaus entfernte allerdings diesen Absatz wieder aus dem Gesetz.
Bethlen drückte seine Verwunderung über das Vorgehen aus, ging aber einem Konflikt mit
den Großgrundbesitzern aus dem Weg. Das Gesetz wurde also ohne den Passus über die
Qualifikationspflicht verabschiedet.[27] Die eine Qualifikationspflicht unterstützenden Re-
dakteure des Landes-Wirtschaftsvereins druckten die Reden im Oberhaus mit den einschlägigen herrschaftlich-patriarchalischen Ansichten im Wortlaut ab.[28]
     In dieser Frage und in zwei weiteren Streitpunkten standen sich das Ministerium und
die Wirtschaftsbeamten, besonders die höher gestellten Gruppen, die Spezialisten, das
Lehrpersonal der fachbildenden Institute auf der einen Seite sowie ihre Arbeitgeber, die
Großgrundbesitzer auf der anderen Seite, gegenüber. Eine Beteiligung der höheren Kreise
der Wirtschaftsbeamten am „Putsch" vom Oktober 1894 ist daher wahrscheinlich, obwohl
es dafür nur indirekte Hinweise gibt. Bei der Rückeroberung des Wirtschaftsvereins
verliefen die Fronten anders. Die Wirtschaftsbeamten standen nach nochmaligem Fronten-
wechsel nun wieder an der Seite der Károlyi-Dessewffy-Gruppe. Es könnte eine Folge des
Seitenwechsels der Wirtschaftsbeamten gewesen sein, dass ab 1895 Bujanovics, der
Vorsitzende des Vereins der Wirtschaftsbeamten, an allen Unternehmungen und Gründungen von Károlyi an prominenter Stelle beteiligt war. Dies gilt etwa für den Landwirte-
Kongress von 1895, die Gründung des Landwirtebundes und das Netzwerk der Konsumgenossenschaften „Ameise". Der Wirtschaftsbeamtenverein hielt 1896 einen zweiten Kongress ab, dessen Schirmherrschaft Darányi übernahm. Bei den Leitungsgremien der beiden
Organisationen, des Landes-Wirtschaftsvereins und des Vereins der Wirtschaftsbeamten,
ergaben sich ab 1897 Überschneidungen, die wohl kaum zufällig waren. 1900 war es dann
so weit – die Széll-Regierung verabschiedete ein „Wirtschaftsbeamtengesetz", das nicht nur
die Qualifikation vorschrieb, sondern auch die arbeitsrechtlichen Verhältnisse der Beamten
regelte.[29]

---

25 Krocsák, G. Emil (Hg.): Az 1891. május hó 6., 7., 8-án Budapesten tartandó magyar gazdatiszti
    congresszus előkészítése érdekében tett intézkedések, a lapokban megjelen közlemények, vidéki
    értekezletekről felvett jegyzőkönyvek és egyesek által tett indítványok sorozata [Protokolle, Mit-
    teilungen und Vorlagen der ländlichen Vorbereitungskonferenzen des in Budapest vom 6.–8. Mai 1890
    stattgefundenen Kongresses der Wirtschaftsbeamten], Budapest, Schlesinger Ignác könyvny 1891.
26 Redebeitrag von Sándor Bujanovics, KN 1892–97, Bd. 15, Sitzung 282, 26.1.1894, S. 438–441, bzw.
    Sitzung 288, 8.2.1894, S. 598.
27 Bujanovics Sándor KN 1892–97, Bd. 18, Sitzung 329, 19.4.894, S. 102–105, Antwort von Bethlen
    S. 106–107.
28 Sz[ilassy], Z[oltán]: A magyar gazdatisztek [Die ungarischen Wirtschaftsbeamten], in: Köztelek
    7.3.1894; A mezőgazdasági törvényjavaslat a főrendek előtt [Die landwirtschaftliche Gesetzvorlage vor
    dem Oberhaus], in: Köztelek 14.3.1894 S. 353–355.
29 GA XXVII. 1900. Über die Regelung der Rechtsverhältnisse zwischen Besitzern und Wirtschafts-
    beamten.

Auch in diesem Bereich war also eine erfolgreiche Professionalisierungsstrategie möglich. Zwar schrieb das Gesetz die Qualifikation nur auf Staats-, Fonds-, Gemeinde-, Kirchen- bzw. Fideikommissgütern vor, jedoch war es möglich, das Gesetz zu umgehen. Immerhin umfasste der Geltungsbereich die Mehrzahl der Großbetriebe, und in den kleineren Betrieben hätten die Wirtschaftbeamten sowieso keine angemessene Verwendung finden können. Die Professionalisten erwarben also eine gewisse Autonomie gegenüber den Abnehmern ihrer Dienstleistungen.[30] In welchem Umfang dies geschah, sei dahingestellt. Die alte, umfassende lebenslängliche Bindung als Diener und Angestellte existierte aber nicht mehr. Viele Wirtschaftsbeamte wurden Fachleute, professionelle Landwirte.[31] Allerdings gingen nicht alle diesen Weg.

Die „Agrarintelligenz" –
Fachwissen, Ideologie und soziale Rolle (1890–1910)

Das „Publikum der Landwirte" bestand nicht nur aus Magnaten, Klienten und Professionalisten. Es gab ab den 1890er Jahren noch eine weitere soziale Schicht, die ich als „Fachintelligenz" oder „Agrarintelligenz" bezeichne. „Agrarintelligenz" weist hier nicht auf eine hohe fachliche Bildung und auf ihren früchtebringenden Einsatz im Wirtschaftsleben hin, sondern vielmehr auf eine ideologische Dimension und auf die geeigneten Einsatzgebiete, wie Zeitungen, Vereine, Gremien, Ministerien usw.[32] Die Unterschiede zu den anderen Gruppen, vor allem zu den professionellen Landwirten, lagen also in den Lebensgrundlagen, aber auch in den von dieser „Fachintelligenz" verwendeten Argumenten, also in dem für sie typischen Diskurs.

Ihre Lebensgrundlagen befanden sich in drei Bereichen. Etwa ein bis zwei Dutzend von ihnen bezogen Einkünfte und genossen Prestige in den sich ab den 1890er Jahren bedeutend vermehrenden Positionen als Sekretäre der Vereine und Genossenschaftszentralen. Eine etwa genauso große Anzahl hatte feste Stellen in den Redaktionen der Fachpresse.

---

30 Vgl. Larson, Sarfatti Magali: The Rise of Professionalism. A Sociological Analysis, Berkeley: 1977; Rüschemayer, Dietrich: Professionalisierung. Theoretische Probleme für die vergleichende Geschichtsforschung, Geschichte und Gesellschaft, 6 (1980), S. 311–325; MCClelland, Charles E.: The German Experience of Professionalization: Modern Learned Professions and Their Organization from the Early 19th Century to the Hitler Era, Cambridge 1991; Sigrist, Hannes. Bürgerliche Berufe, Göttingen: Vandenhoeck & Ruprecht 1988.

31 Vgl. Hamar, Anna: Az agrárértelmiség kialakulása [Die Herausbildung der Agrarintelligenz], in: Agrártörténelmi Szemle 36 (1994), Nr. 1–4, S. 443–467. Hamar beurteilt die Chancen, dass die fachlich geschulten Wirtschaftsbeamten den Arbeitsmarkt dem Gesetz entsprechend hätten monopolisieren können, recht skeptisch.

32 Der Typ des agrarwissenschaftlich gebildeten, z.T. unternehmerisch tätigen Pächters oder Güterdirektoren konnte auch den Namen „Agrarintelligenz" tragen, vgl.: Müller, Hans-Heinrich: Pächter und Güterdirektoren. Zur Rolle agrarwissenschaftlicher Intelligenzgruppen in der ostelbischen Landwirtschaft im Kaiserreich, in: Reif, Heinz (Hg.): Ostelbische Agrargesellschaft im Kaiserreich und in der Weimarer Republik: Agrarkrise – junkerliche Interessenpolitik – Modernisierungsstrategien, Berlin: Akademie Verlag 1994, S. 267–286. Den Typ gab es auch in Ungarn. Doch das Unterscheidungsmerkmal bei diesem Typ ist eher der unternehmerische Zug, während der Terminus „Intelligenz" doch dem Sinn nach eher ideologisch verbunden ist.

Bedeutend mehr Stellen gab es im Ministerium, obwohl hier zumeist Juristen beschäftigt wurden. Eine besonders sichtbare Gruppe kombinierte die drei Bereiche, seltener in dem Sinne, dass man zwei Positionen zur gleichen Zeit innehatte, sondern eher so, dass man in unterschiedlichen Lebensabschnitten von einem Stellentyp zum anderen wechselte. Was allerdings in den meisten Karrieren fehlte, war eine formelle Anstellung oder eine informelle Klientelstellung bei einem Magnaten. Da es nur wenige solcher Menschen gab, die zudem zwischen den Positionen von hauptberuflichen Zeitungsbesitzern und –redakteuren, Ministerialbeamten sowie Vereinssekretären changierten, ist es schwierig, diese Menge statistisch oder tabellarisch zu erfassen. Diese gebildeten Herren der „Agrarintelligenz" gaben sich zwar als fachlich gebildet, ihr Ansehen und ihr Prestiges beruhte allerdings nicht nur darauf.

Sie haben ihre Fachkenntnisse in der Öffentlichkeit gezielt auf eine Art eingesetzt, welche die Bedeutung der „Fachlichkeit" erhöhte, indem sie die Fachfragen in einen anderen Bedeutungsrahmen stellten. Hier liegt ein Unterschied zu den Argumenten bzw. zu den zeitgenössisch üblichen Auftritten der Gruppen, die eine Strategie der Professionalisierung verfolgten, vor. Die Professionalisierung erforderte die Darstellung des Fachwissens als *arcanum*, Geheimwissen. Bei dieser „Agrarintelligenz" wurden die Kommentare und Vorschläge zu den Fachfragen zugleich als Hilfen zum Aufbau oder zur Verteidigung der Nation, also ideologisiert dargestellt. Oft wurden sie mit Warnungen vor den durch den expandierenden Weltmarkt und Kapitalismus hervorgerufenen Katastrophen verbunden. Manchmal ließen sich diese zwei Aspekte auch kombinieren. So stand fachliches Können im Dienst von etwas Höherem, das, wenn es auch nicht heiligt, so doch auszeichnet.

Ein kurzes Beispiel soll ein typisches Argument und die dahinter liegende Strategie veranschaulichen. Im Juli/August 1893 brachte das Blatt des Landes-Wirtschaftsvereins „Köztelek" dramatische Nachrichten über einen drohenden Futtermangel. Am 19. Juli berichtete Baross, der Vereinssekretär, dass schon die vierte Ministerratssitzung über ein eventuelles Exportverbot von Futter beriet, aber zu keinem Entschluss gekommen war. Der Grund des Zögerns wären die Privatinteressen von einem Dutzend Händlern, die das Elend des Volkes ausnutzend, vor der Ernte, wegen des erwarteten Preisanstiegs, um durch Vertiefung des Warenmangels bei den Termingeschäften Profite zu machen, die Heubestände aufkauften und folglich um ihren Gewinn bangten, falls ein Ausfuhrverbot erlassen würde. Die Regierung hätte Angst vor der Presse, welche die Regierung mit Stellungnahmen und Expertisen gegen ein Verbot von nicht genannten „vornehmen Wirten" überhäufte: „Die Adresse des Börsenrates, der seinen Beschluss im Interesse der verehrten Spekulanten formulierte, die Erklärungen der Handelskammer, zu denen ebenfalls dieselben Glücklichen die Eingebung gewährten, weiter ein paar Händler, deren Interessen durch die Ausfuhr gedient wird, sind die, die imstande sind, die öffentliche Meinung und Regierung zu beeinflussen und schon fast beschlossene Sachen umzuwenden – entgegen den Interessen der ganzen Nation."[33]

In der Sache hatte Baross Recht. Agrarminister Bethlen hatte im Ministerrat schon im Mai ein Ausfuhrverbot vorgeschlagen, das dann vom Handelsminister verhindert wurde. Tatsächlich sind Berichte in der Presse erschienen, die – um den Standpunkt des Handels-

---

33 A takarmánykivitel [Die Futterausfuhr], in: Köztelek, 19.7.1893, S. 92.

ministers zu untermauern – die drohende Knappheit als Bagatelle darstellten.[34] Dem dramatischen Auftakt folgte aber eine prosaische Fortsetzung. Das Ausfuhrverbot wurde schließlich erlassen, was aber kein Erfolg Bethlens war, sondern auf eine Initiative der österreichischen Regierung zurückging.[35] Das hielt aber Baross nicht davon ab, in seinem Blatt
wöchentlich Berichte von der „Futterfront" zu bringen, um den Wortschatz einer späteren
Zeit zu verwenden.[36] Allerdings ließen ihn die Zahlen im Stich. Wenn man nämlich seine
Angaben über Ernte und Ausfuhr miteinander vergleicht sowie die Angaben für das Jahr
1893 und für das Vorjahr, stellt sich heraus, dass der angeblich riesige, von Profitgier getriebene Ausverkauf der Futtermittel nur einen Bruchteil der insgesamt vorhanden Warenmenge ausmachte.[37] Die Gründe dafür nannte Baross selbst: Die Landwirte verkauften das
Futter gewöhnlich nicht, um ihre Eigenversorgung zu gewährleisten. Im Widerspruch dazu
behauptete Baross, dass die größeren, vorausschauenden Bauern zwar nicht verkaufen
würden, die kleineren Bauern aber doch, weil sie von den plötzlich angestiegenen Preisen
verführt würden.

Wenn man von der Ökonomie der Notlage ausgeht, können sich für den Landwirt in
einem Jahr des Futtermangels theoretisch auch die Futterausfuhr und die Reduktion des
Viehbestandes als gewinnbringend erweisen. Dies hängt letztlich von den Preisrelationen
ab. Interessant ist, dass Baross, dem das Treiben auf dem Weltmarkt als „Gaukler-Trick",
also etwa als Erzielung von großen Monopol-Profiten unter Zuhilfenahme von Täuschung
und Blendwerk, erschien, dieses Argument bekannt war.[38] Baross' Argumente resultierten
also nicht aus seiner Unwissenheit. Nein, es steckte mehr dahinter, wenn jemand unbegründet eine nationale Wirtschaftskatastrophe heraufbeschwörte, obwohl die Händler, von
anderen möglichen Unarten abgesehen, im Wesentlichen doch nicht das Vaterland, sondern
lediglich das Heu verkauften.

Auf eine ähnliche Weise betrachtete Baross die wirtschaftspolitische Debatte über die
zollfreie Einfuhr von Getreide für den sog. „Veredelungsverkehr" mit nationalpolitischer
Bedeutung.[39] Auch die Themen des Besitzminimums, der Ansiedlungspolitik und der Termingeschäfte an der Börse wurden immer wieder auf ähnliche Weise erörtert. Ich habe hier
allerdings mit Absicht den banalsten Fall ausgewählt. Damit soll gezeigt werden, dass die
diskursive Taktik, die Bedeutung von konkreten wirtschaftspolitischen Alternativen zu
überhöhen, nicht nur bei den „großen" Fragen, in deren Hintergrund – wie im Falle der Ge-

---

34 Lakos, Ministerrratsprotokolle 2, Anm. 31, Sitzung 18.7.1893, S. 892, und die Anm. an S. 893.
35 Ebd.; vgl. Anon.: Takarmánykiviteli tilalom. [Ausfuhrverbot für Futter], in: Köztelek 22.7.1893,
    S. 101–102.
36 Anon.: A takarmánytermés [Die Futterernte], in: Köztelek 22.7.1893, S. 103.
37 Ebd. Baross meinte, korrekt, dass es 1891 96 mill q, 1892 87 mill q Rauhfutter gab, für 1893 setzte er
    die Menge 25–50 Prozent niedriger an. Die schon durchgeführte Ausfuhr im ersten Halbjahr von 1893
    gab er mit 180.000 q an, die doppelte Menge, wie in der ersten Hälfte vom Vorjahr, 1892. In den ersten
    10 Julitagen gab es noch einmal 120.000 q Export. Wenn Baross Recht hatte, und die Ernte um ein
    Drittel geringer ausfiel als im Vorjahr, betrüge die Ausfuhr immer noch lediglich fünf Prozent der
    Ernte. Freilich, der größere – aber unbekannte – Teil der Ernte erreichte die Märkte nicht, sondern ging
    in den Eigenverbrauch. Daher hätte die nämliche Menge der Ausfuhr tatsächlich erheblich größere
    Preisschwankungen hervorrufen können. Dagegen spricht, dass Baross den tatsächlichen Ausfall weit
    überschätzte. In Wirklichkeit gab es im Vergleich zum Vorjahr etwa zwölf Prozent weniger Rauhfutter.
38 Ebd., S. 102.
39 Baross, Károly: Vámügyek [Zollsachen], in: Verhandlungen, Anm. 28, Bd. 4, S. 82–160.

nossenschaften – unterschiedliche gesellschaftliche Alternative standen, zu finden war. Es war, wie ein halbes Jahrhundert zuvor im Vormärz, wieder möglich, von recht partikularen Fragen ausgehend Ansichten zu formulieren, die weit über das konkrete Problem hinaus auf den „Horror" des kapitalistischen Systems hinwiesen.

Die Fachintelligenz passte in dieses Konzept und ihr passte das Konzept hervorragend. Diese sakralisierte Anwendung von Fachlichkeit verschaffte ihr eine doppelte Geltung: Die „richtigen" Fachleute halfen bei der Lösung der konkreten Fragen und nebenbei bauten sie eine bessere Gesellschaft und ein starkes Vaterland auf. Wollte man also das Problem der besseren Gesellschaft oder des stärkeren Vaterlandes anpacken, konnte man dies nicht ideologisch-künstlerisch oder gar mit gesundem Menschenverstand tun, sondern nur „fachmännisch". Die Fachintelligenz maß sich gesellschaftliche Kompetenz zu. Dies musste auf die Elite dieser Gruppen, also genau auf jene, die wir eingangs als ein Konglomerat von Vereinsangestellten, Ministerialbeamten und Redakteuren von Fachzeitschriften beschrieben, eine ziemlich große Anziehung haben.

Das wurde aber auch im Ministerium bemerkt. Es fällt auf, dass der nüchterne, ideologisch eher farblose Landwirtschaftsminister Bethlen eine ganze Reihe von Maßnahmen ergriff, die einerseits an sich Sinn machten, andererseits genau in der oben beschriebenen Weise eine Grundlage des fachmännischen Vaterlandaufbaus werden konnten. Viel wurde für die Entwicklung und den Schutz der Viehzucht unternommen. Eine auf „Viehzucht gegründete Landwirtschaft" sollte durch den Ausbau des Veterinärwesens, durch die Einführung der Budapester internationalen Schafsmessen, der Wollauktionen und durch das oben erwähnte Futterausfuhrverbot in der Dürre von 1893 sowie durch die planmäßige Einfuhr von Zuchttieren entstehen. Genauso komplexe Fachfragen und kostspielige politische Entscheidungen stellten die Arbeiten zur Regulierung der Flüsse Theiß und Raab dar. Die Flussregulierung galt schon seit dem Vormärz als ein patriotisches Unterfangen. In Bethlens Amtszeit fielen allerdings die Durchführung der schwierigsten, nach mehreren Anläufen immer noch nicht abgeschlossenen Projekte und die arge Verschuldung der Regulierungsgesellschaften. Diese Lage schien auch hier die Kombination von Fachwissen und patriotischem Eifer hervorzurufen. Weil die technisch-wirtschaftliche Problematik so diffizil war, konnte der Einsatz von Fachwissen auch hier leicht ideologisiert und sakralisiert werden.

Bethlen gestaltete den öffentlichen Diskurs über Wirtschaftspolitik um. Mit seinem Versuch, statistische Aufnahmen anfertigen zu lassen und diese zu Grundlagen seiner Entscheidungen zu machen, sowie mit der von ihm gestarteten jährlichen Reihe von Berichten über die Tätigkeit des Ministeriums, füllte sich die Politik mit Fachwissen.[40] Die Aktionen von Bethlen riefen bei der Oberschicht der Agrarintelligenz Erwartungen hervor, also genau bei denjenigen, die den Stab des Landes-Wirtschaftsvereins, des Ministeriums und die Redaktion der Agrarzeitschriften stellten. Die Erwartung einer fachlich fundierten staat-

---

40 Vgl.: A földmivelésügyi magyar kir. ministernek 1890. évi működéséről a törvényhozás elé terjesztett jelentése. Budapest 1892; A földmivelésügyi magyar kir. ministernek 1892. évi működéséről a törvényhozás elé terjesztett jelentése [Bericht des kgl. ungarischen Landwirtschaftsministers für den Landtag über seine Tätigkeit im Jahre 1892], Budapest 1893.

lichen Verwaltung der Landwirtschaft anstelle der traditionellen Juristerei knüpfte ausdrücklich an die Hoffnung an, dass die Stellen im Ministerium anders vergeben werden.[41]

Nun, die konkreten Vorteile sind nicht gering zu schätzen. Schon bei dem „Putsch" von 1894 im Landes-Wirtschaftsverein fielen neben den Wirtschaftsbeamten im engeren Sinne auch die Angehörigen der „Agrarintelligenz" auf. Zuerst waren sie als Förderer der Zeitschrift von Gothárd zu sehen. Dann schien der Hilfsverein der Wirtschaftsbeamten den Landes-Wirtschaftsverein zu bekämpfen und die „Reformpartei" zu unterstützen. Schließlich schwenkten sie doch um und erschienen spätestens ab dem Landwirtekongress von 1895 als die zahlreichste Schar von Befürwortern der Ideen der agrarischen Magnaten, der Károlyi-Dessewffy-Gruppe. Im Jahre 1900 bekamen sie das Qualifikationsgesetz, das Bethlen Anfang 1894 noch nicht durch das Oberhaus bringen konnte. Sein Nachfolger Darányi setzte alle Projekte und Maßnahmen von Bethlen fort, aus denen Stellen und Aufträge für diese Schicht resultierten. Darányi organisierte angeblich eine geheime Presseabteilung, um die Medien in seinem Sinne zu beeinflussen. Der von 1906 bis 1909 vom Ministerium aktiv gesteuerte Diskurs richtete sich auf die zentralen Themen, die den Anspruch auf Gesellschaftsumbau durch Fachkenntnisse geradezu verkörperten: Es ging um Ansiedlung, Landwirtschaftskammer und Börsenreform.[42]

Stellenweise geschah dies wohl auch bewusst in der Hoffnung auf Publizität und Popularität, wie die Versuche von Darányi, ein neues Ansiedlungsgesetz verabschieden zu lassen. Als „do ut des" kann dieses Angebot der Politik an die Agrarintelligenz jedoch nicht verstanden werden. Das oben nachgezeichnete Ineinandergreifen von Fachkönnen und ideologischer Überhöhung ist keine punktuelle, sondern eine umfassende Eigenart des Denkens, Diskurses und Verhaltens der „Agrarintelligenz". So etwas wird nicht wegen eines einmaligen Tauschhandels erarbeitet. Vielmehr entwickelte diese Kombination eine ungeheure Anziehungskraft auf die „Agrarintelligenz", die sie als dauerhaften Bestandteil ihrer Rolle integrierte. Die Professionalisierung konnte vielleicht Prestige und Einkommen gewähren. Die ideologisierte „Agrarintelligenz" erreichte noch mehr. In einer partiell integrierten Gesellschaft, in der durch die postulierte volle Rechtsgleichheit eine aus „Höheren" und „Niedrigeren" bestehende ältere gesellschaftliche Struktur durchschimmerte, konnten sie selber Herren werden. Von den bekanntesten Vertretern dieser Gruppe kamen die meisten entweder aus kleinadeligen Familien mit unbedeutendem Besitz und mit mehreren Kindern, also von sozialem Abstieg bedrohten Familien, oder sie waren nicht-adelige Wirtschaftbeamte und Anwälte ganz ohne Vermögen.[43] Sie sind aber nach

41 Baross, Károly: A földmivelési minisztérium jelentése az 1890-ik évről [Der Bericht des Landwirtschaftsministeriums von 1892], in: Köztelek, 6.8.1892, S. 1259–1261, hier S. 1260, über die Notwendigkeit der Ablösung der Juristen durch Landwirte im Ministerium. Über den Ausbau der landwirtschaftlichen Verwaltung s. Takács, Imre: Magyarország földmüvelésügyi közigazgatása az Osztrák-Magyar Monarchia korában 1867–1918 [Die landwirtschaftliche Verwaltung Ungarns in der Epoche der Österreichisch-Ungarischen Monarchie 1867–1918], Budapest: Mezőgazdasági Kiadó 1989.

42 Über die Presseabteilung von Darányi berichtet Ferenc Kossuth in seinem Brief an seinem Bruder 9.2.1909, zitiert in: Dolmányos, István: A koalíció az 1905–1906. évi kormányzati válság idején [Die Koalition während der Regierungskrise von 1905–1906], Budapest, Akadémiai K. 1976, S. 303; Anm. 154.

43 1. Gruppe: Sándor Bujanovics, Gyula und Géza Forster, Endre György; Jenő Rodiczky, Gyula Rubinek, Zoltán Szilassy, 2. Gruppe: István Bernát, Ignác Darányi.

einer Karriere von drei bis vier Jahrzehnten zu Grundbesitz, Vermögen und politischem Einfluss gelangt. Bis auf eine Ausnahme kombinierten sie publizistische Tätigkeit mit Vereinsposten und Karriereabschnitten im Ministerium. Durch die vereinigte Wirkung von Diskurssteuerung und Positionen in den politischen, ministeriellen oder Vereinshierarchien erreichten diese Herren ihre Höherbewertung. Dadurch, dass sie auf solchen Wegen Herren, zumindest angesehene Mitglieder der „historischen Mittelklasse" wurden, bekräftigten sie ihrerseits ein Modell der nur unvollkommen integrierten bürgerlichen Gesellschaft, gebaut aus „Herren" und „Plebejern".

Man sieht auch den Preis, der für diese Entwicklung bezahlt werden musste. Darányi ließ immer häufiger (1900, 1902, 1906, 1907, 1909) Landwirtekongresse tagen. Beim Kongress im Jahre 1909 berieten 1.057 Landwirte drei Tage lang in zwölf Ausschüssen.[44] Von der durch die Vorteile der Regierungsposition gestärkten Versammlung erhoffte man wesentliche Erneuerungsimpulse für die Agrarwirtschaft. In den 40 Beschlüssen kamen aber fast nur partikular-technologische Aspekte und die Verteidigung von unmittelbaren Wirtschaftsinteressen zum Vorschein. Es gab nur zwei bis drei breitere Themen: Das Besitzminimum, die Börsenreform und das Verbot der Termingeschäfte sowie die mögliche Kontrolle und Drosselung der Auswanderung. Gerade diese Probleme waren aber entweder regelungsuntauglich (wie z. B. die bäuerlichen Erbsysteme) oder lagen schlicht außerhalb der Wirkungsmöglichkeiten der landwirtschaftlichen Organisationen, ja selbst der Regierung (z. B. das Problem der Auswanderung). Zwischen den Ebenen der partikularen Probleme wie Viehseuchen und der Bierbrauerei einerseits und der des Weltwirtschaftsgefüges (Auswanderung) andererseits fehlte die mittlere Ebene. Dies wäre genau die Ebene der Agrarwirtschaft und –gesellschaft, auf der der gesellschaftliche Umbau durch die Gründung der Genossenschaften schon in Angriff genommen wurde. Von der Herrlichkeit des Fachwissens geblendet, verlor der Wagen der „Agrarintelligenz" vollends die Bodenhaftung und rutschte in den Graben der Irrelevanz ab.

Die Gestalt des Aristokraten an der Spitze von gesellschaftlich-politischen Bewegungen – Eintritt in die Moderne?

Unsere Geschichte, die Entfaltung einer spezifischen Teilöffentlichkeit war immer von der Entwicklung der Aristokratie mitbestimmt. Die Wandlungen der sozialen Rollen der Aristokraten drückten ihr ihren Stempel auf. Am Anfang unserer Geschichte erschienen Graf István Széchenyi und seine Generation im Wesentlichen als Gegenstück zu den *whig aristocrats* von England. In den Jahren des Neoabsolutismuses standen die konservativen Magnaten im Vordergrund. In den Jahrzehnten der Agrarkonjunktur wurden aus einem Teil der Magnaten kapitalistische Agrarproduzenten. In den beiden letzten Jahrzehnten des 19. und im ersten Jahrzehnt des 20. Jahrhunderts betrachtet man ein Gruppenbild von Magnaten, die wirtschaftliche Institutionen ins Leben riefen, gesellschaftliche Bewegungen organisierten und zugleich politischen Einfluss anstrebten, um diese Bewegungen und

---

44 Az Országos Magyar Gazdasági Egyesület 1910–11. évi évkönyve [Jahrbuch des Ungarischen Landes-Wirtschaftsvereins für das Jahr 1910–1911], Budapest: Pátria 1911, S. 16–20.

Institutionen zu schützen und zu fördern. Es soll betont werden, dass dieses eines unter mehreren Bildern ist. Selbst die öffentlich tätige Aristokratie fächert sich um diese Zeit auf.

Doch gab es überhaupt etwas spezifisch Aristokratisches an diesem Verhalten der agrarischen Magnaten, und wenn ja, dann was?

Ich denke ja. Dies kann mit dem Festhalten an einem schon mehrfach erwähnten Führungsanspruch erklärt werden. Dieser Führungsanspruch bedeutet hier nicht einfach irgendeinen Sieg in einem gesellschaftlichen Wettbewerb um mehr Ansehen. Er beinhaltet die Bereitschaft, mehr Verantwortung zu übernehmen, persönlich uneigennützig, jedoch die gesellschaftliche Ordnung schützend zu handeln – im Sinne des oben zitierten zeitgenössischen Soziologen, Geiza Farkas.[45]

Doch was wir beobachten können, sind maximal vier bis sechs Personen, für die ich diese Rollenbeschreibung passend finden würde. Besteht hier die Gefahr, dass man aus statistisch verschwindend geringen Personenmengen auf Biegen und Brechen soziale Typen konstruiert? Im Falle anderer sozialer Gruppen wäre dies gegeben, jedoch nicht beim Adel und bei der hier vorliegenden Fragestellung. Schon Simmel meinte, dass das Verhältnis zwischen dem Einzelnen und der Gruppe beim Adel anders beschaffen ist als bei anderen Gruppen. Adel als Gruppe konstituiert sich durch die Teilhabe an bestimmten Idealvorstellungen und an den Taten und Leistungen von Personen, die diese Ideale in besonderem Maße verkörpern: „Das Individuum wird hier nicht nur in eine Einheit vor ihm, neben ihm und nach ihm seiender Individuen aufgenommen, die nach einer sonst nirgends wirksamen Formel miteinander verbunden sind, sondern das Spezifische ist: daß gerade das Beste und Wertvollste dieser ganzen Reihe jedem einzelnen Mitglied zugute kommt." Bei anderen Gruppen ist es anders, man sieht hier, „...dass das Gesamtniveau einer Gruppe, der Wert des wirklich allen Gemeinsamen, sehr nahe am Niveau des Tiefststehenden in ihr liegt; denn es kann in der Regel der Hohe zum Niederen heruntersteigen, aber nicht der Niedere zum Hohen hinauf; was ihnen also gemeinsam sein soll, wird im ganzen der Besitz des Tieferen sein... Beim Adel nun ist die Voraussetzung die umgekehrte. Jede Persönlichkeit einer Adelsgruppe (sei dies im engeren Sinne die adlige Familie, sei es im weiteren der Adel eines Landes oder einer Epoche) hat in ihrem Werte teil an dem Glanz, den gerade die hervorragendsten Mitglieder dieser Gruppe erworben haben..."[46]

In der Weiterführung des Arguments von Simmel kann man den herausragenden individuellen Leistungen von Adeligen eine Definitionskraft für die ganze Gruppe beimessen. Daher darf man individuelle Dienste und Verdienste von der Károlyi-Dessewffy-Gruppe nicht nur als partikulare Begebenheiten betrachten, sondern als etwas, was als Signum eines ganzen politisch tätigen, jedoch parteiübergreifend orientierten Segments der aristokratischen Öffentlichkeit gelten darf.[47] Bei diesen politischen Grafen, bei Károlyi,

---

45 Vgl. Anm. 7.
46 Simmel, Georg: Zur Soziologie des Adels. Fragmente aus einer Formenlehre der Gesellschaft, in: Ders.: Aufsätze und Abhandlungen 1901–1908, Frankfurt/M.: Suhrkamp 1993, Bd. II, S. 324–334, Zitat S. 326–327.
47 Hier wird das über den Adel formulierte Argument von Simmel auf die ungarische Aristokratie übertragen. Da aber der Sinn der konsequenten Differenzierung zwischen Adel und Aristokratie im ungarischem Kontext in ihrem politischen Gegensatz liegt, doch dieser Gegensatz im deutschen und westeuropäischen Kontext weit weniger kennzeichnend ist, halte ich es für zulässig.

Aurél Dessewffy, Imre Széchényi, Ede Pallavicini, József Mailáth war die eine, die aktive öffentliche Rolle mindestens genauso wichtig wie das andere Merkmal der erheblichen Distanz zur Parteipolitik. Das wird auch durch die Vorliebe für Foren der Öffentlichkeit jenseits der parteipolitischen Szene und auch durch den mehrmaligen Wechsel dieser Herren zwischen der Opposition und der Seite der Regierung gezeigt. Das geschah nicht aus einem zynischen Streben nach materiellen Vorteilen, die nicht einem von den Herren dieser Gruppe gewährt wurden. Vielmehr wurde eine Abkopplung von der Tagespolitik bewusst betrieben und auch zur Schau gestellt. Der Anspruch auf moralische Überlegenheit wurde in der Korrespondenz von Károlyi oft gerade dadurch gerechtfertigt, dass er bei seinen Aktionen keiner politischen Partei geholfen, sondern gesellschaftlichen Bedürfnissen gedient habe.[48] Diese Uneigennützigkeit war auch zeitgenössisch weit bekannt und anerkannt.

Uneigennützigkeit und das gesellschaftliche Interesse kennzeichneten allerdings eine ganze Palette von Initiativen und Herren um diese Zeit. Der Freund von Graf Imre Széchényi, der Schriftsteller Zsigmond Justh, aus altem begütertem Adel Oberungarns, gründete mit Unterstützung und unter Schirmherrschaft von Széchényi 1883 einen Gesellschaftskreis, aus dem bald eine Debating Society nach englischem Muster wurde.[49] Hier versammelten sich über vierzig junge Männer, sowohl aus aristokratischen wie auch aus alten begüterten adeligen Familien, die eine ernsthaftere Selbstbildung anstrebten. Bei jeder Sitzung wurde debattiert oder eine Lesung durchgeführt, meist aus den Werken der Klassiker, manchmal auch aus eigenen Werken. Erstaunlich viele Zusammenkünfte waren aktuellen politischen oder gesellschaftlichen Themen gewidmet, von der Pressefreiheit über die Bergbahnen und über die Soziale Frage bis hin zur Staatsverschuldung wegen der großen Weltausstellungen und zu der Frage der Mischehen.[50] Nach zwei Jahren ging das Experiment zwar zu Ende, doch die aristokratischen Salons und die Casinos und Clubs boten einer bildungswilligen adelig-aristokratischen Schicht weiterhin eine intellektuelle Heimat. Es scheint, dass es eine solche vornehme Jugend mit wissenschaftlichem bzw. künstlerischem Interesse weiterhin gab und, dass sie sich weiterhin mit den entsprechenden nicht-adeligen gesellschaftlichen Kreisen vermischte.

Zwar hatten Kunst und Wissenschaft spürbar mehr Anziehungskraft als die Rolle, in die die agrarischen Magnaten schlüpften. Doch die oben durchgeführte kurze Auflistung des

---

48 Diese moralisierende Politikverdrossenheit einerseits, die ernsthafte Beschäftigung mit der Sozialen Frage und die Hinwendung zu den gesellschaftlichen Reformbewegungen und zum Vereinswesen andererseits ist eine Einstellung, die in Deuschland für einen bestimmten Typ des Intellektuellen charakteristisch sein soll. Vgl. Lenger, Friedrich: Die Abkehr der Gebildeten von der Politik. Werner Sombart und der „Morgen", in: Hübinger, Gangolf/Mommsen, Wolfgang J. (Hg.): Intellektuelle im deutschen Kaiserreich, Frankfurt a. M.: Fischer Verlag 1993, S. 62–77. Allerdings gab es diese Disposition auch in Ungarn bei unterschiedlichen Kreisen der Intellektuellen, so u.a. bei Vertretern der Agrarintelligenz (István Bernát, Andor Löcherer, Barna Buday). Frappierend ist aber die Ähnlichkeit des Attitüds mit der agrarischen Magnatengruppe.

49 Vgl. über Justh die einführenden Studien von Gábor Halász, in: Justh, Anm. 24, S. 7–23, S. 288–299; ferner Finn, Viola: Zsigmond Justh: In Search of a New Nobility, in: Péter, László – Pynsent, Robert B. (Hg.): Intellectuals and the Future in the Habsburg Monarchy 1890–1914, Basingstoke – London: Macmillan 1988, S. 127–151.

50 S. die Protokolle der Debating Society aus den Jahren 1883–84, Ungarische Nationalbibliothek, Handschriftenabteilung, Quart. Hung. 2702.

Bildungsgrades der aristokratischen Abgeordneten hat schon gezeigt, dass es auch eine Anzahl unter ihnen gab, die eine technische oder landwirtschaftliche Fachausbildung erhielten.
Bei den agrarischen Magnaten ging es jedoch um mehr als gesellschaftlich-politische Akti-
vität und nicht nur um Bildung oder um Wissenschaft als solche. Bei Károlyi vor allem,
aber auch bei den Grafen Dessewffy, Széchényi, Pallavicini und Mailáth gab es ein kenn-
zeichnendes gesellschaftliches Interesse, eine Gesamtschau des gesellschaftlich-wirtschaft-
lichen Gefüges. Dieser Kreis hatte auch eine gewisse volkswirtschaftliche Belesenheit und
dachte in längeren Epochen und Zyklen. Jedoch versuchte die Gruppe der Agrarier nicht,
sich auf den eigenen Einfluss und auf eigenes Vermögen zu stützen oder auf die Wirksamkeit wissenschaftlicher Argumente zu vertrauen, um die ganze Gesellschaft zu steuern.
Dazu waren sie allesamt, allen voran Károlyi, viel zu pessimistisch. Die ganze Laufbahn
von Károlyi war ein Versuch, Ideale zu vertreten, ohne dabei den historischen Ge-
zeitenwechsel anachronistischerweise aufhalten zu wollen.

Abbildung 15: Hochzeitsszene, gespielt von Magnaten in „Matyó" Volkstracht auf dem Opernball im
Jahre 1911.
Quelle: Museum f. Volkskunde, Budapest, Fotosammlung

Aus ihrer relativen Offenheit, aber auch aus dem Bewusstsein ihrer begrenzten Kräfte
und der Komplexität der modernen Wirtschaftsentwicklung stammte auch die beständige
Bereitschaft dieser Gruppe, mit den Professionalisten, aber auch mit der „Fachintelligenz"
zusammen zu arbeiten. Diese relative Offenheit der Aristokraten gewährte der Fachintelligenz bestimmt eine Aufstiegsmöglichkeit. Zugleich geraten durch diese Zusammenarbeit

die Aristokraten selbst in Kontakt mit Personen, die weit außerhalb ihrer gewohnten Kreise standen. Diese Kooperationen führten zu gesellschaftlichen Austauschmodalitäten, wodurch sie ihre Partner anerkennen, ja sogar achten mussten. Man darf dies nicht missverstehen: Die Aristokraten, wieder einmal allen voran Károlyi selbst, waren äußerst unangenehme Brotherren und Auftraggeber. Davon zeugen – meist nur in Anspielungen, manchmal auch offen ausgesprochen – sämtliche Erinnerungen der ehemaligen Mitarbeiter. Doch dieselben Aristokraten wussten um die Bedeutung der Mitarbeiter und machten sich Gedanken darüber, wer für welche Aufgabe bzw. für welchen Posten geeignet wäre und ließen ihre Mitarbeiter auch selbständig gewähren. Innerhalb diesem, im Grunde paternalistischen Verhältnis kämpften sich die unterschiedlichen Mitarbeiter mit bemerkenswertem Erfolg empor, sowohl was ihr Ansehen, ihre Anrede usw. als auch ihre Belohnung und nicht zuletzt ihre Autonomie bei der Erledigung ihrer Aufgaben betraf.

Während dieser Kooperation gerieten auch die Auftraggeber und Brotherren ihren Mitarbeitern näher als je zuvor. Diese Feststellung gilt aber nicht nur für den Kreis der Mitarbeiter, sondern auch darüber hinaus. Weil man keinen Parteiklüngel, sondern eine Bewegung zur Gründung von Kredit- und Konsumgenossenschaften organisierte, reichte es bei weitem nicht aus, das Wohlwollen des Ministeriums zu sichern. Man hatte, wie oben gezeigt, mit Hunderten von Angehörigen der Lokaleliten in Kontakt zu sein. Genau diese partielle Vergesellschaftung der agrarischen Aristokratie ermöglichte es ihr also, an ihrem früheren Führungsanspruch festzuhalten. Die alten liberalen Kampf- und Schimpfwörter in Bezug auf die Aristokratie hießen doch Abschottung und Parasitendasein – nun, um die Jahrhundertwende waren sie auf diese Gruppe nicht mehr anwendbar.

Diese erfolgreiche Modifikation der sozialen Rolle der agrarischen Magnaten sowie die Erweiterung ihres Umganges bzw. des Kreises ihrer Helfer, Partner und Mitarbeiter waren es, die halfen, ihren gesellschaftlichen Geltungsanspruch aufrecht zu erhalten. Dieses Festhalten konservierte eines der wesentlichsten Strukturmerkmale einer vormodernen Gesellschaft. So kann die in dem Kapiteltitel gestellte Frage, ob die Praxis der agrarischen Magnaten eine „moderne" oder eine eher „traditionelle", aus der Vergangenheit übrig gebliebene Erscheinung war, gar nicht entschieden werden.[51] Wenn aber diese Frage nicht entschieden werden kann, welche Ergebnisse liefert dann die hier vorgenommene Zusammenschau von Wandlungen sozialer Rollen, von Interessen, von ideologischen und wissenschaftlichen Ansätzen sowie von langfristigen wirtschaftlichen Entwicklungen?

Weitet man den Blick, um die ganze ungarische Gesellschaft zu erfassen, dann sieht man mehr als das Miteinander von Herren und Landwirten. Man sieht einen liberalen Rechtsstaat, einen Entwurf der gesellschaftlichen Integration, der zwar von keiner kräftigen konservativen Bewegung hinterfragt wird, in dem aber maßgebende gesellschaftliche Schichten weiterhin der Vorstellung nachhingen, dass es qualitativ unterschiedliche Teile einer Gesellschaft, also Höhere und Niedrigere, geben soll. Das erste sollte also ein realistischeres Bild einer in Fluss geratenen, sich erneuern wollenden, doch mit ihren traditionellen Strukturen behafteten Gesellschaft sein. Ob dies gelungen ist, entscheidet der

---

51 Den Hintergrund dieser Überlegungen bildet die Frage über die Beharrungskraft des Adels bzw. der Aristokratie, vgl. die Werke von Reif, Matzerath und Marburg, Anm. 32, 34, 35. Für einen Überblick s. Faber, Karl-Georg: Mitteleuropäischer Adel im Wandel der Neuzeit, in: Geschichte und Gesellschaft, 7 (1981), S. 276–296.

Leser – allerdings erst durch Vergleiche mit den anderen, sich auf die ungarische Entwicklung beziehenden historischen Analysen. Aber warum soll sich der deutsche Leser mit diesen Besonderheiten abmühen? De tue fabula narratur! Der Autor hofft zumindest, nicht nur einen Beitrag zur ungarischen Geschichte geliefert zu haben, sondern auch etwas zum äußerst kniffligen Problem der Transformation der alteuropäischen, ständischen Gesellschaften zu modernen Klassengesellschaften mitsamt der politischen Umstrukturierung beizusteuern. Dem Zweck dienen auch die hier wiederholt unternommenen Versuche, die Entwicklungen auf einer mittleren Ebene nachzuzeichnen und dafür nicht ganz so hoch aggregierte, abstrakte Begriffe und Betrachtungspunkte zu wählen. Daher war mir diese „Besonderheit", die das Rurale, das Aristokratische wie auch das Ungarische an den hier erzählten Geschichten involviert, eigentlich ein willkommener Anlass. Bei diesem Anlass kann man auch den deutschen Lesern vielleicht Elemente und Instrumente auf dieser halbaggregierten Ebene der Geschichtserzählung bieten, mit denen sich vielleicht auch die vergleichbare Transformation der deutschen und vielleicht auch anderen mitteleuropäischen Gesellschaften anders erzählen lässt. Denn wenn es ein nachhaltiges, problematisches wie auch begeisterndes, in unterschiedlichsten Variationen doch gemeinsame Erbe der europäischen Geschichte gibt, dann ist es die Geschichte dieser Transformation.

Quellen- und Literaturverzeichnis

Archivalische Quellen

Magyar Országos Levéltár, [Ungarisches Nationalarchiv] (im Folgenden: MOL)

MOL D 2. Abszolutizmuskori levéltár – Belügyminisztérium [Archiv der absolutistischen Periode – Innenministerium], „Akten Ungarn und Woiwodina" /IV. Belpolitika [Innenpolitik].

MOL D 2. Abszolutizmuskori levéltár – Belügyminisztérium [Archiv der absolutistischen Periode – Innenministerium], „Akten Ungarn und Woiwodina" /V. Gazdaság [Wirtschaft].

MOL P 389. Gr. Károlyi cs. levéltára. gr. Károlyi Sándor iratai c., d., g., h., p. s. [Archiv der gräflichen Károlyi Familie. Akten von Graf Sándor Károlyi].

MOL P 398. Gr. Károlyi cs. levéltára. Missiles [Archiv der gräflichen Károlyi Familie].

MOL P 414. Gr. Károlyi cs. levéltára. Gr. Károlyi György iratai b. gr. Károlyi Györgyre vonatkozó iratok gyűjteményei, c. Hivatali stb. tisztségeivel kapcsolatos iratok [Archiv der gräflichen Károlyi Familie. Akten von Graf György Károlyi, b. Auf ihn bezugnehmende Akten, c. Akten in Zusammenhang mit seinen Ämtern].

MOL P 415. Gr. Károlyi cs. levéltára. Gr. Károlyi Lajos iratai [Archiv der gräflichen Károlyi Familie. Akten von Graf Lajos Károlyi].

MOL P 623. Gr. Széchényi cs. levéltára. VII. k. 15. cs. Széchényi Pál gr. iratai [Archiv der gräflichen Széchényi Familie. VII. k. 15. cs. Akten von Graf Pál Széchényi].

MOL P 623. Gr. Széchényi cs. levéltára. VII. k. 14. cs. gr. Széchényi Imre iratai [Archiv der gräflichen Széchényi Familie. VII. k. 15. cs. Akten von Graf Imre Széchényi].

MOL P 623. Gr. Széchényi cs. levéltára. VII. k. 18. cs. gr. Széchényi Imrének írt levelek [Archiv der gräflichen Széchényi Familie. VII. k. 18. cs. Briefe an Imre Széchényi].

MOL P 1508. Károlyi cs. ltára. Nyomtatványok [Archiv der gräflichen Károlyi Familie. Drucksachen].

MOL P 2023. Czakó Elemér iratai [Akten von Elemér Czakó].

MOL R 63. Havas József iratai [Akten von József Havas].

Pestmegyei Levéltár [Archiv des Komitates Pest]

X. 111, b. 1. Pestmegyei Állattenyésztő Társulat iktatott iratai [Regstrierte Akten des Tierzuchtvereins im Komitat Pest].

X. 111. a. Pestmegyei gazdasági egyesület iratai [Akten des Wirtschaftsvereins des Komitats Pest].

Országos Széchényi Könyvtár Kézirattára
[Handschriftenabteilung der Széchényi-Nationalbibliothek]

Adatgyűjtés Csengery Antal hagyatékából. Az országos Magyar Gazdasági Egyesület f.é. [1862] május 26-kán tartott igazgató választmányi ülésének jegyzőkönyve. Fol. Hung. 1664. [Hinterlassenschaft von Antal Csengery. Protokoll der Ausschusssitzung des Landes-Wirtschaftsvereins am 26. Mai des Jahres {1862}].

A Debating Society jegyzőkönyvei Quart. Hung. 2702 [Protokolle der Debating Society aus den Jahren 1883–84].

Magyart Tudományos Akadémia Kézirattára [Handschriftenabteilung der Széchényi-Bibliothek der ungarischen Akademie der Wissenschaften]

Korizmics László naplója 1853–1858. MS 662 [Tagebuch von László Korizmics].

Gedruckte Quellen

Parlamentsprotokolle

Főrendiházi napló 1878–81 [Stenographische Berichte des Oberhauses 1878–81].

Képviselőházi napló 1865–68 [Stenographische Berichte des Abgeordnetenhauses 1865–68], Budapest.

Képviselőházi napló [Stenographische Berichte des Abgeordnetenhauses 1878–81], Budapest.

Képviselőházi napló 1881–84 [Stenographische Berichte des Abgeordnetenhauses 1881–84], Budapest.

Képviselőházi napló 1884–87 [Stenographische Berichte des Abgeordnetenhauses 1884–87], Budapest.

Képviselőházi napló 1887–92 [Stenographische Berichte des Abgeordnetenhauses 1887–92], Budapest.

Képviselőházi napló 1892–97 [Stenographische Berichte des Abgeordnetenhauses 1892–97], Budapest.

(Stenographische Berichte des Abgeordnetenhauses wurden mit der Abkürzung „KN", mit der Sitzungsperiode bzw. der Nummer der Sitzung und mit dem Datum zitiert.)

Zeitgenössische Presse und Fachzeitschriften

Budapesti Szemle 1879–1910.

Falusi Gazda 1858–1859.

Gazdasági lapok1849–1863 – abgekürzt als GL.

Hazánk 1894–1895.

Közgazdasági Szemle 1894–1910.

Köztelek 1891–1898.

Magyar Gazda 1841–1848 – abgekürzt als MG.

Magyar Gazdák Lapja 1894.

Magyar Gazdák Szemléje 1896–1910.

Magyar Sajtó 1856.

Magyar Föld 1879–1883.

Nemzetgazdasági Szemle 1877–1892.

Pester Lloyd 1890–1910 – abgekürzt als PL.

Zeitgenössische Lexika und Nachschlagewerke

Encyclopaedia Brittannica, 1926: 13. Ausg., London – New York, Bde. I-XXVI.

Közgazdasági Enciklopédia [Enzyklopaedie der Nationalökonomie], Bde I-IV, Budapest: Athenaeum s. t. 1929.

Magyar Compass. Pénzügyi évkönyv [Ungarischer Compass. Finanzielles Jarhrbuch], Jg. XXIII-XXIV, Budapest: Ifj. Nagel Ottó biz. 1896–97.

Neues Konversations–Lexikon, von Hermann J. Meyer, Neuabdruck d. 2. Aufl. (1867), Hildburgshausen: Bibliographisches Institut 1870.

Pallas nagy lexikona, A [Das große Lexikon von Pallas], Bde I-XVI, Budapest: Pallas 1893–97.

Rotteck, Carl von/Welcker, Carl (Hg.): Das Staatslexikon, Bde I-XII., 2. Ausg., Altona 1845–48.

Sturm, Albert (Hg.): Új országgyűlési almanach 1887–1892 [Neues Almanach des Landtages], Budapest: Ifj.Nagel Ottó bizom 1891.

Sturm, Albert (Hg.): Országgyűlési Almanach [Almanach des Landtages], 1896–1901, Budapest: Pesti Lloyd-Társulat 1897.

Sturm, Albert. Országgyülési almanach [Almanach des Landtages], 1901–1906, Budapest: „Budapesti Tudosító" 1901.

Sturm-féle országgyülési almanach 1905–1910, hg. von dr. Fabró, Henrik und dr. Ujlaki, József, Budapest: Verlag der Herausgeber 1905.

Szinnyei, József: Magyar írók élete és munkái [Leben und Werke ungarischer Schriftsteller], Bde. 1–14, Budapest: Hornyánszky Viktor 1890–1914.

Társadalmi Lexikon [Soziales Lexikon], Budapest: Saly E. s. t. [1928].

Voit, Krisztina (Hg.): A budapesti sajtó adattára 1873–1950 [Datensammlung der Budapester Presse], Budapest: Argumentum 2000.

Zeitgenössische Literatur und Publizistik

[Bernát István]: Marosvásárhelyi gyűlésünk [Unsere Versammlung in Marosvásárhely], in: Szövetkezés 6 (1895) Nr. 10, S. 417–425 [Unsere Versammlung in Marosvásárhely].

[Eötvös, József]: Über die Gleichberechtigung der Nationalitäten in Österreich, Pest: C. A. Hartleben 1850.

[Ludasi (Gans) Mór]: Drei Jahre Verfassungsstreit. Beiträge zur jüngsten Geschichte Oesterreichs. Von einem Ungar, F. A. Brockhaus: Leipzig 1864.

A Budapesten 1885. október 3., 4., 5., 6., 7-ikén megtartott nemzetközi gazdacongressus … jegyzőkönyve [Protokoll des internationalen Landwirtekongresses, veranstaltet am 3., 4., 5., 6. und 7. Oktober 1885 in Budapest], Budapest: Brózsa Ottó 1886.

A felső-tiszai gazdasági egyesület alapszabályai [Statuten des landwirtschaftlichen Vereins für die obere Theiß-Gegend], Budapest: Herz János 1860.

A földmivelésügyi magyar k. ministernek 1890. évi működéséről a törvényhozás elé terjesztett jelentése [Bericht des kgl. ungarischen Landwirtschaftsministers für den Landtag über seine Tätigkeit im Jahre 1890], Budapest 1892.

A földmivelésügyi magyar kir. ministernek 1892. évi működéséről a törvényhozás elé terjesztett jelentése [Bericht des kgl. ungarischen Landwirtschaftsministers für den Landtag über seine Tätigkeit im Jahre 1892], Budapest 1893.

A M. Gazdasági Egyesület 1851. mart. 16-án tartott közgyűlésének jegyzőkönyve [Protokoll der Versammlung des Ung. Wirtschaftsvereins 16. März 1851], in: GL, 23.3.1851, S. 263f.

A m. gazdasági egyesület bizottmányának hivatalos jelentése a 1851-ik év martius 16-án tartott közgyűlésen [Offizieller Bericht des Ausschusses des ungarischen Wirtschaftsvereins für die Versammlung am 16. März 1851], in: GL. 23.3.1851, S. 266f.

A M. Gazdasági Egyesület f. 1851. junius 9 és 10-kén tartott közgyűlésének jegyzőkönyvi kivonata [Protokollauszug der Versammlung des Ung. Wirtschaftsvereins vom 9.und 10. Juni 1851], in: GL, 15.6.1851, S. 551–555.

A magyar gazdák Székesfehérvárott 1879. évi június 3–5. napjain tartott II. országos értekezlete által hozott határozatok. [Beschlüsse des 2. Kongresses der ungarischen Landwirte, 3.–5. Juni 1879], Teil 1–2, in: Magyarország 13–14.7.1879.

A magyar gazdák Székesfehérváron 1879. évi június 3–5. napjain tartott II. országos gazdaértekezletén tárgyalt első kérdés: „Az amerikai és oroszországi concurrentia folytán beállott gabonaárcsökkenés, a túlnyomólag gabonatermelést űző magyar gazda létezhetését nyomasztóvá tévén: mi a teendőnk, hogy megállhassunk ..." [Erste Frage, die beim 2. Kongress der ungarischen Landwirte vom 3. bis 5. Juni 1879 erörtert wurde: Was ist zu tun, um zu bestehen, ... wenn durch den infolge der amerikanischen und russischen Konkurrenz eingetretenen Preisverfall das Leben des größtenteils Getreide produzierenden ungarischen Landwirtes beschwerlich wird?], Budapest: Könyvnyomda 1879.

A magyar gazdák társaskörének ügyrendje [Geschäftsordnung des Geselligkeitskreises der ungarischen Landwirte], Budapest: Athenaeum 1882.

A Magyar Gazdákhoz! Választási program! [An die Ungarischen Landwirte! Wahlprogramm!], Budapest: Stephaneum 1901.

A Magyar Gazdasági Egyesület alapszabályai és névjegyzéke 1859. évről [Statuten und Namensregister des Ungarischen Wirtschaftsvereins], Pest: Herz János 1860.

A Magyar Gazdasági Egyesület Évkönyve [Jahrbuch des Ungarischen Wirtschaftsvereins], H. 1. 1860, Pest: Herz János, 1861, H. 2. 1861, Pest: Herz János 1862, H. 3. 1866, Pest: Herz János 1867.

A Magyar Gazdasági Egyesület f.é. február 12-én tartott igazgató választmányi ülésének jegyzőkönyve; A Magyar Gazdasági Egyesület f.é. mártius 2-én tartott igazgató választmányi ülésének jegyzőkönyve; A Magyar Gazdasági Egyesület f.é. junius 1-jén tartott igazgató választmányi ülésének és f. évi junius 6-kán tartott közgyűlésének jegyzőkönyve [Protokoll der Ausschusssitzung des Ungarischen Wirtschaftsvereins vom 12. Februar, 2. März, 1. Juni und 6. Juni des Jahres], Pest: Herz János 1859.

A magyar korona területén foglalkozó gazdatisztek és erdészek segély- és nyugdíj-egyesületének alapszabályai [Statuten des Hilfs- und Pensionsinstitutes der auf dem Gebiet der ungarischen Krone angestellten Wirtschafts- und Forstbeamten], Budapest: Schlesinger és Wohlauer 1880.

A szövetségbe lépett gazdasági egyesületek IX. nagygyűlése [9. Generalversammlung des Verbandes der Wirtschaftsvereine], in: Köztelek 13.4.1892, S. 552–561.

A telepítés s az azzal kapcsolat kérdések ügyében a m. kir. földmivelésügyi ministeriumban Darányi Ignác m.kir földmivelésügyi minister elnöklete alatt 1900. január 18–23. napjain tartott szakértekezlet jegyzőkönyve [Protokoll der vom 18. bis 23. Januar 1900 zur Angelegenheit der Ansiedlung und relevanter Fragen im k. ung. Landwirtschaftsministerium unter dem Vorsitz des k. ung. Landwirtschaftsministers Ignác Darányi tagenden Fachkonferenz], Budapest: 1900.

Anon.: Dessewffy Aurél, Gr.: Köztelek 31.10.1894, S. 1517–1519.

Anon.: OMGE közgyűlése [Generalversammlung des Ungarischen Landeswirtschaftsvereins], Köztelek 31.10.1894, S. 1519–1522.

Anon.: Szíves tudomásul! [Zur Kenntnisnahme], GL, 6.7.1851, S. 615f.

Anon.: Középponti egyesületi munkálódások [Tätigkeiten in der Vereinszentrale], MG, 7.4.1847, S. 445–448.

Anon.: A földmivelésügyi minisztérium válsága [Die Krise des Landwirtschaftsministeriums], in: Köztelek 2.11.1895, S. 1746–1747.

Anon.: A Gazdasági Egyesület közgyűlése [Die Versammlung des Wirtschaftsvereins], in: Pesti Hírlap, 30.3.1847, S. 207.

Anon.: A kőbányai sertéspiacz zár alá vétele [Die Sperrung des Schweinemarktes von Kőbánya], in: Köztelek 25.5.1895, S. 893.

Anon.: A magyar gazdák országos szövetsége [Der Landesverband der ungarischen Landwirte], in: Magyar Föld 21.5.1880.

Anon.: A mezőgazdasági törvényjavaslat a főrendek előtt [Die landwirtschaftliche Gesetzvorlage vor dem Oberhaus], in: Köztelek 14.3.1894, S. 353–355.

Anon.: Az országos magyar gazdasági egyesület jubileuma [Das Jubiläum des Ungarischen Landeswirtschaftsvereins], in: Magyar Föld 1880, Beilage 23.5.1880.

Anon.: A takarmánykivitel [Die Futterausfuhr], in: Köztelek 19.7.1893, S. 92.

Anon.: Takarmánykiviteli tilalom [Ausfuhrverbot für Futter], in: Köztelek 22.7.1893, S. 101–102.

Anon.: A takarmánytermés [Die Futterernte], in: Köztelek 22.7.1893, S. 103.

Anon.: Egy gyűlés új modorban [Eine neumodische Versammlung], in: Jelenkor 25.3.1847.

Anon.: Ohne Titel, Pesti Napló [Pester Tagebuch], 19. Juli 1882.

Anon.: Öt új község az alvidéken [Fünf neue Dörfer im Unterland], in: Köztelek 3.08.1892, S. 1249.

Anon.: Sok baj semmiért [Viel Ärger um nichts], in: Jelenkor, 28.3.1847.

Anon.: Tizenkét év a Magyar Gazdaszövetség történetéből 1896–1908 [Zwölfe Jahre aus der Geschichte des Landwirtebundes 1896–1908], Budapest: Pátria Rt. 1908.

Anon.: Lapunk tisztelt barátaihoz! [Den verehrten Freunden unseres Blattes!], in: Magyar Gazdák Lapja, 7.10.1894, S. 3.

Anon.: Magyar gazdasági Egyesületünk ügye [Die Sache unseres Ungarischen Wirtschaftsvereins], MG, 27.10.1844, S. 527f.

Anon.: Országos gazdaszövetség [Landesweiter Landwirtebund], in: Köztelek 25.5.1895, S. 892.

Anon.: Támadás az agráriusok ellen [Angriff auf die Agrarier], Hazánk 2.12.1895, 3.12.1895.

Anon.: A magyar földhitel-intézet alapítóinak második nagy gyűlése [Die zweite Großversammlung der Stifter der Bodenkreditanstalt], GL, 22.2.1863, S. 124.

Anon.: A magyar gazdák országos szövetségének létesítése érdekében [Im Interesse der Errichtung eines Landesverbands der ungarischen Landwirte], Magyar Föld 23.4.1880.

Anon.: A magyar gazdák Székesfehérváron 1879. évi június 3–5. napjain tartott II. országos gazdaértekezletén tárgyalt első kérdés: „Az amerikai és oroszországi concurrentia folytán beállott gabonaárcsökkenés, a túlnyomólag gabonatermelést űző magyar gazda létezhetését nyomasztóvá tévén: mi a teendőnk, hogy megállhassunk …". [Erste Frage, die beim 2. Kongress der ungarischen Landwirte vom 3. bis 5. Juni 1879 erörtert wurde...], Budapest: Könyvnyomda 1879.

Anon.: A magyar gazdasági egyesület tagjaihoz [An die Mitglieder des ungarischen Wirtschaftsvereins], GL, 7.11.1852, S. 1053f.

Anon.: A Magyar gazdaszövetség megalakulása [Die Gründung des Ungarischen Landwirtebundes], in: Magyar Gazdák Szemléje 1 (1896) Nr. 1, S. 88–89.

Anon.: A parasztbirtok állapota Somogy, Kolozs, Szolnok-Doboka és Torontál megyékben [Der Zustand des bäuerlichen Besitzes in den Komitaten], Budapest: OMGE 1886.

Anon.: Az országos gazdasági egyesület szövetkezeti szakosztályának ülése a vidéki gazdasági egyesületeknek az országossal leendő összeköttetése tárgyában [Beratung der Genossenschafts-Fachabteilung des Landeswirtschaftsvereins über die Integration der ländlichen Vereine mit dem Landesverein], in: Magyar Föld 11.4.1880.

Andrássy, Géza Gr.: Az otthont védő törvények (Homestead exemption laws) [Die Heimstätten-Gesetze], Budapest: Légrády 1883.

Andrássy, György Gr.: Állattenyésztésről [Über Tierzucht], (o. O.): (o. J.).

Andrássy, György Gr./Döbrentei, Gábor (Hg.): Gyepkönyv. 1830-ki jelentés a magyarországi Állattenyésztő Társaság munkálódásairól [Turfbuch. Bericht über die Tätigkeit des Tierzuchtvereins 1830], Pest: Károlyi és Trattner 1830.

Andrássy, György Gr./Döbrentei, Gábor (Hg.): Gyepkönyv. 1831-ki jelentés a magyarországi Állattenyésztő Társaság munkálódásairól [Turfbuch. Bericht über die Tätigkeit des Tierzuchtvereins 1831], Pest: Károlyi és Trattner 1831.

Andrássy, György Gr./Tasner, Antal (Hg.): Gyepkönyv. 1832-ki jelentés a magyarországi Állattenyésztő Egyesület munkálódásairól [Turfbuch. Bericht über die Tätigkeit des Tierzuchtvereins 1832], Pest: Károlyi és Trattner 1832.

Apponyi, Albert Gr.: Magyar benyomások Amerikából [Ungarische Eindrücke aus Amerika], in: Nemzetgazdasági Szemle 7 (1883) Nr. 4, S. 1–14.

Apponyi, Albert Gr.: Ötven év. Ifjukorom – Huszonöt év az ellenzékben [50 Jahre. Meine Jugend – 25 Jahre in der Opposition], Budapest: Pantheon 1922.

Asbóth János: Báró Sennyey Pál és gróf Apponyi Albert [Baron Sennyey Pál und Graf Albert Apponyi], Budapest: Révai 1884.

Az 1895. évi országos gazdakongresszus tárgyalásai [Verhandlungen des Landwirtekongresses von 1895], Bd. 1–6, Budapest: Pátria.

Az Országos Magyar Gazdasági Egyesület 1910–11. évi évkönyve [Jahrbuch des Ungarischen Landeswirtschaftsvereins für das Jahr 1910–1911], Budapest: Pátria 1911.

Az Országos Magyar Gazdasági Egyesület felterjesztése a gazdasági és erdőszeti tanintézetek ügyében [Denkschrift des Landeswirtschaftsvereins die Forst- und Landwirtschaftlichen Lehrinstitute betreffend], Teil I-V., in: GL, 25.1.1863, S. 49ff.; 1.2.1863, S. 68ff.; 8.2.1863, S. 88–91; 15.2.1863, S. 97ff.

Az Országos Magyar Gazdasági Egyesület igazgató választmányának az egyesület 1892. évi június hó 4-én tartott közgyűlése elé terjesztett jelentése [Bericht des Ausschusses des Landeswirtschaftsvereins für die Generalversammlung am 4.7.1892], in: Az Országos Magyar Gazdasági Egyesület évkönyve az 1892/92 egyleti évre, Budapest: 1892, S. 24–27.

B[aross] K[ároly]: Hétről-hétre [Von Woche zu Woche], in: Köztelek, 1.10.1892, S.1512.

Baross, Károly: A földmivelési minisztérium jelentése az 1890-ik évről [Der Bericht des Landwirtschaftsministeriums vom 1892], in: Köztelek 6.8.1892, S. 1259–1261.

Bartha, Miklós: Kazár földön [Im Lande der Khasaren], Kolozsvár: Ellenzék 1901.

Bartosságh, Joseph v.: Über rationelle Landwirthschaft in Ungarn, Pesth: 1832.

Bánffy, Miklós: The Phoenix land: the memoirs of Count Miklós Bánffy, London: Arcadia Books 2003.

Bánffy, Miklós: The writing on the wall: the Transylvanian trilogy, London: Arcadia 1999–2001.

Beksics, Gusztáv: A democratia Magyarországon [Demokratie in Ungarn], Budapest: Rudnyánszky A. 1881.

Benkő, Dániel/Brünek, József/Korizmics, László/Lumniczer, József/Magyar, Imre: A magyar gazdasági egyesület alapító s részvényes tagjaihoz [An die Stifter und beitragszahlenden Mitglieder des ungarischen Wirtschaftsvereins], GL, 19.12.1852, S. 1197–1198.

Bernát, István: Az alakulás [Die Gründung], in: Anon.: Tizenkét év a Magyar Gazdaszövetség történetéből 1896–1908 [Zwölf Jahre aus der Geschichte des Landwirtenbundes 1896–1908], Budapest: Pátria Rt. 1908, S. 7–27.

Bernát, István: Rodbertus-Jagetzow és a német agrarius mozgalmak [Rodbertus-Jagetzow und die deutschen agrarischen Bewegungen], Nemzetgazdasági Szemle 7 (1883) Nr. 2, S. 1–20.

Bernát, István: Agrárius törekvések. Múlt, jelen, jövő [Agrarische Bestrebungen. Vergangenheit, Gegenwart, Zukunft], Budapest: Kilián Frigyes 1912.

Bernát, István: Küzdelmek és eredmények. Életrajz és emlékbeszédek [Kämpfe und Ergebnisse. Lebensbild und Gedenkreden], Budapest: Bethlen Gábor Rt. 1936.

Bethlen, Presseerklärung, in PL 16.3.1893.

Bethlen, András Gr. von: Magyar farmrendszer. Szerződéstervezettel, tervvázlatokkal és költségvetésekkel [Ungarisches Farm-System. Mit Vertragsentwurf, Planskizzen und Kostenvoranschlag], Budapest: Földmivelésügyi m.k. Ministerium 1893.

Bosnyák Zoltán: A birtokminimum mint agrárreform Magyarországon [Besitzminimum als Agrarreform in Ungarn], Budapest: Zilahy Sámuel 1885.

Csengery, Antal: A Magyar Földhitelintézet ügyében [In der Sache der Bodenkreditanstalt], Pest: (o. J.).

D. A.: A költségvetés alkalmából [Aus Anlass des Budgets], Magyar Föld 25.2.1880.

Dessewffy, Emil Gr.: Alföldi levelek (1839–1840) és néhány toldalék (1841) [Briefe aus der Tiefebene, mit einigen Nachträgen], Buda: A magy. kir. egyetem betűivel 1842.

É. N.: Gazdasági egyesületek szervezéséről [Über die Organisierung von Wirtschaftsvereinen], in: Magyar Föld 28.2.1880.

Éble, Gábor: A nagykárolyi gr. Károlyi család leszármazása [Die Abstammung der gräflichen Károlyi Familie], Budapest: 1913.

Egán, Ede: A hegyvidéki földmivelő nép közgazdasági helyzetének javítását célzó állami akció ügyében Munkácson 1900. febr. 12-én tartott értekezletről szóló jelentés [Bericht über die am 12. Februar 1900 in Munkács in Betreff der staatlichen Aktion zur Verbesserung der wirtschaftlichen Lage des ackerbauenden Volkes der Gebirgsregion gehaltene Konferenz], Budapest: Werbőczy 1900.

Egán, Ede: Kárpátaink közgazdasági hivatása [Die volkswirtschaftliche Berufung unseres Karpaten-landes], Nagel Ottó, ifj.: Budapest 1890.

Elsner, Johann Gottfried: Ungarn durchreiset, beurtheilet und beschrieben, 1–2. Bde, Leipzig: Adolf Frohberger 1840.

Emlékirat Magyarország törvényhozóihoz a honi mezőgazdaság ügyében a Magyar Gazdasági Egyesület által [Denkschrift zu den Gesetzgebern Ungarns bezüglich der vaterländischen Land-wirtschaft], MG, 1844, Nr. 1. S. 1–9; Nr. S. 17–27, Nr. 3. S. 33–45, Nr. 4. S. 49–58; MG, 9.6.1844, S. 649–656.

Érkövy, Adolf: Emlékbeszéd Török János levelező tag felett [Gedenkrede zu Ehren von János Török, korrespondierendes Mitglied], Budapest: MTA Könyvkiadó-Hivatala 1875.

Felsőbb rendelet minélfogva a Magyar Gazdasági Egyesület ügyeinek vezetésével az előbbi ideigl. választmány ujonnan megbizatik s felhatalmaztatik. Költ Pesten junius 23. 1851 [Höhere Verord-nung, wonach der vormalige provisorische Ausschuss mit der Führung der Geschäfte des Ungari-schen Wirtschaftsvereins betraut wird. Pest, 23. Juni 1851], in: GL, 6.7.1851, S. 615f.

Fényes, Elek: A földbirtoknak végnélküli feldarabolása [Die endlose Zerstückelung des Grund-besitzes], in: MG, 16.6.1844, S. 665–669.

Fialka: Csak ipar és gyárak! mezőgazdaságilag már a culminatio fokán túl vagyunk! [Nur Industrie und Fabriken! Mit der Landwirtschaft sind wir schon über den Gipfel der Kulminierung!], in: MG, 11.2.1845, S. 193–200.

G[aál] J[enő]: Az aradmegyei hitelszövetkezetekről [Über die Kreditgenossenschaften des Komitats Arad], in: Szövetkezés 1 (1890) Nr. 5, S. 79–81.

Gaál, Jenő: A mezőgazdasági válság kérdése [Die Frage der Agrarkrise], Budapest 1885.

Galgóczy Károly: Emlékbeszéd idősb gróf Károlyi István felett [Gedenkrede über Graf Károlyi István d. Ä], in: Galgóczy, Károly (Hg.): Az Országos Magyar Gazdasági Egyesület (OMGE) emlékkönyve [Gedenkbuch des Wirtschaftsvereins], Budapest: Kocsi Sándor, Bd. 3 (1883), S. 24–25.

Galgóczy Károly: Emlékbeszéd Török János felett [Gedenkrede zu Ehren von János Török], in: Galgóczy, Károly (Hg.): Az Országos Magyar Gazdasági Egyesület (OMGE) emlékkönyve [Gedenkbuch des Wirtschaftsvereins], Budapest: Kocsi Sándor, Bd. 3 (1883), S. 97–109.

Galgóczy, Károly (Hg.): Az Országos Magyar Gazdasági Egyesület (OMGE) emlékkönyve [Gedenk-buch des Wirtschaftsvereins], Budapest: Kocsi Sándor, Bd. 1 (1879); Bd. 2 (1880); Bd. 3 (1883); Bd. 4 (1884); Bd. 5 (1885); Bd. 6 (1891).

Galgóczy, Károly: Az Országos Magyar Gazdasági Egyesület története keletkezésétől az 1876-ik évig [Die Geschichte des Ungarischen Landeswirtschaftsvereins von seiner Entstehung bis zum Jahre

1876], in: Galgóczy, Károly (Hg.): Az Országos Magyar Gazdasági Egyesület (OMGE) emlékkönyve. [Gedenkbuch des Wirtschaftsvereins], Budapest: Kocsi Sándor, Bd. 2 (1880).

Galgóczy, Károly: Országos magyar gazdasági egyesület [Ungarischer Landeswirtschaftsverein], in: Szilassy, Zoltán (Hg.): Gazdasági egyesületek monográfiái [Monographien von Wirtschaftsvereinen], Budapest: 1896.

Gothárd, Sándor herényi: A mezőgazdasági érdekképviseletről [Über die landwirtschaftliche Interessenvertretung], in: Magyar Gazdák Lapja, 28.10.1894, S. 84–86.

Gothárd, Sándor herényi: A vármegyei mezőgazdasági bizottságok mint a mezőgazdasági érdekképviselet első tényezői [Die Landwirtschaftsausschüsse der Komitate als erstrangige Faktoren der landwirtschaftlichen Interessenvertretung], in: Magyar Gazdák Lapja 7.10.1894, S. 4–9.

Gothárd, Sándor herényi: Reformtörekvések a Köztelken [Reformbestrebungen], in: Magyar Gazdák Lapja, 4.11.1894, S. 109–112.

György, Endre: A kisbirtoki hitelszervezet hiányai [Mängel der Organisation des Kreditwesens für den Kleinbesitz], Budapest: Gazdasági egyesület 1885.

György, Endre: Kötött forgalmú földbirtok és agrárpolitikánk [Gebundener Landbesitz und unsere Agrarpolitik], Budapesti Szemle, 1893, Bd. 74, Nr. 197, S. 181–214.

Heltai, Ferenc: A vámok emelése és a mezőgazdaság helyzete [Die Erhöhung der Zölle und die Lage der Landwirtschaft], Budapesti Szemle, 42. (1885), Nr. 2, S. 76–110, über die Krise S. 91–92.

Jantsits, Endre: A Somogymegyei hitelszövetkezetek szövetsége működésének első tizenkét éve [Die ersten zwölf Jahre der Kreditgenossenschaften im Komitat Somogy], Budapest: Stephaneum 1910.

Jekel, Friedrich:Graf Andreas Bethlen. Gedenkrede, gehalten von Friedrich Jekel in der Komitatsversammlung vom 15. Oktober 1895, Kronstadt 1895.

Jeney, Ferenc (Hg.): Bártfay László naplója [Tagebuch von László Bártfay], Bd. 1–2, Budapest: Petőfi Irodalmi Múzeum 1969.

Justh, Zsigmond naplója [Tagebuch von Zsigmond Justh], hg. von Gábor Halász, Budapest: Athenaeum.

Justh, Zsigmond: Fuimus, Budapest: Franklin 1895.

Kálnoky, Gusztáv Gr.: Milyen eredményei tapasztaltattak a negretti faj párosításának és keresztezésének az electoral fajjal, miután ez a gyapjúmennyiség növesztése végett évek óta divatban van? [Welche Ergebnisse die Kreuzung und Paarung der Negretti und Elektoral Rassen gebracht hat, nachdem es seit Jahren in Mode ist?], in: MG, 6.8.1843.

Károlyi Mihály: Hit, illuziók nélkül [Glaube, ohne Illusionen], Budapest: Magvető 1977.

Károlyi Sándor, gróf: Sociális tudományokról [Über soziale Wissenschaften], Teil. 1–2, in: Hon, 1 23.1.1863. und 24.1.1863.

Károlyi, Catherine: A Life Together, London: George Allen & Unwin 1966.

Károlyi, Sándor gr.: Nyílt válasz báró Podmaniczky Frigyesnek [Offene Antwort an Podmaniczky Friges], in: A Hon, 1, 21.1.1863.

Kecseméthy Aurél naplója 1851–1878 [Tagebuch von Aurél Kecseméthy 1851–1878], bearbeitet v. Rózsa, Miklós, Budapest: Franklin 1909.

Keleti, Károly: Jelentés a magyarországi földbirtokok telekkönyvi megterheltetésének kitüntetése végett megkísérlett statistikai adatgyűjtésről s annak eredményeiről [Bericht über die Ergebnisse der statistischen Datensammlung zur Beleuchtung der hypothekarischen Belastung des ungarischen Grundbesitzes], Budapest: Pesti Könyvnyomda 1884.

Kistelki: Gazdászati érdekeink álladalmi ápolása [Staatliche Pflege unserer wirtschaftlichen Interessen], in: GL, 19.1.1851, S. 49–58.

Konek, Sándor: Magyarország fekvő birtoka, annak évi forgalma és megterheltetése szempontjából [Der liegende Besitz von Ungarn, aus dem Gesichtspunkt seines jährlichen Verkehrs und seiner Belastung], Nemzetgazdasági Szemle, 6 (1882) Nr. 6, S. 57–79.

Korizmics, László: Az angol haszonbérleti viszonyokról [Über die englischen Pachtverhältnisse], Teil 1, in: GL 28.9.1851, S. 903–907; Teil 2, in: GL 5.11.1851, S. 927–932.

Korizmics, László: Gazdasági levelek [Wirtschaftsbriefe], Pest: Grill K. 1867.

Korizmics, László: Levelek a rétöntözés érdekében, függelékül a Magyar Gazdasági Egyesület által az 1844dik évi országgyűlés elébe terjesztett rétöntözési törvényjavaslat-terve [Briefe im Interesse der Wiesenbewässerung, mit der dem 1844er Landtag und dem Ungarischen Wirtschafts-verein vorgelegten Gesetzesvorlage über die Wiesenbewässerung als Anhang], Pest 1845.

Kossuth, Lajos: Vámszövetség I.-II. [Zollverband], Pesti Hírlap 1842, Nr. 110–111; ders.: Vámszövetkezési érdekek [Zollverbandsinteressen], Ebd., Nr. 112; ders.: Nemzetgazdasági combinatiók [Nationalökonomische Kombinationen], Ebd., Nr. 113; ders.: Iparegyesület [Industrieverein], Ebd., Nr. 114; ders.: Pótlék a vámszövetségi kérdéshez [Nachtrag zur Zollverbandsfrage], Ebd., Nr. 115; ders.: Nemzetiség és kereskedési szövetkezés [Nationalität und Handelsverband], Ebd. Nr. 120; ders.: Státusgazdasági tájékozás [Staatswirtschaftliche Orientierung], Ebd., Nr. 121.

Krocsák, G. Emil (Hg.): Az 1891. május hó 6., 7., 8-án Budapesten tartandó magyar gazdatiszti congresszus előkészítése érdekében tett intézkedések, a lapokban megjelent közlemények, vidéki értekezletekről felvett jegyzőkönyvek és egyesek által tett inditványok sorozata [Protokolle, Mitteilungen und Vorlagen der ländlichen Vorbereitungskonferenzen des in Budapest vom 6.–8. Mai 1890 stattgefundenen Kongresses der Wirtschaftsbeamten], Budapest: Schlesinger Ignác 1891.

Lakos, János (zusammengestellt von): A Szapáry- és a Wekerle-kormány minisztertanácsi jegyzőkönyvei 1890. március 16. – 1895. január 13 [Die Protokolle der Szapáry- und Wekerle-Regierungen 16. März 1890 – 13. Jan. 1895], Bd. 1–2, Budapest: MOL 1999.

Láng, Lajos: A társadalmi deficit [Das gesellschaftliche Defizit], Budapest: Kilián Frigyes 1881, Reprint: Budapest: KJK 1986.

Láng, Lajos: A vámpolitika az utolsó száz évben [Die Zollpolitik in den letzten hundert Jahren], Budapest: Politzer Zsigmond 1904.

Láng, Lajos: Minimum és homestead [Minimum und homestead], Budapest: MTA 1883.

Láng, Lajos: Minimum és majorátus [Minimum und Majorat], Budapest: MTA 1883.

List, Fridrik: A politikai gazdálkodás nemzeti rendszere [Das nationale System der Politischen Oekonomie], Kőszeg: Reichard Károly 1843.

List, Friedrich: Das nationale System der Politischen Oekonomie, Jena: Gustav Fischer 1904 (1. Ausg. 1841).

Magyarország Gazdasági Egyesületének Név- s Alapítványkönyve. 1847. évi május 32-ikén [Namens- und Stiftungsbuch des Wirtschaftsvereins Ungarns], Pest: 1847.

Majláth, József: A Magyar Gazdaszövetség és Le Play [Der Ungarische Landwirtebund und Le Play], in: Tizenkét év a Magyar Gazdaszövetség történetéből 1896–1908 [Zwölfe Jahre aus der Geschichte des Landwirtebundes 1896–1908], Budapest: Pátria Rt. 1908, S. 32–34.

Matlekovits, Sándor: A kikészítési eljárás és a védvám [Der Veredelungsverkehr und der Schutzzoll], in: Nemzetgazdasági Szemle 1 (1877), S. 1–18.

Mérei, Gyula (Hg.): Magyar polgári pártok programjai 1867–1918 [Parteiprogramme ungarischer bürgerlicher Parteien 1867–1918], Budapest: Akadémiai K. 1971.

Mettin, H. Ch. (Hg.): Fürst Pückler reist nach England. Aus den „Briefen eines Verstorbenen", Berlin: Hans von Hugo und Schlotheim 1938.

Meyer, Hermann J.: „Landwirthschaft (landwirthschaftliche Lehranstalten)", Neues Konversations-Lexikon, Hildburghausen: Bibliographische Anstalt ²1870, (1. Aufl.: 1867), Bd. 10.

Meyer, Rudolf: Politische Gründer und die Corruption in Deutschland, Leipzig: E: Bidder 1877.

Meyer, Rudolf: Ursachen der amerikanischen Concurrenz. Ergebnisse einer Studienreise der Herren Grafen Géza Andrássy, Géza und Imre Széchényi, Ernst Hoyos, Baron Gabriel Gudenus und Dr. Rudolf Meyer, Berlin: Hermann Bahr 1883.

Mihók, Alexander: Ungarischer Compass für das Jahr 1874. Budapest: Tettey Sándor és fia 1874.

Miklós, Ödön: A gabona-elevátorok [Der Getreide-Elevator], in: Ders.: Negyedszázad a magyar közéletben. Miklós Ödön összegyűjtött munkái [Ein Vierteljahrhundert in der ungarischen Öffentlichkeit. Gesammelte Werke von Ö. M.], Bd. 1, Budapest: Franklin 1906, S. 1–204.

Miklós, Ödön: Az őrlési forgalomra vonatkozó előterjesztés [1895. október 16.] [Vortrag über den Veredelungsverkehr], in: Negyedszázad a magyar közéletben. Miklós Ödön összegyűjtött munkái [Ein Vierteljahrhundert in der ungarischen Öffentlichkeit. Gesammelte Werke von Ö. M.], Bd. 2., Budapest: Franklin 1906, S. 221–230.

Mikszáth, Kálmán: A polgári házasság a főrendek előtt [Die Zivilehe vor den Oberständen], in: Ders.: A tisztelt házból [Aus dem Hohen Hause], Budapest: Szépirodalmi K. 1958, (zuerst erschienen 1884), S. 116–124.

Milhoffer, Sándor: Magyarország közgazdasága [Ungarns Volkswirtschaft], Budapest: Franklin 1904.

Minisztertanácsi ülések napirendi pontjai 1867–1944 [Tagesordnungspunkte der Sitzungen des Ministerrates], CD-ROM, MOL-Arcanum.

Möller, Hans: Der internationale Genossenschafts-Kongreß in Budapest und seine Resultate, Basel: Basler Buch- und Antiquariatshandlung 1905.

Novák, Lajos: Emlékbeszéd, melyet … gr. Károlyi Sándor valóságos belső titkos tanácsos, az aranygyapjas rend vitéze, a főrendiház örökös tagja, 48-as huszárfőhadnagy 1906 november 12-én rendezett gyászünnepélyén mondott Novák Lajos [Gedenkrede, gehalten an der Trauerfeier von Ritter des Goldenen Vlieses, Wirklichen Inneren Geheimrat, 1848er Kavallerie-Oberleutnant Grafen Sándor Károlyi, am 12. November 1906 von Lajos Novák], Budapest: Stephaneum 1906.

Országos Magyar Gazdasági Egyesület (Hg.): A Gazdakör hitelügyi bizottságának emlékirata a kisbirtokosok hitelviszonyai tárgyában [Denkschrift des Kreditausschusses des Landwirteklubs über die Kreditverhältnisse der Kleinbesitzer], Budapest: Morvay és Mérei 1894.

Országos Magyar Gazdasági Egyesület (OMGE) Évkönyve [OMGE Jahrbuch], 1 (1860), Pest: Herz János 1861.

Országos Magyar Gazdasági Egyesület 1910–1911 évi évkönyve [Jahrbuch des Ungarischen Landes-wirtschaftsvereins für das Jahr 1910–1911], Budapest: Pátria 1911.

Országos Magyar Gazdasági Egyesület által gazdasági bajaink kimutatása és orvoslása érdekében tartott enquete-tanácskozások [Enquete des Ungarischen Landeswirtschaftsvereins für die Untersuchung unserer Wirtschaftsprobleme], Budapest: M.kir. államnyomda 1880.

Országos Magyar Gazdasági Egyesület Évkönyve [OMGE Jahrbuch], (1861), Pest: Herz, János 1862.

Országos Magyar Gazdasági Egyesület Évkönyve [OMGE Jahrbuch], Pest: Szathmári Károly 1865.

Országos Magyar Gazdasági Egyesület igazgató választmány november 15-i ülése [Die Sitzung des Ausschusses des Landeswirtschaftsvereins vom 15. November], in: Köztelek 17.11.1894, S. 1641–1642.

Országos Magyar Gazdasági Egyesület igazgató választmányának az Egyesület 1894. évi őszi közgyűlése elé terjesztett jelentése [Bericht des Ausschusses des Landeswirtschaftsvereins für die Generalversammlung von 1894], (O.o.): 1894.

Országos Magyar Gazdasági Egyesület Igazgató-Választmányának az egyesület 1892. évi junius hó 4-én tartott közgyűlése elé terjesztett jelentése [Bericht des Ausschusses des Ungarischen Landes-wirtschaftsvereins für die Generalversammlung des Vereins am 4. Juni 1892], Budapest: 1892.

Országos Magyar Gazdasági Egyesület közgyűlése [Generalversammlung des Landeswirtschafts-vereins], in: Köztelek 12.12.1894, S. 1785–1787.

Podmaniczky, Frigyes br.: Nyílt levél Károlyi Sándorhoz [Offener Brief an Sándor Károlyi], in: A Hon, 1 10.1.1863.

Pólya, Jakab: Gróf Széchenyi István minimum-javaslata és annak irodalma [Der Minimum-Vorschlag von Graf István Széchenyi und die Literatur dazu], in: Nemzetgazdasági Szemle 7 (1883), Nr. 5, S. 19–31.

Präsidentenwahl im Agrikulturverein. Pester Lloyd, 10.12.1894, S. 2.

Raiffeisen, Friedrich Wilhelm: A hitelszövetkezetek mint eszközök a falusi népesség bajainak elhárítására [Die Darlehenskassen-Vereine als Mittel zur Abhülfe der Noth der ländlichen Be-völkerung.], Országos Gazdasági Egyesület Könyvkiadó Vállalata, Budapest: 1885.

Rodiczky, Jenő – Kormos, Alfréd (Hg.): Gazdák évkönyve [Jahrbuch der Landwirte], Bd. 6, 1893–94, Budapest: Eggenberger 1893, S. 189–190.

Rodiczky, Jenő: A nemzetközi gazdakongresszus főjelentése [Hauptbericht des internationalen Land-wirtekongresses], Budapest: Nagel Ottó, ifj. 1897.

Rodiczky, Jenő: Adatok a magyar mezőgazdaság történetéhez. A juhtenyésztés. [Beiträge zur Geschichte der ungarischen Landwirtschaft. Schafzucht], Magyaróvár: Czéh Sándor 1880.

Rubinek, Gyula: Parasztszocializmus [Bauernsozialismus], Budapest: Pátria 1895.

Schäffle, Albert E.F.: Aus meinem Leben, Bde. 1–2, Berlin: Ernst Hoffmann 1905.

Schandl, Károly: A magyar szövetkezés negyven éve [Vierzig Jahre der ungarischen Genossen-schaften], Budapest 1938.

Schandl, Károly: Külső fejlődésünk [Unsere äußere Entwicklung], in: [Anon.]: Tizenkét év a Magyar Gazdaszövetség történetéből 1896–1908 [Zwölf Jahre aus der Geschichte des Landwirtebundes 1896–1908], Budapest: Pátria Rt. 1908, S. 277–288.

Sommsich, Pál: Das legitime Recht Ungarns und seines Königs, Wien: Jasper, Hügel & Manz 1850.

Somssich, Miklós: Somssich Pál beszédei 1843–1888 [Reden von Pál Somssich], Budapest: Dr. Vajna – Bokor 1942, S. 345–354, hier S. 347. Zuerst in Pesti Napló 9 (1868), 14, 16, 17, 18. Jan.

Sturm, Albert (Hg.) Országgyűlési almanach 1896–1901 [Almanach des Landtages], Budapest: Pesti Lloyd 1897.

Sz[ilassy], Z[oltán]: A magyar gazdatisztek [Die ungarischen Wirtschaftsbeamten], in: Köztelek, 7.3.1894, S. 317–318.

Sz[ilassy], Z[oltán]: A mezőgazdasági törvényjavaslat a főrendek előtt [Die landwirtschaftliche Gesetzvorlage vor dem Oberhaus], in: Köztelek 14.3.1894, S. 353–355.

Széchényi, Dénes gr: Egy őszinte szó a Kossuth-cultusról [Ein aufrichtiges Wort über den Kult von Kossuth], Budapest: Franklin 1891.

Stein, Lorenz von: Die drei Fragen des Grundbesitzes und seiner Zukunft, Stuttgart: Cotta 1881.

Stein, Lorenz von: Bauerngut und Hufenrecht. Gutachten, erstattet an die k.k. Ministerien des Acker-baues und der Justiz, Stuttgart: Cotta 1882.

Széchényi, Imre Gr.: Birtokminimum és homestead. Válasz Láng Lajosnak a Nemzet 83., 86. és 89.-ik számaiban megjelent cikkeire [Besitzminimum und homestead. Antwort auf die Artikel von Lajos Láng, erschienen in Nr. 83, 86 und 89 der Nemzet], Budapest: Wilckens & Waidl 1883.

Széchenyi, István, Napló [Tagebuch], Bd. 4, 6.6.1835, in: Széchenyi István minden írása [Sämtliche Werke von István Széchenyi], CD-ROM, Budapest: Logod.

Széchenyi, István: A Kelet Népe [Volk des Ostens], Wigand Károly Fridrik: Pozsony[2] 1841, Reprint: Budapest: KJK 1985.

Széchényi, Pál gr.: Az Országos Magyar Gazdasági Egyesület megalakulásának 50. évfordulója [Fünfzigjährige Wiederkehr der Gründung des Ungarischen Wirtschaftsvereins], in: Nemzetgazdasági Szemle, 3 (1879), H. 1 (Jan.-März), S. 55–60.

Széchényi, Pál Gr.: Az Országos Magyar Gazdasági Egyesület megalakulásának 50. évfordulója [50. Jubiläum der Gründung des Ungarischen Landeswirtschaftsvereins], in: Nemzetgazdasági Szemle, 3 (1879), Nr. 3, S. 55–60.

Szécsen, Antal Gr: Politische Fragen der Gegenwart, Wien: Jasper, Hügel & Manz 1851.

Szilassy, Zoltán (Hg.): Gazdasági egyesületek monográfiái [Monographien von Wirtschaftsvereinen], Budapest: Pátria 1896.

Szövetkezeti értekezlet [Genossenschaftskonferenz], in: Szövetkezés 1 (1890) Nr. 5, S. 71–74.

Tasner, Antal (Hg.): Gyepkönyv. 1833-iki jelentés a Magyarországi Állatenyésztő Társaság munkálódásairól [Turfbuch. Bericht über die Tätigkeit des Tierzuchtvereins im Jahre 1831; 1832; 1833], Pest: Károlyi és Trattner 1833.

Tasner, Antal (Hg.): Gyepkönyv. 1835-iki jelentés a Magyarországi Állatenyésztő Társaság (ezentúl Gazdasági Egyesület) munkálódásairól [Turfbuch. Bericht über die Tätigkeit des Thierzucht-vereins (im weiteren Wirtschaftsvereins) im Jahre 1835], Pest: 1835.

Thun, Leo Graf: Betrachtungen über die Zeitverhältnisse, insbesondere im Hinblicke auf Böhmen, Prag: Calve 1849.

Timoleon [Beksics Gusztáv]: Legújabb politikai divat [Neueste politische Mode], Budapest: Zilahy Sámuel 1884.

Timoleon [Beksics, Gusztáv]: Politikai divatok, in: Ders.: Legújabb politikai divat [Neueste politische Mode], Zilahy Sámuel Budapest: 1884, S. 1–10, reprint in: Tőkéczki, László (Hg.): Magyar liberalizmus [Ungarischer Liberalismus], Budapest: Századvég 1993, S. 183–188.

Tisza, István gr.: Az agrárius kérdésről [Über die agrarische Frage], in: Budapesti Szemle Bd. 50., 1887 Nr. 2, S. 178–224.

Tisza, István gr.: Magyar agrárpolitika [Ungarische Agrarpolitik], Budapest: Athenaeum 1897.

Tisza, István gr.: Összes munkái [Gesammelte Werke], Bd. 1, Budapest: Franklin 1923.

Tisza, István gr.: Kivitelünk az osztrák vasutakon és a koalíció [Unsere Ausfuhr auf österreichischen Bahnen und die Koalition], in: Gróf Tisza István Összes Munkái [Gesammelte Werke von Grafen István Tisza], Budapest: MTA-Franklin 1923, Bd. 1, S. 662–665.

Török, János: A magyar kormány és a köztelek [Die ungarische Regierung und die „Köztelek"], MG, 20.1.1847, S. 82. [Köztelek hieß der Gutshof und Sitz des Vereins bei Pest –AV.]

Török, János: Auditur et altera pars. MG, 18.4.1847, S. 492–496.

Török, János: Kinek orgánuma a Magyar Gazda? [Wessen Organ ist der Ungarische Landwirt?], in: MG, 7.4.1847, S. 433–437.

Wenckheim, Joseph Freiherr von: Ideen über eine Wiederherstellung der verfallenen ungarischen Pferdezucht und die Mittel den Zweck in möglichst kürzester Zeit zu erreichen, Pesth: Georg Kilian 1815, gedruckt bei Frantz Joseph Pazko 1815.

Wenninger Mátyás. A gazdatiszt [Der Wirtschaftsbeamte], Budapest 1890.

Wertheimer, Eduard von: Zur Geschichte der ung. Altkonservativen. Theil II., Ungarische Rund-schau, 3. 1., Jan. 1914.

Windhorst, Ludwig: Ausgewählte Reden gehalten in der Zeit von 1851–1891, Bd. 3, S. 245–251, Preußisches Abgeordnetenhaus, 24. Sitzung von 11. März 1890. 1. Beratung des Etats der An-siedlungskommission, Osnabrück: 1902, Reprint: Hildesheim: 2003.

Żeleński, Robert Graf: Emlékeim [Meine Erinnerungen], Budapest: Pallas (o.J).

Zselénski [Żeleński], Róbert: Tizenkét évi küzdelem a tőzsdéken űzött fedezetlen határidőüzleti szerencsejáték ellen [Zwölf Jahre Kampf gegen das Glücksspiel des Terminhandels an der Börse], Budapest: Pátria 1908.

Sekundärliteratur

Adalékok Magyarország nyerstermményeinek ártörténetéhez [Beiträge zur Preisgeschichte der Stadt Pest], hg. von der Budapesti kereskedelmi és iparkamara [Handels- und Gewerbekammer], bearbeitet von Kőrösy, József, in: Pestvárosi Statisztikai Évkönyv [Statistisches Jahrbuch der Stadt Pest], 1873.

Adriányi, Gábor: A magyar egyház és a Vatikán (1848–1918) [Die ungarische Kirche und der Vatikan (1848–1918)], in: Zombori, István (Hg.): Magyarország és a Szentszék kapcsolatának ezer éve [Tausend Jahre der Beziehungen zwischen Ungarn und dem Vatikan], Budapest: Magyar Egyháztörténeti Enciklopédia Munkaközösség, 1996, S. 211–254.

Aldenhoff-Hübinger, Rita: „Les nations anciennes, écrasées..." Agrarprotektionismus in Deutschland und Frankreich 1880–1914, in: Geschichte und Gesellschaft 26 (2000), S. 439–470.

Aldenhoff-Hübinger, Rita: Agrarpolitik und Protektionismus. Deutschland und Frankreich im Vergleich 1879–1914, Göttingen: Vandenhoeck&Ruprecht 2002.

Andics, Erzsébet: Metternich és Magyarország [Metternich und Ungarn], Budapest: Akadémiai K. 1975.

Barany, George: Stephen Szechenyi and the awakening of Hungarian nationalism, 1791–1841, Princeton, N. J: 1968.

Barrington, Moore Jr.: Social Origins of Dictatorship and Democracy, Boston: Beacon Press 1966.

Barta, István: Széchenyi, in: Acta Historica, 1960, Nr. 1–2, S. 4–68.

Belitzky, János: A magyar gabonakivitel története 1860-ig [Geschichte des ungarischen Getreideexports bis1860], Budapest: (o. V.) 1932.

Benda Gyula (Hg.): Statisztikai adatok a magyar mezőgazdaság történetéhez 1767–1867 [Statistische Angaben zur Geschichte der ungarischen Landwirtschaft 1767–1867], Budapest: KSH Könyvtár 1973.

Berend, T. Iván/Szuhay, Miklós: A tőkés gazdaság története Magyarországon, 1848–1944 [Geschichte der kapitalistischen Wirtschaft in Ungarn, 1848–1944], Budapest: Kossuth 1973.

Bernát, Gyula: Az új Magyarország agrárpolitikája 1867–1914 [Die Agrarpolitik des neuen Ungarns 1867–1914], Pécs: Dunántúl Pécsi Egyetemi Könyvkiadó és Nyomda RT. 1938.

Berzeviczy, Albert: Az absolutismus kora Magyarországon 1849–1865 [Die Epoche des Absolutismus in Ungarn 1849–1865], Budapest: Franklin Bd. 1, 1922, Bd. 2, 1925, Bd. 3, 1932.

Bona, Gábor: Tábornokok és törzstisztek az 1848/49. évi szabadságharcban [Generäle und Stabsoffiziere im Freiheitskampf], Budapest: Heraldika [3]2002.

Briggs, Asa: The Age of Improvement 1783–1867, London, N. Y.: Longman 1979.

Bruckmüller, Ernst: Landwirtschaftliche Organisationen und gesellschaftliche Modernisierung. Vereine, Genossenschaften und politische Mobilisierung der Landwirtschaft Österreichs vom Vormärz bis 1914, Salzburg: Wolfgang Neugebauer 1977.

Brusatti, Alois: Die Stellung der herrschaftlichen Beamten in Österreich in der Zeit von 1780 bis 1848, in: VSWG 45 (1958), S. 505–516.

Cieger, András: A kormányférfi (A dualizmuskori kormányzati politika egyes kérdéseiről) [Der Regierungsmann (Über einige Fragen der Regierungspolitik in der Epoche des Dualismus)], in: Századvég, N. F. 11 (1998), Winter, S. 3–24.

Cieger, András: Árny- és fényképek. Lónyay Menyhért személyisége [Schatten- und Lichtbilder. Die Persönlichkeit von Menyhért Lónyay], in: Aetas 2002, Nr. 2–3, S. 36–54.

Clapham, John H.: An Economic History of Modern Britain. The Early Railway Age 1820–1850, Cambridge: Cambridge U. P. 1926.

Clary-Aldringen/Alfons, Fürst von: Geschichten eines alten Österreichers, Frankfurt am Main – Berlin – Wien: Ullstein Verlag 1978.

Conze, Werner: Adel, Aristokratie, in: Brunner, Otto/Conze, Werner/Koselleck, Reinhart (Hg.): Geschichtliche Grundbegriffe. Historisches Lexikon zur politisch-sozialen Sprache in Deutschland, Stuttgart: Ernst Klett, Bd. 1., 1972, S. 1–48.

Csáky, Moritz: Der Kulturkampf in Ungarn. Die kirchenpolitische Gesetzgebung der Jahre 1894–95, Graz – Wien – Köln: Hermann Böhlaus Nachf. 1967.

Csepregi Horváth, János: A magyar szövetkezeti intézmény története [Geschichte der ungarischen Genossenschaften], Budapest: Magyarországi Szövetkezetek Szövetsége 1926.

Csepregi Horváth, János: Gr. Károlyi Sándor és vezérkara [Graf Sándor Károlyi und sein Stab], Budapest: Stephaneum 1916.

Csík, Tibor: A mezőgazdasági érdekképviselet és Károlyi Sándor [Die Agrarinteressenvertretung und Sándor Károlyi], in: Pajkossy, Gábor (Hg.): Politika, politikai eszmék, művelődés a XIX. századi Magyarországon [Politik, politische Ideen, Kultur im Ungarn des 19. Jahrhunderts], Budapest: ELTE BTK Újkori Magyar Történeti Tanszék 2000.

Csite, András: Egy presztízsorientált nagybirtoküzem a 18 – 19. század fordulóján [Ein prestige-orientierter Agrargroßbetrieb an der Wende vom 18. zum 19. Jahrhundert], in: Kapiller, Imre (Hg.): Gazdaságtörténeti tanulmányok [Studien zur Wirtschaftsgeschichte], Zalai Gyűjtemény 34, Zalaegerszeg 1993, S. 77–112.

Deák, Ágnes/Molnár, András: Deák Ferenc, Budapest: Vince K. 2003.

Deák, Ágnes: Társadalmi ellenállási stratégiák Magyarországon az abszolutista kormányzat ellen 1851–52-ben [Gesellschaftliche Widerstandsstrategien in Ungarn gegen die absolutistische Regierung von 1851–52], in: Aetas 1995, H. 4, S. 27–59.

Deák, István: The Lawful Revolution. Louis Kossuth and the Hungarians 1848–1849, New York – London: Columbia U. P. 1979.

Dolmányos, István: A koalíció az 1905–1906. évi kormányzati válság idején [Die Koalition während der Regierungskrise von 1905–1906], Budapest: Akadémiai K. 1976.

Dolmányos, István: A koalíció kormányzatának első szakasza [Die erste Periode der Regierung der Koalition], in: MT 7/2, S. 609–667.

Dülmen, Richard van: Die Gesellschaft der Aufklärer. Zur bürgerlichen Emanzipation und aufklärerischen Kultur in Deutschland, Frankfurt am Main: Fischer 1996.

Eddie, M. Scott: Cui bono? Magyarország és a dualista Monarchia védővámpolitikája [Cui bono? Ungarn und die Zollschutzpolitik der dualen Monarchie], in: Történelmi Szemle 1976, Nr. 1–2, S. 156–166.

Eddie, Scott, M.: Ami „köztudott", az igaz is? Bevezetés a kliometrikus történetírás gondolkodásmódjába [Was „allgemein bekannt" ist, ist auch wahr?], Debrecen: Disputa 1996.

Eley, Geoff: Antisemitismus, agrarische Mobilisierung und die Krise der Deutschkonservativen Partei. Radikalismus und seine Eindämmung bei der Gründung des Bundes der Landwirte, 1892–1893, in: Eley, Geoff: Wilhelminismus, Nationalismus, Faschismus: zur historischen Kontinuität in Deutschland, Münster: Westfälisches Dampfboot 1. Aufl. 1991, S. 174–208.

Elias, Norbert: Über den Prozess der Zivilisation : soziogenetische und psychogenetische Untersuchungen, Frankfurt am Main: Suhrkamp 1997.

Erényi, Gustav: Graf Stefan Tisza. Ein Staatsmann und Märtyrer, Wien: E. P. Tal 1935.

Evans, Robert J. W.: From Confederation to Compromise: The Austrian Experiment, 1849–1867, in: Proceedings of the British Academy 37 (1995), S. 135–167.

Faber, Karl-Georg: Mitteleuropäischer Adel im Wandel der Neuzeit, in: Geschichte und Gesellschaft, 7 (1981), S. 276–296.

Fabricius, Endre: A magyar gazdatiszt [Der ungarischer Wirtschaftsbeamte], Budapest: 1931.

Farkas, Geiza: Az úri rend [Der Herrschaftsstand], Budapest: Pátria 1912.

Fehér, György: Darányi Ignác, a Bánffy-kormány földművelésügyi minisztere [Der Landwirtschafts-minister der Bánffy-Regierung, Ignác Darányi], in: Agrártörtémelmi Szemle 27 (1997), S. 103–141.

Feiszt, György/Kosján, László: A gazdasági elit kutatásának néhány kérdése a virilisjegyzékek alapján [Einige Fragen der Erforschung der Wirtschaftselite aufgrund der Virilisten-verzeichnisse], in: Varga, László Á. (Hg.): Vera (nemcsak) a városban, Budapest: 1995, S. 483–487.

Finn, Viola: Zsigmond Justh: In Search of a New Nobility, in: Péter, László/Pynsent, Robert B. (Hg.): Intellectuals and the Future in the Habsburg Monarchy 1890–1914, Basingstoke – London: Macmillan 1988, S. 127–151.

Fischer, Rolf: Entwicklungsstufen des Antisemitismus in Ungarn 1867–1939. Die Zerstörung der magyarisch-jüdischen Symbiose, München: R. Oldenbourg 1988.

Flemming, Jens: Landwirtschaftliche Interessen und Demokratie. Ländliche Gesellschaft, Agrarverbände und Staat 1890–1925, Bonn: Verlag Neue Gesellschaft 1978.

Földes, Béla: List Friedrich, in: Közgazdasági Enciklopédia, Budapest: Athenaeum Bd. 3, (o.J.), S. 858–866.

Fónagy, Zoltán: Nemesi birtokviszonyok az úrbérrendezés korában [Adelige Besitzverhältnisse in der Epoche der Urbarregulierung], in: Századok 133 (1999), S. 1141–1187.

Für, Lajos: A kapitalista mezőgazdasági termelés megszilárdulása a századfordulón (1890–1914) [Die Stabilisierung der kapitalistischen Produktion um die Jahrhundertwende], in: Gunst, Péter/Hoffmann, Tamás (Hg.): A magyar mezőgazdaság a XIX-XX. században (1848–1949) [Die ungarische Landwirtschaft im 19.–20. Jahrhundert], Budapest: Akadémiai K. 1976, S. 153–274.

Gall, Lothar: Adel, Verein und städtisches Bürgertum, in: Fehrenbach, Elisabeth (Hg.): Adel und Bürgertum in Deutschland 1770–1848, München: R. Oldenbourg 1994, S. 29–43.

Gergely, András/Veliky, János: A politikai sajtó története 1875–1890. Bevezetés [Geschichte der politischen Presse 1875–1892. Einführung], in: Kosáry, Domokos/Németh, G. Béla (Hg.): A magyar sajtó története 1867–1892 [Geschichte der ungarischen Presse 1867–1892], Budapest: Akadémiai K. Bd. II/2, 1985, S. 251–271.

Gergely, András: A magyar reformellenzék kialakulása és megszilárdulása (1830–1840) [Die Formierung und Stärkung der ungarischen Reformopposition (1830–1840)], in: MT 5/2, S. 669–787.

Gergely, András: Széchenyi eszmerendszerének kialakulása [Die Formierung der Ideen von Széchenyi], Budapest: 1972.

Gergely, András: The Liberalisation of Hungarian Political Life, 1830–1848, in: Etudes Historiques Hongroises 1985, Budapest: Akadémiai K. 1985, S. 241–259.

Gergely, András: Ungarns staatsrechtliche Stellung in der Habsburgermonarchie in den Aprilgesetzen von 1848, in: Glatz, Ferenc/Melville, Ralph (Hg.): Gesellschaft, Politik und Verwaltung in der Habsburgermonarchie, Stuttgart: Franz Steiner 1987, S. 41–54.

Gerő András: Az elsöprő kisebbség [Die überwältigende Minderheit], Budapest: Gondolat 1988.

Gerschenkron, Alexander: Bread and Democracy in Germany, Berkeley: University of California Press 1943.

Gide, Charles: Szövetkezetek [Genossenschaften], in: Közgazdasági Enciklopédia Budapest: Athenaeum Bd. 4, (o.J.), S. 839; Gottas, Friedrich: Ungarn im Zeitalter des Hochliberalismus. Studien zur Tisza Ära (1875–1890), Wien: Verlag der Österreichischen Akademie der Wissenschaften 1976, S. 61–67.

Glatz, Ferenc/Melville, Ralph (Hg.): Gesellschaft, Politik und Verwaltung in der Habsburgermonarchie, Stuttgart: Franz Steiner 1987.

Goffman, Erving: The Presentation of Self in Everyday Life, Garden City, N.Y.: Doubleday&Co. Inc. 1959.

Granaries, in: Encyclopaedia Britannica, London: Bd. 12, 1926, S. 336–341.

Grünberg, Karl: Geschichte der Agrarverfassung 1848–1898, in: Geschichte der österreichischen Land- und Forstwirtschaft und ihrer Industrien, Wien: Moritz Perles Bd.1/1, 1899, S. 345–355.

Günther, Franz/Mommsen, Wolfgang (Hg.): Deutsche Parteiprogramme. I. Die konservativen Parteien. Von den Anfängen bis 1918, Leipzig,Berlin: B. G. Teubner 1932, S. 18–23.

Gyurgyák, János: A zsidókérdés Magyarországon. Politikai eszmetörténet [Die Judenfrage in Ungarn. Politische Ideengeschichte], Budapest: Osiris 2001.

Halász, Gábor: Magyar viktoriánusok [Ungarische Viktorianer], in: Ders.: Tiltakozó nemzedék, Budapest: Magvető [2]1981, S. 92–124, (1. Ausg.: 1942).

Halász, Sándor: Új országgyűlési almanach 1887–1892, Főrendiház [Neues Landtagsalmanach. Oberhaus], Budapest: Athenaeum 1887, S.148–152.

Halmos, Károly: Verbürgerlichung als Veradeligung. Zivilisation in Ungarn – Grenzland und Peripherie, in: Bruckmüller, Ernst/Heiss, Hans/Stekl, Hannes/Urbanitsch, Peter, (Hg.): „Durch Arbeit, Besitz, Wissen und Gerechtigkeit". Beiträge zur Geschichte des Bürgertums der Habsburgermonarchie II, Wien – Köln: Böhlau 1992, S. 180–192.

Hamar, Anna: Az agrárértelmiség kialakulása [Die Herausbildung der Agrarintelligenz], in: Agrártörténelmi Szemle 36 (1994), Nr. 1–4, S. 443–467.

Hardach, Karl: Die Wende von 1879, in: Pohl, Hans (Hg.): Die Auswirkungen von Zöllen und Handelshemmnissen auf Wirtschaft und Gesellschaft vom Mittelalter bis zur Gegenwart, Stuttgart: Franz Steiner 1987, S. 275–292.

Hársfalvi, Péter: Törekvések a parasztbirtok „védelmére" [Bestrebungen zum „Schutz" des Bauernbesitzes], in: Szabó, István (Hg.): A parasztság Magyarországon a kapitalizmus korában 1848–1914 [Das Bauerntum in Ungarn in der Epoche des Kapitalismus 1848–1914], Budapest: Akadémiai K. Bd. 2, 1972, S. 146–183.

Haselsteiner, Horst: Joseph II. und die Komitate Ungarns: Herrscherrecht und ständischer Konstitutionalismus, Wien [u. a.]: Böhlau 1983 S. 26–38.

Heckenast, József: A mezőgazdasági szakoktatástörténet alapjai az 1850-es és 1910-es évek között [Geschichte des landwirtschaftlichen Fachunterrichts von 1850–1910], Gödöllő: 1992.

Hegedűs, Lóránt: Két Andrássy és két Tisza [Zwei Andrássy und zwei Tisza], Budapest: Athenaeum [2]1941.

Henning, Friedrich-Wilhelm: Vom Agrarliberalismus zum Agrarprotektionismus, in: Pohl, Hans: Die Auswirkungen von Zöllen und Handelshemmnissen auf Wirtschaft und Gesellschaft vom Mittelalter bis zur Gegenwart, Stuttgart: Franz Steiner Wiesbaden 1987, S. 252–274.

Hermann, Egyed: A katolikus egyház története Magyarországon 1914-ig [Geschichte der katholischen Kirche in Ungarn bis 1914], München: Auróra Könyvek [2]1982, (1. Ausg. 1973).

Hermann, Róbert: Az abrudbányai tragédia, 1849. Hatvani Imre szabadcsapatvezér és a magyar-román megbékélés meghiúsulása 1849 [Die Tragödie von Abrudbánya. Freikorpskommandant Imre Hatvani und das Scheitern der rumänisch-ungarischen Versöhnung], Budapest: Heraldika 1999.

Hidas, I. Péter: A magyar arisztokrácia és a politikai vezetés a forradalom után (1849–1853) [Die ungarische Aristokratie und die politische Führung nach der Revolution (1849–1853)], in: Történelmi Szemle (1989), Nr. 3–4, S. 232–248.

Hídvégi, Lajos: Török János és a szőkehalmi gazdaképző története [János Török und die landwirtschaftliche Schule von Szőkehalom], Cegléd: Kossuth Múzeum 1963.

Hoensch, Jörg K.: Geschichte Böhmens von der slavischen Landnahme bis ins 20. Jahrhundert, München: C. H. Beck 1987.

Homestead and exemption laws, Encyclopaedia Brittannica, London – New York Bd. 13, 1926, S. 639.

Honoratiorok, in: A Pallas Nagy Lexikona, Budapest: Pallas Bd. 9, 1895.

Ieda, Osamu: Központ és községi szövetkezetek a Hangya szövetkezeti mozgalomban az első világháborúig [Zentrale und Dorfgenossenschaften], in: Agrártörténelmi Szemle 32 (1990), Nr. 1–4, S. 158–175.

Im Hof, Ulrich: Das gesellige Jahrhundert. Gesellschaft und Gesellschaften im Zeitalter der Aufklärung, München: Beck 1982.

Iván, János: Földbirtokreform és társadalmunk 1890–1914 (Hírlapok és röpiratok alapján) [Landreform und unsere Gesellschaft. Aufgrund von Zeitungen und Flugschriften], Budapest: Élet 1935.

Jaszi, Oscar: The Dissolution of the Habsburg Monarchy, Chicago Ill.: U. of Chicago 1929.

Jászi, Oszkár: A Habsburg Monarchia fölbomlása [Die Auflösung der Habsburgermonarchie], Budapest: Gondolat 1982.

Jones, E. L. (Hg.) : Agriculture and economic growth in England 1650–1815, London: Methuen 1967.

Jones, E. L.: Agriculture and the Industrial Revolution, Oxford: Blackwell 1974.

Kaposi, Zoltán: A falusi hitelélet néhány sajátossága [Einige Besonderheiten des dörflichen Kredits], in: Aetas 1992, Nr. 4, S. 34–43.

Károlyi család [Károlyi Familie], in: A Pallas Nagy Lexikona, Pallas: Budapest Bd. X. 1895.

Katus László: A tőkés gazdaság fejlődése a kiegyezés után [Wirtschaftsentwicklung Ungarns nach dem Ausgleich], in: MT 6/2, S. 913–1037.

Katus, László: Magyarország gazdasági fejlődése (1890–1914) [Wirtschaftsentwicklung Ungarns], in: MT 7/1, S. 263–401.

Katzburg, Nathaniel: Fejezetek az újkori zsidó történelemből Magyarországon [Kapitel aus der neuzeitlichen jüdischen Geschichte in Ungarn], Budapest: Osiris Kiadó 1999, (1. Ausg. Jerusalem 1975).

Kemény, Gábor G.: Iratok a nemzetiségi kérdés történetéhez a dualizmus korában [Akten zur Geschichte der Nationalitätenfrage in der Epoche des Dualismus], Budapest: Akadémiai K. Bd. 2, 1956.

Kerényi, Ferenc: Pest vármegye irodalmi élete (1790–1867) [Das literarische Leben des Komitats Pest (1790–1867)], Budapest: Pest megye monográfia közalapítvány 2002, S. 157–190.

Ketteler, Vilmos Manó: A munkások kérdése és a kereszténység [Die Arbeiterfrage und das Christentum], Pest: 1864.

Kiss, Endre: Apponyi Albert, az ideológus és politikus [Albert Apponyi, der Ideologe und der Politiker], in: Történelmi Szemle 19 (1986), Nr. 1, S. 1–35.

Király, Béla H. (Hg.): East-Central European Society and War in the Era of Revolutions 1775–1856, N. Y.: Atlantic Research and Publ., Columbia Univ. Press 1984.

Kolossa, Stabilisierung des Systems des Dualismus (1867–1875), in: MT 6/2, S. 773–850.

Komlos, John: A Védegylet [Der Schutzverein], Történelmi Szemle 23 (1981), Nr. 1, S. 51–58.

Komlos, John: The Habsburg Monarchy as a Customs Union. Economic Development in Austria-Hungary in the Nineteenth Century, Princeton: Princeton U. P. 1983.

Kosáry, Domokos/Németh, G. Béla (Hg.): A magyar sajtó története 1867–1892 [Geschichte der ungarischen Presse], II/2. 1867–1892, Budapest: Akadémiai K. 1985.

Kosáry, Domokos: Kossuth és a Védegylet [Kossuth und der Schutzverein], in: Magyar Történettudományi Intézet Évkönyve 1942, S. 421–536.

Kosáry, Domokos: Kossuth Lajos a reformkorban [Lajos Kossuth im Vormärz], 1. Aufl., Budapest: Antiqua 1946, 2. erw. Aufl., Budapest: Osiris 2002.

Kovalovszky, Miklós-Solt, Andor: Gróf Károlyi Sándor élete és alkotásai [Leben und Werke von Sándor Károlyi], Budapest: Csáthy Ferenc Rt. 1942.

Kövér, György/Gyáni, Gábor/Valuch, Tibor: Social History of Hungary from the reform era to the end of the twentieth century, N. Y.: Atlantic Research and Publ., Columbia U. P. 2004.

Kövér, György: 1873. Egy krach anatómiája [1873. Anatomie eines Krachs], Budapest: Kozmosz Könyvek 1986.

Kövér, György: Állam – bank – vasútépítés. A magyar keleti vasút (1868–73) [Staat – Bank – Eisenbahnbau. Die ungarische Ostbahn (1868–73)], in: Ders.: A felhalmozás íve, Budapest: Új Mandátum 2002, S. 243–253.

Kövér, György: Középrend vagy középosztályok? Társadalomteremtő fogalomalkotás Magyarországon a reformkortól az első világháborúig [Mittelstand oder Mittelklasse? Gesellschaftsstiftende Begriffsbildung in Ungarn vom Vormärz bis zum Ersten Weltkrieg], in: Századok 2003, Nr. 5, S. 1119–1168.

Kubinszky, Judit: Adalékok az 1883. évi antiszemita zavargásokhoz [Beiträge zu den antisemitischen Krawallen 1883], in: Századok 102 (1968), Nr. 1–2, S. 158–177.

Lackó, Mihály: Széchenyi és Kossuth vitája [Die Debatte von Széchenyi und Kossuth], Budapest: Gondolat 1977.

Lakatos, Ernő: A magyar politikai vezetőréteg 1848–1918 [Die ungarische politische Führungsschicht 1848–1918], Budapest 1942.

Lakos, János (zusammengestellt von): A Szapáry- és a Wekerle-kormány minisztertanácsi jegyzőkönyvei 1890. március 16.- 1895. jan. 13. Bevezető tanulmány [Die Ministerrats-Protokolle der Szapáry- und Wekerle-Regierungen 16.3.1890 – 13.1.1895. Einführung], Budapest: MOL 1999, S. 422–430.

Láng, Péter: Mezőgazdasági érdekképviselet Magyarországon. Az agrárius mozgalom zászlóbontása és szervezeteinek kiépülése [Landwirtschaftliche Interessenvertretung. Der Ausbau der Organisationen der agrarischen Bewegung], Agrártörténeti Szemle 13 (1971), Nr. 3–4, S. 392–406.

Larson, Sarfatti Magali: The Rise of Professionalism. A Sociological Analysis, Berkeley: 1977.

Lenger, Friedrich: Die Abkehr der Gebildeten von der Politik. Werner Sombart und der »Morgen«, in: Hübinger, Gangolf/Mommsen, Wolfgang J. (Hg.): Intellektuelle im deutschen Kaiserreich, Frankfurt a.M.: Fischer Verlag 1993, S. 62–77.

Longrigg, Roger: The History of Horse Racing, London – Basingstoke: Macmillan 1972.

Lukinich, Imre: A bethleni gr. Bethlen család története [Geschichte der Familie der Grafen von Bethlen de Bethlen], Budapest: Athenaeum 1928.

Macartney, C. A.: The Habsburg Empire 1790–1918, London – Basingstoke: Macmillan 1969.

Madaras, Éva: Lueger és az osztrák keresztényszociálisok megítélése a magyar polgári sajtóban (1895–1897) [Die Beurteilung von Lueger und der österreichischen Christlich-Sozialen in der ungarischen bourgeoisen Presse], in: Acta Universitatis Debreceniensis de Ludovico Kossuth nominatae Series Historica XXIX, XXXI, Debrecen 1980, S. 152–188.

Magocsi, Paul R.: An Historiographical Guide to Subcarpathian Rus, in: Austrian History Yearbook, Nr. 9–10, 1973–74, S. 201–265.

Makai, Oszkár: Jelzáloghitelbankok [Hypothekenbanken], in: Közgazdasági Enciklopédia Budapest: Athenaeum Bd. 3, (o.J.), S. 69–70.

Mandler, Peter: Aristocratic Government in the Age of Reform. Whigs and Liberals 1830–1852, Oxford: Clarendon Press 1990.

Marburg, Silke/Matzerath, Josef (Hg.): Der Schritt in die Moderne. Sächsischer Adel zwischen 1763 und 1918, Köln/Weimar/Wien: Böhlau Verlag 2001.

Marburg, Silke: Vom Stand zur Erinnerungsgruppe. Zur Adelsgeschichte des 18. und 19. Jahrhunderts, in: Marburg, Silke/Matzerath, Josef (Hg.): Der Schritt in die Moderne. Sächsischer Adel zwischen 1763 und 1918, Köln/Weimar/Wien: Böhlau Verlag 2001, S. 5–16.

Marburg, Silke: Adel und Verein in Dresden, in: Marburg, Silke/Matzerath, Josef (Hg.): Der Schritt in die Moderne. Sächsischer Adel zwischen 1763 und 1918, Köln – Weimar – Wien: Böhlau Verlag 2001, S. 45–62.

Marczali, Henrik: Hungary in the Eighteenth Century, Cambridge: Cambridge U. P. 1910.

Marx, Karl: Das Kapital, in: Marx, Karl/Engels, Friedrich: Werke, Hg. vom Institut für Marxismus-Leninismus beim ZK der SED, Berlin: Dietz-Verlag 1956ff., Bd. 23.

Matlekovits, Sándor: Magyarország közgazdasági és közművelődési állapota ezredéves fennállásakor [Ungarns Volkswirtschaft und Bildung bei seinem tausendjährigen Bestehen], Budapest: Pesti Könyvnyomda Rt., Bd. 1–2, 1897–1898.

Mayer, Mária: Kárpát-ukrán (ruszin) politikai és társadalmi törekvések 1860–1910 [Karpatho-ukrainische (ruthenische) politische und gesellschaftliche Bestrebungen], Budapest: Akadémiai K. 1977.

MC Clelland, Charles E.: The German Experience of Professionalization: Modern Learned Professions and Their Organization from the Early 19th Century to the Hitler Era, Cambridge 1991.

Mennyey, Géza: A földbirtok hitele a reformkorszak eszmevilágában [Der Kredit des Grundbesitzes in der Ideenwelt des Vormärz], in: Magyar Gazdák Szemléje 32 (1938), Nr. 3, S. 97–116.

Mezey, Gyula: Dessewffy Aurél gróf [Aurél Graf Dessewffy], Budapest: Magyar Gazdaszövetség (o. J.).

Mingay, G. E.: Enclosure and the small farmer in the age of the industrial revolution, London/ Basingstoke: Macmillan 1968.

Moltmann, Günter (Hg.): Aufbruch nach Amerika. Friedrich List und die Auswanderung aus Baden und Württemberg 1816/17. Dokumentation einer sozialen Bewegung, Tübingen: 1979.

Müller, Hans-Heinrich: Pächter und Güterdirektoren. Zur Rolle agrarwissenschaftlicher Intelligenzgruppen in der ostelbischen Landwirtschaft im Kaiserreich, in: Reif, Heinz (Hg.): Ostelbische Agrargesellschaft im Kaiserreich und in der Weimarer Republik: Agrarkrise – junkerliche Interessenpolitik – Modernisierungsstrategien, Berlin: Akademie Verlag 1994, S. 267–286.

Nagy, István: A mezőgazdaság Magyarországon az abszolutizmus korában (1849–1867) [Die Landwirtschaft in Ungarn im Zeitalter des Absolutismus], Budapest: Hornyánszky Viktor 1944.

Nagy, Zsuzsa L.: A „nemzeti állam" eszméje Beksics Gusztávnál [Die Idee des ‚nationalen Staates' bei Gusztáv Beksics], in: Századok 97 (1963), S. 1242–1278.

Niederhauser, Emil: 1848. Sturm im Habsburgerreich, Budapest: Corvina 1990.

Nipperdey, Thomas: Interessenverbände und Parteien in Deutschland vor dem ersten Weltkrieg, in: Wehler, Hans-Ulrich (Hg.): Moderne deutsche Sozialgeschichte, Köln: Kiepenheuer&Witsch (o. J.), S. 379–388.

Nipperdey, Thomas: Verein als soziale Struktur im 18. und 19. Jahrhundert, in: Boockmann, Hartmut/ Esch, Arnold/Heimpel, Hermann/Nipperdey, Thomas/Schmidt, Heinrich: Geschichtswissenschaft und Vereinswesen im 19. Jahrhundert, Göttingen: Vandenhoeck & Ruprecht 1972, S. 3–44.

Oplatka, András: Graf Stephan Széchenyi, Wien: Zsolnay 2004.

Orosz, István: Agrárkrízis Magyarországon és Nyugat-Európában a 19. század 20-as éveiben [Die Agrarkrise in Ungarn und in Westeuropa in den 20er Jahren des 19. Jahrhunderts], in: Glatz, Ferenc (Hg.): Szomszédaink között Kelet-Európában. Emlékkönyv Niederhauser Emil 70. születésnapjára [Untern unseren Nachbarn in Europa. Festgabe anläßlich des 70. Geburtstages von Emil Niederhauser], Budapest: MTA Történettudományi Intézet 1993, S. 197–208.

Orosz, István: Die landwirtschaftliche Produktion in Ungarn 1790–1849, in: Agrártörténeti Szemle 13 (1971) Supplementum, S. 1–24.

Pajkossy, Gábor (Hg.): Magyar Szabadelvűek [Ungarische Freisinnige], Budapest: Új Mandátum 1998 (1999).

Pajkossy, Gábor: „Liberty and Democracy for my Country". Lajos Kossuth, in: New Hungarian Quarterly 1994, S. 137–147.

Pálmány, Béla: A magyarországi nemesség társadalmi tagolódása (1686–1815) [Die soziale Gliederung des ungarischen Adels], in: Imre Ódor/Béla Pálmány/Péter Takács (Hg.): Mágnások, birtokosok, címerlevelesek, Debrecen 1997, S. 37–96.

Péter, László: Az arisztokrácia, a dzsentri és a parlamentáris tradíció a XIX. századi Magyarországon [Die Aristokratie, die gentry und die parlamentarische Tradition in Ungarn des 19. Jahrhunderts], in: Ders.: Az Elbától keletre [Östlich der Elbe], Budapest: Osiris 1998, S. 187–218; dasselbe ursprünglich erschienen als: The Aristocracy, the Gentry and their Parliamentary Tradition in Nineteenth Century-Hungary, in: Slavonic and East-European Review 70 (1992), Nr.1.

Péter, László: Volt-e magyar társadalom a XIX. században? A jogrend és a civil társadalom képződése [Gab es eine ungarische Gesellschaft im 19. Jahrhundert? Die Herausbildung der Rechtsordnung und der Zivilgesellschaft], in: Péter, László: Az Elbától keletre [Östlich der Elbe], Budapest: Osiris 1998, S. 148–186.

Pogány, Mária: Tőkés vállalkozások és kubikos bérmunkások a Tisza-szabályozásnál a 19. sz. második felében [Kapitalistische Unternehmungen und Erdarbeiter bei der Theiß-Regulierung in der zweiten Hälfte des 19. Jahrhunderts], Budapest: Akadémai K.1966.

Pohl, Hans (Hg.): Die Auswirkungen von Zöllen und Handelshemmnissen auf Wirtschaft und Gesellschaft vom Mittelalter bis zur Gegenwart, Stuttgart: Franz Steiner 1987.

Pók, Attila: Neue Staatsstruktur des Habsburgerreichs – neues Verwaltungssystem nach dem Ausgleich in Ungarn, in: Glatz, Ferenc/Melville, Ralph (Hg.): Gesellschaft, Politik und Verwaltung in der Habsburgermonarchie, Stuttgart: Franz Steiner 1987, S. 189–202.

Polányi, Karl: The Great Transformation, Boston: Beacon Press 1944.

Press, Volker: Adel im 19. Jahrhundert. Die Führungsschichten Alteuropas im bürgerlich-bürokratischen Zeitalter, in: Reden-Dohna, Armgard von/ Melville, Ralph (Hg.): Der Adel an der Schwelle des bürgerlichen Zeitalters 1780–1860, Stuttgart: Franz Steiner 1988, S. 1–20.

Puhle, Hans-Jürgen: Agrarische Interessenpolitik und preußischer Konservativismus im wilhelminischen Reich (1893–1914), Hannover: Verlag für Literatur und Zeitgeschichte 1966.

Püski, Levente: A liberális alkotmányosság és az 1885. évi főrendiházi reform [Die Reform des Oberhauses im Jahre 1885 und die liberale Verfassungsmäßigkeit], in: Nagy, Zsuzsa L./Veress, Géza (Hg.): Történeti tanulmányok [Historische Studien], Acta Universitatis Debreceniensis de Ludovico Kossuth nominatae Series Historica 14, Debrecen 1992, S. 67–82.

Reden-Dohna, Armgard von/Melville, Ralph (Hg.): Der Adel an der Schwelle des bürgerlichen Zeitalters 1780–1860, Stuttgart: Franz Steiner Verlag 1988.

Reif, Heinz: Westphälischer Adel 1770–1860. Vom Herrschaftsstand zur regionalen Elite, Göttingen: Vandenhoek & Ruprecht 1979.

Retallack, James: Demagogentum, Populismus, Volkstümlichkeit. Überlegungen zur „Popularitätshascherei" auf dem politischen Massenmarkt des Kaiserreichs, in: Zeitschrift für Geschichtswissenschaft 48 (2000), S. 309–325.

Retallack, James: Notables of the Right. The Conservative Party and Political Mobilization in Germany, 1876–1918, London/Boston: 1988.

Rosenberg, Hans: Die Pseudodemokratisierung der Rittergutsbesitzerklasse, in: Machteliten und Wirtschaftskonjunkturen, Göttingen: Vandenhoeck & Ruprecht 1978, S. 83–101.

Rüschemayer, Dietrich: Professionalisierung. Theoretische Probleme für die vergleichende Geschichtsforschung, Geschichte und Gesellschaft 6 (1980), S. 311–325.

Salacz, Gábor: Egyház és állam Magyarországon a dualizmus korában 1867–1918 [Kirche und Staat in Ungarn im Zeitalter des Dualismus 1867–1918], München: Molnár 1974.

Sándor, Pál: A XIX. század végi agrárválság Magyarországon [Die Agrarkrise am Ende des 19. Jahrhunderts in Ungarn], Budapest: Akadémiai K. 1958.

Sándor, Pál: Deák und die Frage der Hörigen auf dem Reichstag der Jahre 1832–1836, Budapest: Akadémiai K. 1977.

Sárkány, Sándorné: Halász Terézia: Széll Kálmán életrajza [Biografie von Kálmán Széll], Budapest: Fodor Árpád 1943.

Sebesi, Samu: Bartha Miklós élete és működése [Leben und Werk von Miklós Bartha], in: Samassa, János/Szmertnik, István/Sztankovits, Ferenc (Hg.): Bartha Miklós összegyűjtött munkái [Gesammelte Werke von Miklós Bartha], Budapest: Benkő Gyula 1908, S. 11–99.

Sigrist, Hannes: Bürgerliche Berufe, Göttingen: Vandenhoeck & Ruprecht 1988.

Simmel, Georg: Zur Soziologie des Adels. Fragmente aus einer Formenlehre der Gesellschaft, in: Ders.: Aufsätze und Abhandlungen 1901–1908, Frankfurt a.M.: Suhrkamp 1993, Bd. II, S. 324–334.

Spira, György: Polgári forradalom (1848–1849) [Bürgerliche Revolution], in: MT 6/1, S. 59–434.

Spring, David: Landed Elites Compared, England: Thompson, F.M.L., in: Spring, David (Hg.): European Landed Elites in the Nineteenth Century, Baltimore – London: The John Hopkins University Press 1977, S. 1–21

Stekl, Hannes/Wakounig, Marija: Windisch-Graetz. Ein Fürstenhaus im 19. und 20. Jahrhundert, Wien – Köln – Weimar: Böhlau Verlag 1992.

Stekl, Hannes: Österreichs Aristokratie im Vormärz. Herrschaftsstil und Lebensformen der Fürstenhäuser Liechtenstein und Schwarzenberg, Wien: Verlag für Politik und Gesellschaft 1973.

Szabad, György: A hitelviszonyok [Die Kreditverhältnisse], in: Szabó, István (Hg.): A parasztság Magyarországon a kapitalizmus korában 1848–1914 [Das Bauerntum in Ungarn in der Epoche des Kapitalismus 1848–1914], Tanulmányok, Budapest: Akadémiai1972, S. 234–235.

Szabad, György: Az önkényuralom kora (1849–1867) [Die Epoche der Willkürherrschaft 1849–1865], in: MT 6/1, S. 435–554.

Szabad, György: Forradalom és kiegyezés válaszútján (1860–61) [Am Scheideweg von Revolution und Ausgleich (1860–61)], Budapest: Akadémiai K. 1967.

Szabó, Dániel: A magyar társadalom politikai szerveződése a dualizmus korában. Párt és vidéke [Die politische Strukturierung der ungarischen Gesellschaft in der Epoche des Dualismus. Partei und ihr Umland], in: Történelmi Szemle 34 (1992), Nr. 3–4, S. 199–230.

Szabó, Dániel: A Néppárt megalakulása [Die Gründung der Volkspartei], in: Történelmi Szemle 2 (1977), S. 169–208.

Szabó, Miklós: Az új-konzervativizmus és a jobboldali radikalizmus története (1867–1918) [Die Geschichte des Neo-Konservatismus und des Rechtsradikalismus], Budapest: Új Mandátum 2003.

Szabó, Miklós: Politikai gondolkodás és kultúra Magyarországon a dualizmus utolsó negyedszázadában [Politisches Denken und Kultur in Ungarn im letzten Vierteljahrhundert des Dualismus], in: MT 7/1, S. 873–885.

Szabó, Miklós: Új vonások a századforduló magyar konzervatív politikai gondolkodásában [Neue Züge im ungarischen konservativen politischen Denken der Jahrhundertwende], in: Ders.: Politikai kultúra Magyarországon 1896–1986 [Politische Kultur in Ungarn 1896–1986], Budapest: Medvetánc könyvek-Atlantis program 1989, S. 109–176.

Szász, Zoltán: A konzervatív liberalizmus kora. A dualista rendszer konszolidált időszaka (1875–1890) [Das Zeitalter des konservativen Liberalismus], in: MT 6/2, S. 1165–1331.

Szíjártó, István M.: Relatives and Miles. A Regional Approach to the Social Relations of the Lesser Nobility the County of Somogy in the Eighteenth Century, in: Bak, János (Hg.): History and Society in Central Europe, Budapest: CEU Press, Bd. 2, 1994, S. 141–162.

Szinnyei, József: Magyar írók élete és munkái [Leben und Werke ungarischer Schriftsteller], Budapest: Hornyánszky Viktor, Bd. 1–14, 1890–1914.

Takács, Imre: Magyarország földművelésügyi közigazgatása az Osztrák-Magyar Monarchia korában 1867–1918 [Die landwirtschaftliche Verwaltung Ungarns in der Epoche der Österreichisch-Ungarischen Monarchie 1867–1918], Budapest: Mezőgazdasági Kiadó 1989.

Tepperberg, Christoph/Szijj, Jolán (Hg.); Hermann, Róbert (Bearb.): Von der Revolution zur Reaktion: Quellen zur Militärgeschichte der ungarischen Revolution 1848–49, Budapest – Wien: Argumentum 2005.

Thienen-Adlerflycht, Christoph: Graf Leo Thun im Vormärz. Grundlagen des böhmischen Konservativismus im Kaisertum Österreich, Graz – Wien – Köln: Hermann Böhlaus Nachf. 1967.

Thompson, F. M. L.: England, in: Spring, David (Hg.): European Landed Elites in the Nineteenth Century, Baltimore – London: The John Hopkins University Press 1977, S. 22–44.

Tilkovszky, Lóránt: Adelige Opposition und Bauernaufstand in Ungarn und der Wiener Hof, 1831–1832, in: Glatz, Ferenc/Melville, Ralph (Hg.): Gesellschaft, Politik und Verwaltung in der Habsburgermonarchie 1830–1918, Stuttgart: Franz Steiner 1987, S. 23–40.

Toth, Adalbert: Parteien und Reichstagswahlen in Ungarn 1848 –1892, München: R. Oldenbourg Verlag 1973.

Tóth, Árpád: Önszervező polgárok [Selbstorganisierte Bürger], Budapest: L'Harmattan 2005.

Varga István: A közterhek [Die öffentlichen Lasten], in: Szabó, István (Hg.): A parasztság Magyarországon a kapitalizmus korában 1848–1914 [Das Bauerntum in Ungarn in der Epoche des Kapitalismus 1848–1914], Budapest: Akadémiai K. 1965, Bd. II., S. 246–318.

Varga, János: A Hungarian Quo Vadis. Political Trends and Theories of the Early 1840's, Budapest: Akadémiai K. 1993.

Varga, János: A jobbágyfelszabadítás kivívása 1848-ban [Die Erringung der Bauernbefreiung 1848], Budapest: Akadémiai K. 1971.

Varga, János: Határozatiak és feliratiak 1861-ben (Gróf Károlyi Sándor levelei báró Jósika Miklóshoz) [Beschlusspartei und Adresspartei im Jahre 1861], in: Levéltári Szemle 51 (1983), Nr. 1–2, S. 191–223.

Vargha, Gyula: A magyar hitelügy és hitelintézetek története [Geschichte des ungarischen Kreditwesens und der Kreditinstitute], Budapest: Kilián Frigyes 1896.

Vári, András: Alte und neue ländliche Lokaleliten im Prozeß der Bürokratisierung und Verbürgerlichung, in: Bruckmüller, Ernst/Heiss, Hans/Stekl, Hannes/Urbanitsch, Peter (Hg.): „Durch Arbeit, Besitz, Wissen und Gerechtigkeit". Beiträge zur Geschichte des Bürgertums der Habsburgermonarchie II, Wien – Köln: Böhlau 1992, S. 163–179.

Vári, András: Angol játék magyar gyepen [Englisches Spiel auf ungarischem Rasen], in: Korall, Mai 2005, S. 99–131.

Vári, András: Az agrárértelmiség helyzete a 19. század első felében [Die Agrarintelligenz in der ersten Hälfte des 19. Jahrhunderts], in: Szociológiai Szemle 12 (2002), Nr. 2, S. 59–76.

Vári, András: Der Verein, die Magnaten und die Experten. Der Ungarische Landes-Wirtschaftsverein als Arena von ungleichen Aspirationen 1821–1890, in: Müller, Michael G. (Hg.): Arenen der Elitenvergesellschaftung. Ostmitteleuropa im 19. Jahrhundert, Berlin (im Druck).

Vári, András: Ergebene Diener ihrer Herren. Wandel der Machtausübung im Komitatsleben und in der privaten Güterverwaltung im Ungarn des 18. Jahrhunderts, in: Brakensiek, Stefan/Wunder, Heide (Hg.): Ergebene Diener ihrer Herren? Herrschaftsvermittlung im alten Europa, Köln – Weimar: Böhlau Verlag 2005, S. 203–231.

Vári, András: Privatbeamte in der ersten Hälfte des 19. Jahrhunderts: Ersatzbürger?, in: Bruckmüller, Ernst/Stekl, Hannes/Urbanitsch, Peter (Hg.): Bürgertum in der Habsburgermonarchie, Wien – Köln: Böhlau 1990, S. 75–93.

Veliky, János: Az ipartámogató Kossuth. [Der industriefördernde Kossuth], in: Századok 1994, Nr. 5, S. 818–830.

Vermes, Gábor: István Tisza: the liberal vision and conservative statecraft of a Magyar nationalist, New York: East European Monographs 1985.

Voit, Krisztina: A budapesti sajtó adattára 1873–1950 [Datenbank der Budapester Presse], Budapest: Argumentum 2000.

Vörös, Antal: A magyar mezőgazdaság a kapitalista átalakulás útján (1849–1890) [Die ungarische Landwirtschaft auf dem Wege der kapitalistischen Umwälzung], in: Gunst, Péter/Hoffmann, Tamás (Hg.): A magyar mezőgazdaság a XIX-XX. században (1848–1949) [Die ungarische Landwirtschaft im 19.–20. Jahrhundert], Budapest: Akadémiai K. 1976, S. 9–152.

Vörös, Károly: A főrendiház 1885. évi reformja. Egy kutatás tervei és első eredményei [Die Reform des Oberhauses im Jahre 1885. Erste Ergebnisse einer Forschung], in: Á. Varga, László (Hg.): Rendi társadalom – polgári társadalom. Társadalomtörténeti módszerek és források 1 [Ständische Gesellschaft – bürgerliche Gesellschaft 1], Salgótarján 1987, S. 397–406.

Vörös, Károly: A magyar reformellenzék harca a polgári átalakulásért (1840–1847) [Der Kampf der Reformopposition für die bürgerliche Umwälzung], in: MT 5/2, S. 855–976.

Vörös, Károly: A modern értelmiség kezdetei Magyarországon [Die Anfänge der modernen Intelligenz in Ungarn], in: Valóság 18 (1975), S. 1–20.

Vörös, Károly: Az abszolutizmus és rendiség konfliktusának kiújulása (1812–1830) [Das Neuaufleben des Konflikts zwischen Absolutismus und Ständetum], in: MT 5/1, S. 601–663.

Vörös, Károly: Forradalom előtt (1847–1848) [Vor der Revolution], in: MT 5/2, S. 1195–1227.

Ward, Sadie B.: Landreform in England 1800–1940: A Summary, in: Agrártörténeti Szemle 18 (1976) Supplementum, S. 37–44.

Wellmann, Imre: Der Adel im transdanubischen Ungarn 1760–1860, in: Reden-Dohna, Armgard von/ Melville, Ralph (Hg.): Der Adel an der Schwelle des bürgerlichen Zeitalters 1780–1860, Stuttgart: Franz Steiner 1988, S. 117–168.

Wellmann, Imre: Die erste Epoche der Neubesiedlung Ungarns nach der Türkenzeit (1711–1761), in: Acta Historica Tom. XXVI. (1980), Nr. 3–4, S. 241–303.

Wygodzinski, Willy: Das Genossenschaftswesen in Deutschland, Leipzig – Berlin: B. G. Teubner 1911.

Personenregister und kurze Vita der Personen

Die unten stehenden Angaben dienen dem deutschen Leser zur Orientierung und zur besseren Identifizierung, sie sind daher weitgehend unvollständig. Bei den aus der deutsch-österreichischen Geschichte bekannten Persönlichkeiten wurden nur die Lebensdaten genannt. Wenn nicht anders vermerkt, beziehen sich sämtliche staatlichen Würden auf den ungarischen Teilstaat der öst.-ung. Doppelmonarchie, den ungarischen Staat von 1848–1849, bzw. auf das Kgr. Ungarn nach 1920. Die hier gemachten Angaben konzentrieren sich auf die in der vorliegenden Studie behandelte Zeit.

Albrecht, Erzherzog (1817–1895), Onkel von Kaiser Franz Joseph, 1851–1860 Generalgouv. Ungarns. ▪ 70, 71, 84, 85, 87

Andrássy, Aladár Graf (1827–1903), Großgrundbes., ab 1875 Vorstand der Ungar. Kreditbank, ab 1889 erster Vizepräs. des Landes-Wirtschaftsvereins ▪ 102, 193, 194

Andrássy, Géza Graf (1856–1938), Grundbesitzer, Amerika-Reisender, Eigentümer von Eisenhütten, 1891–1897 freisinniger Abg., ab 1898 Mitglied des Oberhauses ▪ 137, 138

Andrássy, György Graf (1797–1872), Großgrundbes., Mitstreiter von István Széchenyi ▪ 31, 57, 63–65

Andrássy, Gyula Graf d. Ä. (1823–1890), Großgrundbes., Teilnehmer der Revol. von 1848–1849, 1851 in Abwesenheit zum Tode verurteilt, 1857 amnestiert, 1865–1867 mit Deák Mitgestalter des öst.-ungar. Ausgleichs. 1867–1871 Ministerpräs., 1871–1879 öst.-ungar. Außenmin. ▪ 77, 78, 81, 102

Andrássy, Gyula Graf d. J. (1860–1929), Großgrundbes., Diplomat, ab 1885 frei-

sinniger Abg., dann ab 1905 Abg. und Führer der Verfassungspartei, 1894–1895 Minister ad lateram, 1906–1910 Innenmin. ▪ 188–191, 217

Apponyi, Albert Graf (1846–1933), Sohn v. György A., Großgrundbes., 1878–1899 Abg. und Führer d. sog. „Vereinigten bzw. Gemäßigten Opposition", dann d. Nationalen Partei, 1901–1903 Präs. d. Abgeordnetenhauses, 1906–1910 Min. für Bildung und Kultus ▪ 94, 97–100, 107, 118, 123, 124, 127, 128, 156–158, 174, 187–190, 194, 199, 209, 212, 216, 224

Apponyi, György Graf (1808–1899), Vater v. Albert A., Ung. Vizekanzler, 1846 bis März 1848 ung. Hofkanzler, Mitstreiter von A. Dessewffy und der sog. Jungkonservativen ▪ 55, 79

Augusz, Antal Baron (1807–1878), in den 1840er Jahren Vizegespan des Komitats Baranya, 1851–1853 Obergespan des Pester Bezirks, 1853–1858 Leiter der Budaer Statthalterei-Abteilung ▪ 65

Bach, Alexander, Baron (1813–1893), 1848–1859 öst. Innenmin.▪ 54, 58–62, 64, 71, 73, 126, 127, 160

parlamentarischen Fejérváry-Regierung ▪ 189

Kuthy, Lajos (1813–1864) ‚Jurist, Redakteur, Schriftst., 1843–1849 Sekr. des Grafen Lajos Batthyány, 1853 Komitatsoberkommissar　　　▪ 42

Lamberg, Ferenc Fülöp, Graf (1791–1848), Grundbes., Feldzeugmeister, am 5.9.1848 als k. k. Bevollmächtigter mit der Auflösung des ung. Landtages beauftragt, am 28.9.1848 gelyncht in Pest　　　　　　　　　　▪ 61

Láng, Lajos (ab 1911: Baron) (1849–1918), Journalist, ökonom. Redakteur bei der Regierungspresse, ab 1878 freisinniger Abg., ab 1888 Prof. der Statistik in Budapest, 1889–1893 Staatssekr. im Finanzmin., 1902–1903 Handelsmin., 1905–1906 Rektor der Univ.▪ 121, 131, 132, 139–146

Le Play, Pierre Guillaume Frédéric (1806–1882), franz. Bergwerksingen., kath. Sozialreformer　　　▪ 105

Léderer, Sándor (1852–1927), Beamter, zuletzt Ministerialrat im Min. für Landwirtschaft, Industrie und Handel, dann Vizepräs. der Adria Schiffahrtsgesellschaft, ab 1910 Vorstand der Budapester jüdischen Gemeinde　▪ 134

Lónyay, Gábor (1805–1885), Grundbes., Publizist in Wirtschaftsfragen, 1832–1848 oppos.- Abg., 1858–1870 Vizepräs., 1870–1876 Präs. des Landes-Wirtschaftsvereins　　　　　　▪ 88

Lónyay, Menyhért (ab 1871 Graf) (1822–1884), Großgrundbes., 1849 Staatssekr. im ung. Finanzmin., 1863 Gründer und Vorstand der Bodenkreditanstalt, 1867–1870 ungar. Finanzmin., 1870–1871 öst.-ung. Finanzminister, 1871–1872 ungar. Ministerpräs., 1871

Präsident der Ungar. Akademie der Wissenschaften　　　▪ 78, 87, 88, 227

Lovassy, László (1815–1892), Jurist, Führer der „Landtagsjugend"　▪ 37

Lueger, Karl (1844–1910), 1891 Mitbegründer der öst. Christlich-Sozialen Partei, ab 1897 Bürgermeister von Wien▪ 186

Mailáth György d. Ä. (1786–1861), Vater v. Mailáth György d. J., konservativer Politiker und Staatsbeamter im Vormärz, 1839–1848 Oberster Landesrichter　　　　　　▪ 55, 58, 87

Mailáth, György d. J. (1818–1883), Großgrundbes., Vater von József M., vor 1848 führender konserv. Landtagsdeputierter, Administrator, dann Obergespan des Komitats Baranya. 1860 Mitgestalter des Oktoberdiploms, 1860 Oberschatzmeister und Vors. des Statthalterrates, ab 1867 Präs. des Oberhauses　▪ 87, 98

Mailáth, József (ab 1885: Graf) (1858–1940), Großgrundbes., Sohn von György M. d. J., Mitarb. von Sándor Károlyi bei der Gründung von Genossenschaften　▪ 215, 219, 236, 237

Marx, Karl (1818–1883), Philosoph　▪ 159, 160,

Metternich, Clemens Lothar Wenzel Fürst (1773–1859), ab 1809 öst. Außenmin., 1821–1848 Hof- und Staatskanzler ▪ 30

Meyer, Rudolf Hermann (1839–1899), 1870–1874 Redakteur der kons. Berliner Revue, 1877–1882 und 1893–1894 Redakteur der kons. Tageszeitung „Das Vaterland" in Wien　▪ 101, 136, 137

Mocsáry, Lajos (1826–1916), Grundbes., Publizist, 1875–1892 führender Vertreter der Unabhängigkeitspartei im Parlament,